公安院校创新应用型
精品规划系列教材

# 治安学

## Security Governance and Order Construction: A New Science Framework

主　编　王均平
撰稿人（撰稿人顺序按撰写书稿的章节先后排列）
王均平　陈涌清　黄　石　刘锦涛　宋　聃　石向群
王精忠　孙　晔　亓伟伟　王彩元　石容丹　杨瑞清
刘彩霞　金　诚　寇丽平　章春明

WUHAN UNIVERSITY PRESS
武汉大学出版社

**图书在版编目(CIP)数据**

治安学/王均平主编．—武汉:武汉大学出版社,2016.5
公安院校创新应用型精品规划系列教材
ISBN 978-7-307-17763-5

Ⅰ.治…　Ⅱ.王…　Ⅲ.治安管理—管理学—高等学校—教材
Ⅳ.D035.34

中国版本图书馆CIP数据核字(2016)第073365号

责任编辑:胡　荣　田红恩　　　责任校对:李孟潇　　　版式设计:马　佳

---

出版发行:**武汉大学出版社**　(430072　武昌　珞珈山)
(电子邮件:cbs22@whu.edu.cn 网址:www.wdp.com.cn)
印刷:湖北民政印刷厂
开本:787×1092　1/16　印张:19.75　字数:504千字　插页:1
版次:2016年5月第1版　2016年5月第1次印刷
ISBN 978-7-307-17763-5　定价:48.00元

---

# 公安院校创新应用型精品规划系列教材编委会名单

# 公安院校创新应用型精品规划系列教材编委会名单

# 前　言

本书是一本关于治安科学知识体系框架的学术专著性的教材。它以治安学基本问题为逻辑起点，以治安史和治安学史为经验平台，以治安学科学理念为理论平台，系统地论述了“国家—社会”体系“由治达安”之基本问题——治安主体(由谁治理)——治安客体(治理什么)——治安制度(依据何在)——治安战略(价值偏好)——治安模式(策略选择)——治安方法(研究范式)——治安资源(保障条件)——治安职权(行为实质)——前沿预测(发展趋势)。其内容为七板块结构：

第一是治安学基础理论。这部分内容主要有五：其一，治安学基本问题。阐述了作为知识体系整体的治安学的基本问题：安全与秩序间关系问题、国家安全与社会治安间关系问题和保护与限制间关系问题；其二，治安学史论。叙述了自人类社会之治安肇始以来，经由古代、近代、现代的发展过程和结果，介绍了作为知识体系的治安学的发展历史脉络。其三，治安学理念。阐释了当今世界“国家—社会”体系“由治达安”的先进的思想观念：治理、法治、服务、效益等理念。其四，治安范式。论述了适宜于治安学的研究范式，剖析了治安学研究范式的典型样本。其五，治安学前沿分析。立足于我国治安学建设现状，诊断了治安学发展问题，预测了治安学发展趋势。

第二是治安学应用理论中的治安主客体理论。这部分内容主要有二：其一，“国家—社会”体系“由治达安”之主体理论。界定了治安主体的范畴，建构了治安主体结构，提出了治安主体结构优化的基本策略。其二，“国家—社会”体系“由治达安”之客体理论。界定了治安客体的范畴，建构了治安客体结构，阐释了治安主体与客体间关系理论。

第三是治安学应用理论中的治安制度理论。分析了我国“由治达安”的制度安排，建构了治安制度理论框架，并针对我国治安制度建设现状提出了有针对性的创新计划。

第四是治安学应用理论中的治安战略理论。阐述了我国一以贯之的治安战略，在分析我国治安战略时代背景的基础上，提出了现阶段我国治安战略调整的可选择方向。

第五是治安学应用理论中的治安模式理论。以城市和农村治安治理机制的设计及运行为分析对象，对我国治安模式的设计及创新提出了可选择方案，提供了可参照的典型样本。

第六是治安学应用理论中的治安资源理论。分析了治安资源的类型化结构，论述了治安资源配置原则及其效益评估的程式和方法。

第七是治安学应用理论中的治安权力理论。界定了治安行政权的基本性质和特征，论述了治安行政权力设置及运行的基本原则，以及治安行政权力监督的基本要求和方法。

本书主要适用于五个领域：其一，可为公安、政法高等院校提供新的教学内容，用作高等院校治安学、警察学、犯罪学、管理学的教材。其二，可用于治安学、安全学、社会学、公共管理学、犯罪学、经济学、法学等学科的理论研究者对于“安全与秩序”、“国家安全与社会治安”等问题的研究。其三，可为我国治安治理的政策创新提供可选择的政策思路和待选方案。其四，可为治安行政机关、社会治安综合治理机构和组织提供理论指导和借鉴样本。其五，可为治安学知识体系建构提供新内容、新框架、新思路。

本书的编写参阅并引用了大量文献资料，在此，谨对所有文献作者致以崇高的敬意和诚挚的感谢。

**《治安学》编写组**

# 目　录

# 第一章　治安学基本问题

## 第一节　治安学基本问题的话域界定

### 一、治安学应否具有结构化的基本问题

**(一)关于“治安学基本问题”的问题**

从理论上说，古往今来，任何一个真正称得上科学的知识体系都具有自己的基本问题框架，而且其基本问题框架又都是本门学科知识体系架构的统一范式和界标。致力于积极谋求位列科学殿堂并成为科学之林中独立知识体系的治安学，其知识体系建构是否存在、应否存在“治安学基本问题”的研究？“治安学基本问题”研究能否生产出具有广谱性的理论架构？其答案是肯定、明确的。

从治安学研究及发展的实际进程看，迄今为止，关于“治安学基本问题”是什么？其结构如何？争议的焦点和实质是什么？为什么不同的人会有不同的选择？怎样的“基本问题”话语才是符合治安学本体知识体系架构与发展要求的选择，等等，诸如此类的问题，不仅在我国治安科学共同体和职业共同体中均未达成共识，而且已有的治安学知识产品中亦鲜有足以推动治安学本体知识体系科学建构进程的、真正称得上科学的“治安学基本问题”框架。

尽管不同的研究者和实践者对于治安学基本问题具有不同的认知是一个非常正常的理论现象，而且治安学基本问题框架的提出、共识、定型也必须经历一个科学知识生产与发展的累进过程，但无论如何，治安科学共同体和职业共同体均应对不同的观点、理论兼收并蓄、宽容吸纳、有效整合，以促成多样态的治安学研究范式和跨学科的治安学学术平台，并依托它们架构起符合治安学发展的、统一的、理性的、科学的基本问题框架。①

**(二)基本问题是治安学本体知识核心范畴的理论展开**

任何一门科学的知识体系，都必然具备自身的本体知识核心范畴。没有明晰的科学的本体知识核心范畴抽象，不可能理性地认知和选择本门科学的基本问题框架，并以此为基础架构真正的、本体的科学知识体系。治安学也不可能例外。因此，将治安学视为一门科学知识体系的理性预设，首要的问题就是理性选择治安学本体知识体系的核心范畴，并将之科学地展开为治安学基本问题，建构起治安学的理论台基。关于治安学本体知识的核心范畴是什么，在我国治安学界远未达成共识。实际上，如果我们能够置身于人类社会“安全—秩序”发展史，就会自然而然地选择“由治达安”的视角，透过“由治达安”的历史进程和现实情境，清楚地看到这个核心范畴只能是人、人的利益、人的安全利益及其实现。由此而论，治安学的核心范畴不应是单一的概念，而应当是关系范畴，即人与社会间利益关系范畴、人与社会

---

① 参见陈祖耀. 也论社会学的基本问题[J]. 社会科学研究，1998(2)：43.

间安全利益关系范畴或者说人与社会间治安关系①范畴。

与治安学其他层位的范畴不同，治安学基本问题属于治安哲学位阶的预设命题，是规定治安学本体知识范畴体系的根本问题或最高问题，其问题框架决定着国家和社会的治安理念确立、主体结构、制度安排、机制设计、工具选择、效益评估以及知识体系建构及其与实践体系交互运行的特质等一系列应用知识范畴，界定了治安治理认识论中的第一性因素及其与其他相关因素间关系，也规定着治安治理实践论中的政策、策略及其执行的路径和工具。因此，在研究和描述治安学基本问题时，应当超越治安学分支学科或部门理论和实务工作所涉及的局域性的特定主题、事件或内容，面向更基础的、更具宽容度的、更有利于知识迁移的理论及技术空间。

在治安科学共同体的知识理性认知中，治安学作为知识整体本身的基本问题(而不是体现为治安学研究者的具体研究对象和内容的基本问题)是其科学知识体系最基本、最核心范畴的基本属性层面的展开或具体化，是治安学知识体系的理论与技术研究之科学与社会价值和效用相联结的总出发点，其话语所描述的是治安学知识体系诸基本概念、范畴、命题、假设及其与适宜的研究范式间的本质联系，是治安学知识体系之所以成其为科学的自圆其说的关键，是治安学知识体系的本质所在。基于此，我们有理由认为治安学基本问题应当具有这样的特质：它可以导生并规制治安学知识体系特别是其本体知识的范畴体系和概念体系，而治安学所有的其他知识和技术内容都只能围绕它进行相应的展开和取舍，受它的影响和制约。② 这是治安学能否成为独立的知识体系，治安学研究成果能否转化成公共安全政策话语、成为“由治达安”之理论依据和知识工具，以及治安学在整个科学体系中具有怎样的谱系位置和知识价值定位的最重要的决定性因素。

治安学知识体系的核心范畴与基本问题间相互依存，你中有我，我中有你。一方面，有怎样的治安学核心范畴结构，就有怎样的治安学基本问题；另一方面，一旦确认了治安学基本问题，它们又会主导治安学基本范畴的衍生、筛选过程和结果，并从根本上规制这些基本范畴乃至整个治安学知识体系的拓展和应用。

**(三)基本问题是治安学结构化之研究对象的理论抽象**

一般而言，对象就是主体行为所面对或指涉的事物。全部科学的对象，是人类所面对的整个世界及由此产生的知识整体；各门科学的对象，则是它们所面对的同一个世界的各个不同组成部分及由此产生的既相互关联又各有论域的分支知识体系。在传统的科学分类中，以什么样的自然或社会事物为自己的研究对象构成划分学科的基本标准和核心标志。在这种观念中，“对象”首先与某种实体性的客观存在相联系，即某一学科的对象，一定是指某种独立存在着的外部事物和它们的系统。这种分析思路成为我国许多学科定位的基本范式：学科的研究对象决定着学科的性质，学科的千差万别就在于各自的研究对象不同。任何一门科学的知识体系，都必须具备有别于其他科学知识体系的、结构化的研究对象，如果缺乏这样的研究对象，不可能具有明晰的知识边界或确定的、可体系化的概念、范畴、命题、假设以及适用的研究范式。

这似乎也成为我们讨论治安学之科学问题时的一种常识，但迄今为止，关于治安学科学

---

① 即个人与个人、个人与群体、个人与社会间通过“治”的社会安排以满足各个层次“安”的需求的关系。

② 参见陈祖耀. 也论社会学的基本问题[J]. 社会科学研究，1998(2)：43.

知识体系的研究对象应当如何抽象、描述，并融会于治安学知识体系的建构过程和结果的问题实际上一直未能解决。其根本问题在于研究者对于“对象”所具有的双重性缺乏科学的认知：在一门科学知识体系的整体性层面上，我们必须注重对“对象”所固有的双重性的把握，一方面，它总是存在于具体、现实的“场域”和“语境”，以及个体的实际存在和对各种社会局域中的现实具象的具体把握和反思之中，另一方面，它又必然地存在于特定的国家、社会体系之中；① 一方面，它总是外显于某个学科特殊话域的知识问题，另一方面它又必然植根于科学大系的普适的元知识问题。这就要求研究者必须从初级的、具体的研究对象中抽象出本门科学的基本问题，建构起可与知识大系融通的基本问题框架，并凭借该基本问题框架确认、规定本学科的特殊研究对象，而这恰恰也是我们辨别一门科学之核心范畴、基本问题、研究对象、知识框架选构是否科学的理论依据和知识标准之一。

治安学基本问题是从治安学的初级的、具体的研究对象中抽象出来的。在哲学范畴预设中，构成一门科学研究对象的最基本的要素决定着其知识体系的基本问题，治安学亦是如此。治安学的研究对象是什么？构成治安学研究对象的最基本要素是什么，它们之间具有什么样的结构关系？“由治达安”的基本的内在规律及其典型的外显样态是治安学的研究对象。其内在规律是怎样决定治安学性质的？其外显样态又是如何表现治安学知识体系的？通过科学分析治安学研究对象的最基本要素及其结构化特质，不难得到答案：无论是“由治达安”的内在规律，还是它的外显样态，都必然要承载于一定社会公共安全所涉及之特定的治安人、特定的治安事、特定的治安物及其间构成的特定的治安关系（或者是特定的治安环境）四个要素，而由此四要素所构成的最基本、涵摄最广、普适性最突出、知识孵化能力最强的“关系”命题，就自然地成为治安学基本问题。

可见，“治安学基本问题”是考察治安学“研究对象”的基础。这是因为，“治安学基本问题”规定了治安学所考察的社会事物中的公共安全事务及其间在一定的社会中结成的一般的和特定的治安关系。考察治安学研究对象问题的实质，就是考察治安学将要对之进行规律性研究的治安事物及其治安关系是什么的问题。而治安学要对什么治安事物及其治安关系进行理性界定，又是由治安学基本问题决定的。由此而论，对治安学“研究对象”的界定，实际上是以学科化的语言方式将“治安学基本问题”框定的治安事物及其关系按照治安学知识体系建构的理论逻辑分类描述。没有“治安学基本问题”作为立论基础，不可能对治安学的“研究对象”作出科学的界定。

基于这样的预设，我们可以将治安学基本问题的抽象过程描述为：科学共同体确认“由治达安”的四要素，并用它们确认治安学的研究对象，再从治安学的研究对象抽象出治安学基本问题，而由此产生的治安学基本问题又反过来影响治安学研究对象及其最基本的构成要素的明晰化、关联化、制度化和体系化方向、进程和结果。

## 二、治安学基本问题界定原则

### （一）位阶原则

首先，位阶原则要求我们在界定和叙述治安学基本问题时，应当明晰它作为一个“上位关系范畴”与治安学知识的范畴体系中处于中位、下位的其他知识问题间的区别和不同位阶。与其他知识问题相比，治安学基本问题应是理论逻辑顺序上首先提出和解决的问题，它

① 杨永庚．论当代中国国家哲学的基本问题和研究对象［J］．唐都学刊，2011（1）：36.

既是中位、下位知识问题的统领、衍生者，又是中位、下位知识问题的诠释对象和落脚点。由此而论，没有明确的、科学的治安学基本问题，治安学基本问题在治安学全部知识中没有名副其实的上位范畴阶位，治安学就不可能具备严谨的概念、范畴、命题、假设体系，也就没有了治安学本体知识体系的科学、统一架构。换言之，治安学基本问题是关系到是否存在治安学本体知识体系和存在什么样的治安学本体知识体系的问题。①

其次，位阶原则要求我们在界定和叙述治安学基本问题时，应当明晰它作为治安学知识体系中所有问题的交集性问题的特质，及其与其他治安学知识问题间所具有的广谱性的内在逻辑关联。正是这种内在的逻辑关联，使之具备了举目之纲的功能，并由此统领其他知识问题共同组成治安学概念、范畴、命题、假设体系，为治安学本体知识的系统化、科学化、特色化发展提供基本的理论框架。②

再次，位阶原则要求我们在界定和叙述治安学基本问题时，应当明晰基本问题是涉及治安学知识体系整体架构的全局性问题，是整个治安学理论体系的灵魂和核心，是其在科学知识大系中享有独特标签、在社会“由治达安”实践中实现效用价值的理论枢纽，它贯穿于治安学知识体系发现、生产、应用、发展的全过程，并能够内在地赋予治安学知识体系以持续的、旺盛的生命活力。

**(二)普适原则**

首先，普适原则要求我们在界定和叙述治安学基本问题时，应当明晰治安学基本问题不同于治安学的具体的知识点，而且它们本身并不直接描述“由治达安”过程的具体的操作性问题，甚至并不直接或一一对应于中位、下位知识概念或范畴。一方面，它们是从治安学其他知识问题中抽象出来的更高阶位的问题范畴，是人类知识大系之元问题中“由治达安”领域的特质化解读；另一方面，它们又是与治安学本体知识体系中的其他知识问题相分离的具有“公共”属性的知识问题，是蕴涵其他知识问题的治安学本体知识体系的“母问题”，并因此而比其他知识问题具有更大的知识宽容度、理论普适性和显明的纲领性特质。

其次，普适原则要求我们在界定和叙述治安学基本问题时，应当明晰治安学基本问题既不是就治安学知识族系中某一个分支学科知识提出的理论框架，也并非仅能够适用于某一个分支学科知识框架的架构，相反，它适用于治安学知识族系的所有分支学科，能够在价值论和方法论两个论域对各个分支学科起到统领效用。它们是治安学知识生产和应用的共享理论框架或平台，是社会“由治达安”的一般规律的知识描述、价值追求和效用定位，并因此而能够蕴涵治安学知识族系各分支学科研究过程中需要解决的全部重要问题和主要内容。

再次，普适原则要求我们在界定和叙述治安学基本问题时，必须考虑到治安学基本问题架构范式必须具备与相关学科知识体系架构范式间关联、互通和迁移的能力，以确保治安学知识体系与科学共同体中的其他知识体系之架构范式间建立畅通的接口或融会界面，确保治安学知识体系能够从知识理性上与科学共同体中相关学科知识体系间形成、保持、发展相倚同构、互为支持的关系，使治安学真正成为科学共同体中有群属、有作为、有贡献、有个性、有前途的科学族系成员，而不是自说自话、自娱自乐、一潭死水的知识死地。

---

① 刘永富，许梅. 从所知学的角度看哲学基本问题的重新判定与解决思路[J]. 人为杂志，2000(1)：23.

② 李精明. 艺术管理学基本问题研究[D]. 中南大学设计艺术学专业硕士学位论文，2012(11)：28.

**(三)恒常原则**

首先，恒常原则要求我们在界定和叙述治安学基本问题时，应当明晰治安学基本问题是自有人类社会，且人类开始意识到自身及其所处社会的安全问题并开始思考、采用一定的策略或方法保障自身及社会安全的时候，就已经存在并一直延续到今天、发展到明天的问题。这些基本问题在治安学知识的生产和应用过程中自始至终地一以贯之，而且对于这些问题的解答也不可能因治安学知识体系的发展而发生根本性的变化：对由社会治安现象和社会治安行为及其关系范畴中抽象出来的治安学基本问题的认知虽然可能经过一个由粗浅到精细、由经验到科学、由不贴切到贴切、由不理性到理性的过程，但这种过程在治安学本体知识的发展理性论域中均不具备革命性的特质，或者说具有超越人类社会“由治达安”历史积淀之真知①的特质。

其次，恒常原则要求我们在界定和叙述治安学基本问题时，应当明晰治安学基本问题的科学抽象需要科学的治安学知识体系建构及发展规划，其中有一个至关重要的问题是改变我国治安学研究一直存在的认知及选择偏好——致力于讨论当代治安治理体系的基本构成要素及其结构，从静态的角度对“由治达安”进行解剖式分析：将本时代独有状态的社会治安作为前提来碎片化地、孤立地研究、描述“由治达安”的各种具象及其所发生的某种变化，将“公共安全”视为结构化的“价值—行为”体系，将“治安秩序”视为处于本时代独有状态的“制度—效用”体系。在这种思维路线导引下，即使现实社会出现的多种形态且快速发展的治安现象和治安行为模式同样蕴涵着有史以来便一以贯之的治安学基本问题，但却依然被研究者习惯性地将之视作本时代独有的一种静止的、孤立的治安学知识结构，而不去深究潜隐其后的积淀于人类社会“由治达安”历史的治安学基本问题。② 毋庸置疑，治安学界运用这种范式开展的研究对治安学知识体系架构特别是诠释性、操作性知识的丰富发挥了不可或缺的重要作用，但由于其缺乏或轻忽从动态、本原、整体的角度挖掘人类社会“由治达安”的发展与变迁所蕴涵的治安学真知的做法却极大地限制了治安学知识体系的科学化建构进程。

再次，恒常原则要求我们在界定和叙述治安学基本问题时，应当修正我国治安学研究中出现的非历史性倾向③以及由此引发的阉割治安学知识体系发展历史的形式主义、杂烩式研究和碎片化累积惯性，④ 让治安学历史视野切实融汇入治安学基本问题研究范式之中，逐渐削弱现有的“反历史的结构功能论与经验研究相结合”的治安学研究范式，修正“可以透过对

---

① 此处系指始终贯穿于人类社会“由治达安”之“知识—经验”累进过程的治安学基本问题。

② 参见王小章．社会状态的社会学和历史进程的社会学——一个社会学史的考察[J]．浙江社会科学，2000(4)：21.

③ 坚持这种倾向的研究者并非不考虑治安学历史问题，在他们的研究范式中，治安学历史规律所蕴涵的真知往往只是被具象化地用作简单介绍的碎片化的历史材料，这些真知并未因为作为载体的具象材料的使用而能够真正融入治安学知识体系特别是治安学基本问题的架构。

④ 米尔斯在其《社会学的想象力》一书中对西方社会学研究的非历史性倾向进行了抨击，具体指出其三种错误倾向：一是阉割历史，即研究者的历史理论“变成了一种阉割历史的压模机，它塞进历史的材料，吐出人类未来的图景(其色调往往是灰暗的)”。二是形式主义，即研究者“把历史完全抛置脑后，而系统地论述人类和社会的本性”。三是杂烩式研究，即研究者把当前的现实“变成一系列互不相关而往往无甚意义的社会背景”。参见[美]米尔斯等．社会学和社会组织[M]．浙江人民出版社，1986：25、26.

当代社会生活的系统研究来指出各种社会关系的通则”的认知偏好，① 将人类社会“由治达安”的历史作为界定和叙述治安学基本问题不可偏废的维度，从整个人类社会“由治达安”的历史考察社会治安关系、社会安全结构、公共安全行为和思想模式的演进过程及治安文化积淀，使治安学基本问题的界定和叙述具备“真知”的特质，通过挖掘、描述存在于各个时代、各个社会群体、各个个体又超越具体时代、社会群体和个体的“由治达安”的共同的“知识—经验”因素，从发展治安学知识整体的一般理论的视角界定和叙述治安学基本问题。②

**(四)关联原则**

首先，关联原则要求我们在界定和叙述治安学基本问题时，应当明晰治安学基本问题形成于社会治安行为和社会安全利益的互动关系及其变迁过程之中，正是因为社会治安行为和社会安全利益间关系的形式和内容所具有的复杂、多样和丰富性，为治安学能够抽象出高度凝练、一以贯之的基本问题提供了知识上的可能性和强有力的逻辑与历史支撑。没有“由治达安”涉及的多元要素及其间的关联，就没有治安学基本问题的抽象和架构，也不可能有科学的治安学本体知识体系的生成与发展。

其次，关联原则要求我们在界定和叙述治安学基本问题时，应当明晰治安学基本问题具备统领、衍生、说明、解释治安学知识体系内的其他理论和技术问题的能力，是治安学全部研究内容间相互联系、同构体系的唯一依据。治安学知识体系应当衍变出哪些分支体系，取决于治安学基本问题框架给出的亚知识群定向，应否、能否建构以及建构什么样的治安管理学、治安经济学、治安制度学、治安心理学、治安文化学、治安史学或其他治安学分支知识体系，都将规制于治安学基本问题限定的知识场域或空间，绝非研究者的一厢情愿和主观臆断所能支配。长期以来尽管有人一直呼吁和尝试建构比较完备的治安学分支学科体系、形成丰富的治安学流派，但这种努力迄今为止依然未见成效，其根本原因是治安学尚缺乏一个科学的基本问题框架。可以预言，没有科学的治安学基本问题框架，就没有治安学本体知识体系的理性成熟，更不会有治安学学科的理性孳变和繁荣发展。

再次，关联原则要求我们在界定和叙述治安学基本问题时，应当明晰治安学基本问题必须具备迁移、整合、融通人类知识大系中其他关联学科、专业之知识的性能，以丰富、完善、发展治安学本体知识体系，使治安学真正成为既存在于其中又独立于科学之林的科学知识体系。而对于治安学知识体系应当迁移、整合、融通哪些学科、专业之知识？其迁移、整合、融通的范式是什么？如何避免关联知识迁移、整合、融通过程中可能出现的治安学本体知识异化等问题的解答，则取决于治安学预设了什么样的基本问题、架构了什么样的基本问题框架。与治安学知识体系内的分支体系建设情况一样，长期以来亦有人不断尝试发展跨学科、跨专业知识平台上的治安学理论体系，但这种努力同样没有达到预期目标，其根本原因同样是治安学尚缺乏一个科学的基本问题框架。可以预言，没有跨学科、跨专业知识平台的支撑，就没有科学的治安学基本问题框架，当然也就没有治安学本体知识体系的理性成熟和效用提升。

---

① Hohon, B., “History and Soeiology in the Work of E. P. Thompson”, The Ausatrlian and New Zealand Jounral of Soeiology, vol. 17, 1981, No. 1.

② 参见王纪平，王拓涵．从个人何以到社会——论经典社会学家关于社会学基本问题的回答[M]．河北大学学报(哲学社会科学版)，2005(1)：71.

## 三、治安学基本问题界定的基本取向

尽管治安学基本问题与社会治安治理理论、社会治安管理学、警察治安行政学的基本问题通常是交织在一起的，但它们之间又必然地存在着根本的区别。从我国科学共同体关于学科知识体系基本问题界定之讨论情形看，主要有四个定位取向可供治安学研究者分析、选择：

**（一）将治安学基本问题界定为规定、属分治安学其他知识问题的问题**

治安学基本问题界定的这一取向或偏好的实质是将治安学基本问题视作治安学知识体系研究的最实质、最核心和最能体现治安学知识体系整体性、全局性的问题，或者是科学共同体中的治安学的基本问题。

坚持这一取向和偏好意味着以其他具有完备形态的科学知识体系如政治学、经济学、社会学、法学等科学之基本问题抽象范式为参照系，界定和叙述治安学基本问题。在这种范式下，治安学基本问题就是治安学研究所要回答的关于社会“由治达安”过程及结果之诸多问题中最具有根本性的认知和行为问题,① 是贯穿治安学各个分论域、各种具体问题研究的主线、出发点和理性归宿。②

建构治安学本体知识体系必须由公共安全哲学方法论作指导，并进行公共安全哲学层面的理性思考和设计，由此作出“由治达安”之公共安全哲学话语的问题抽象和叙述——治安学基本问题。③ 就此而论，治安学基本问题规定着治安学整个知识体系研究及应用的独特视角、理论假设、重大推论及研究范式和知识生产方法选择偏好，并作为治安学知识叙述及拓展的内生驱力持续催生、促成、保证治安学的理论流派、方法学派等的衍生和发展。

**（二）将治安学基本问题界定为治安学研究的重要问题和内容**

治安学基本问题界定的这一取向或偏好的实质是将治安学基本问题视作治安学研究者所选择的具体研究对象层面的重要理论、技术问题和主要内容。

坚持这一取向和偏好意味着要么将治安学科学共同体或治安治理职业共同体关注较多，或治安治理实践中出现频度较高，或研究者群体兴趣聚焦度较高的问题视作治安学基本问题；要么将治安学理论和技术的某些论域的科研项目或者治安学主要的研究内容当做治安学基本问题。④

对于这样的认知需要加以辨析的是治安学基本问题与治安学研究的基本问题之间有无区别。实际上，“治安学基本问题”是将治安学作为一门完整的知识体系与其他学科基本问题

---

① 参见王世忠．学校管理学学科基本问题研究[J]．湖北教育学院学报，2006，23(9)：114.

② 参见宣兆凯．应用伦理学研究的基本问题及其范式整合[J]．哲学动态，2008(3)：36-40.

③ 按照逻辑和历史一致性原则，哲学理论分为三个层次：第一个层次是关于在人类出现之前，世界的本原是什么，有没有超自然的精神存在的理论；第二个层次是在人类出现之后，关于人类精神与物质世界关系的理论；第三个层次是社会哲学，即社会与个人关系的理论，在这个层次上，治安学的一般理论与社会哲学原理是一致的，没有必要、也很难把二者作明确的划分。亦即此处所说的是治安知域的哲学范畴，是立足于社会哲学层面又通过治安学基本问题体现更上位层次的哲学理论范畴。参见杨心恒，刘豪兴，周运清．论社会学的基本问题：个人与社会[J]．南开学报(哲学社会科学版)，2002(5)：15.

④ 参见林坚．论国家学的基本问题及学科体系[J]．探索与争鸣，2010(6)：8-14.

相对照而确立的问题，是治安学作为独立知识体系的根基。而治安学研究的基本问题则是把具体的研究内容作为一个整体所确定的治安学类问题，它们蕴涵于治安学基本问题框架之中，是治安学基本问题的诠释、分论和展开。由此而论，治安学研究的重要问题或主要内容并不能等同于治安学基本问题，无论是从知识层面，还是从制度层面或应用层面，治安学研究的重要问题或主要内容在实质上都应当由治安学基本问题导引、发展出来，即这些需要展开专题研究的重要问题或主要内容都只能以治安学基本问题为界定标准、分析框架、立论基础和解题依据，而不是相反。否则，治安学不可能在一个真正科学的理论框架内形成纲目明晰、层次严谨、知能具备、结构完善的知识体系。

**(三)将治安学基本问题界定为分歧性知识问题**

治安学基本问题界定的这一取向或偏好的实质是将治安学基本问题视作治安学研究中因认知分歧引发的争议性知识问题，并将其分为若干个理论或技术问题群,① 或者将之界定为治安学研究中存在的理论分歧。②

实际上，在治安学知识框架中，围绕基本问题的讨论从来都没有终止过，而且今后依然不会终止。但这种现象并不能说明所有分歧性认知所形成的问题都能够成为治安学基本问题，其中只有那些真正能够从质性、量性和知识迁移整合能力三个维度上决定治安学知识框架、研究范式、学科方向，具有一以贯之、历史积淀、知能孵化特质的问题，才可能被提升为处于治安学知识体系上位范畴③的“治安学基本问题”。而其他位阶较低的中位和下位范畴都只能归属于由治安学基本问题衍生的某个论域的非全局性问题。

**(四)将治安学基本问题界定为关联性知识问题**

治安学基本问题界定的这一取向或偏好的实质是以“由治达安”的公共安全利益追求与社会治安行为实施为知识平台，概括或抽象出能够最大限度涵摄、迁移、整合相关科学知识的治安学问题。

坚持这一取向和偏好意味着将治安学基本问题视为人类知识大系的组成部分，它是该大系中涉及“由治达安”的公共安全知识的相对独立的分系。治安学基本问题就是“由治达安”领域的公共安全所涉及的全部理论、技术作为一个相对完备的知识整体所要回答的问题，这些问题不可能不属于治安学本体知识体系，也不可能不关联于人类知识大系中相关分系的知识体系，更不可能游离于人类知识大系而独立存在，它们所要体现的正是治安学知识体系与同一个人类知识大系中的其他分系知识间的区别与联系——相异分论、相倚同构关系。

科学的治安学基本问题架构应当能够体现治安学知识体系之逻辑与历史的统一。因为逻辑是主观思维对客观世界的反映,④ 治安学知识体系也与其他科学体系一样具有自身的唯一

---

① 参见代云红．中国文学人类学基本问题研究[D]．上海：华东师范大学，2010.

② 参见李精明．艺术管理学基本问题研究[D]．中南大学设计艺术学专业硕士学位论文，2012(11)：24.

③ 此处所说“上位范畴”，是以治安学本体知识框架为参照系所作的一种界定，即这些范畴对于治安学本体知识其他位阶的范畴具有统领、规制、胚基(或孵化)、出新等文化功能。但相对于整个科学共同体和职业共同体的更广博、抽象度更高的知识范畴而言，它同时又居于较低的位阶。

④ 列宁曾说：逻辑形式和逻辑规律不是空洞的外壳，而是客观世界的反映。参见列宁全集(第38卷)[M]．北京：人民出版社，1972：192.

的逻辑原点，而且这个逻辑原点应当和人类社会“由治达安”的历史起点相一致。① 自有人类社会并萌生了安全与秩序关系的意识开始，人就处于社会安全需求和社会治安行为的相倚互动之中，安全需求公共化的人成为对象化了的主体，秩序化的社会则成为主观化了的客体。这不仅是治安学知识的滋生点，也是治安学研究的原始起点，同时，它们共同整合于人类“由治达安”的历史进程，成为人类社会“由治达安”过程及结果之“需求—思想—制度—行动”诸要素及其关系衍化的映像。

## 四、治安学基本问题界定的理性选择

### (一)治安学基本问题选择的理性基准

长期以来，治安学界一直积极推动着“由治达安”知识的科学化、理论化进程，雄心勃勃地计划着建立一门真正科学的治安学知识体系，但时至今日，并未达到预期的目标，其根本原因就在于一直固守着一个错误的方法论——排除形而上学。这是因为，治安学的研究者在排除形而上学的过程中，会不可避免地将一些具有根本性、基础性的重大的理论治安学问题也作为“形而上学”排除出去，从而大大降低了治安学的理论反思能力和科学架构能力，使治安学陷入狭隘经验主义的困境：更多关注真理的“现实性”和“现世性”，偏忽真理的普遍性和历史性；更多关注真理的“有用性”和“可操作性”，偏忽真理的整体性和普适性。显然，为了实现治安学界雄心勃勃的“立学”计划，扭转长期以来偏见性研究范式造成的治安学危机，② 就必须在治安学中找回那些被经验主义作为“形而上学”排斥出去的根本性、基础性的重大理论问题。治安学基本问题就是理论治安学必须确立的根本性、基础性问题，而且是我们必须界定和叙述的治安学整个知识体系的根本性、基础性的重大理论问题。③

基于这样的思考，对于治安学基本问题的理性选择和科学叙述应当把握统一的可确认的理性基准：一方面，治安学基本问题在理论层面应当属于治安学的元预设(meta-presupposition)，即治安学研究中与“元问题”④直接关联的预定性假设。这类预设与处于较低位阶的中位、下位理论预设不同，它们不仅是与治安学元问题直接关联的预定性问题，可以直接由治安学元问题展开，而且对于整个治安学知识体系的生产及应用或者治安学理论研究和实证研究构成预含的、尚未展开而将要展开的基础性的、原则性的和指导性的论断；⑤

---

① 人类从与动物界分离之日起，由于安全生存和发展的需要，彼此之间结成具有公共性的秩序化社会关系，同时又通过公共性的秩序化社会关系激发出新的更典型的公共安全需要。正是通过多种多样而又错综复杂的社会安全关系，形成了结构丰富又动态发展的群体、组织、规范、制度，人们才可能安全地聚集在一起共同生存和发展。

② 治安学危机的本质和内涵是什么？对此不同的学者由不同的看法，但其中一点却是治安学界普遍认同的，即治安学面临着严重的“智识危机”——治安学者们每天都在“创造知识”，但这些知识却在思想性、真理性、普适性方面具有严重的不足和缺憾，这导致了治安学在理论和知识上显得十分贫乏和苍白，未能取得理想中的知识进展。主要是表现在缺乏统一的理论和研究范式，不能有效地解释、预测和应对由治达安的普适性问题等。参见冯仕政．论社会学基本问题[J]．高校理论战线，2003(6)：39.

③ 冯仕政．论社会学基本问题[J]．高校理论战线，2003(6)：40.

④ 治安学的元问题，就是个人与社会关系问题，其中包含通过个人与社会关系映射——个人与社会关系和个人与自然关系间的相互对应关系及其形成过程——的人与自然关系。在治安学本体知识中，这个元问题集中表现为个人与社会间治安关系。

⑤ 郑杭生，杨敏．论社会学元问题与社会学基本问题——个人与社会关系问题的逻辑结构要素和特定历史过程[J]．华中科技大学学报(社会科学版)，2003(4)：5.

另一方面，治安学基本问题在知识架构层面又是治安学元问题的第一次级或衍生性问题，它们是关于治安学元问题在“由治达安”过程中所体现的“知性—行性”相整合的基本属性视角的不同表达。这些表达往往以统合性的、理论性的形式，体现出治安学知识体系的实质、效用和策略，以及由治达安过程中个人与个人、个人与群体、个人与社会间治安关系问题的基本性质。

**（二）治安学的三个基本问题**

1. 安全与秩序间关系问题

“由治达安”过程中的个人与社会间治安关系的第一个基本性质体现于安全与秩序间关系问题。

安全需求是个体、群体、整体的第一需求。① 在治安秩序论域中，个人安全需求的最大限度满足是以群体安全需求满足为本体预设的，纯粹的个人安全需求满足问题，不属于治安秩序调节的范畴。一方面，只有当个体的安全需求满足问题上升为群体安全需求满足问题时，才可能纳入治安秩序的范畴；② 只有当个体、群体的安全需求上升为整体的公共需求时，才能形成具有普遍的强制约束力的治安秩序——国家层面的治安秩序。另一方面，国家层面的治安秩序一经形成，它又反过来引导、规制、保障个体、群体和整体安全需求满足的过程和结果。③ 古往今来的由治达安及其发展和进步，正是在人的安全需求与社会的秩序安排间的相倚互动中实现的。

2. 国家安全与社会治安间关系问题

“由治达安”过程中的个人与社会间治安关系的第二个基本性质体现于国家安全与社会治安间关系问题。

个人与社会间治安关系的确立和运行能否达到预设的目标，取决于“由治达安”过程中参与治安治理行动者是否及其如何能够被整合于社会的治安关系结构和制度化结构系统之中。个人、群体、整体作为不同的治安行动主体，整合于社会的治安关系和制度化结构系统通常有三个基本维度：共同追求的公共安全目标，国家安全和社会治安。其中“公共安全目标”维度决定着“由治达安”的价值尺度和质量；“国家安全”和“社会治安”两个维度体现社会的治安关系和制度化系统建构及运行的“投入—产出”偏好和效用水平。

由此而论，如果说此结构中公共安全目标维度主要通过“安全—秩序”关系性质体现，并规定着人与社会间治安关系的实质，那么，“国家安全—社会治安”关系性质则体现着“由治达安”的行动结构和制度结构，并关系到“由治达安”效用的结构化实现。

3. 保护与限制间关系问题

“由治达安”过程中的个人与社会间治安关系的第三个基本性质体现于保护与限制间关系问题。这一范畴主要体现于两个次级关系问题：

---

① 包括生命、健康、财产、自由等方面的安全需求。此处所说“第一需求”，与马斯洛教授的需求理论并不悖反，恰恰相反，它是马斯洛需求塔结构的另一个视角的分析，如生理需求实质上是人关于自身生命维系的安全、健康维持的安全、人口延续的安全等生物体要素安全保障的需求。而财产、自由等则属于更高层面或次级层面的安全需求。

② 个体安全需求满足问题解决是治安秩序建构的最深刻、最持续、最强有力的内驱力，没有个体安全需求满足问题解决的动因，就没有治安秩序的建构和运行。

③ 王均平. 安全，还是秩序——治安理论与实践之上位概念分析及选择[J]. 中国人民公安大学学报（社会科学版），2009(6)：44-48.

一是“由治达安”过程中的个人安全需求满足之自由与公共安全需求满足之秩序规制间关系问题。这是因为，关于社会的研究总是围绕着自由和秩序问题展开，每一种理论都介乎于两极之间；正是个体的自主性使“秩序”成为问题，正是这种秩序问题使得治安学成为可能。①

二是“由治达安”过程中的“权益自主”与“权力规范”间关系问题。② 实际上，在“由治达安”过程中，自始至终都会存在的治安关系问题是个人向往自由，社会需要秩序；个人要求权益自主，社会诉诸权力规范。如果说“个体的自主性使‘秩序’成为问题”，那么，在社会的秩序性面前，个人自由也难免受到质疑。③ 由此，在“由治达安”过程中，个体、群体的自由诉求与整体的秩序安排，个人安全需求和社会公共安全需求间所表现出的一致与分歧、和谐与紧张、相倚与相悖、整合与冲突，也就自然而然地成为治安学知识体系建构及“由治达安”社会实践的问题性、风险性和危机性的根源。④

**(三)治安学基本问题间关系**

安全与秩序间关系、国家安全与社会治安间关系和保护与限制间关系问题都是治安学元问题直接衍生而来的，该元问题体现于“由治达安”过程及其结果的基本性质，三个基本问题之间具有相互区别、相互制约，相互渗透、相互依存、相互转化的内在联系，它们共同架构起“实质—效用—策略”三位一体的治安学基本问题框架。

在三个基本问题中，各个问题所包含的一对范畴⑤以及三个基本问题之间实际上都是你中有我，我中有你，难分难解的，但在叙述“由治达安”过程及其结果中的人与社会间治安关系时，却又存在着相互区别、相互制约的关系：安全与秩序间关系问题是“由治达安”过程及其结果中的人与社会间治安关系的实质，它所描述的是“由治达安”的价值追求偏

---

① 杰弗里·亚历山大. 社会学二十讲：“二战”以来的理论发展[M]. 北京：华夏出版社，2000：9.

② 莱斯利·里普森从一个侧面说明了社会学所面对的这种社会真实：“如果一种理念同另一种理念相冲突时，会发生什么呢？为了自由，有时候会牺牲生命；为了平等，自由可能会被减少；公共的安全可能会剥夺个人的权利。在人类历史的某一阶段，人们为了私人的进取而努力，在另一个时候，则为了公共福利而搏斗。有时，他们重视自由不被国家侵犯，有时又要求国家保护他们的安全。人们总想保住大多数私人或国家权利和地方的自立，在这点上他们可能更加意气相投。”参见莱斯利·里普森. 治学的重大问题[M]. 北京：华夏出版社，2001：17.

③ 后现代主义的著名代表人物福柯对于“生物政治学”、“微观政治学”、“身体的政治技术”的阐释，生动地展示了权益自主与权力规范的关系：“我们可以有把握地接受一个基本观点，即在我们今天的社会里，惩罚制度应该置于某种有关肉体的‘政治经济’中来考察：尽管它们并不使用粗暴的、血腥的惩罚，尽管它们使用禁闭或教养的‘仁厚’方法，但是，最终涉及的总是肉体，即肉体及其力量、它们的可利用性和可驯服性、对它们的安排和征服。”“肉体也直接卷入某种政治领域；权力关系直接控制它，干预它，给它打上标记，训练它，折磨它，强迫它完成某些任务、表现某些仪式和发出某些信号。这种对于肉体的政治干预，按照一种复杂的交互关系，与对肉体的经济使用紧密相联；肉体基本上是作为一种生产力而受到权力和支配关系的干预；但是，另一方面，只有在它被某种征服体制所控制时，它才可能成为一种劳动力(在这种体制中，需求也是一种被精心培养、计算和使用的政治工具)；只有在肉体既具有生产能力又被驯服时，它才能变成一种有用的力量。”参见米歇尔·福柯. 规训与惩罚[M]. 北京：生活·读书·新知三联书店，1999：27-28.

④ 郑杭生，杨敏. 个人与社会的关系——从前现代到现代的社会学考察[J]. 江苏社会科学，2003(1)：7-8.

⑤ 即“安全”与“秩序”，“国家安全”与“社会治安”，“保护与限制”，它们在各自所属的基本问题中，都构成成对的范畴。

好——以人和社会的安全需要满足为最高价值追求，还是以秩序规制者的制度需求满足为最高价值追求。国家安全与社会治安间关系问题是“由治达安”过程及其结果中的人与社会间治安关系的功利性效用，它所描述的是“由治达安”的效用衡量偏好——以个体、群体的人的安全需要满足为最基本、最重要的评估标准，还是以整体的或国家的安全需要满足为最基本、最重要的评估标准。保护与限制间关系问题是“由治达安”过程及其结果中的人与社会间治安关系的方法论原则，它所描述的是“由治达安”的策略偏好——以促进个体、群体的人的安全需求的自主实现为最基本、最重要的“由治达安”路径，还是以整体的或国家的公共安全意志的普遍约束为最基本、最重要的“由治达安”路径。

正如美国社会学家古尔德纳所说，无论喜欢还是不喜欢，了解还是不了解，治安学家都要根据预先确定的假设来组织自己的研究，治安学知识体系架构依赖于这些假设，并随这些假设的变化而变化，这就要求研究者透过种种治安现象去辨析更深一层的关于人与社会间治安关系的假设。正因为如此，适宜治安学的研究范式不是如何理解治安学的特点，而是理解关于人与社会间治安关系的假设：安全与秩序间关系、国家安全与社会治安间关系和保护与限制间关系问题。① 这种范式根基于三个基本问题的预设理论框架及其所决定的治安学本体知识的所有问题和范畴之间所应当具有的广谱的；② 内在的联系。这种联系的实质正如哈贝马斯所说：人们从霍布斯以来一直尝试根据偶然相遇的目的行为者的理解结构和个人利益的计算，解释具有超越主体的规范有效性要求的规范是如何形成的，但直到今天，关于独立行为者的双重偶然秩序的形成问题依然没有得到比霍布斯时代让人觉得更为可信的解答。③ 按照哈贝马斯的理解，行为者（或独立行为者）、个人、主体以及结构、规范、秩序等概念之间的替代和转换关系所反映的是它们间存在的内在联系。④ 在治安学研究中，这种内在联系使“由治达安”过程中的行动、意志、动机、意义、沟通、社区以及结构、系统、制度、规则、支配、安排等概念产生逻辑联结，并通过治安学三个基本问题架构起一个理论知识系统——治安学。从这个意义上，我们认为安全与秩序、国家安全与社会治安、保护与限制间关系问题为“由治达安”的各种各样的理论观点提供了治安学知识统一性的理论基础和丰富化的知识空间，而由此衍生的一系列“由治达安”的设问及解答，都必然地构成了治安学研究得以拓展的分支性的认知路径和知识通途。

---

① 参见冯仕政．论社会学基本问题[J]．高校理论战线，2003(6)：43.

② 广谱(broad spectrum)的最直接含义是广泛的谱系，指理论渊源于并适用于相对广泛的知识系列(英文 spectrum 有系列、范围的意思)。“广谱”所描述的范畴是隐藏在相对广泛的知识系列背后的“一般哲理”，既包括相关知识间性的原理，又包括科学技术中和生活中的哲理。例如，谚语“三个和尚没水吃”反映的是一条哲理，并不是指三个和尚之间的事，它反映了任何一个客体系统(无论是自然界的系统，还是人类社会系统)的子系统之间发生内耗时，整体的功能下降。反之，谚语“三个臭皮匠，合成一个诸葛亮”，是指任何客体系统的子系统之间发生协同作用时，整体的功能上升。

③ [德]于尔根·哈贝马斯．后形而上学思想[M]．曹卫东，付德根译．北京：译林出版社，2001(5)：70.

④ 郑杭生，杨敏．论社会学元问题与社会学基本问题——个人与社会关系问题的逻辑结构要素和特定历史过程[J]．华中科技大学学报(社会科学版)，2003(4)：7.

# 第二节　安全与秩序间关系问题

## 一、治安学论域的安全

### （一）关于“安全”的语义学概念的不同理解

关于什么是“安全”的问题，迄今为止并未达成共识。有人将“安全”界定为社会行为主体没有或很少受到威胁的生存状态。它包括客观和主观两个方面，即客观上不存在外部攻击的现实或潜在的威胁，主观上不存在担心外部攻击的恐惧感。尽管该定义具有非常显著的合理性，但由于“安全”是一个多义性的概念，以至于不少政治学、社会学、安全学学者如巴瑞·布赞、丹尼尔·费雷、罗伯特·杰维斯等认为其难以界定，只能根据不同的情况作出模糊的描述。①

古代汉语中没有“安全”一词，但出现于文献中的“安”表达了通常理解的“安全”这一概念。作为现代汉语的一个基本语词，“安全”在现代汉语辞书中有着基本相同的解释：安全，是指没有危险，不受威胁，不出事故。②

英语与汉语“安全”一词相对应的主要有 safety 和 security 两个单词。safety 具有安全、平安、稳妥的基本含义；security 具有安全、无危险、无忧虑、提供安全之物、使免除危险或忧虑之物的基本含义。③ 前者主要强调的是一种状态，比较抽象，是一个更适合于“理论治安学”论域的范畴；后者既包含有状态，也包含有达成这种状态的过程和要素，是一个更适合于“应用治安学”论域的范畴。

在我国，英汉对译的“安全”用词多为 security，这或许导源于部分学者认为安全不仅是一种状态，而且还是一种行为，应当把安全工作、安全活动、安全措施、安全机构等涵盖于“安全”的概念之中。但对于这样的理解，也有学者表示了明确的反对意见：对“安全”概念的这种解释是不准确、不恰当的；尽管安全与安全活动、安全措施、安全机构等密切相关，但“安全”概念与“维护安全”、“安全措施”、“安全机构”间具有严格的区别，安全不包括安全活动、安全措施、安全机构，定义“安全”概念时绝不能把维护安全、安全措施、安全机构等都统统放进去。④

### （二）关于“安全”基本属性的不同见解

有人主张安全具有二元性。安全的基本属性具有主、客观之二元性：客观方面是指外界的现实状态；⑤ 主观方面是指人们的心理状态。⑥ 阿诺德·沃尔弗斯认为，从客观意义上

---

① 张幼文，周建明．经济安全：金融全球化的挑战[M]．上海：上海社会科学院出版社，1999：361.

② 万启智等．新法编排汉语词典[M]．北京：新华出版社，1985：904.

③ 张芳杰．牛津现代高级英汉双解辞典[M]．香港：香港牛津大学出版社，1985：1021、1048.

④ 刘跃进．“安全”及其相关概念[J]．江南社会学院学报，2009(3)：17-231.

⑤ 从客观状态的视角理解安全的概念，有两种基本状态：一是客观上不存在威胁，二是后果上不蒙受损害。如果客观上存在威胁，或者后果上蒙受损害，或者二者皆备，都应视为不安全。参见子杉．国家的选择与安全——全球化进程中国家安全观的演变与重构[M]．上海：上海三联书店，2005：8-9.

⑥ 心理状态是指人在特定时空的心理活动所表现的形态。心理状态既有暂时性，又有稳固性，是心理过程与个性心理特征统一的表现，是当前事物引起的心理过程、过去形成的个性特征和已有的心理预期相结合的产物。人们的安全心理状态，既可能导源于外界的现实状态，也可能导生于其内部感觉。

讲，安全是指所拥有的价值不存在现实的威胁；从主观意义上讲，安全是指不存在价值受到攻击的恐惧感。这个说法被概括成广为接受的安全概念，即安全是指客观上不存在威胁，主观上不存在恐惧。国内的学者也多认同这个概念，有的甚至认为安全首先是一种主观感觉，安全又是一种客观存在，是具有对抗一切现实或潜在威胁的实实在在的保障。①

有人主张安全具有一元性。安全的基本属性是客观性：安全是主体的利益不受来自外部和内部的破坏、威胁以及任何其他危害影响的一种状态。② 持这种观点的学者认为，安全是客观的，不存在主观性，也不可能在具备客观性的同时又具备主观性，安全具有二元性即客观性和主观性的说法有违辩证唯物主义的基本观点。

**(三)“安全”基本属性的治安学描述**

1. 要点之一：治安领域的客观存在与主体感觉相统一的产物

治安学论域理解、把握“安全”基本属性的要点在于：既要区别客观存在与主体感觉，又要充分考虑二者间的内在联系。安全是主体对客观的安全状态的反映。这种主观反映可能正确，也可能错误。有时即使客观上没有威胁，主体也有可能产生恐惧，并实施相应的不安全防卫行为如假想防卫③；有时即使客观上存在危险，但主体却可能没有恐惧感；有时面对同一个客观威胁，不同的主体在主观上感受到的威胁性质或程度可能有所不同。因此，在理解和应用“安全”的基本属性原理时，要注意把握四点：

(1)安全是主体面临的一种状态，它反映主体在特定时空所受威胁的性质和程度，离开了主体，就无所谓安全或不安全。

(2)安全是一种客观状态，没有客观存在的威胁，也就没有不安全状态。

(3)安全是一个相对概念，客观的安全状态既可能与主体主观感受、判断、反应相一致，也可能存在一定程度的差异。

(4)治安学讨论的安全范畴通常不是纯粹的自然界安全问题，它首先是社会安全问题，只有当自然环境的变化导致相应受体发生危险状态的情形，自然的安全状态才会转化为治安学研究的安全问题。

2. 要点之二：治安领域的具体对象与抽象关系相统一的产物

治安学论域的安全既包含着一定的实体，更是一种社会关系，④ 一种人与人、人与社会、人与自然以及社会与自然的非危险关系——社会安全关系。

马克思认为，社会是由生产关系的总和所构成的各种社会关系所组成的。人们在共居的关系体中，由共同活动和互相交换其活动所结成的相互关系就是社会的本质特征。在该共居的关系体中，由于人们的活动是共同的，而且是相互交换的，所以，该共同体的构建及运行

---

① 夏保成．国家安全论[M]．长春：长春出版社，1999：31.

② 子杉．国家的选择与安全——全球化进程中国家安全观的演变与重构[M]．上海：上海三联书店，2005：8-9.

③ “假想防卫”是指行为人因主观认识上的错误，误认为有不法侵害的存在，实施防卫行为，结果造成损害的行为。对于假想防卫，应当根据认识错误的原理予以处理，有过失的以过失论，无过失的以意外事件论。

④ 共居于同一个安全体的实体通常表现为一定社会或社区“安全”的载体，而该安全体赖以构成的安全关系则是一定社会或社区“安全”的实质。

不可能没有规则、没有秩序、没有基本的安全要求和条件。① 显然，马克思此处所描述的社会关系是一个广义的范畴，它涵盖了整体社会的政治、经济、文化以及人类社会与自然界的方方面面的互动关系。

这个概念对于治安学论域的安全关系而言，更多地体现在它为我们的研究提供了一个公共平台、共享背景和根本的价值及策略原则支持。但如果要真正发挥它的这些作用，就必须将“社会关系”转换为治安学论域的“安全关系”，并运用治安学的话语对之进行界定或描述。换而言之，治安学核心范畴论域所讨论的不是泛化的社会关系，② 而是社会安全关系。

3. 要点之三：治安领域的个体安全与群体安全相统一的产物

治安学论域的“安全”的典型结构形态是“社区安全复合体”。

(1)从层次的角度分析，安全既可以是个人(体)的，③ 也可以是群体或组织的，或是社区的，或是国家的，或是国际的，甚至是星际的。处于不同层次的安全问题，具有不同的内涵和外延。

(2)从形态的角度分析，安全既可以是物质的，也可以是精神的；既可以是显态的，也可以是隐态的；④ 既可以是实体的，⑤ 也可以是关系的；既可以是即时的，也可以是持续的。

(3)从致害体和受害体的角度分析，⑥ 安全既可以是自然的安全，也可以是社会的安全。前者来源于自然界运动状态的改变，后者来源于人为因素或者自然变异与人为因素的共同作用。⑦ 但无论哪种“社区安全复合体”，其本质都是“社区相关要素间的安全关系”，或者说其共同的属性标志都是“社区安全关系体”。

## 二、治安学论域的秩序

### (一)关于“秩序”的语义学概念的不同理解

古代汉语中，“秩”和“序”都含有常规、次第的意思。到了西晋时期，文学家陆机在其

---

① 参见：马克思恩格斯全集(第46卷)[M]. 北京：人民出版社，2003：927.；马克思恩格斯全集(第4卷)[M]. 北京：人民出版社，1995：532.；马克思恩格斯全集(第1卷)[M]. 北京：人民出版社，1995：344.

② 尽管治安所涉及的社会安全关系及其表现形态治安秩序不可避免地要与社会其他关系如政治、经济、文化关系等发生各种各样的联系，但治安论域的这种联系只是要找到社会安全关系与其他关系之间对接互动的接口或界域，而不是也不应该将自己的对象转换为其他社会关系的研究对象，以至于“种了别人的田，荒了自家的地”。

③ 治安学论域中安全范畴的个体在大多数情形下，表现为特定安全关系中的个体，而不是非安全关系体中的自在的孤立的个体。

④ 无论是在辞书中，还是在学术研究中，人们经常把安全与“不受威胁”、“不出事故”等联系在一起。但是，我们不能因此认为“不存在威胁”、“不出事故”、“不受侵害”就是安全的特有属性。安全肯定是不受威胁、不出事故、不受侵害的，但是不受威胁、不出事故、不受侵害并不一定就安全。某些实质不安全状态也可能与“不存在威胁”或“不受威胁”的外显形式或主体感觉同时存在。

⑤ 在大多数情形下，治安学论域中安全范畴的实体表现为特定社会安全关系中的实体，而不是非安全关系体中的自在的孤立的实体。

⑥ 致害体是指破坏或威胁共居于一个安全复合体的社会安全关系并造成其非安全状态的各种动力要素及其破坏活动。受害体是指遭受破坏或威胁的自然结构和人类及其社会安全关系。

⑦ 马宗晋，高庆华. 灾害学导论[M]. 长沙：湖南人民出版社，1998：63-64.

文章中将二字合成，首用“秩序”之词①：谬玄黄之秩序，故澳涊而不鲜。② 虽然作者在此使用“秩序”之词，以喻选词、造句、著文应当像调配颜色一样，使之搭配得当，并没有社会秩序之意。但研考《文赋》全文，此处所用“秩序”之词，显然包含了规律、次序、不颠倒混乱的意义。现代汉语中，将“秩序”定义为有条理、不混乱的情况。③

比较“秩序”之语义学概念的演进过程可以发现，现代汉语对于“秩序”一词的解释并未超出古汉语厘定的界限，这种情况在汉语中应该说是不多见的，它反映了中国文化对于“秩序”的始终一贯的理解和追求。④

英语与汉语“秩序”一词相对应的主要有 order 和 sequence 两个单词。order 具有次序，顺序；治安，秩序；命令，嘱咐等含义。sequence 包含有关联的一组事物，一连串；后果，结果；前后次序，顺序，程序；关系，关联；链区，构造层；场景等含义。但在我国的一些译文文本中，通常在“秩序”特别是“治安秩序”和 order 之间进行对译，较少见与 sequence 对译的。这种现象背后所蕴涵的实质性问题或许与“国家一元管控不仅一直是我国治安管理理论和实务领域中的主导理念，也是我国治安制度供给与消费的稳定的基本范式”相关。

**（二）关于“秩序”基本属性的不同见解**

1.“秩序”基本属性描述争议

有人认为秩序是为规范主体行为、调适社会关系而建立的一整套规则体系。⑤

有人认为秩序是规范人们的社会关系，调适其行为的规则和机制，是人类社会的基本内容。⑥

有人认为秩序是规范体系、规范主体行为，调整社会关系而建立起来的有条不紊的状态。有人认为秩序是一定的物质的、精神的生产方式的社会固定形式，因而是它们相对摆脱了单纯偶然性、任意性的形式。有人认为社会秩序就是社会得以聚结在一起的方式。⑦

2.“秩序”基本属性争议辨析

从上述具有一定代表性的秩序概念界定可以看出，关于“秩序”本质的认识，既出现了共识点，也存在着差异处。

其共识点集中于：其一，秩序是一种社会形式；其二，秩序是社会关系形式；其三，秩序是客观存在着的社会关系的规则形式，是具有规范社会关系、调适社会关系主体行为功能的社会关系规范体系。

其差异处集中于：其一，秩序是一种规则体系；其二，秩序是一种调适机制；其三，秩序是一种社会状态；其四，秩序是一定社会关系的固定形式。

**（三）“秩序”基本属性的治安学描述**

1. 治安学论域的“秩序”具有两重性

一方面，在治安学论域中，科学界定“秩序”的基本前提是符合社会关于秩序基本属性的同一性描述，即治安理论和实践所讨论的“秩序”，也是一种社会形式、一种社会关系形

---

① 王彩元．治安学基础理论专论[M]．北京：中国人民公安大学出版社，2005：91.

② 陆机．文赋.

③ 万启智等．新法编排汉语词典[M]．北京：新华出版社，1985：1262.

④ 宫志刚．社会转型与秩序重建[M]．北京：中国人民公安大学出版社，2006：23.

⑤ 田润峰．论秩序[D]．陕西师范大学硕士研究生学位论文，2002：31.

⑥ 邢建国，汪青松，吴鹏森．秩序论[M]．北京：人民出版社，1993：4.

⑦ 邹吉忠．论现代社会的秩序问题[J]．河北学刊，2002(1)：34-38.

式、一种社会关系的规则形式。

另一方面，必须明确治安理论与实践所讨论的“秩序”又不同于其他领域所讨论的“秩序”范畴。由社会和社区的本质所规定，社会治安和社区治安所关注的是社会关系和社区关系中的公共安全关系特别是被国家现行安全政策以及治安行政法律、法规和刑事法律、法规调节的社会、社区公共安全关系——社会、社区治安关系。

显然，此处的社会、社区治安关系的最典型的表现形态就是治安秩序的各种表征，或者说治安秩序是由国家安全政策、治安行政和刑事法律、法规所确定和协调的以社会、社区公共安全关系为核心的社会关系的外显形态。

2. 治安学论域的“秩序”的特质是“实体—程序”制度安排

自人类社会有了公共管理组织，并开始由该组织规制个体、群体、整体的社会安全意识和行为以来，以“实体—程序”为典型形态的公共安全秩序就被确立，并借助“与人民大众相分离的公共权力”的保障，通过实际的、具体的、日常的公共安全治理过程发挥它的作用，满足组织的安全需求，生产组织预设的社会安全目标。

社会秩序是由一系列制度保障的，制度的本体不是文字，而是程序。① 社会秩序的这种特质在治安学论域的秩序中尤显突出。治安学论域的秩序集中表现为“由治达安”的一套公共安全运行规则，它是一个社会的政治共同体经由确定个人、群体以及整体的公共安全行为运行的程序规则建立起来的。只有通过公共安全运行程序设计，才可能保障所有的个体、群体平等参与公共安全事务之中，共同生产公共安全产品，维持社会的安全有序发展。

在治安行政过程中，警察执法出现的程序违法——无论是执法的方式、时间限制还是执法步骤破坏了程序正义，都必将对公共安全运行之实体正义构成威胁。同时，程序具有决定合法化的功能，警察执法过程中出现的任何程序违法，都会破坏程序正义建立起来的公共安全期望结构和生存环境，导致社会公众对于警察执法过程及结果的难以接受、不可接受和行动对抗。②

## 三、治安学论域的安全与秩序间关系

### （一）安全是秩序的实质内容

1. 描述“秩序”实质的立足点

治安秩序是社会安全之秩序，是社会关系中的公共安全关系的“实体—程序”制度安排，它来源于而且只能来源于社会公共安全关系，并伴随一定社会的公共安全关系的发展而发展。而治安秩序一旦被确认，就会与社会安全一起构成“由治达安”过程和结果的最重要、最核心、最基础的范畴，或者说社会“由治达安”的所有问题都与“安全—秩序”关系相关。正如恩格斯所说：“在社会发展的某个很早的阶段，产生了这样一种需要，即把每天重复着的生产、分配和交换商品的行为用一个共同的规则概括起来，设法使每个人服从生产和交换的一般条件，这个规则首先表现为习惯，后来便成了法律。”③这样的法律、规则体系就是所谓的社会秩序或者社会关系秩序。

---

① 《珞珈政治学评论》编辑委员会．珞珈政治学评论（第 4 卷）［M］．武汉：武汉大学出版社，2011：55.

② 王星元．论警察权的控制与规范［D］．吉林大学宪法与行政法专业博士学位论文，2013：51.

③ 马克思恩格斯选集（第 2 卷）［M］．北京：人民出版社，1995：538-539.

以我国为样本分析，治安秩序是社会公共秩序的重要组成部分，是我国治安法律法规所规范的主要涉及国家安全、社区安全、集体财产安全、公民的人身与财产等安全的社会公共安全秩序，其本质是社会公共安全关系或治安关系。①

社会治安秩序与社会公共安全之间的关系也不可能有悖此理。也就是说，公共安全决定治安秩序，有什么样的公共安全内容，就有什么样的治安制度安排或秩序样态。

2. 治安秩序随公共安全关系的变化而变化

治安秩序作为社会关系中的公共安全关系的秩序，必然随着一定的社会公共安全关系的变化而变化。柯宾认为，法律是不确定存在之现象，法律不会确定不变，它必须随当时的社会状况及需要而改变。②

当人类关系每天都在改变时也就绝不可能有持久不变的法律关系，法律的不确定性并不是一个什么不幸的偶然事件，只有滚动的、弹性的，或有限度确定性的法律制度，才能适用这种社会关系，否则社会就会受束缚或产生某种全局性的混乱。③

3. 公共安全关系的不确定性对于治安秩序的产生与发展具有本源意义

如果我们将恩格斯依据社会的物质制约性对法律产生之影响的分析推进一步，则不难发现由于物质制约性只是人类社会关系发生、发展实际境况的不确定的表现，它对法律产生的意义并不具有根本性，只有社会关系不确定性这个人类社会生活的最普遍的内在属性对法律的产生、形成和变化才具有本源意义。

由此意义分析，作为治安秩序本体内容的治安法律法规产生、存在和发展的实质，是人类通过对客观存在和变化的社会公共安全关系的选择性描述或规定满足其克服或者减少社会公共安全关系不适宜、不确定性的需要，以更有效应对所处社会公共安全关系的不确定性，使之具有一定的可昭示、可预期性并增强其连续性、稳定性和有序性的手段。④

---

① 李珂，马建．论治安问题与治安秩序[J]．淮海文汇，2006(2)：15-18.

② 杨桢．英美契约法论[M]．北京：北京大学出版社，1997：4.

③ 聂昭伟．论法律运行中的不确定性及其约束[J]．重庆工商大学学报(社会科学版)，2006(6)：59-63.

④ 以日本食品安全需求与食品安全制度关系变迁为例，日本政府对食品的管理经历一个从食品卫生到食品安全的过程：1873年颁布《关于贩卖明知是伪造饮食物和腐烂食品的相关人员处罚规定》标志着日本食品安全规制发生了“从无到有”的转变，这一年也称为“日本食品安全规制元年”，1900年颁布《关于规制饮食物和其他物品的法律》是日本历史上第一部关于食品安全规制的法律。为了配合该法的实施，明治后期先后制定十个规则，史称“一法十令”。昭和时期的食品安全规制始于1926年终于1989年，这段时期除了实施“一法十令”之外，1947年还颁布了《食品卫生法》，并于1949到1995年间先后进行了八次修改，每次修改都力求解决当时最主要、最迫切的食品安全问题。平成时期的食品安全规制从1989年开始，一直持续到现在，是日本食品安全规制发展最迅速和水平最高的时期。日本从过去的《食品卫生法》演进到2003年《食品安全基本法》，表明日本食品安全监督理念的变化。日本的经验证明，用法律手段治理食品安全问题，是现代社会的发展必然，除了法律之外，没有更好的方法能把食品问题控制在安全之内。中国政府在治理公共安全关系时，首选的方法也是法律管理，而且效果显著。在道路交通安全领域，2002年全国道路交通安全事故达到了历史的最高点，为解决这一公共安全问题，于2003年颁布与实施了《中华人民共和国道路交通安全法》，从而使得道路交通安全连续十年保持下降。在生产安全领域，到2002年，我国煤矿安全事故发生率达到最高峰，为解决这一公共安全问题，2002年颁行了《中华人民共和国安全生产法》(以下简称《安全生产法》)，此后，又于2004年颁行了《安全生产许可证条例》和《国务院关于进一步加强安全生产工作的决定》，2005年颁行了《国务院关于预防煤矿生产安全事故的特别规定》，2007年颁行了《生产安全事故报告和调查处理条例》，正是匹配于我国公共安全关系变化的制度安排变化，使得2003年以后煤矿安全事故数和死亡数的逐年减少。参见温晋锋．安全：当下法律必须直面的问题[J]．南京工业大学学报(社会科学版)，2013(1)：8.

**（二）秩序是安全的规则形式**

任何形态的社会制度，都是人类赖以进行生产的社会形式或社会载体，人类要进行生产，必须以一定的社会形式调整人们之间的社会关系。① 秩序就是人类用于描述、稳定、调整人们之间社会关系的最基本也是最重要的社会形式，它是客观存在着的社会关系的规则形式，是具有描述社会关系、规范社会互动、调适社会主体行为功能的社会关系规范体系。

在社会、社区公共安全关系或治安关系领域中，“秩序”总是表现为社区公共安全或治安关系行为主体就社区公共安全的设计及维护发生互动关系的产物。确切地说，一定社区的行为主体只有在同其内在、同其他行为主体发生本社区公共安全关系或者与更大范围的社会公共安全体系发生关系时，才能产生治安秩序问题。如果社区行为主体与其内在、与其他行为主体之间或者社区行为主体与社会之间不存在任何公共安全关系互动，则根本无所谓治安秩序是否被破坏的问题，也就不存在社区治安治理问题。

因此，社会、社区治安秩序在任何情况下，都是相对于相关行为主体的公共安全关系而言，总要涉及并表现各种各样的安全互动关系。从这个视角看，治安秩序的实质是社会、社区公共安全关系或治安关系，而社会、社区治安秩序的构造包括目标、主体、制度、资源、运行、评价等要素及其结构和互动模式等，都是社会、社区公共安全关系或治安关系的“实体—程序”制度化的结构形态。

**（三）安全与秩序具有共在性**

社会各公共安全关系是治安秩序的实质，治安秩序是社会公共安全关系外在的规则形式，在一个良好的安全社会中，两者具有不可分割的内生性的共在关系。事实上，社会公共安全总是需要通过一系列的治安制度和社会结构来保障，无论个体、群体还是国家及国际社会都得通过共同遵循的公共安全规则建立才能实现彼此安全关系的相对稳定状态。②

即使一个处于改革过程（特别是处于渐进式改革过程）的社会也不例外，③ 在其改革过程的不同发展阶段中，只要其不同发展阶段所具有的不同的社会公共安全关系所具有的内在的联系和统一性始终能够成为各阶段产生共同的法律规则、保持社会稳定进步的基础，该社会就能够在治安秩序的调节下持续自己的公共安全关系发展。

美国现实主义法学家菲兰克认为，法律处理的是人类关系最复杂的方面，即使是在一个比较静态的社会中，也不可能创造出能预料到一切可能的争议并预先加以解决的永恒不变的规则。在一个动态的社会中，社会的需要和社会的意见常常或多或少地走在法律的前面，复杂多变的社会关系使得立法者无论对社会规律认识有多深，也无论其对立法技术掌握得多么娴熟，仍会在法律中留下星罗棋布的缺漏与盲区。④ 可见，法律作为客观存在和发展着的社会关系外在的规则形式，其缺漏与盲区并非来源于立法者的智慧和技术，而是来源、制约于社会关系的不确定性以及由此决定的立法者智慧和技术的相对局限性。

作为社会公共安全关系外在规则形式的治安秩序即“实体—程序”制度安排的合理与否，同样取决于它对于客观存在的社会公共安全关系的适合程度。合理的治安秩序总是与客观存在和发展着的社会公共安全关系具有较高的吻合度，总是能够比较及时跟进并准确地描述客

① 杨霞．历史进步与人的解放［M］．北京：中国社会科学出版社，1996：348.

② 贾江华．社会安全：意义与结构［J］．求实，2004（11）：181-183.

③ 沈敏荣．论法律的不确定性［J］．江汉论坛，2000（10）：80-85.

④ 郑晓东，蔡晓洪．法律不确定性引出的冲突与补救［J］．河北法学，2001（3）：158-160.

观存在和发展着的社会公共安全关系，而其不足与缺陷也无可避免地与客观存在和发展着的社会公共安全关系的不确定性相对应或相一致。

**(四)安全与秩序间关系的主要矛盾方面**

1. 公共安全关系是治安领域固有的唯一的自变量

(1)以“实体——程序”制度为核心内容的治安秩序只能构成社会公共安全与治安秩序间关系变迁的因变量。

社会秩序根源于公共利益目标预设及实现的要求，稳定和谐的社会秩序既是社会共同体存在与发展的必要条件，也是共同体中每一个成员生存与生活的必要前提。众所周知，这种秩序作为一种人造的社会规则体系，自有政府出现以来，一直都是由政府通过其行政管理供给和保障的。而且，所有的政府职能的总和都是从属于提供社会秩序这个总目标的。① 正如经济学家弗里德曼所说，自由市场的存在当然并不排除对政府的需要，相反，政府的必要性在于它既是“竞赛规则”的制定者，又是解释者和强制执行这些已被决定的规则的裁判者。②

但需要说明的是，由于政府供给和保障的社会关系规则反映着社会共同体基本的价值取向以及该共同体对社会关系及其主体间共同生活的认识，政府为社会提供秩序规则便必须遵从一个先决条件，即以其供给和保障的规则所调节的社会关系为逻辑起点和基本依据。治安秩序规则也不例外，当政府向社会供给和保障治安规则时，必须以共居于一个安全复合体③的主体间公共安全关系为逻辑起点和基本依据，而不是以政府自己的需求或者某一个特殊社会群体的非公共安全需求为内容。不仅如此，政府还应当根据共居于一个安全复合体的主体间公共安全关系的变迁适时、适度、适量地变迁治安秩序规则，防止或避免治安秩序规则供给的过剩或不足，保证其向社会供给的治安秩序规则是具有政治合法性的、适用的、有效的规则。

自有政府以来的人类社会发展史证明，政府提供社会秩序必然要求政府自身首先是有秩序的。然而，由于政府自身的秩序可以有不同的性质，④ 所以，政府赖以供给和保障社会秩序的自身的秩序并不取决于其自身的利益诉求，而必须植根于客观存在和发展着的社会关系的实际需求。由此而论，政府追求的治安秩序只能是社会公共安全与治安秩序间关系变迁的因变量，而不是自变量，构成自变量的只能是客观存在的社会公共安全关系。

(2)治安秩序只能构成社会公共安全与治安秩序间关系变迁的因变量。

---

① 张康之．论政府的社会秩序供给[J]．东南学术，2001(6)：45-50.

② [美]弗里德曼．资本主义与自由[M]．张瑞玉译．北京：商务印书馆，1988：16.

③ “安全复合体”概念是由著名安全研究专家巴瑞·布赞首次提出的。1983年，他在《人民、国家和恐惧：国际关系中安全问题》一书中将“安全复合体”定义为：“一组主要安全事务非常紧密地联系在一起的国家，它们现实的国家安全不能彼此分开考虑。”他强调，将一个“安全复合体”绑在一起的联系纽带有地理、政治、战略、经济和文化等诸多形式；而且，该复合体之外安全事务与之密切相关的国家也可以在其中扮演重要角色。参见 Barry Buzan，People，States and Fear：The National Security Problem in International Relations，Chapel Hill：The University of North Carolina Press，1983，p. 105.

④ 政府可以是根据合理性的法律制度建设来获得自身的秩序；也可能是通过政府结构的“核心—边缘模式”的强化而获得自身的秩序；还可能是由于政府自身的完全腐败而获得一种恶的利益结盟关系，这种利益结盟关系在一定时期也可以带来政府相对稳定的秩序，因为所有的政府官员都处于一种腐败状态下的相互利用的网络关系中，一个人的利益受损有可能使整个政府机构中的所有政府官员的利益受到损失，所以会在官官相护中形成一种默认的契约化的共存关系，这种共存关系表现为政府自身的秩序。但是，这种政府自身的秩序却可能带来整个社会的失序。

治安秩序随着社会公共安全关系的变化而变化，还是社会公共安全关系随着治安秩序的变更而变更，答案似乎很难确定，因为两种思路都可以找到成立自己的证据，但它并非"鸡与蛋"的逻辑两难命题①。如果我们从社会公共安全关系变化与治安秩序变迁的历史发展规律看，答案则只能是唯一的：治安秩序总是要随着社会公共安全关系的变化而变迁。

古今中外无数的国家治理事实特别是国家变迁、政权更替的事实可以充分证明，作为人造的治安秩序规则在一定的历史时段里或许能够通过国家权力强制自在的社会安全关系产生相应的变化，但通过强权的作用虽可能给自在的社会公共安全关系外加上这样的"国家秩序"，但其在实质上却并不一定会导致社会公共安全关系发生任何根本的好转甚至会导致社会公共安全关系的恶化，② 也即是说，任何期望以背离实在的社会公共安全关系及其客观规律的人造治安秩序彻底干预或取代自在的社会公共安全关系的尝试，终会失败。只有在治安秩序与自在的社会公共安全关系相适应的情形下，治安秩序才是鲜活的、有生命力的和能够被人们内心认同并自觉遵循的，也只有这样，治安秩序规则才能够真正从实际上发挥其调节社会公共安全关系的功能，实现立法者的预期价值。由此而论，在社会公共安全关系与治安秩序之间，公共安全关系是变迁的自变量，而治安秩序只能构成变迁的因变量。

2. 社会公共安全关系是划分治安秩序边界的根本依据

(1)治安秩序的结构是社会共同体及其主体间公共安全关系构架和实质的体现。

李普塞特认为，社会秩序就是社会得以聚结在一起的方式。③ 按照这样的理解，治安秩序就是社会共同体之公共安全关系的存在形式，它既是客观存在的社会公共安全关系的实际状态的体现，也是政府和社会共同体对于适合的公共安全关系的期望状态，它以自身的结构形态描述、体现出它所根植于调适的社会共同体及其主体间公共安全关系的构架和实质。

滕尼斯的秩序分类理论可以帮助我们更明晰地认识这个问题。滕尼斯将"秩序"划分为两类：一类是共同体的秩序，它立足于"意志的协调一致，基本上是建立在和睦的基础之上，并通过习俗和宗教产生和改良"。另一类是社会的秩序，它是"以聚合在一起的、联合的选择意志即惯例为基础的，通过政治的立法获得其安全，通过公众舆论而得到其思想的和有意识的解释"。④ 显然，治安秩序属于滕尼斯所描述的"社会的秩序"，或者更具体地说是社会公共安全关系确立及运行的秩序。由此所决定，治安秩序在形成过程中被赋予了社会公共安全价值或意义，而它自身的最基本的功能和价值恰恰在于，其体现着社会共同体及其主体间关于公共安全关系的共识以及构建与运行社会公共安全关系的目标或价值追求，并能够

---

① 先有鸡还是先有鸡蛋？这是著名的难题，古今中外很多人试图回答：说先有鸡，孵出这只鸡的鸡蛋更在先；说先有鸡蛋，下这个鸡蛋的鸡更在先。这样反复下去便形成了循环悖论，在此逻辑框架内不可能有答案。原因在于任何命题都是对现实在一定前提条件下的简化，都有其适用范围。"先有鸡还是先有鸡蛋"之所以成为悖论，是由于人们心目中有不言而喻的前提：鸡都是由鸡蛋孵出来的，鸡蛋都是由鸡下的。承认这前提，实际上已否定了答案的存在，就注定成为悖论，想突破就必须超越前提，跳出原先的逻辑框架。

② 如果政府将自身的秩序置于同整个社会的对立面，则社会个体、群体甚至整个社会可能会相应地采用各种各样的破坏社会秩序的方式，诸如以铤而走险的违法行为反映个体的抗议；或以与政府的不合作甚至对立行为反映群体的反抗；或以对政治的冷淡和对政府的颠覆行为反映社会对立等。参见张康之．论政府的社会秩序供给[J]．东南学术，2001(6)：45-50.

③ [美]西摩·马丁·李普塞特．一致与冲突[M]．张华青等译．上海：上海人民出版社，1995：12.

④ [德]滕尼斯．共同体与社会[M]．林荣远译．北京：商务印书馆，1999：328.

通过其自身的结构形式和功能输出保证社会共同体及其主体间公共安全关系的结构化、明晰化、具体化和易理解、便遵循。

(2)社会公共安全关系的边界决定着治安秩序的调节范围。

通过上述分析不难发现，一方面，社会治安秩序总是有边界的，这种边界也是社会共同体及其主体间公共安全关系的边界，所不同的是，治安秩序既可能与社会共同体及其主体间公共安全关系共用边界，其边界也可能小于社会共同体及其主体间公共安全关系的边界，而且，一般而言后者是其常态。另一方面，社会共同体及其主体间公共安全关系的边界规定着治安秩序的最大边界，决定着治安秩序的调节范围。也就是说，治安秩序所具有的社会关系调节功能的发挥总是限定在一定的社会共同体及其主体间公共安全关系范畴之中的。

社会公共安全关系也总是有边界的，其边界可以通过个体间、群体或组织间、一国之社会共同体内主体间公共安全关系以及国际、区际公共安全关系和全球公共安全关系等层次加以描述和界定，从来都不存在任何一种可以无限扩展的社会公共安全关系。与此相适应，治安秩序的边界也可以通过个体间层次、群体或组织间层次、一国之社会共同体内主体间层次、国际、区际及全球层次等加以描述和界定，而且，由社会公共安全关系的层次边界所决定，从来都不存在一种能够完全或无限适用于各个层次社会公共安全关系的治安秩序。

需要明确的是，上述判断并不意味着社会公共安全关系和治安秩序是绝对不能扩展的,① 它要说明的只是社会公共安全关系和治安秩序不可能无限扩展或适用。事实上，社会公共安全关系的边界是可以改变的，它既可以缩小，也能够扩展。由此所决定，治安秩序的边界也是可以缩小或扩展的。但是，社会公共安全关系的扩展不仅是有条件的，而且其形式也是非常有限的。其扩展的前提条件是社会公共安全关系主体间的交往范围和内容发生了或发生着实际的有向变迁。这种变迁的形式的有限性规定着社会公共安全关系扩展形式的有限性。一般而言，社会公共安全关系边界的扩展有两种基本形式：一是自然扩展。这种形式一般表现为随着人类交往关系范围扩大或内容更新的自然进程，社会共同体及其主体间公共安全关系也发生相应的扩展变化。② 二是强制扩展。这种形式表现为社会治安秩序的供给者或主导者为了扩大自己的利益，依靠自己掌握的强制力将社会安全关系的规模或内容硬性推延到更大的范围。③ 尽管这种形式的扩展不同于自然扩展，但其产生的扩展结果能否稳定并持续良性发展则同样要取决于社会公共安全关系的实际变迁。

3. 治安秩序的关键聚焦于社会共同体及其主体间的公共安全行动

---

① 或缩小——为了节省篇幅，此处只以社会公共安全关系和治安秩序的扩展为样本进行分析，其缩小的分析思路与其扩展的分析思路一样，所不同的只是二者在走向方面存在的差异，故不赘述。

② 此种形式的扩展主要导源于社会共同体及其主体间关系规模或内容的扩大和复杂化，当它们突破了原来的社会公共安全关系范围，形成了超出原有边界的新的社会公共安全关系，若不及时地调整我们的认识，确认新的社会公共安全关系边界，并对治安秩序进行相应的调整，适时建立与社会公共安全关系边界变化相适应的新的治安秩序边界，就无法有效保护新的公共安全关系，维持治安秩序。

③ 此种形式的扩展的主要走向有二，一是通过强制将非正常的社会公共安全关系导入健康的存在状态和正常的发展轨道；二是通过强制将正常的社会公共安全关系推向非健康的存在状态和非正常的发展方向。前者最终会实现强制导向与社会公共安全关系自身发展客观需求的一致。后者则可能因为强制对于客观存在之社会公共安全关系的破坏，引发中心秩序对于边缘秩序的失控、作为强制结果的秩序安排本身被破坏，以及社会共同体及其主体间相互信任减弱和社会整体秩序被众多次级秩序所取代等问题。参见杨雪冬．论作为公共品的秩序[J]．中国人民大学学报，2005(6)：71-79.

(1)治安秩序规则是社会共同体及其主体间公共安全关系行动的结果。

一方面，治安理论与实践论域的“安全关系”，包括人与自然的关系、人与人的关系和人的行动与其内在的关系等，既不是纯粹自然的关系，也不是纯粹主观的关系，其核心是社会共同体及其主体间的安全权利与义务关系，① 是由国家治安法律规则所表现和调节的社会公共安全关系。也正是在这样的意义上，我们说治安秩序的核心是法律规则。

另一方面，作为治安秩序核心的法律规则并非来源于立法者“造法”的主观意志，而是源生于社会共同体及其主体间的公共安全关系行动。正如埃德蒙·柏克所主张的，一切法律均缘起于行为方式，法律首先产生于习俗和人民的信仰，其次乃假手于法学——职是之故，而非法律制定者的专断意志所孕育的。② 这里所说的法律规则包括作为根本大法的宪法，它与其他法律规则一样，不是被创造出来的，而是自由生长的，是社会共同体的一种需要，绝不是社会共同体有意识地借助于协约或其他形式创制的，相反，它是人的行为的一种“非意图的后果”，是“人的行动的结果，而非人设计的产物。”③既然治安秩序规则所渊源的宪法植根于社会共同体及其主体间的“权利—义务”行动，它也理所当然地植根于社会共同体及其主体间的公共安全行动，或者说，治安秩序规则归根结底是社会共同体及其主体间的公共安全行动的结果。

(2)治安秩序实现其安全价值追求的过程是实质性的主体间公共安全相倚与互动过程。

如上所述，作为规制权利与义务主体行动关系的最高阶位的法律——宪法，其根本大法的地位不仅在于它对其他法律的规制和渊源，还在于它与其来源——作为权利与义务主体的人的行动关系最为贴近，承担着保障整个法制体系能够最大限度地满足社会行动关系的普遍要求，并最大限度地克服立法者利益对其他社会行动者利益的挤压或损害等基本职能。而治安秩序所调节的“公共安全关系”正是宪法所规制的社会行动关系中的“以权利与义务关系为核心的”社会共同体及其主体间的公共安全关系，所以，治安秩序所体现的社会公共安全关系必须依靠“构成安全范畴存在之基础和载体”的权利与义务主体而存在，并以该权利与义务主体间的公共安全行动为自己的实质和内容。

哥本哈根学派的学者对于该问题的认识具有独到而实际的指导意义。20 世纪 90 年代之后围绕安全研究形成的哥本哈根学派的一项重要贡献在于通过社会安全问题研究深化了该领域的概念认知，并且将社会关系置于安全分析的核心地位。④ 其学者主张，人们不一定将安全化⑤行为主体当成固定的分析点，但安全化实践应当成为安全分析的中心：谁实施安全化，什么问题造成威胁，指涉对象是谁，何以如此，带来什么后果，在什么条件下实施，以及当安全化获得成功的时候人们会做出何种解释等。显然，该学派所提供的安全化实践问题清单不仅有助于人们更加精确地认识安全的性质，也可以帮助人们理解和把握其安全“主体间性”的要义：行为主体之间和行为主体之内，这两者“主体间性”安全认知的共享程度是认识行为主体行为的一个关键，如果人们知道谁能够、在涉及什么问题和什么条件下“制造”

---

① 汪育俊．“国家安全”及其相关哲学概念[J]．江南社会学院学报，2001(3)：26-30.

② [英]埃德蒙·柏克．法国革命论[M]．何兆武译．北京：商务印书馆，1998：68.

③ [英]哈耶克．经济、科学与政治——哈耶克思想精粹[M]．冯克利译．南京：江苏人民出版社，2000：135.

④ 高峻．哥本哈根学派复合安全理论的修正和演进[J]．教学与研究，2005(10)：89-96.

⑤ 按照该学派的描述，安全化过程即一个行为主体适应其他行为主体对一种“真正”威胁内容构成的认知塑造着这些主体所在安全体系内的安全互动。

安全，将有可能调整行为主体之间的互动，并因此抑制安全困境。①

## 第三节　国家安全与社会治安间关系问题

### 一、治安学论域的国家安全

**(一)“国家安全”范畴分析的两个基本视角**

1.“国际安全—传统安全”视角的国家安全

据考证，“国家安全”的现代用法最早出现在美国报纸专栏作家李普曼1943年的著作《美国外交政策》中，“二战”后，这个提法成为国际政治中的一个常用的标准概念。② 从国际公共安全关系视角看，在较长的历史时期内，国家是人类生存与发展的典型而恒久的社会关系空间，因此，国家安全就逻辑地成为安全的基本内容之一。在现代社会，国家虽然不是国际关系的唯一行为主体，但国家安全在以国家为主要行为主体的现有国际体系中则居于主导地位。

在国际公共安全关系论域中，迄今为止，安全仍然是一个“发展得非常不全面的概念”，也是一个“具有高度争议性的概念”。③ 学者们普遍认为，安全概念本身存在的模糊性始终就没有彻底清理过，甚至有人认为，安全天生就难以被给出统一、明确和无争议的定义。④ 但他们一致强调安全问题的本质是“国家安全”，安全目标指向的是国家生存、主权独立和领土完整。一般而言，“国家安全在客观意义上是指不存在既定价值观构成威胁的状况，在主观意义上是指不存在既定价值观可能受到攻击的恐惧”。⑤

2. 非传统安全视角的国家安全

冷战结束以来，非传统问题的凸现及其巨大的破坏力，不仅动摇了国家安全至高无上的传统地位，而且扩大了安全的内涵和外延，带来了对安全观念与安全研究的重新定位。⑥ 巴瑞·布赞明确把安全概念沿垂直和水平两个方向向外延伸。⑦ 理查德·乌尔曼和杰西卡·马

---

① 布赞强调像政治化一样，安全必须被理解为一种实质性的主体间过程，即行为主体之间和行为主体之内安全主体间认知的共享程度是理解行为类型的关键所在。参见朱宁．安全与非安全化——哥本哈根学派安全研究[J]．世界经济与政治，2003(10)：21-26；郑先武．“安全复合体”与区域秩序建构：一种理论阐释[J]．欧洲研究，2004(3)：38-53.

② 资中筠．国际政治理论探索在中国[M]．上海人民出版社，1998：152.

③ Barru Bizan, People, States and Fear: An Agenda for International Security Studies in the Post-Cold War Era. Boulder, Co.: Lynne Rienner, 1991, pp. 3-5.

④ Arnold Wolfers, “National Security as an Ambiguous Symbol”, Political Science Quarterly, Vol. 67, No. 2(Fall 1952), pp. 482-511; Richard L. Kugler and Ellen L. Frost(eds.), The Global Century: Globalization and National Security (vol. 1). Washington, D. C: Institute for National Strategic Studies of National Strategic Studies of National Defense University, 2001, pp. 11-25.

⑤ Arnold Wolfers, “National Security as an Ambiguous Symbol”, p. 489.

⑥ 封永平．安全新概念：“人的安全”解析[J]．学术探索，2006(2)：87.

⑦ Barry Buzan, People, States and Fear: An Agenda for International Security Studies in the Post-Cold War Era, Hemel Hempstead: Harveter-Wheatsheaf, 1991.

修斯先后以同一题目撰文，要求"重新定义安全概念"。① 作为安全重新定义的结果，"非传统安全"进入了安全研究的论域。然而，学术界关于"非传统安全"概念的理论界定的讨论颇为激烈，以至于至今尚未达成共识。② 国内一般倾向认为，同传统安全含义中的国家军事安全相比，非传统安全就是对军事安全之外安全问题的关注和研究，比如经济安全、生态安全、社会安全、信息安全等。③

准确地说，许多非传统安全问题与其说是对国家安全的威胁，倒不如说是对人的安全的直接影响。比如非典、禽流感等传染性疾病的肆虐直接威胁到人的健康和生命安全；生态安全则与人的环境安全密不可分；恐怖主义残害的对象是手无寸铁的民众，等等。因此，作为冷战后安全研究"再定义"的结果，非传统安全应该完成对安全观念的重构，新的安全观念应该强调"让人民免受暴力的威胁"，更多将"人"视为安全主体和实现安全的目的。④ 换言之，新的、非传统安全将重点转向超越国家差异之上的社会和人的安全，以人类维持日常生活、价值和免于匮乏、天灾以及专制的迫害为最基本的内容和目的。⑤

**（二）"国家安全"之核心范畴分析**

如前所述，治安学所要研究和解决的根本问题是人与社会间公共安全关系问题，包括个人与个人、个人与群体、个人与社会整体之间以及群体与群体、群体与社会整体之间的公共安全关系问题。而其中最基础、最深刻、最具有元问题意义的范畴是人与人之间的公共安全关系或者说是人的安全问题。

在传统安全观中，"国家安全"是一个国际间公共安全关系问题，在其所有论域中，国家都被视作一个政治、经济、文化的同质性整体的主体，国家安全是以"国家"为中心的概念，它所研究和解决的主要是国与国之间相互依存、相互制约、相互冲突、相互平衡的安全关系选择及运行问题。

在非传统安全观下，安全不仅仅是针对国家，而且必须强调针对人类自身。这种新的安全观不再将"国家"看做安全问题的中心范畴，而是将"人"的安全⑥作为其基石性的概念。人的安全是以"人"为中心的概念，包括个人和由个人组成的群体乃至整体。

时至今日，尽管不同的国家或不同的政府对人的安全的理解仍然存有差异，各有侧重，但基本上都没有跳出联合国对人的安全的定义范畴。在该范畴中，人的安全概念包括两层含义：一是免受诸如饥饿、疾病、压迫等长期性威胁；二是免受在家庭、工作或社区等各类日

---

① Richard Ullman, "Redefing Security", International Security, Summer 1983; Jessica Mathews, "Redefining Security", Foreign Affairs, Spring 1989.

② 俞晓秋．非传统安全论析[J]．现代国际关系，2003(5)：46.

③ 陆忠伟．非传统安全论[M]．北京：时事出版社，2003：18-21；齐琳．国内非传统安全问题研究述评[J]．国际关系学院学报，2005(1)：28-29.

④ 此处所说的"人"，是指在概念解释中无差别、无区别的人类整体。参见封永平．安全新概念："人的安全"解析[J]．学术探索，2006(2)：88.

⑤ See Ken Booth, Security and Emancipation, pp. 313-26; Steve Smith, Mature Anarchy, Strong States and Security. Review of International Studies, Vol. 12, No. 2 (Fall 1991), pp. 325-329. William Tom and Russell Trood, Linkages between Traditional Securit and Human Security. In William T. Tow, Ramesh Thakur and In Taek Hyun (eds.), Asia's Emerging Regional Order: Reconciling Traditional and Human Security. Tokyo: United Nations University Press, 2000.

⑥ 人的安全概念最早由联合国开发计划署在1994年的《人类发展报告》中提出。

常生活中的突然的、伤害性的威胁。① 该报告列出了人的安全的七大要素，它们是经济安全(基本收入有保障)、食品安全(确保粮食供应充足)、健康安全(相对免于疾病和传染)、环境安全(能够获得清洁水源、清新空气和未退化的耕地)、人身安全(免遭人身暴力和威胁)、共同体安全(文化特性的安全)和政治安全(基本人权和自由得到保护)。②

总的来说，人的安全具有四个显著区别于传统安全的特征：第一，人的安全具有普遍性。它是对任何地方的所有个人的普遍关注。对人的安全的威胁既困扰着发达国家，也困扰着发展中国家。第二，人的安全具有相互依存性。安全的各个组成要素相互依赖，诸如传染性疾病、环境污染、恐怖主义、种族冲突等安全的威胁，不再是传统概念之下的零和博弈过程，更不再是局限于某个国家内部的各自独立事件。任何人和人的群体安全受到威胁或处于危机状态，都将危及其他人和社群的安全。第三，人的安全具有预防性。它可通过早期预防而得到更好的实现。从这个意义上说，人的安全可以看成是人类发展的一个最基本的因素。第四，人的安全是以人和人的群体作为安全指代的中心。它将安全的参照目标从国家转向个人或人民。③

**(三)治安学论域中的国家安全**

1. 治安学讨论“国家安全”的应然性

尽管有人主张法律大规模地进入国家管理领域始于工业化时期——由陌生人社会给法律提供的生存和发展的空间,④ 但在国家发展历史的全部进程中，存在一个显明的、不争的事实：只要当一项与人们的共同生活和国家管理密切相关的社会事务发生了冲突或危机，而一般的社会管理或控制方法又对之无能为力时，国家就会选择并通过提供相应的公共产品的方式解决相关问题，以实现其对社会的管理和控制，维系社会治安秩序。

在国家的社会公共安全管理方面，法律就是国家提供的最具典型意义，也最有效的一种公共产品——法律针对公共安全问题的理性界定和有效解决而拟制出具体的规范系统，并通过它所规制的“权力—责任”和“权利—义务”的行为范式规范人们的公共安全行为，把人们的公共安全行为控制在预设秩序的安全阈限之内——通过强制性的责任、义务规范迫使人们就范，促使人们的社会公共安全关系行为趋向规范和有序，实现其“由治达安”的治理目标。

公共安全作为纯公共物品，与国家的治理过程密不可分，需要政府通过法律制度来提供，并且只有当政府供给的法律制度切实有效和社会公众对法律制度的消费充分完全时，政府和社会才能以最小的安全投入获得最大的治安产出。同时，由于法律所追求的安全性目的，一直隐含在法的正义之中，所以，在给定资源的条件和客观环境下，良法框架内的“好”的治安治理可能使公共安全风险处于可控的状态，从而使公共安全保持比较理想的状态；而恶法框架内的“坏”的治理则有可能使公共安全风险突破临界点从而导致公共安全状

① United States Development Programme, Human Development Report 1994, New York: Oxford University Press, 1994, p. 23.

② 封永平．安全新概念：“人的安全”解析[J]．学术探索，2006(2)：88.

③ Dalby, Geopolitical Change and Contemporary Security Studies: Contextualizing the Human Security Agenda, Working Paper, No. 30, Institute of International Relations of the University of British Columbia, April 2000. http://www.iir.ubc.ca/pdffiles/webwp30.pdf; Gary King and Chri stopherMurray, Rethinking Human Security", Political Science Quarterly, Vol. 16, No. 4, Winter 2001-2002, p. 590.

④ 温晋锋．安全：当下法律必须直面的问题[J]．南京工业大学学报(社会科学版)，2013(1)：7.

况的恶化直至失控。① 基于这样的认识，我们有理由认为我国的治安治理特别要正视国家安全与社会治安间关系范畴的法律治理体系的完整性、法律治理方式的多元性以及法律责任的复杂性等问题。②

2. 治安学讨论“国家安全”的实然性

安全是人类本能的一种需求，是人类生存与发展的基本前提。公共安全事务永远指涉人的安危和社稷民生。自改革开放以来，我国无论是人民的收入、家庭资产还是国家的财富都获得了空前的增长，但是人们的不安全感愈来愈明显，而且其所涉及内容领域也越来越广泛——工作不安全、收入不安全、养老不安全、社会不安全、生态不安全、文化不安全、人身不安全等。③ 显然，这些不安全问题更多、更集中地聚焦于我国社会发展、国家管理过程中的公共安全关系领域。也正是因为它们属于社会公共安全关系问题，只要人们已经遭遇现实的或感受到不安全情境，就会处于相当强度的安全需求不满足引发的安全威胁或焦虑状态。当我国公民的这些非满足状态的安全需求不能通过其有效参与和给定的正常渠道表达、解决时，就会采用其他非理性的、非法治的、非正常的手段，自找路径以满足自己的安全需求，从而引起社会局部甚至整个社会的失序不稳，进而从根本上影响国家安全的水平和质量。④

事实上，经过三十多年的改革开放，中国已跑步进入了“工业社会—后工业社会”⑤，在经济高速发展、文化广泛接合、政治日趋开明的同时，伴随着社会关系的急剧扩容、人民群众生活水平和质量的大幅提升，也出现了大量国家治理、社会治理问题，特别是公共安全问题。长期以来，“安全”已然成为我国妇孺皆知、社会共论的热点问题，成为国家制度安排特别是政策和法律涉及的关注焦点。

正是上述变化，使得安全问题不再仅仅只是社会秩序和老百姓日常生活的话题，而且已

---

① 胡税根，徐元帅．中国政府非传统安全应对能力评估与实证分析[M]//浙江大学非传统安全与和平发展研究中心，塔里木大学非传统安全与边疆民族发展研究中心．非传统安全研究．北京：知识产权出版社，2012.

② 温晋锋．安全：当下法律必须直面的问题[J]．南京工业大学学报(社会科学版)，2013(1)：8.

③ 王绍光，胡鞍钢，丁元竹．最严重的警告：经济繁荣背后的社会不稳定[EB/OL]．2012-12-25. http：//www. studa. net/shehuiqita/060326/14182199-3. html.

④ 以群体性治安事件为例：1993年，中国大陆的社会群体事件为0. 87万起，到2000年，社会群体事件的数目已经增至4万起。不到10年的时间里，群体事件的数目增幅达到4. 6倍之多。到了2010年，群体事件的已经突破20万起。参见海云志．近年来我国群体性突发事件的状况与地方政府应对能力建设[J]．唯实，2012(12)：31-35. 而且，随着群体性事件对于社会和国家安全与秩序影响程度的逐步提高，其概念也逐渐从具有任意性质的称谓变成法律概念：20世纪50年代初至70年代末，称“群众闹事”；20世纪80年代初至80年代中后期，称“治安事件”或“群众性治安事件”；20世纪80年代末至90年代初，称“治安突发事件”、“突发性事件”、“治安紧急事件”或“突发性治安事件”；20世纪90年代中期至90年代末期，称“紧急治安事件”；20世纪90年代末至21世纪初期，称“群体性治安事件”。参见王彩元，马敏艾，李颖．群体性事件紧急处置要领[M]．北京：中国人民公安大学出版社，2003：1-5.

⑤ 此处所说“工业社会—后工业社会”是指中国目前处于既具有工业社会的某些特质，同时也已具备后工业社会的某些特质的发展阶段。后工业社会又称知识社会，(知识是对事实或思想的一套有系统的阐述，提出合理的判断或者经验性的结果，它通过某种交流手段，以某种系统的方式传播给其他人。参见[美]丹尼尔·贝尔．后工业社会的来临[M]．高铦等译．北京：新华出版社，1997：191.)是以理论知识为中轴的一种典型的知识社会。在后工业社会中，理论知识处于中心地位，它是社会革新与制定政策的源泉。

成为国家政治文件的关键词。通过对党的十二大到十八大报告进行“安全”关键词的检索，可以看出这种演化情况：十二大报告中“安全”出现1次；十三大报告中出现0次；十四大报告中出现4次；十五大报告中出现6次；十六大报告中出现14次；十七大报告中出现24次；十八大报告中出现35次。“安全”概念在全党代表大会报告出现频度的这种变化，说明我国的公共安全问题已不是一个孤立的问题，它已经从一般的社会问题上升到了事关国家全局的法律问题和政治问题。①

3. 治安学论域的国家安全的核心范畴是国家体系中的人的公共安全

(1)从一般的抽象价值分析，治安学论域中的国家安全应反映国家和社会主体预设的公共价值和伦理关系，并将之体现为生存与发展在本国家和本社会体系中的人的价值和伦理关系。在治安学论域中，抽象的、纯粹的国家安全仅只存在于供作理论描述的文字中，现实的国家安全通常都会集中体现为生存及发展于特定“国家—社会”体系中的人们对无危险、无恐惧之生活状态的事实描述与价值评判。由此而论，治安学论域的国家安全的核心是国家体系中的人的公共安全。正如国际关系学者卡尔·多伊奇所说，在个人和政府追求的许多目标中，最广泛和最共同的是安全，安全本身也是一种价值，同时也是享受其他许多价值的方式和条件。② 正由于公共安全本身就是一种国家和社会价值，所以，国家安全也就必然地具有了深刻的伦理意义，③ 对公共安全的理解与对“由治达安”措施的设计和定位本身就包含着国家和社会主体的道德立场与伦理限定，当我们把公共安全描述为人或国家主体或社会行为主体的生存、发展状态时，治安学论域中的国家安全便成了特定“国家—社会”体系所预设的一种反映人的公共安全价值水准的公共安全伦理关系。④

(2)从整体的供求效用分析，治安学论域中的国家安全应反映国家安全本身的结构化特质，描述国家安全结构与社会安全结构、人的安全结构间的关联属性和特征，并将之体现为生存与发展在本国家和本社会体系中的人的公共安全供求和效用关系。根据一个国家和社会体系中的公共安全供求及效用关系，可以采用不同的逻辑标准，将公共安全划分为不同的类别：以国家或地域区划为标准，可分为国内安全和国际安全。以安全行为主体为标准，可分为个人及人际安全、群体及群际安全、社会(整体)安全或国家安全。以具体安全关系所涵涉的内容为标准，可分为家庭安全、财产安全、职业安全、饮食安全、交通出行安全、医疗安全、生活环境安全等；以抽象安全关系所涵涉的内容为标准，可分为经济安全、政治安全、军事安全、文化安全、环境安全等。巴巴拉·哈瑞斯—怀特(Barbara Harriss-White)将人的安全问题从另一个视角描述为四种“不安全”：一是物质不安全，指对人、财产和环境的威胁；二是对国家的经济和政治自主性的威胁；三是不稳定，特别是市场不稳定；四是脆弱性，容易受伤害的程度，往往与贫困和不平等联系在一起。⑤ 反观其意，我们可以将安全归为人、财产和环境的物质安全；国家经济安全和政治安全；市场安全；个人生活(物质和

---

① 温晋锋．安全：当下法律必须直面的问题[J]．南京工业大学学报(社会科学版)，2013(1)：7.

② 刘胜湘．国际政治学导论[M]．北京：北京大学出版社，2010. 引自余潇枫．从危态对抗到优态共存——广义安全观与非传统安全战略的价值定位[J]．世界经济与政治，2004(2)：24-27.

③ 当面临威胁、遭遇危险、卷入战争时如何认知和应对无疑反映着人们的某种价值取向；陷入环境污染、种族分裂、文明冲突及非传统安全威胁挑战时，如何处理和解决同样反映着人们的价值立场与伦理向度。

④ 龚天平．安全价值：伦理内蕴与实现机制[J]．河南社会科学，2014(5)：80.

⑤ 参见杨雪冬，等．风险社会与秩序重建[M]．北京：社会科学文献出版社，2006.

精神）安全。由此而论，在治安学论域的国家安全范畴中，无论是什么安全，归根结底都是人的安全，都体现为国家围绕生存及发展其中的人的公共安全需求满足的效用所做的强制性、普适性的制度供给和秩序安排，都体现为相互依存、相互制约、相互转化的公共安全“供求—效用”关系。

（3）从现实的策略逻辑分析，治安学论域中的国家安全应反映国家安全实现的现实基础、内在支撑和基本路径的预设及选择理性，并将之体现为国家运行其“由治达安”的“决策—执行”过程、实现其长治久安目标的行动策略，以及国家安全体系建构及运行的参与诸方间的“目标—行动”结构。根据历史唯物主义原理，安全是指人的安全。在治安学论域的国家安全范畴中，特定国家及社会中存在的所有物质的、具象的安全和精神的、抽象的安全，都只有在与人相联系时才有可能、有意义，人们追求物质安全的实质是维护自己的眼前利益，人们追求精神安全的实质更多地体现为趋近其长远目标。而作为人的长远目标和眼前利益的最基本、最典型的表征的则是人的需要及其结构。因此，安全不仅是同居于一个“国家—社会”体系的共生共长的个体人的需要的反映，也是国家、社会生存及发展需要的反映。著名心理学家马斯洛的把人的需要分为五个层次，其中，安全需要是人的生理需要得到满足后必然产生的较高一级的需要：如果生理需要相对充分地得到了满足，接着就会出现一整套新的需要即安全类型的需要，包括安全、稳定、依赖、保护，免受恐吓、焦躁和混乱的折磨，对体制的需要、对秩序的需要、对法律的需要、对界限的需要以及对保护者实力的要求等。① 显然，人的任何一种安全需要都需通过公共安全交往才能满足，人的安全的实质是特定“国家—社会”体制框架内的公共安全关系。由此所决定，我们必须达成“人的安全需求满足是国家安全的实质内容，而国家安全的实现则是人的安全需求满足的最稳固、最持久、最高阶位的社会关系框架”的共识，在此共识的指导下，始终坚持以人的安全需求满足作为国家安全实现的永久性的现实基础、最深刻的内在支撑、最富活力的内驱力，并以此为国家安全战略和策略选择、运行、评估的通行标准。

## 二、治安学所讨论的社会治安

### （一）“治安”概念界定争议及辨析

经过比较可以发现，在东西方不同的文化圈里，“治安”的本义却有着惊人的一致性，它所包含的都是以社会公共安全为核心的社会治理范畴。尽管到了近、现代，特别是现代警察体制产生以来，“治安”的概念便与古代“治安”的含义有了明显的差异，但两者间在广义治安的认知方面仍然表现了明晰的一脉相承关系，并以此规定和引导着治安狭义概念的演变和发展。

1. 广义的治安

通过对我国治安学界具有一定代表性的“广义的治安”概念界定的分析可以发现，它们既有共同处，也有不同点。② 归纳它们的共同处，可以得到“广义的治安”概念界定的基本

---

① 马斯洛的需要层次理论把人的需要分为生理需要、安全需要、归属和爱的需要、自尊需要、自我实现需要五个层次，其中生理需要是最基础的需要，其他需要都比前一个层次的需要高一级，自我实现需要是最高级的需要。它们都是人的基本需要。参见[美]亚伯拉罕·马斯洛．动机与人格[M]．许金声，等译．北京：中国人民大学出版社，2007.

② 参见我国治安学研究者已经公开发表的关于广义治安概念界定的论文和著作。

定义要件：

治安是通过社会之“治”达成国家、社会之“安”的公共治理过程；

治安的价值目标是形成和维护由国家预设和社会预期的公共安全目标为中心的社会公共安全；

治安是在国家现行法律制度框架内运行和评价的社会治理活动，它具有法定的活动领域和标准；

治安是国家与相关社会系统依法合作运营所形成的安全、有序、稳定的社会状态；

治安过程是一种公共物品——公共安全产品的生产、供给和消费过程；

治安既是一个人类社会发展的一般历史范畴，又是人类社会文化发展所积淀的最具有稳定性的和最基本的历史范畴。

整合关于“广义的治安”概念界定的基本定义要件，可以将广义的治安界定为：国家与相关社会系统依法合作运行为社会生产、提供公共安全产品的公共管理过程和由此形成的安全、有序的社会状态。

2. 狭义的治安

通过对我国治安学界具有一定代表性的“狭义的治安”概念界定的分析可以发现，它们既有共同处，也有不同点。① 归纳它们的共同处，可以得到“狭义的治安”概念界定的基本定义要件：

治安是通过国家之“治”达成国家及社会之“安”的国家管理过程；

治安的价值目标是形成和维护由国家预设的公共安全目标为中心的社会公共安全；

治安是在国家政务、刑事执法和警察治安行政制度框架内运行和评价的国家管理活动；

治安是通过以警察系统为主要组成部分的治安行政系统的依法运作所形成的安全、有序、稳定的社会状态；

治安过程是一种公共物品——治安行政产品的生产、供给和消费过程；

治安既是一个国家发展的一般历史范畴，又是国家行政文化发展所积淀的最具有稳定性的和最基本的历史范畴。

狭义治安是广义治安体系的重要组成部分或者子系统。整合关于“狭义的治安”的基本定义要件，可以将狭义治安界定为：国家警察机关及社会治安综合治理管理机构依据国家公共安全政策和法律法规管理社会，为公众提供治安行政产品的公共行政管理过程和由此形成的安全、有序的社会状态。

3. 治安概念界定争议的实质和焦点

我国治安学界关于“治安”概念界定的争议，似乎一直都在围绕着“广义的治安”与“狭义的治安”概念界定的差异化描述展开，但这只是对该争议的一种错误认知，因为它仅仅是一种表面现象，其实质并非如此。如果我们停滞于这种“顾名思义”层面的语词形式的商榷、批评和争论，其结果对治安学知识体系的科学架构并不仅无丝毫的实际价值，反而有诸多害处。或者说学界及治安实务界只有在“治安”概念界定的“学术理想+思维方式+研究范式”层面把握“治安”概念争议的实质和焦点，才能真正为治安学知识体系架构提供真正深刻、持久和富于理性的科学动力。

综观已有争议，其实质集中体现在五个方面：

---

① 参见我国治安学研究者已经公开发表的关于狭义治安概念界定的论文和著作。

其一，“治安”之“由治达安”的价值取向是国家偏好，还是社会偏好；

其二，“治安”之“由治达安”的参与主体是一元的，还是多元的；

其三，“治安”之“由治达安”的制度框架是国家法律的，还是社会规则的；

其四，“治安”之“由治达安”的运行机制是国家机制，还是社会机制；

其五，“治安”之“由治达安”的基本策略是政府管控，还是合作治理。

**（二）“社会治安”范畴的学科视角分析**

1. 治安管理学视角的分析

从治安学知识体系的整体架构分析，“治安管理学”不应等同于“治安学”，而只能是治安学知识体系中以“治安管理”为对象范畴的一个知识子系，或者说是国家体制框架论域的治安学的一个分支学科。其研究对象和基本内容集中体现于“警察机关及社会治安综合治理机构合理配置和利用国家及社会的治安资源，以国家和社会公众的公共安全需要为导向，依据国家公共安全政策和法律法规生产并向国家和社会公众供给社会治安产品的社会公共安全管理活动”。

由此而论，治安管理学论域中的“社会治安”理所当然地要直接映象于“治安管理”的基本属性：

治安管理属于公共管理——社会治安属于国家及社会公共管理的范畴；

治安管理的主体具有多元化①——社会治安的主体包括所有合法的治安管理主体；

治安管理的依据是国家现行的公共安全政策和法律、法规，具有强制性、普适性——社会治安必须依据国家现行法律法规框架；

治安管理的模式具有多样性——社会治安的模式既有由“政府—警察”共同体构成的行政管控模式，也有政府社会政治动员模式，还有“政府—社区”混合管理模式；

治安管理的资源配置方式具有综合性——社会治安资源配置的适宜方式通常是匹配性模式：国家计划与治安市场相匹配，中央财政与地方财政相匹配，行政资源与社区资源向匹配，警察资源与公众资源相匹配等；

治安管理的产品具有丰富性——社会治安产品可以表现为任何一种能够满足国家及社会公共安全需求的公共物品的生产、供给和消费。

2. 治安行政管理学视角的分析

从治安学知识体系的整体架构分析，“治安行政管理学”也有“警察治安行政学”的叫法，此称谓下的治安学知识既不应等同于治安学，也不应等同于治安管理学，而只能是治安学知识体系分支学科治安管理学的分支学科——以“警察治安行政”为对象范畴的一个知识子系，或者说是警察体制框架论域的治安管理学的一个分支学科。其研究对象和基本内容集中体现于“警察治安行政机关遵循国家的治安行政法律法规，根据国家和社会公众的公共安全需要，生产并向国家和社会公众供给治安行政产品的社会治安管理活动”。

由此而论，治安行政管理学或警察治安行政学论域中的“社会治安”理所当然地要直接映象于“治安行政管理”的基本属性：

治安行政管理属于公共行政管理——社会治安属于社会治安管理——警察治安行政范畴；

---

① 从我国现阶段的治安管理活动的“管理”参与主体结构分析，主要有地方党委、地方政府、警察、社区和安全市场主体等。

治安行政管理的主体具有特定性——社会治安的唯一合法主体是警察机关中享有治安行政权力并承担治安行政责任的部门；

治安行政管理的依据是治安行政法律法规——社会治安必须依据国家现行治安行政法律法规框架；

治安行政管理的方式具有严格的法定性——社会治安的模式局限于警察治安行政模式；

治安行政管理的资源配置模式具有单一性——社会治安的资源配置方式为"中央—地方"财政投入及效益评估；

治安行政管理的产品具有有限性——社会治安的产品就是警察体系为国家及社会公众生产、供给的具有纯行政性质的公共安全物品。

3. 治安学视角的分析

长期以来，我国治安学界习惯于将"治安"、"治安管理"和"治安行政管理"视作同一事物的不同命名，并据此将治安学、治安管理学、治安行政管理学(警察治安行政学)看做可相互置换的学科称谓，亦由此导致了治安学、治安管理学和治安行政管理学知识体系架构方面出现了相应的非明晰化、非统一化、非理性化等特征。

与治安管理学和治安行政管理学(警察治安行政学)不同，治安学对于"社会治安"范畴的分析是基于整体知识框架的分析，是治安学基本问题的一个核心范畴，而不是任何一个分支学科或知识子系的具体的研究对象和内容。

治安学对于"社会治安"范畴的诠释应当围绕着"社会治安关系包括个人与个人间、个人与群体间、个人与社会间，群体与群体间、群体与社会间公共安全关系"展开，它是所有参与社会公共安全体系的主体①遵循国家的安全政策、法律法规和社会公共安全规则，根据个体、群体的公共安全需要，生产并向国家和社会公众供给差异化公共安全物品的社会治安治理活动。

**(三)治安学论域的社会治安**

1. 治安学论域的社会治安的原初问题是个体、群体的本体安全问题

治安学与治安管理学和治安行政管理学(警察治安行政学)不同。治安学以考察参与社会"由治达安"过程之"行动者个体间、群体间的相互作用"和"社会治安共同体的存在与作用"及其相互关系为其研究社会治安的特定角度。由此所决定，治安学论域的"社会治安"必然地植根于个体间、群体间或者本体、他体间在社会公共安全领域结成的"安全—秩序"关系认知及行为选择问题。

依据社会学家吉登斯的主张，治安学论域的社会"由治达安"的最原初的问题应当是个体的本体安全②问题，即个体在其安全社会化过程中逐渐形成、维系的自身与一般意义上的

---

① 此处所说的处于社会公共安全体系的主体，是集社会治安产品生产者、消费者、监督者于一身的具有三重角色属性的治安思想者和行动者。

② 本体安全，是行为个体"存在感"(aliveness)的安全。参见 Laing，R. D. 1965. The Divided Self：An Existential Study in Sanity and Madness，New York：Penguin Books. p. 41. 本体安全概念由心理学家莱恩(Laing)提出，经社会学家吉登斯(Giddens)深化和重构，成为描述社会个体行为动机的社会生成机制的理论支点。本体安全理论是吉登斯结构化理论关于个人行动性的解释支点。参见 Giddens，Anthony. 1991. Modernity and Self-Identity：Self and Society in the Late Modern Age，Stanford：Stanford University Press. pp. 1-3；Giddens，Anthony. 1984. The Constitution of Society：Outline of the Theory of Structuration，Berkeley and Los Angeles：University of California Press. pp. xvii-xxii；Giddens，Anthony. 1979. Central Problems in Social Theory：Action，Structure and Contradiction in Social Analysis，London and Basingstoke：The Macmillan Press. pp. 120-122.

社会“他者”构成的基于主体间性①的社会公共安全的信心，或者说是“大多数人对其居于社会公共安全共同体中的角色关系的自我认同②所具有的连续性以及对其参与由治达安行动的社会与物质环境之恒常性所具有的信心”，它是个体居于社会公共安全共同体并实质性参与“由治达安”过程的时间上连续和行为上有序的认知及体验。③ 保持本体安全是社会公共安全共同体中的个体实质性参与“由治达安”过程的认知及行为选择的根本动因。④

“本体安全”问题存在于大部分人关于公共安全的认知及行为选择中，是整合于社会公共安全共同体的个体性与整体性间的统一：它既体现了共居于同一个社会公共安全共同体中的所有个体的共同的、普遍的、公共的“安全—秩序”需要和预期，也反映了该共同体中的不同个体对于“由治达安”过程的实质性参与所具有的独特认知和行为选择。⑤ 正因为此，治安学论域的社会治安既不可能无视社会公共安全共同体中的个体的治安认知及行为选择，也不可能偏废个体与个体间、个体与群体间、个体与社会间以及群体与群体间、群体与社会间结成的“安全—秩序”关系的性质和效用。

2. 治安学论域的社会治安承载于公众“安全—秩序”关系契约

无论在治安学理论知识的理性范畴还是社会“由治达安”的实践范畴中，个体、群体的本体安全意识与实践体验都是不可撕裂的。个体、群体的治安实践体验对其本体安全意识起着认知与情感上的依托、支撑作用。其中，实践体验具有“默契”⑥的品质，这种默契在社

---

① 个体与共居于同一个社会公共安全共同体中的其他个体之间、群体之间乃至于社会整体之间所结成的公共“安全—秩序”关系的基本性质和效用特征。

② 本体安全理论的自我认同具有 6 个基本性质：缄默性(tacitness)，即无法以语言和其他交流媒介在话语意识层面清晰表达的关于社会人生理和心理定向的自我知识。参见：Polanyi，Michael. 1958. Personal Knowledge：Toward A Post-Critical Philosophy，London：Routledge. pp. 70-139；Reber，Arthur S. 1989. Implict Learning and Tacit Knowledge，Journal of Experimental Psychology：General. Vol. 118，No. 3：219-235；涉身性(embodiment)，即社会结构和社会秩序的人格体现，以社会人的身体和行为表达为介质；主体间性，即社会人的自我觉知(self-awareness)在社会化过程中通过与其他主体互动持续唤起；反身性(reflexivity)，即在不同情景主体间互动唤起个体对不同认同的觉察和建构，因而自我认同是交织多重认同的基本心理结构；共建性，即自我认同与本体安全互为各自形成和发展的必要条件，是社会秩序的必要构成；连续性(continuity)，即自我认同驱使社会个体稳定行为模式以保持完整的自我存在意识。由此可确立自我认同的认识媒介，表达自我认同的社会行为与社会结构。参见 Giddens，Anthony. 1991. Modernity and Self-Identity：Self and Society in the Late Modern Age，Stanford：Stanford University Press. pp. 51-55.

③ 这种认知和体验既包括个体参与“由治达安”过程中直接感知环境中的感受，也包括那些其非直接感知环境中的感受。

④ 参见 Giddens，Anthony. 1991. Modernity and Self-Identity：Self and Society in the Late Modern Age，Stanford：Stanford University Press. p. 51. 基于吉登斯的诠释框架，国际政治安全研究和认同政治研究引入本体安全理论并类推以解释包括国家和非国家行为体在内的多层面社会行为体的行为动机。参见周玉佳 . 本体安全与符号的索引性：探究社会安全观的人类学分析路径[J]. 西南民族大学学报(人文社会科学版)，2015(6)：60.

⑤ 尽管共居于同一个社会公共安全共同体的所有个体在地域、领域、职域等方面对于“社区—社会”之“由治达安”过程及结果的认知及行为选择具有某种共同性，但归根结底，该共同体中的一个人的本体安全感与其他任何另一个人的本体安全感都不可能是完全相同的。

⑥ 此处所说的“默契”相当于现象学术语中的“自然态度”所认为的“涵括”性，本体安全必然与这种“默契”或“涵括”紧密相联。它以不用去说，甚至不用去想就知道如何去做的“默契”支撑着每一个人的本体安全感。参见李慧敏. “本体安全”——解读安东尼 · 吉登斯的自我认同理论[J]. 河北软件职业技术学院学报，2005(3)：4.

会“由治达安”领域中通常以其最典型的形态——法律法规——得到体现：它叙述了共居于同一个社会公共安全共同体中的所有的个体、群体所达成的关于社会公共“安全—秩序”生活的契约，它界定了“由治达安”领域中的安全和秩序的范畴，它统一了个体、群体关于“由治达安”情感体验的价值取向，它约定了个体、群体在公共安全领域的可行、应行行为，它规定了个体、群体在公共安全领域应当避免的认知和行为。①

胡斯曼把本体安全定义为“安全政策的基本性质和作用，用以揭示安全政策的制定与实践是选择性建构安全秩序与安全观念的行为”。② 由此而论，作为公众“安全—秩序”关系契约的实质及其实际效用集中体现于通过公共安全政策、法律、法规，培养基于“由治达安”互动信任并涵括共居于同一个社会公共安全共同体所有成员安全需求及其满足的普遍性、制度性的治安习惯和惯例。③ 此处所谓治安习惯和惯例，就是社会公众日常的公共安全生活或其参与“由治达安”实践的认知和行为选择的例行化和秩序化。这种“例行化”、“秩序化”的公共安全生活一经确立并成为国家、社会“由治达安”的普遍价值和策略选择，就会促使社会公众逐渐形成一种具有显著熟悉感和稳定感的治安认知及行为选择范式。尽管这种治安习惯和惯例的建立过程并不容易且充满了不确定性，但社会公众浸染于其中愈久，就会越加自然和自觉，而社会公众融入这种“习焉不察”为基础的持续、稳固和有效的日常公共安全生活秩序的过程，又必然地维系和加固着个体、群体乃至社会整体或国家的本体安全感，维系着我们孜孜以求的长治久安的世界。

需要明确的是，作为社会公众“安全—秩序”关系契约基石的“由治达安”互动信任，不同于其他社会关系范畴的信任。这种信任是根源于人的生存与发展的最基础的安全需求的最深层的人与人间的基本信任，是社会“由治达安”过程参与诸方间所结成的“你安全，我也安全”、“你安全了，我才更安全”，以及“你不安全，我也不安全”的“本体”与“他体”间共同安全关系中的基本信任，也是体现个体间、个体与群体间、个体与社会间，以及群体与群体间和群体与社会间的最原初的安全社会关联或治安关联。正是通过这种基本信任的培养、维系和推进，个体、群体、整体或国家才能真正产生具有实质意义的本体安全感，并在其全部

---

① 吉登斯认为，任何契约都是一种“涵括”，它总是忽视一些什么东西，彰显一些什么东西，从而形成没有证明、无法证明却是“合适的”意义框架和惯例。涵括充斥于我们生活中的弥散性焦虑：受加芬克尔的常人方法学影响，吉登斯注意到了日常生活的脆弱性。由于日常的习惯和惯例，在我们常人的感觉里，一切都是有秩序的，然而，实际的日常生活并不如我们平常所感觉到的那样有条理和有章可循，而是异常琐细且充满了无序，甚至蕴涵着对人对事物的真实感的丧失。但如果将生活的杂乱和无序明晰地呈现在我们的面前，我们就不知道该如何去“继续”我们的生活，就会有被吞没和窒息的感受，我们的认知和情感就会失去方向。对于生活的恐惧就是这样产生的——对于生活的恐惧从本质上讲是一种被焦虑所淹没的现象，这种焦虑直抵我们内心深处的那种“活”在世上、在世界上“存有”的连贯性感受，它是一种弥散性的“存在性焦虑”，是“反抗非存在的生存斗争”。也可以说，它是一种根植于内心深处的、对于不确定性的恐惧，不确定就是恐惧的根源。

② Huysmans, Jef. 1998. Security! What Do You Mean? From Concept to Thick Signifier, European Journal of International Relations, Vol. 4, No. 2: 226-255、241.

③ 习惯和惯例同样是吉登斯所强调的，他认为它们是滋养实践意识的情境，同时习惯和惯例又在实践意识中不断地产生。

的安全生存与发展过程中获得“保护性的情感疫苗”，共同抵御公共安全领域的“存在性焦虑”,① 抗拒着未来的公共安全威胁和危险②。

3. 治安学论域的社会治安根基于公众的公共安全利益

从人类知识体系的多个学科视角看，“安全”的最基本的共用内涵，是人的生存与发展目的和利益不受威胁和伤害。“秩序”的最基本的共用内涵，是人类社会为保障人的安全进行的公共安全制度生产、供给和消费。③ 由此而论，安全实际上是人的生存与发展目的和利益的可控状态，因而它本质上是人的安全生存与发展利益的体现。从根本上说，一个人所欲满足的安全生存与发展目的和利益，及其满足这种目的和利益之手段的选择，既可反映他怎样对待自己，也能反映其如何对待他人，或者其关于社会公共安全共同体的认知及行为选择偏好。

治安学论域的社会治安所讨论的个体、群体利益不是一般意义的利益，而应当是公共安全利益或公共安全法益，它依存于“人”的道德规范。古今中外，所有尊重和敬畏“人”的道德规范都要求人类社会中的每一个人首先都应成为一个人，同时也要把“爱护其他人的生命、关注和促进其生存和延续”作为判断自身行为合理性的道德标准。④ 基于同一个“爱—爱人—爱他人”的核心准则，公共安全法益与一般意义的利益间既有区别，又有联系。两者间的区别主要有三，其一，二者的范畴属性不同：利益是社会的普通关系的一般性范畴，公共安全法益则是社会的公共“安全—秩序”关系的法规性范畴。其二，二者的调节机制不同：公共安全法益需要通过“立法—执法”机制得到保障或实现，而非公共安全法益的其他利益的保障或实现并不涉及国家权力运行机制。其三，二者的对象边界不同：利益与公共安全法益的指涉对象间存在着包含与被包含的关系——公共安全法益的指涉对象包含于利益的对象范围。两者间的联系表现主要有三：其一，利益是公共安全法益的上位范畴，公共安全法益界定的思想内核

---

① 吉登斯认为，基于基本信任，由实践意识再生产出的习惯和惯例所维系的本体安全，因实践意识的默契性、涵括性和过滤性而具有“善意的谎言性”。同时，它在本质上也是脆弱的。愈是如此，本体安全愈是重要。这也就意味着，一方面，存在性焦虑不仅不可能远离本体性安全，相反，一旦基本的本体安全体系建立起来，焦虑就会随着本体安全感的建立而侵入到自我的核心；另一方面，本体安全是我们面对自己生存与发展的社会风险而敢于“跳入未知”去承诺、创造的一种社会性的“原始冲动”，是我们得以活下去的嵌入内心深处的决心和勇气。

② 我们这个社会是一个全球层面上的风险社会，面对本质上无序的世界，我们要取得卡夫卡意义上的“确信自己在活着”，我们就需要去“涵括”、去“忽视”、去“过滤”生活中的一些可能甚至是必然，比如说核战争的爆发、全球生态环境的破坏、个人的终极不存在等，只有这样，本体安全才会成为抵御存在性焦虑的堤坝，我们才不会被存在性焦虑所淹没或窒息。

③ 在施韦泽看来，伦理就是一个人敬畏他自身和他之外的生命意志，对待生命的态度是判断一个人行为善与恶的标准。“善是保存生命，促进生命，使可发展的生命实现其最高的价值。恶则是毁灭生命，伤害生命，压制生命的发展。这是必然的、普遍的、绝对的伦理原理。”参见[法]阿尔贝特·施韦泽．敬畏生命[M]．陈泽环译．上海：上海社会科学院出版社，2003. 而无视安全的行为，只反映了行为当事人的残忍和无情，绝非有教养的表现。因而，当今伦理包括经济伦理的一个重要规范就是重视人的安全，因为不安全的产品和服务对人的存在构成了威胁甚至伤害。参见龚天平. 安全价值：伦理内蕴与实现机制[J]．河南社会科学，2014(5)：82.

④ 康德认为：“人是一个可尊敬的对象，这就表示我们不能随便对待他。他不纯粹是主观目的，并不纯然因为是我们行为的结果而有价值，他乃是一种客观目的，是一个自身就是作为一个目的而存在的人，我们不能把他看成只是达到某种目的手段而改变他的地位。”参见周辅成．西方伦理学名著选辑(下卷)[M]．北京：商务印书馆，1987. 引自龚天平. 安全价值：伦理内蕴与实现机制[J]．河南社会科学，2014(5)：81.

根植于利益范畴。其二，公共安全法益是社会利益的特域化、类分化结果。其三，社会利益需求的变化决定着公共安全法益变化的方向、内容和进程。其四，社会利益与公共安全法益共同建构社会制度框架，并在既定的制度框架内相互转化。

公共"安全—秩序"建立在社会公共安全利益或安全法益的基础上，根据不同的类分标准，可以架构不同的安全法益种类框架。按照安全法益的时间维度，可以将之划分为长期法益、中期法益和短期法益；按照安全法益的主体，可以将之划分为国家法益、社会法益和个人法益①。不同的类分思想和原则，必然会反映出人们对于治安思想体系及治安学知识体系的架构、治安制度框架的设计、社会"由治达安"过程及结果，以及治安资源的配置模式等方面所持有的不同认知及行为选择偏好。

## 三、国家安全与社会治安间的基本关系

### (一)国家安全与社会治安是"人"的安全的不同映面

1. 国家安全与社会治安分属不同的范畴

在马克思主义对国家的论述中，清晰地表明了国家与社会并非同一概念。② "国家"是一个国际关系范畴，它作为一个抽象的政治经济范畴，是一个由经济决定的、③ 具有明确地域界线和独立主权的政治实体，主要由军队、警察、法庭、监狱等组成，是阶级凭借暴力来进行阶级压迫的组织。④ 国家由领土、居民、主权、政府等基本要素构成，其范畴通常适用于国家与国家间关系话域。

"社会"是一个人际关系范畴，主要是从处于某种共同生活状态下相互联系着的人类个体及群体的活动所定义的"人们交互作用的产物"。⑤ 它是共居于特定地域⑥的人类群体通过"公共生活"或"共同活动"满足全体成员的物质、精神需求的"共同体"。与"国家"不同，社会主要由个体的人、群体的人及其相互间关系等基本要素构成，其范畴往往适用于个体之间、个体与群体之间、个体与整体之间，以及群体与群体之间、群体与整体之间关系话域，它即可以是特定国域的"人—人"关系，也可以是超越国域的"人—人"关系。⑦

在传统安全观中，由于国家和社会分属不同的范畴，研究者对于"国家安全"与"社会治安"通常抱持"割裂"范式进行研究和描述，赋予二者以不同的概念，并将它们置于不同的应用话域：将"国家安全"所要解决的主要问题圈定于特定国家主体及其与其他国家主体之间的安全生存与发展领域，并将国家安全理论及应用视域的关注点聚焦于"国家"主体间性，

---

① 关于法益的分类，有分为公益和私益的两分法；有分为国家的法益、社会的法益、个人的法益三分法，这都是以法益主体为标准分类。但三分说成为一般说法，由于国家有着以统治组织为前提的国家的法益，与没有这个前提的社会法益之间，有着本质上的差别，因此三分法是妥当的。参见[日]木村龟二．刑法学词典[M]．1991：100.

② 孙国新．论"国家状态"与"社会状态"[J]．云南学术探索，1998(4).

③ 在国家中，绝大部分生产资料由少部分人占有，这些人被称为阶级，由阶级产生出对公共生活进行统治的权力。

④ 辞海・哲学分册[M]．上海辞书出版社，1980：104.

⑤ 马克思恩格斯选集(第4卷)[M]．北京：人民出版社，1972：320.

⑥ 在国家体制下，通常表现为一国之国域。

⑦ 参见魏永忠，吴绍忠．浅谈我国社会安全与稳定预警等级模型的建立[J]．公安研究，2007(1)：32.

以及“国家—国家”间安全关系的理性诠释和互动策略的选择。同时，相应地将“社会治安”所要解决的主要问题圈定于人类社会关系体中的个体人及其与其他人之间的安全生存与发展领域，并将社会治安理论及应用视域的关注点聚焦于“人”主体间性，以及“人—人”间安全关系包括个体之间、个体与群体之间、个体与整体之间，以及群体与群体之间、群体与整体之间的公共安全关系的理性诠释和互动策略的选择。

这种安全观念在治安学知识体系架构中集中体现为：长期以来，由于我国治安学界一直囿于警察治安行政学的视野，一方面，在知识体系架构中，对于治安学基本问题与警察治安行政学的研究对象间关系的认知一直存在模糊不清或偏差；另一方面，在对“由治达安”规律的诠释中，一些研究者习惯于依据现行警察法规定的公安机关职能、任务和职责框架平面或单维地理解、把握国家安全与社会治安间的关系，并据此得出“国家安全”与“社会治安”分属于完全不同的知识范畴和体系的推论。

2. 国家安全与社会治安的指涉对象不同

在国家安全范畴中，国家安全的最主要的目的是全面维护本国统治阶级的统治安全，其主要任务是通过阶级统治和压迫，强化掌握在统治阶级手中的与“人民大众相分离”的公共权力及其载体——暴力机构的统治秩序。即使国家安全也必然会涉及社会个体、群体的安全特别是公共安全需求满足问题，但它首先要考虑的是稳固统治阶级的政治统治，而不是全体公民的利益的充分实现。而在“社会治安”范畴中，个体、群体的安全生存与发展需求的满足通常并不体现于阶级之间的对立和冲突，广泛存在于个体之间、个体与群体之间、个体与整体之间，以及群体与群体之间和群体与整体之间的不同的安全需求，最终都会在“安全—秩序”关系体中交汇、凸现为公共安全利益的实现。由此而论，“社会治安”的最主要的目的是全面维护社会公众的生存与发展安全，其主要任务是通过社会公众共同进行的社会物质、精神文化等方面的建设，实现全体社会成员的“共同安全”和社会整体的有序发展。

在传统安全观中，就一国之国家安全而言，国家安全所指涉的对象聚焦于来自其他国家或地区的影响本国生存与发展的安全隐患和现实威胁，多应用于国家消除“国—国”间安全隐患和威胁的军事领域。基于此种认识的国家安全体系包括国家安全思想、知识、制度、战略、策略体系的设计，其价值偏好于保证特定国家之国体、政体形态的存在；其内容分布于国家的政治安全、国家的经济安全和国家的文化安全等。就国际之国家安全而言，国家安全所指涉的对象往往与地缘政治、军事、经济甚至意识形态和文化的承继与发展相关，并聚焦于来自其他国家或地区的、影响特定国家联盟体共同生存与发展的安全隐患和现实威胁，多应用于国家及国家联盟体消除“国家—联盟体”或“联盟体—联盟体”间安全隐患和威胁的政治、经济、文化、军事领域。

与国家安全相比，社会安全更多地表现为“内忧”。在这个意义上，社会治安的范畴被诠释为通过社会公共安全治理保障人民①安宁、健康、有序、适宜的生存及发展状态和环

① 此处使用“人民”的词语而不用“公民”的概念，主要是为了说明在治安学论域中，“国家安全”与“社会治安”是两个既相互区别，又相互联系的概念，但在人的安全需求及满足这个元范畴中两者却是归一的。在“国家—社会”体系中的每个人都有两面性：他既是市民社会中的人，被称之为市民；同时又是政治国家中的人，被称之为公民。为此哈贝马斯作了精辟的论述：在自由资本主义阶段，公共性作为资产阶级法治国家的组织原则就具有了可信度。如果每个人看上去都有机会成为“公民”，那么只有公民才可以进入政治公共领域；而且不会因此而丧失公共性原则。反之，只有有产者可能组成一个“公众”，才能用立法手段来保护现存财产秩序的基础。参见［德］哈贝马斯．公共领域的结构转型［M］．曹卫东译，上海：学林出版社，1999：96.

境。由此而论，一方面，传统安全观将社会安全狭义地界定成除经济和政治系统以外其他领域的安全的主张并不成立；另一方面，尽管社会治安的内容包括社会公众生存与发展所涉及的经济安全、政治安全、文化安全等诸多方面，但它们与“国家安全”论域的经济安全、政治安全、文化安全间并非一一对应的。这是因为，国家安全论域的这些范畴都是基于国家主体或社会整体设置的，它们都是整体性范畴。而社会则是由个体、群体组合而成的关系体，社会治安论域的这些范畴都是基于“人”之个体之间、个体与群体之间、个体与社会之间，以及群体与群体之间、群体与社会之间关系设置的。

3. 国家安全与社会治安作为治安学范畴体现了一体两面的关系

哲学或社会学中通常在广义上使用“国家”和“社会”的概念：社会是人与人之间依循某种结构模式结成的群集，或者说人的群集就是社会；国家属于整个社会体系的有机组成部分，是社会群集的特殊形式。“国家—社会”的范畴既可以指区别于自然界的有国域的人类社会，也可以把国家看作特定范畴的社会。① 由此而论，国家安全与社会治安都是人类社会“由治达安”所涵括的基本范畴，所不同的只是描述者对于“由治达安”的过程及结果所持的对象界定及其诠释视角互有区别而已。

政治学中通常在狭义上使用“国家”和“社会”的概念：国家和社会是相互区别的人的群集形态，国家是一定国域之公民的群集体；社会是与政治国家相分离的社会生活领域只一般人的群集体。之所以如此界定，乃是基于这样的思考：一方面，“国家”不是与人类社会同时产生的，而是人类社会发展到“与人民大众相分离”的公共权力体制化阶段的特殊群集形态；“社会”也不是与人类社会同时产生的，而是人类社会发展到能够生长出一个独立于国家的生活空间，与政治国家间出现一定程度分离之时形成的一般群集形态。由此而论，国家安全与社会治安都是人类社会“由治达安”所涵括的基本范畴，所不同的只是描述者对于“由治达安”的过程及结果所持的价值偏好及其研判范式互有区别而已。

治安学作为一门关于“人”的安全以及社会“由治达安”的知识体系，它所要研究和考察的是“由治达安”诸参与要素间的内在关系及其外显样态，这样的学科特质使得治安学中使用的“国家安全”和“社会治安”的概念应当或必须是哲学、社会学与政治学概念的融合，它体现了政治国家和“人民社会”②统一于“人”的安全以及社会“由治达安”过程及结果的一体两面关系。

**（二）“国家安全”与“社会治安”需要共谋同行**

1. “国家”与“社会”关联的实质性决定着“国家安全”与“社会治安”间的同构关系

在人类社会发展史中，自国家体制产生以来，尽管“国家”与“社会”之间因“与人民大众相分离”的公共权力体系的确立及运行而出现了一定程度的分离，并在人类知识和经验上被区分为两个不同的范畴，但古今中外之“国家—社会”关系史的全部积淀，都充分表明两者之间一直存在着统一于“人”的公共安全范畴的、“你中有我，我中有你”的、难分难解的实

① 李芹．社会学概论[M]．济南：山东大学出版社，1999：54.

② 对与政治国家相对的社会概念，有的学者称之为市民社会，有的学者称之为公民社会，有的学者称之为民间社会。参见何增科．公民社会与第三部门[M]．北京：社会科学出版社，2000；郭道晖．论社会权力与法治社会[J]．中外法学，2002(2)．但笔者认为这样的命名都会引起我们的某种困惑：一方面，它们都难以界定国家与社会间的区别；另一方面，它们又很难涵括国家与社会作为“人民”之集合范畴的特质，为了在理论上对二者作出精细的分析，在此处给之以“人民社会”的称谓。

质关联。国家安全与社会治安间这种统于"人"的安全目标，基于"公共"的治理范畴的实质关联，也就决定了两者在社会"由治达安"过程和结果上所具有的同构关系。

从国家安全视角分析，国家赖以形成和发展的四大要素——领土、人民、主权、政府中，"领土"与"人民"最为基本。其中的"领土"又是由"人民"开拓、居住与占有的，而人民既创造特定领土地域的具有公共特性的社会文化，又受这一文化传承的滋养。任何国家都源于公共、基于公共，一切统治与管理职能，都离不开一定社会单位固有的公共事务的需要。"天下为公"，"天下者，天下人之天下"，"国家者，一国人之国家"的观念所要叙述的是任何政权的基础都是人民，国家理所应当地要反映人民的公意，否则，国家与法的权威就失去了社会基础。"没有公共事务便没有国家"的命题，比"没有阶级矛盾便没有国家"的命题更为深刻。① 由此而论，以国家的内生性要素及其关系为基石的国家安全的终极目标在于"人"的安全，在于人民的安全。而国家安全实现的途径则是国家主体运用具有普遍约束力的公共权力管理本国公共安全事务，使之按照预设的方向和路径前行，并通过确保本国公民的安全最终达成国家安全维护的目标。

从社会治安视角分析，人以及人与人之间的关系始终都是社会赖以形成、维系与发展的核心要素。马克思在总结费尔巴哈的伟大功绩时，赞扬费尔巴哈"使'人与人之间的'社会关系成了理论的基本原则"。② 而在费尔巴哈人本主义的哲学中，"人"的概念蕴含着"这个人是存在的，并且知道自己是自觉的自然本质，是历史的本质，是国家的本质，是宗教的本质。这个人是存在的，并且知道自己是一切对立和矛盾、一切主动的和被动的东西、精神的和感性的东西、政治的和社会的东西的实际上的(并非想象中的)绝对同一"。③ 由此而论，以国域为界的社会治安的终极目标同样在于"人"的安全，在于人民的安全。尽管社会治安治理与国家安全管理的主体、制度、机制、方式、方法有所区别，但社会治安所要解决的公共安全问题亦立足于公共、基于公共，同样需要国家主体运用具有普遍约束力的公共权力干预公共安全领域的社会治安事务，使之按照预设的方向和路径前行，并通过实际的国家安全为实现社会公众的安全提供最优的、也是最基础的治安环境。

2. 国家利益与社会利益的相容性决定着国家安全与社会治安的同构关系

弗罗洛夫指出，利益"表示客观上有意义的，为个人、家庭、集体、阶级、民族及整个社会所需要的东西的一个概念"。④ 马克思则认为，"人们奋斗所争取的一切，都同他们的利益有关"。⑤ 依据此类解释，在人类社会中，一切社会活动包括"由治达安"活动，其中心都是利益；一切社会关系包括社会治安关系，其核心都是利益关系；一切社会科学包括治安

---

① 吴越."国家"概念内涵的层次区分[J]. 江汉论坛，2001(12)：73.

② 马克思恩格斯全集(第3卷)[M]. 北京：人民出版社，2002：314.

③ 费尔巴哈. 费尔巴哈著作选集：上卷[M]. 荣震华，李金山，等，译. 北京：商务印书馆，1984：116.

④ [苏]N. T. 弗罗洛夫. 哲学词典[M]. 华南师范大学外语系俄语教研室，哲学研究所译. 广州：广东人民出版社，1989.

⑤ 马克思恩格斯全集(第1卷)[M]. 北京：人民出版社，1984：82.

学的基本问题都围绕着利益关系这个元问题展开。① 我们因此而有理由认为，治安学论域中的国家安全是国家主体安全利益诉求及满足的集中体现，而社会治安则是社会主体安全利益诉求及满足的集中体现，国家安全与社会治安关系的实质就是两大主体间的安全利益关系。

国家利益，是指民族国家所追求的国家主体的主要好处、权利或受益点，它们集中体现于该国全体公民及所有利益群体公共的、基本的需求和权益。② 国家利益的社会公共性决定着国家利益必然要通过国家权力的设置及强制性运行来实现，并因此而与社会利益间形成必然的、复杂的博弈关系。国家主体为实现其利益所进行的所有管理或统治，实质都无外乎借助公共权力对各种相关利益进行分配、协调和维护。国家主体正是通过这种统治性的公共管理活动，将统治阶级的利益标定为国家利益，并使之凌驾于其他一切利益之上，而其他利益不仅要无条件地服从之，而且还必须以此“最高利益”为实现自身利益的出发点和准则。亦有人因此认为由“国家权力—国家利益”的至上性所决定，国家利益的实现只能反映代表国家的统治阶级的统治权力，而没有统治阶级及其统治对于被统治阶级的义务，③ 或者说只有国家利益，没有社会权利。④

社会利益是从社会角度出发与人类活动有关的利益。⑤ 在人类社会发展过程中，社会利益及其实现始终具有基础性的地位，而人类社会活动的复杂性决定了社会利益所具有的多元素、多层位、多维度、多范式的复杂结构。社会利益结构，是指在占统治地位的社会生产关系的基础上，各社会成员之间，社会成员与社会、与国家之间以追求利益为目的的相互作用，以及社会或国家控制、调节这种相互作用所形成的利益关系模式。社会利益结构是社会系统的深层结构，是社会和国家得以持续、有序运行的、不竭的内在动力源泉。社会利益结构形成的过程必然要伴随着参与这一利益结构的架构过程和结果的所有个体、群体成员之间

---

① 不同的社会科学学科和不同的学者，对于同一社会问题往往有不同的甚至相反的解释，并得出不尽一致的思想结论和主张。根本原因在于社会科学学科和社会科学学者在研究、解释和试图解决问题时，往往自觉或不自觉地站在特定利益集团的立场上，代表和维护特定集团的权益，接受反映特定利益集团的意识形态，采取符合特定利益集团的价值判断。参见洪远朋，卢志强，陈波．社会利益关系演进论——我国社会利益关系发展变化的轨迹[M]．上海：复旦大学出版社，2006：4. 由此出发，利益和利益关系应是社会科学的基本范畴，社会利益问题应是社会科学研究的基本对象。参见洪远朋，高帆．关于社会利益问题的文献综述[J]．社会科学研究，2008(2)：79.

② 王逸舟．国家利益再思考[J]．中国社会科学，2002(2)：161.

③ 孙国新．论“国家状态”与“社会状态”[J]．云南学术探索，1998(4).

④ 权利的一般理论认为，以主体为标准划分，权利可分为个人权利和共同体权利(集体权利)，法人组织、国家、人类都是一种共同体，因此共同体权利又可分为法人组织权利、国家权利、人类权利等。依此理论，社会也是一种共同体，它也应具有权利，但关于社会权利的问题却是学界一直有意回避的问题。根据主体的不同学界通常都是将权利划分为个体权利、法人组织权利、国家权利、人类权利，一般不提及社会权利。参见张文显．法理学[M]．北京：法律出版社，1997：120；张文显．法理学[M]．北京：高等教育出版社，2003：115；马新福．法理学[M]．长春：吉林大学出版社，1997：222；徐永康．法理学[M]．上海：上海人民出版社，2003：382. 即使有些学者也在使用社会权利的概念，承认社会作为独立主体应享有权利，但并未提出社会为何拥有权利、拥有何权利、其权利如何生成的具有说服力的理由。参见张文显．法哲学范畴研究[M]．北京：中国政法大学出版社，2001：321；袁祖社，王晶．市场经济与中国特色市民社会自治：社会权利的自主逻辑[J]．内蒙古社会科学，2002(9).

⑤ 洪远朋，高帆．社会利益理论与实践十议[J]．社会科学，2008(10)：41.

各种不同的利益一致与冲突，也必然会遭遇社会成员与国家之间的利益一致与冲突。①

理论上，国家利益与社会利益既可能相一致，也可能相冲突。两者间的一致或相容体现于一般意义或宏观层位：国家利益为社会利益包括个体、群体和与国家主体相对应的社会整体的利益实现提供基本保障，而社会利益的获得及拓展又有助于国家利益的积淀和丰化。两者间的冲突或抵牾体现于具体情境或微观层位：当社会的某个体成员或特定的群体成员追求其特殊利益特别是非公共利益范畴的个别利益，而且其所追求的利益与公共利益的价值偏好产生了一定矛盾时，国家利益与社会利益之间就可能产生一定的冲突。一旦这种冲突出现，国家利益或整体利益就会彰显其“公共利益”②的特性，立足本位，实行国家利益或整体利益优先原则，压制特定个体或群体的利益。但当这种冲突源自人民群众的经济、政治、文化等重大利益诉求及其满足时，就可能破坏政府和其他社会管理者都极力维护和追求的社会稳定状态。此种情形下，消除相应的不稳定因素，维护社会或社区的稳定、有序运行也就必然地成为政府的当务之急。③ 与此同时，这种情形也会充分展现“社会结构与国家偏好之间存在着的复杂而积极的互动关系”④：由于利益的多元化使国家利益并非必然地等同于社会利益，为了最大限度地避免国家利益与社会利益的冲突，公平、有效地维护各主体的利益，国家就会将社会公众的公共利益诉求及满足意愿通过创新法律的路径，对各利益相关主体的“权利—义务”关系或利益关系进行规定，以确保国家利益与社会利益间的一致或相容，防止由于相关利益主体的“权力—责任”或“权利—义务间的不相适配⑤所导致的国家利益对于社会利益的任意侵害或者社会利益对于国家利益的任意侵害。从有国家体制以来的“由治达安”历史经验来看，正是国家利益与社会利益间客观存在的这种相容性，决定和保证了“由治达安”实践中国家安全与社会治安的相互融通和共在同行。

---

① 李景鹏．当代中国社会利益结构的变化与政治发展[J]．天津社会科学，1994(3)：31.

② 此处所说的公共利益，是一个与私人利益相对应的范畴，私人利益指的是单个社会主体的利益，公共利益则着眼于社会所有社会主体的共同的整体利益。据哈贝马斯之研究，直到17世纪中叶，英国才开始使用“公共”(Pubic)一词，在当时，其含义通常用“世界”或“人类”来替代“公共”；法语中的“公共”(Le Pubic)一词最早是用来描绘格林字典中所说的“公众”；而“公众”一词在德国18世纪才开始出现，并从柏林传播开来。参见[德]哈贝马斯．公共领域的结构转型[M]．曹卫东，等译．北京：学林出版社，1999：24. 而现代《牛津高级英汉双解词典》对“公共”的解释是，Pubic意味着“公众的、与公众有关的”，或者是“为公众的、公用的、公共的(尤指由中央或地方政府提供的)”。参见牛津高级英汉双解词典[Z]．北京：商务印书馆，1997：1196. 由此可见，近代以来所出现的“公共”一词，迄今为止含义是基本稳定的，与“公众”或“人类”等公共事务有关。也正是在这个意义上，国家利益不仅在本质上是统治阶级的利益，是统治阶级中各民族的利益，而且也代表了所有国民的共同利益，它具有最大的普遍性和最广泛的代表性。这使它得以在逻辑上具有优先性。参见朱鸣雄．整体理论论——以国家为主体的利益关系研究[M]．上海：复旦大学出版社，2006：39.

③ 实际上，自改革开放以来，因各种社会利益冲突的高发、频发，导致了“恰当处理社会矛盾，消除各种社会隐患，维护社会稳定”成为我国政府面临的经常性课题。参见金华林．调整社会利益关系：维护我国社会长期稳定的重要任务[J]．延边大学学报(社会科学版)，2000(1)：81.

④ 这方面的讨论，参见 Fred Halliday，State and Society in International Relations. Rethinking International Relations. UBC Press，University of British Columbia，The Macmillan Press LTD，pp. 74-93.

⑤ 此处所说的不相适配主要是指两类情形：一是权力高于责任或者权利高于义务；二是责任重于权力或者义务重于权利。

3. 国家治理与社会治理的共体性决定着国家安全与社会治安的同构关系

治安的本意是“由治达安”，是通过国家、社会之“治”达到国家、社会之“安”的治理过程，是“国家—社会”体系关于公共安全的“价值—效用—策略”的一体化设计及运行过程及结果，其核心价值是形成和维护以国家预设和社会预期的公共安全秩序为中心的社会公共安全。① 任何一个国家和社会的“治安”，都是为了更好、更便宜、更有效地实现和维护本国家、本社会之公共安全的长治久安，所以，离开了“国家治理—社会治理”的共体性这一论理前提，“治安”也就成为无本之木、无源之水了。正因为这样，在治安学论域中，国家治理和社会治理是两个既相互区别、又相互联系的概念，对于二者间关系的不同界定和选择，都将对特定“国家—社会”安全共同体的“由治达安”过程和结果产生战略性的、策略性的，重大的、基础性的影响。其中一个至关重要的问题是必须确认在任何一个国度里，由国家治理与社会治理的共体性所决定，国家安全与社会治安间具有不能割裂的同构关系：二者共居于同一个公共安全体中，共同完成“国家—社会”之由治达安过程，达成公共安全维系之目标。

国家治理与社会治理之所以具有共体性，其基本原因之一，就是两者实现共同的“由治达安”目标的路径、方法、工具等方面客观存在着明晰的差异。

在国家治理体系中，公共权力的设置及其运用构成其核心结构，国家政治安排的制度性行动是其治理行动的基本模式。其必要性正如恩格斯所说：“我们看到，一方面是一定的权威，不管它是怎样造成的，另一方面是一定的服从，这两者，不管社会组织怎样，在产品的生产和流通赖以进行的物质条件下，都是我们所必需的。”②从统治者的视角看，国家主体设置及运用公权力实施“由治达安”行为时，作为被管理对象的社会公众不得不接受其统治并服从之，它的效用往往集中体现于统治者的管理意志得到贯彻执行。从服从者的视角看，公权力的存在是具有差异化需求的社会公众得以安全地共同生活于一个社会体系的内在要求，无论社会个体还是群体，欲最大限度地满足其自身的安全需求，国家公权力的设置和运行是必不可少的“国家—社会”体系的安排。

在社会治理体系中，社会权力或自治权利的设置及其运用构成其核心结构，社会成员认同的非制度性行动是其治理行动的基本模式。社会主体运用其从生活中获得的经验习性实施“由治达安”行为时，更多地采用非强制性的、非正式的政治制度性的方式，而不是公权力对公共生活的管控方式。由此所决定，纯粹的社会治理方式不可能成为社会公众满足其公共安全利益需求的终极方式，它必须有其他“兜底”的手段——通过公共权力以间接的方式③对各种社会关系、利益和矛盾进行协调和管理，才能确保其预设的公共安全目标的实现。但是，如果一个国家之公权力的设置及运行悖反了社会公众的公共意志，并致使社会大多数人再也无法忍受它的暴力迫害，社会公众就可能群起反抗，以限制公权力的滥用或者颠覆已有的公权力体系建立新的公权力体系。

---

① 王均平，唐国清. 社区治安体系理论选择及模式研判[M]. 北京：中国人民公安大学出版社，2010：3.

② 马克思恩格斯选集(第2卷)[M]. 北京：人民出版社，1972：553.

③ 公权力是安排和维持社会秩序的力量，不管人们愿意不愿意，生活总得有秩序，秩序性安排就是制度。而秩序的安排和维持是依靠权力实现的。可见社会生活需要秩序，也就需要权力，而权力也必须通过制度来行使。参见杨心恒，刘豪兴，周运清. 论社会学的基本问题：个人与社会[J]. 南开学报(哲学社会科学版)，2002(5)：23.

可见，在治安学论域中，源自社会治理的非制度性行动与国家治理的制度性行动是社会“由治达安”行动过程相辅相成、相依不离的两个侧面，① 对于社会治安治理而言，都是不可或缺、不可偏废的。两者间的这种共体性为国家安全与社会治安的同构提供了适宜的机制：在确保国家治理的制度性行动具有合法性、正当性和社会治理的非制度性行动具有合理性的前提下，建立政府与社会、官方与公众之间相互协商的有效通道和合作行动的治理模式。

**(三)“国家安全”与“社会治安”间相互转化**

1. 国家安全与社会治安间的相互转化基于本体安全与秩序安全间的相互融通

治安学论域中的社会个体与个体之间、个体与群体之间、个体与整体之间，以及群体与群体之间、群体与整体之间的“安全—秩序”关系在本体安全理论范式中被视为分析本体安全之“外延性(extensionality)与意向性互动本质”的工具，② 它既是社会个体参与社会“由治达安”行动的自我意向性本体构成，又是“国家—社会”治安治理体系中规制社会个体参与治安行动的公共秩序的本体构成。理论上，治安学论域中，处于同一个公共安全关系体系或共同体中的个体关于本体安全的自我认同与社会安全的集体认同通常会共居于“安全—秩序”的多重认同的基本结构之中，其自我认同往往会同时指涉并关联多重集体认同，并体现为个体的“我”对塑造个体社会类型的多重集体认同。

可见，本体安全理论与其他理论的研判范式不同，此类理论的独特范式集中体现为通过“虫眼观世界”(worm's view)③的认识路径来描述社会秩序的形成、可预期性和不确定性的本质规律，分析社会个体的本体安全构成并阐释个体的本体安全如何体现社会集体的安全结构。显然，本体安全理论的这种研判范式非常适合治安学知识体系架构的需要，因为治安学关于社会个体、群体、整体的治安认知及行为研究必须以“交织多重社会公共安全认同”的个体关于“公共安全的自我认同”为分析透镜，预设先验的治安治理结构和人的治安情景“体验—创造”特性，在理论研究中沿“元问题—基本问题—现实的具体治安问题—基本问题—元问题”方向和程式理解、诠释社会个体的安全认知及行为及其融合其中的集体的安全结构；在应用研究中坚持“安全需求—行为模式—自我认同—社会秩序”的分析和推理。④

正是在上述分析框架中，社会个体和群体，以及个体与个体之间、个体与群体之间、个体与整体之间，以及群体与群体之间、群体与整体之间的“安全—秩序”关系才能契合于现实的“由治达安”过程，并融通于本体安全与秩序安全相倚同构的知识和经验。而对于“本体

① 参见郑杭生，杨敏. 社会与国家关系在当代中国的互构——社会建设的一种新视野[J]. 南京社会科学，2010(1)：64.

② Giddens, Anthony. 1991. Modernity and Self-Identity: Self and Society in the Late Modern Age, Stanford: Stanford University Press. p. 1

③ 绝大多数昆虫的眼睛由复眼和单眼构成。单眼结构和功能简单，承担感光和辨别明暗、距离的功能；复眼的功能是成像。昆虫的复眼几乎都是由成千上万只六边形的小眼紧密排列组合而成的。而每个小眼只接受单一方向的光讯号刺激，形成点状的影像，每只小眼睛又都自成体系，各自具有屈光系统和感觉细胞，但这并不等于有多少只小眼就能看到多少花朵，而是每只小眼睛只能看见物体的一部分，整个眼睛看物体就像一个拼凑物，所有点状影像相互嵌合，即形成正立的影像。所以，复眼的小眼数量愈多，分辨率越高，视野通常愈宽广。

④ 参见周玉佳. 本体安全与符号的索引性：探究社会安全观的人类学分析路径[J]. 西南民族大学学报(人文社会科学版)，2015(6)：61.

安全”与“秩序安全”间客观存在的“现实契合”和“知识融通”关系的理性把握，也是我们理解、应用国家安全与社会治安间相互转化机制的一把钥匙。

2. 国家安全与社会治安间的相互转化基于共同利益与特殊利益间的相互兼容

在治安学论域中，共同利益，是指特定国域中的所有社会成员共同认可、追求、拥有的公共安全利益，是连接和确立本国域内所有社会成员间“安全—秩序”关系的核心利益。特殊利益，是指特定国域中的所有社会成员所追求的自身的个体化、差异化的，且在一定程度上与共同利益不尽相符的本体安全利益，是共同利益变迁、演进的基础性、动力性利益。①

由社会主体的自利本性所决定，即使生活于同一国域、同一“安全—秩序”共同体中的人，无论是个体还是群体，都会有自己的本体安全、秩序安全认知和行为选择偏好，而且，在特定治安情境中，这种认知和行为选择偏好还可能产生境遇性的变化。即是说，在国家安全和社会治安领域中，每个社会成员都会有自己的安全利益需求，而这种差异化安全需求的满足或者其自身安全利益最大化的追求极易引发“安全—秩序”共同体中的利益关联者间的安全利益冲突，② 并导致不同人的特殊利益诉求与共同利益标准间的一定程度的分离。

同时，由于具有自利本性的人也是社会的人，决定着所有的社会主体亦具备利他的本性。人类社会史的知识告诉我们，自有人类社会以来，人始终都是社会的人，而社会也始终都是人的社会。③ 即使是发展到国家体制阶段，也概莫能外。安全制度史的知识告诉我们，人类社会安全生存与发展秩序的规制是其所有成员安全需求及其满足的公共化、制度化、稳定化运行的结果。任何一个个体或群体所追求的特殊的本体安全利益都不可能绝对孤立、纯粹地存在或自在自为，它们总是以某种形式，以及或显或隐的内容与共居于同一“安全—秩序”共同体的其他利益关联主体发生这样或那样的相互联系，只有当其将自己的特殊安全利益诉求兼容于公共安全利益实现，使“自利”和“利他”共融于同一个公共安全体系之中，才能最大限度地获得这种诉求的收益，并有效保障自己既得的安全利益。公共安全利益与个体特安全利益间的这种兼容机制同样也是“由治达安”领域中的国家主体与社会主体安全利益间的兼容机制，所不同的是后者通常体现为国家安全和社会治安在不同的时段、不同的情境、不同的主题项目中作为一对矛盾的“矛盾的主要方面”与“矛盾的次要方面”之间的相互转化。④

3. 国家安全与社会治安间的相互转化基于国家安全与社会安全间的互为本位

综观围绕国家安全与社会治安关系问题产生的若干争议，其焦点集中于两个基本命题：一是个人安全与公共安全之间的关系问题；二是国家安全与社会安全之间的关系问题。

在个人安全与公共安全间关系问题上，主要的分歧或争论的焦点是治安学知识体系架构应当选取个人安全本位，还是公共安全本位。由于该命题存在的这种分歧和争议，把治安学研究者群体划分为两个学术“阵营”：治安治理的治安学话语群体和治安管理的治安学话语群体。从治安学理论和社会“由治达安”实践相整合的视角分析，片面的公共安全本位的主

---

① 马克思，恩格斯．德意志意识形态[M]．北京：人民出版社，2003：29.

② 正所谓“小的个人冲突是人们在价值和欲望上的差异的必然后果，也是每个人追求幸福的必然产物”。参见[德]柯武刚，史漫飞．制度经济学——社会秩序与公共政策[M]．韩朝华译．北京：商务印书馆，2000. 这恰好也说明这个社会是充满活力、处于不断进步的社会。

③ 龚天平．安全价值：伦理内蕴与实现机制[J]．河南社会科学，2014(5)：82.

④ 参见易森，赵磊．当前我国利益关系失衡的理性审视——基于马克思主义“共同利益—特殊利益”的矛盾分析[J]．西部论坛，2015(3)：33.

张者和个人安全本位的主张者，对“国家—社会”体系“由治达安”过程及结果的认识都不能达到治安学知识体系架构所必须具有的普适性、抽象性与应用性、现实性相整合的要求。欲满足这样的要求，治安学研究者应当坚持从个体安全需求及其满足入手，对个体安全需求及其满足状况进行科学的分析，从中抽象出所有个体在安全需求及其满足方面的共性要素及其一般结构，获得涵括个体安全需求及其满足目标的公共安全需求及其满足的秩序规则，并运用这些规则引导、调适、干预个体的安全需求结构及其满足过程和结果，使个体通过实质性参与“由治达安”过程最大限度地满足其自身的安全需求、保障安全需求满足的成果。治安学所要建立的正是这种“个体安全与公共安全互为本位”的知识体系建构和“由治达安”运行机制。

在国家安全与社会安全间关系问题上，主要的分歧或争论的焦点是治安学知识体系架构应当选取国家安全本位，还是社会安全本位。由于该命题存在的这种分歧和争议，把治安学研究者群体划分为两个学术“阵营”：“国家—社会”治安治理的治安学话语群体和警察治安行政的治安学话语群体。从治安学理论和社会“由治达安”实践相整合的视角分析，片面的国家安全本位的主张者和社会安全本位的主张者，对“国家—社会”体系“由治达安”过程及结果的认识亦不能达到治安学知识体系架构所必须具有的普适性、抽象性与应用性、现实性相整合的要求。欲满足这样的要求，治安学研究者应当立足于国家安全与社会安全间客观存在的共在、互动的同构关系，从社会安全需求及其满足入手，对社会安全需求及其满足状况进行科学的分析，从中抽象出社会多取向、多维度、多层级安全需求及其满足方面的共性要素及其一般结构，获得涵括社会全体成员安全需求及其满足目标的普适性的、由公权力保障运行的公共安全制度框架，并将国家安全和社会安全全部纳入该制度框架，① 使国家安全与社会安全间具有的“你中有我，我中有你”的内在联系能够相对准确地外显为两者间互为本位的关系指标，并达成默顿所描述的“制度—行动”状态：社会制度的主要特征是它在一对范畴存在着潜在冲突时，使之模式化。这是一种运用制度统治的方法把那些不一致的行动混合起来，通过强制使其变成合理一致的行动的秩序安排。②

## 第四节　保护与限制间关系问题

### 一、治安学论域中的保护

#### （一）关于治安学基本问题范畴的“保护”的说明

1. 治安学基本问题范畴的保护的基本性质

作为治安学基本问题范畴的“保护”，不同于具体的治安治理活动中对于公民个体和群体遭受具体侵害的利益进行的保护，而是关涉“由治达安”两大主体即国家主体与社会主体或者统治者与被统治者、管理者与被管理者、治理者与受治理者间的安全权益保护。

2. 治安学基本问题范畴的保护的主要内容

治安学基本问题范畴的“保护”，具有两个基本含义：一是通过保护社会主体之安全生

---

① 该制度框架是指包括国家安全和社会安全的价值标准、规范、组织和物质设备等要素在内的复合性制度体系。

② Robert Merton，Sociological Ambivalence，A Division of Mecmillan Co. Inc. New York，1976. p. 33.

存与发展的权利和利益，实现“由治达安”之共同利益；二是通过保护国家主体之安全生存与发展的权利和利益，实现社会主体之特殊利益。

**(二)社会主体安全权益的保护**

1. 社会主体本性视角的分析

首先，从社会主体存在基础分析，自由是人民的天性，是人民社会的本质特征。① 这种“自由”在社会公众实际的社会生活中集中体现为个人享有的基本权利，这是因为个人权利是权利的基础，所有“与人民大众相分离”的公共权利都不过是对于人的需要所作的一种抽象和虚拟，都是个人权利的普遍化、秩序化形式。

其次，从社会主体形成机制分析，由公民与人民间关系所决定，高度发育的、成熟的、具有旺盛发展活力的人民社会是现代国家的基础。国家与社会关系史表明：社会发育度、结构分化度越高，社会个体和群体的利益越多样化，社会主体与国家主体间实现利益互动的交易成本越高；当两者间的交易成本高于其社会主体的收益并让社会主体不能接受或容忍时，社会主体就会受利益最大化的驱动通过协商、谈判走向联合，以提升自身与国家讨价还价的力量，更充分地维护自身的利益。这一过程，恰恰是独立于国家并与之抗衡的社会主体形成过程。

再次，从社会主体的主体地位分析，人民社会之所以被赋予主体地位，在很大程度上是为了支持其有效抵御国家权力不正当的侵犯进而保护公民个人和群体的权利。由此而论，社会主体必须享有自治权，而且国家应当承认并保护社会主体的自治权。与国家主体相比，自治是社会主体的主要特质之一，且其基本的自治模式主要体现为：依靠本社会体系内部的市场价格规律调整社会公众之间的利益关系；依靠社会道德、风俗习惯等社会规则调整社会公众之间的互动关系；依靠大众舆论和传统文化调整社会个体、群体与整体之间的依存关系。

最后，从治安学基本问题视角分析，在社会治安治理领域中，“自由”和“权利”主要体现于每个社会个体、群体都有自己的安全需求，并对自己的安全需求满足有自主认知和行为选择的权利，丰富多样应当是社会主体之安全权益结构的鲜明特征。一方面，如果忽视甚至抹杀社会主体安全权益所具有的多偏好、多维度、多元素、多形态的特质，就必然会限制社会主体参与“由治达安”过程的主动性、积极性和创造性。另一方面，无论是产生于社会主体核心要素——人——所普遍具有的自利性的作用，还是产生于社会主体利益调节的主要杠杆——价值规律——所普遍具有的自发性和盲目性的作用，社会主体本身必然存在其自身难以消弭的缺陷，这些缺陷甚至可能表现为某种范围或程度的社会失序，这就需要社会主体外的力量——国家主体对之加以干预或调控。但在“由治达安”实践中，国家主体对社会主体安全需求及满足之自治的这种干预或调控必须严格控制在现行法制框架内，其干预或调控的目的和边界应当是保障社会主体安全需求满足自治机制的良性运行和持续发展，公共权力及其秩序安排不能过度干预社会主体拥有的这些自治权利，更不能随意侵害它们。

2. 制度视角的分析

自有人类社会以来，由于财产问题直接关涉人的生命、健康的存在与延续问题，所以，先在性地解决衣、食、住、行等基本的物质生活问题，就成为人们从事政治、科学、艺术、哲学、宗教等社会活动的前提，这也决定着人们为了自身的安全生存和发展，会千方百计地

① 李拥军．论市民社会的权利——对个人、社会、国家权利关系的一种解析[J]．华东政法学院学报，2005(4)：26.

去生产、创造、拥有、积累财富。当社会确立了私有制后，财富与社会主体间的关系在特定的公共体制框架内就形成了对应性的、固定的归属关系。尤其是国家体制形成后，财富与社会主体间的这种关系就成为国家主体通过其制定和颁行的法律加以确认和保护的责任与权力，或者说，财富与社会主体间的这种关系变成了法律上的财产权。至此，社会主体安全生产、创造、拥有、积累财富的自由和权利得到了更加有效的保障。

正是基于这种情形，在世界法制史上，自有宪法开始，它对于公民财产权就给予了特别的保护，并以公民财产权神圣不可侵犯的明确规定赋予其宪法地位。例如法国 1793 年宪法(第 16 条)规定："财产权为一切人民得自由处分其财富、其收益、其工作与职业收入的权利。"美国宪法修正案第 4 条规定："人民有保护其身体、住所、文件与财产的权利。"我国自新中国成立初期《共同纲领》的制定，经历了四次修改，2004 年宪法第 13 条明确规定："公民的合法的私有财产不受侵犯。"

孟德斯鸠认为，"在民法慈母般的眼里，每一个个人就是整个国家"。"公共的利益永远是：每个人永恒不变地保有民法所给予的财产"，所以，"在公共利益的问题上，公共利益绝不是用政治性的法律或法规去剥夺个人的财产，或是削减哪怕是它最微小的一部分"。① 按照孟德斯鸠的这一思想，国家主体的一切社会管理活动，都必须优先保障公民个人的权利和利益，即使公共产品的生产、供给和消费，也应当遵循个人权利或人权保障优位的原则，因为公共利益的本质和最终价值归根结底是为社会主体提供实实在在的实质性益处。换言之，公共利益具有功利性价值，而人权则具有目的性价值；以人为目的、以人权为本，是公共利益的核心；个人权利为体，公共利益为用，是调适二者关系的基本原则。②

3. 理论视角的分析

柯武刚和史漫飞从关注社会秩序与公共政策的制度经济学角度认为，"安全"是长期持续的自由，它是人的一种信心，即相信自由在未来不会遭受侵害。③ 它体现了人们对于自己的安全权益包括实际利益、自由权利、人格尊严等在未来的社会体系中不会遭受非法威胁或无端侵害④的信念和主观确认。

马克思通过《黑格尔法哲学批判》一书，扬弃性地批判了黑格尔的法哲学思想，完成了他对黑格尔市民社会思想与理性国家观的颠覆。⑤ 一方面，马克思肯定和继承了黑格尔关于市民社会与国家分离的思想；另一方面，他又基于对黑格尔"满足于只从表面上解决这种矛

---

① ［法］孟德斯鸠．论法的精神(下册)［M］．张雁深译．北京：商务印书馆，1997：190.

② 如果为了"公共利益"可以舍弃个人权利或人权的话，那么，这种公共利益的行为就颇令人怀疑，其价值则更令人反思。参见范进学．定义"公共利益"的方法论及概念诠释［J］．法学论坛，2005(1)：17.

③ 参见［德］柯武刚，史漫飞．制度经济学——社会秩序与公共政策［M］．韩朝华译．北京：商务印书馆，2000.

④ 对社会主体之安全的威胁和侵害一般有两个来源：一是国外的强制和进攻，如战争、侵略、国际争端等。二是国内的侵犯和不可预测的事件，如内战、犯罪行为、暴力冲突、游行示威、罢工、群体斗殴、骚乱等；国家的公权力机构，以及作为整体的社会组织对公民的尊严不尊重、不认可，侮辱、伤害、侵犯公民的自由、平等、民主权利的行为，也属此列。参见龚天平．安全价值：伦理内蕴与实现机制［J］．河南社会科学，2014(5)：82.

⑤ 这是马克思在《莱茵报》时期关于"理论与现实之间相对立"，"理性作为评价现实国家的理想尺度已不能进一步解释现实国家对理性国家背叛的原因，也不能进一步解释国家与社会利益关系这一关于国家的核心问题"进行理论反思的结果。参见曹峰旗．本原与异化——马克思恩格斯论资本主义公民权利与国家权力［J］．社会科学战线，2007(1)：276.

盾，并把这种表面矛盾当做事情的本质”①的批判，摒弃了黑格尔以精神的发展阶段来界分社会与国家的范式，从经济基础的角度探讨市民社会的形成、发展与国家相分离的原因。第一次明确阐述了市民社会在人类历史中的重要作用，“家庭和市民社会本身把自己变成国家。它们才是原动力”。“政治国家没有家庭和市民社会的人为基础就不可能存在。它们是国家的必要条件。”②“绝不是国家制约和决定市民社会，而是市民社会制约和决定国家。”③但马克思也明确指出，在国家与社会关系中，不仅存在着社会对国家具有的决定力，也存在着国家对社会的反作用力，即国家反过来作用于社会并获得相对的独立性，成为“从社会中产生但又自居于社会之上并且日益同社会异化的力量”。④ 基于这样的认识，马克思在政治思想史上首次提出了科学的国家与社会关系学说，奠定了认识公民权利与国家权力关系的理论基础。

在治安学论域中，居于同一个“安全—秩序”共同体的国家主体与社会主体的安全生存与发展权益都存在着公共权益与主体自身权益间的一致和冲突，正如马克思所说，在利益共同体内部，共同利益“总是不断地由另一面即私人利益的一面产生的”，并由此反映出每个成员特殊利益的共同之处。⑤ 对于社会主体安全权益所涵括的公共权益与特殊权益之间的这种统一性，冯友兰先生谓之“如众灯明，各遍似一”。⑥ 类似的认知在本体安全理论家的研究成果里也可见到：克罗利科斯基认为本体安全理论的解释效力立足于自我认同的形成发展与日常生活环境的因果关系，主张分析本体安全须以社会个体为起点。⑦ 克罗夫特则进一步提出本体安全理论的假说前提是个体不安全感、主体间性和个体认同的内在联系。⑧ 根据这些经典作者的观点，对于社会个体、群体和整体之安全权益的保护包括其特殊安全权益保护和公共安全权益保护两个基本内容，而社会主体特殊安全权益保护是其中的前提性、基础性保护对象。

**(三)国家主体安全权益的保护**

1. 国家主体本性视角的分析

在一个现存“国家—社会”体系中，尽管国家与社会间具有相互依存、相互制约的共体关系，而且国家来源于个人和社会并应当服务于个人和社会，但国家一旦形成，便具有了极大的独立性和专断性。它以公权力为支持、强制性暴力为工具，以对社会和个人权利的控制和支配为常务，加上公权力的所有和行使间的分离关系和人的逐利性、自利性，国家主体对于自己所掌控的公共权力不仅会有不断扩张、膨胀的冲动，而且掌权者常常不能以罗马法上“善良家主”的心态行使权力，以至于公权力的设置及运行常常会出现某种异化，对社会体

① 马克思恩格斯全集(第1卷)[M]. 北京：人民出版社，1956：338.

② 马克思恩格斯全集(第1卷)[M]. 北京：人民出版社，1956：251，252.

③ 马克思恩格斯选集(第4卷)[M]. 北京：人民出版社，1995：196.

④ 马克思恩格斯选集(第4卷)[M]. 北京：人民出版社，1995：170.

⑤ 马克思，恩格斯 . 德意志意识形态[M]. 北京：人民出版社，2003：105.

⑥ 冯友兰解释为：每盏灯都发出各自的光，在同一空间内就像是一个光了。参见冯友兰 . 关于孔子讨论的批评与自我批评[J]. 哲学研究，1963(6)：47-55.

⑦ Krolikowski, Alanna. State Personhood in Ontological Security Theories of International Relations and Chinese Nationalism: A Skeptical View, Chinese Journal of International Politics, Vol. 2: 130-133.

⑧ Croft, Stuart. Constructing Ontological Insecurity: The Insecuritization of Britain's Muslim, Contemporary Security Policy, Vol. 33, No. 2: 225-232.

系的建构和运行甚至对国家主体自身都可能产生一定的腐蚀性和破坏性。①

恩格斯认为，国家的本质特征，是和人民大众分离的公共权力。② 迄今为止的国家史已经充分说明：国家权力存在、设置及其运行的最核心的条件是公共权力与社会权利相分离。国家权力一旦在形式上取得社会公共或普遍利益代表的地位，它也就同时取得了自身的独立性和专断性，并因为这种独立性和专断性而能够反过来规定社会权利。正如马克思所说：正是由于特殊利益与共同利益之间的这种矛盾，共同利益才采取国家这种与实际的单个利益与全体利益相脱离的独立形式，同时采取虚幻的共同体③的形式，也只有这样，统治阶级的利益才能更好地得以保护和实现。④ 因此，国家权力虽然由社会权利转化而来，但是这是一种在特定地位上的权利，只有占主导地位的阶级的权利才具有这种转化可能，这样国家就成为“统治阶级的各个人借以实现共同利益的形式”⑤。事实上，国家作为社会公共利益形式上的代表和公共权力实际的设置及运行主体的特殊职责角色，使其维护社会特定群体利益而不是社会普遍利益的本质在很大程度上得到巧妙的遮蔽。⑥

2. 制度视角的分析

外国治安史和中国治安史都证明，社会治安治理领域与其他领域的社会自治一样，亦不可避免地存在着社会自治本身难以避免或消除的负外部性⑦和内部失灵缺陷。负外部性主要源于社会自治体的本位主义行为倾向，即社会自治体过度强调自我利益，却不顾及社会的共同价值观和公共利益，可能会危害他人和社会。社会自治体的有限理性是其内部失灵的主要原因。自治功能得以有效发挥的前提是社会自治体具备完全理性，能够通过自己的理性和能力合理地处理自己的事情，实现自我管理、自我服务和自我整合。但完全理性的观点似乎并

---

① 在这种情形下，政治国家非但不能全面、忠实地履行其服务社会、服务公众的天职，反而会逐渐习惯于将社会视作自己奴役的对象。因此，市民阶级始终以一种既爱又怕，既不能抛弃，又不能过于亲近的类似鸡肋式的矛盾态度对待国家。这种情形在近代资产阶级的启蒙学者眼中，往往把国家看成必要的“恶”，如潘恩所说：“社会在各种情况下都是受人欢迎的，可是政府呢？即使在其最好的情况下，也不过是一件免不了的祸害；在最坏的情况下，就成了不可容忍的祸害。”参见[美]潘恩．潘恩选集[M]．马清槐等译，商务印书馆，1981：3.

② 马克思恩格斯选集(第4卷)[M]．北京：人民出版社，1995：116.

③ 马克思在这里清楚地说明了，在阶级社会作为公共权力载体的国家只能是一种虚幻的共同体，国家是以普遍权利代表之名行保护统治阶级权利之实。在资本主义社会，每个资本家都按照他在社会总资本占有的份额而分享这种权力(指公共权力)。参见马克思恩格斯全集(第25卷)[M]．北京：人民出版社，1975：218. 这样，作为少数的统治阶级成为公共权力的主体，而作为多数的被统治阶级则成为公共权力的客体，公共权力成为“从社会中产生但又自居于社会之上并且日益同社会异化的力量”。参见马克思恩格斯选集(第4卷)[M]．北京：人民出版社，1995：170.

④ 马克思恩格斯选集(第1卷)[M]．北京：人民出版社，1995：84.

⑤ 马克思恩格斯选集(第1卷)[M]．北京：人民出版社，1995：132.

⑥ 曹峰旗．本原与异化——马克思恩格斯论资本主义公民权利与国家权力[J]．社会科学战线，2007(1)：277.

⑦ 所谓“外部性”，是指行为主体的活动对他人和社会所产生的影响。对他人和社会产生积极影响，称之为“正外部性”，反之则为“负外部性”。此外，也有人将负外部性称作外部成本或外部经济——即行为主体的行为影响了其他社会主体，使之支付了本不必支付的额外的成本费用，但被影响的社会主体却无法因此而获得相应补偿的现象。或是发生交往的行为主体双方的互动行为给第三者带来的未在价格中得以反映的成本费用。

不现实，承认完全理性无异于“致命的自负”，理性的“不完全性”似乎更符合现实情况。①理性的有限性导致社会自治体不能依赖自身理性实现良善的自治秩序，因此，需要由国家、政府对社会自治行为实施引导、规范、禁止和惩戒。换言之，虽然国家外部控制的强度与社会自治空间的大小具有此消彼长的关系，但适度控制和干预可以规避社会自治存在的两个缺陷，使社会自治的政治价值得以实现。②

国家存在的理由集中体现于它所具有的社会和市场不能替代的公共物品的生产、供给角色和职能，如免于暴力的安全、服务于贸易和投资的稳定货币，以及服务于公众的供水、排污系统和交通通讯基础设施等。③ 在治安学论域中，国家主体的最重要的角色和职能是生产并向社会公众提供基础性、普适性、强制性、公共服务性和非营利性的安全与秩序产品。其中，国家主体参与“由治达安”的最主要的任务是向社会、市场提供一整套普遍适用，并以公共权力的强制为执行保障的清廉的、具有政治合法性的法律制度体系及其实施手段，以及关涉治安治理各层级管理者或决策者的一套公开、公平、公正的选任程序。

充足的治安资源是有效的“国家—社会”安全政策的重要组成部分。无论是“由治达安”过程的运作，还是其结果形态的固化，都需要采取一些一般的和特殊的方式、方法、工具。这些方式、方法、工具都会涉及国家或社会治安资源配置、使用和评估问题。它们通常包括人力、物力、财力、信息、制度等多方面的治安资源。“国家—社会”安全可以说也是一种资源分配的政治，当某一治安问题在一定时期内获得政治优先地位时，该问题的解决往往会得到更多的治安资源支持，而且它所造成的威胁越是紧迫，其治安资源配置的优势也越明显。④ 无论国家治理还是社会治理，“由治达安”都是围绕着社会“安全—秩序”价值目标运行的社会系统工程，社会的安全秩序要求和国家的治安秩序安排均具有基本标准的作用，而作为秩序的核心构件的治安制度尤为重要。事实上，处理国家安全和社会安全问题不能同处理一般政治问题一样陷入漫长的讨价还价中，它们往往需要更加有效的跨部门决策机制和即时性决策效率，这些都需要具备针对性更强、更能切中要害、更富有实效的治安政策和制度框架，而适合承担这些政策、制度制定、供给的主体只有国家。

3. 理论视角的分析

以一国之国内安全为分析样本，在治安学论域中，基于对国家主体和社会主体所涉职域差异——前者的职域集中于公域，后者的职域集中于私域——的认识，公共安全利益主要是由政府提供的、为公众的和与公众有关的或为公众所公用或者公共的“安全—秩序”产品：其一，公共安全产品的生产者和供给者主要是国家或政府。国家或政府被公认为凌驾于社会主体包括个体和群体之上的、以普遍利益的形式而出现的公共权力，⑤ 唯有国家或政府才能

① ［美］哈耶克．通往奴役之路［M］．王明毅等译．北京：中国社会科学出版社，1997：57.

② 安建增．对社会自治施以控制的正当性及其边界——基于国家与社会关系的分析［J］．河南师范大学学报(哲学社会科学版)，2012(2)：15.

③ ［英］苏珊·斯特兰奇．权力流散：世界经济中的国家与非国家权威［M］．肖宏宇，耿协峰译．北京：北京大学出版社，2005：4.

④ 汤蓓．安全化与国家对国际合作形式的选择：以美国在艾滋病问题上的对外政策为例(1999—2008)［D］．复旦大学国际关系专业博士学位论文，2009：35.

⑤ 范进学．定义“公共利益”的方法论及概念诠释［J］．法学论坛，2005(1)：16.

外在地超越于任何个人和群体的私域利益诉求，为所有社会成员提供基础性、普适性、强制性、公共服务性和非营利性的公共安全与秩序产品。① 其二，公共安全产品的消费者主要是社会公众。公共安全产品是公众安全利益或者与公众有关的、为公众所公用的安全利益。公共安全与秩序产品作为一种"集体产品"或公共安全服务，是为社会公众所欲求的，一旦国家向社会公众生产和供给了这种产品，它们就不得为国家或政府，以及任何社会个体或群体所独占，其消费者只应和只能是所有社会成员或者为社会全体成员所共享。换言之，公共安全与秩序产品与其他公共物品一样，同时具有两个显著的特征——供给的连带性以及排除他人消费的不可能性或无效率性。② 由此而论，公共"安全—秩序"史，就是一部反对或阻止某些特定群体滥用公共权力为它们自己谋求不正当利益的权利维护史。

以一国之国际安全为分析样本，一方面，国家与国际共同体能够分别被作为治安学理论的指涉对象，对应着国家安全与国际安全两种不同类型的安全定位。国家与国际共同体都可能面临秩序功能实现受损与安全共享价值③被破坏这两个方面的威胁。另一方面，在现实的世界"安全—秩序"体系中，一国之国家安全与其他关联国家之安全及其结成的国际关系之安全皆有互动共变的紧密联系：各国间的和平共处、安全合作不受任何不正当的威胁或侵害，并在一定程度上保证、维护各国之间、人民与人民之间在"安全—秩序"领域的公平与正义。只有这样，国家才能真正获得其公民的深切认同，使人民形成"国家家园"的深刻体验和深厚情感。④

---

① 从社会契约与人民主权理论分析，人民只是把对社会公共事务的管理权授予了国家政府，政府扮演的角色只能是为公众服务的"公仆"，它所提供的服务是一种公共服务，也就是经济学家所谓的能够向社会所有社会成员提供服务的"集体产品"。但是，现代"公共集体产品"的提供者除了政府之外，还有非政府组织和公民，他们的参与也同样可以维护和增进公共利益，如公民个人投资教育、社会福利事业、社会保安服务或其他公益事业等，所以"政府并不是唯一的提供者"。参见世界银行．变革世界中的政府——1997年世界发展报告[M]．北京：中国财政经济出版社，1997.

② 任何公共利益的受益人是所有的人而不是某一或特定的利益共同体，倘若所谓的公共利益只是某些或某一特定利益主体受益，满足了特定人的利益需求或愿望，这种"公共利益"不可以成为社会的普遍利益，因而就不是真正的公共利益。向特定的利益共同体提供的集体产品，是悖离社会普遍利益的。只有那种旨在实现真正的普遍利益的服务，从而使每个人都会从这种服务中得到益处，并有助于改善他们生活状况和生活质量的公共利益，才符合社会普遍利益的本质和精神，才是真正的公共利益。谬勒解释说："对于这种公共物品来说，增加更多的消费者并不妨碍其他人受益。一种公共物品，虽然其边际成本是正数，但只要平均成本递减，也就会有供给的连带性因素，引出需解决的集体共同供给的问题。"参见[美]丹尼斯 C. 谬勒．公共选择理论[M]．杨春学等译．北京：中国社会科学出版社，1999：16.

③ 可视作将国际共同体作为安全指涉对象的主观基础。共享价值的存在使得行为体行事时不仅以自己的实力为依据，还必须遵循一定的"正义"原则，它是国家之间超越机械性的交往联系而结成国际"安全—秩序"体系的关键。例如，所有国家不分大小、种族结构以及意识形态倾向，平等地享有主权、民族自决的权利，个人拥有生命、自由、财产、福利和政治参与权利等，都是当代国际社会共享价值的表现。参见时殷弘．现代国际社会共同价值观念一从基督教国际社会到当代全球国际社会[J]．国际论坛，2000(2)：4，8.

④ 在实际生活中，有一个极为典型和普遍的指标是人们一提到自己的时候，首先想到的就是"我是中国人"或者"我是德国人"，"我是意大利人"等。参见[英]苏珊·斯特兰奇．权力流散：世界经济中的国家与非国家权威[M]．肖宏宇，耿协峰译，北京：北京大学出版社，2005：61.

## 二、治安学论域中的限制

### (一)关于治安学基本问题范畴的“限制”的说明

1. 治安学基本问题范畴的限制的基本性质

作为治安学基本问题范畴的“限制”，不同于具体的治安治理活动中对于诸参与主体之具体治安治理行为进行的限制，而是关涉“由治达安”两大主体即国家主体与社会主体或者主体与客体、施者与受者、管理者与被管理者间的治安认知及行为选择偏好限制。

2. 治安学基本问题范畴的限制的主要内容

治安学基本问题范畴的“限制”，具有两个基本含义：一是通过限制社会主体之治安认知及行为选择偏好，保证国家主体治安行政的有效施行和公共安全利益的实现；二是通过限制国家主体之治安认知及行为选择偏好，保障社会主体安全自治的实质运作和特殊安全利益的实现。

### (二)社会主体治安认知及行为选择偏好限制

1. 社会主体本性视角的分析

在治安学论域中，对于社会主体之治安认知及行为选择偏好进行限制的正当性源于人的社会性本质。一般而言，社会中的人在本性上都是理性人，是一个个自利的个体，他们在参与社会“由治达安”过程中，往往更多地考虑和计算的是其自身安全利益的最大化，加之，社会安全市场的运营又不可避免地存在着自发性、盲目性、滞后性的弱点，这就决定了单凭社会主体自身无法实现其治安自治的良性运行。于是，社会公共安全利益的实现需要一个独立于社会主体的力量对其进行必要的调控，以妥善解决公共安全利益与社会个体或群体之特色安全利益之间的冲突，促进社会的长治久安。

“由治达安”的实践充分证明，当社会面临公共安全威胁或侵害时，由人的自保、自利、避祸等本性所决定，如果将降低或消除这种威胁或侵害的任务交由社会主体自愿承担或由市场或集团自主完成，不仅其收益与成本很可能出现非理想的比值，甚至会在实际上没有任何收益，① 这既与社会个体或群体安全利益最大化企望不符，也与“国家—社会”体系所追求的公共安全目标相悖。这就需要国家主体通过公共权力及具有普遍约束力的法律制度进行适度调控，强化社会主体的社会治安义务，以引导社会主体进行正确的“安全—秩序”认知和行为选择，消除公共安全隐患，公平公正地处置违法犯罪行为，有效压缩次级安全威胁或侵害，营造良好的治安文化氛围。

2. 制度视角的分析

社会是按照一定规范整合起来的人类生活共同体，它按照既定的一套行为规范维持社会秩序，调整人们之间的关系，规定和指导人们的思想和行为方向。② 所以，社会稳定是以社会规范整合效力的有效发挥和社会运行的有序性体现出来的。从社会结构和功能上看，社会稳定是社会政治稳定、经济稳定、社会生活秩序稳定、人们思想观念及其行为稳定的统一体。从社会状态的最终表现上看，社会稳定是社会成员行为的秩序化，也就是公众对社会整合规范的认同和接受。然而，我们必须承认这些规则(在法律没有认可之前)具有先天的软弱性，它们很大程度上是依靠市民自身的理性、良知和公共舆论来保证实现的。由于人自利

① 文启湘，何文君．“看得见的手”范式的悖论及悖论困境[J]．社会科学战线，2001(5)：19.

② 郑杭生．社会学概论新修[M]．北京：中国人民大学出版社，1994：71.

本性的存在，为求一己私利而突破规则、破坏公益的现象并不鲜见，且这种现象有时依靠市民社会自身无法消除。这就要求每个市民必须继续让渡自己权利，以便组成一个更具有调控力的公共机构来对整个社会实施监控，于是国家及其制定和利用公共权力推行的对社会具有普遍约束力的法律制度也就应运而生。①

公共安全利益作为共同的善应当是通过社会主体中的每个人都认可的先验规则来保证的，这一规则就是：凡是有关公共利益的善，只要在法律规制的框架下进行，个人都应对公共物品的供给作出贡献，② 以保证“每个人都会比所有的人没有这样做时生活得更好”。③

在我国现行法律框架内，社会主体包括个体和群体作为权利主体参与“由治达安”过程的认知和行为选择偏好会受到保护，同时，其作为义务主体的认知和行为选择偏好也会受到相应的限制。作为治安学基本范畴的社会主体限制，旨在说明治安制度对于社会主体之治安认知及行为选择偏好进行限制的目的，是为了配合或协同国家主体对社会治安的依法治理，最大限度地实现公共安全利益。其中的关键问题是充分利用科学、合理、合法的手段和工具，通过对社会主体中出现的不符合公共安全利益要求的认知和行为进行必要的限制，以切实有效地保证受益对象及其受益内容的最大化，④ 使社会主体的最大多数人和群体获得最大的公共安全收益——包括幸福、快乐和实际的安全利益，避免国家及社会公共“安全—秩序”资源的浪费。

3. 理论视角的分析

马克思、恩格斯在历史唯物主义的基础上，深刻地阐明了社会决定国家的真实关系：家庭和市民社会本身把自己变成国家。⑤ 具体而言，国家在特定的历史发展阶段脱胎于社会，社会是主体，而国家机器是客体。国家在本质上应该服务于社会。恩格斯在《家庭、私有制和国家的起源》中也明确界定了国家的工具性本质，描述了国家机器发生异化的情形：国家是承认：这个社会陷入了不可解决的自我矛盾，分裂为不可调和的对立面而又无力摆脱这些对立面。而为了使这些对立面，这些经济利益互相冲突的阶级，不致在无谓的斗争中把自己和社会消灭，就需要有一种表面上凌驾于社会之上的力量，这种力量应当缓和冲突，把冲突保持在“秩序”的范围以内；这种从社会中产生但又自居于社会之上并且日益同社会相异化的力量，就是国家。⑥ 一方面，我们应当看到国家出现的异化使得国家机器成为制约社会和人全面发展的障碍，成为社会主体要求自治（即社会把国家权力收回后实施自治）的理由；另一方面，我们也应明确国家角色的职能发挥具有保障社会有序发展的实际价值。正因为如此，马克思、恩格斯也强调国家作为一种政治权威及其控制行为与社会自治之间的关系是一种永恒共存的“相对”关系，只不过“它们的应用范围是随着社会发展阶段的不同而改变的”。⑦

治安治理领域的公共“安全—秩序”产品生产及供给模式与其他悖论支持下的公共物品

---

① [英]洛克．政府论（下）[M]．叶启芳等译．北京：商务印书馆，1982：105.

② 范进学．定义“公共利益”的方法论及概念诠释[J]．法学论坛，2005(1)：18.

③ [美]丹尼斯·C. 谬勒．公共选择理论[M]．杨春学，等译．北京：中国社会科学出版社，1999：16.

④ 汪进元．基本权利限制的合宪性基准[J]．政法论丛，2010(4)：9.

⑤ 马克思恩格斯全集（第3卷）[M]．北京：人民出版社，2002：11-12.

⑥ 马克思恩格斯选集（第4卷）[M]．北京：人民出版社，1995：170.

⑦ 马克思恩格斯选集（第3卷）[M]．北京：人民出版社，1995：226.

供给模式相似，它们在理论上确有效率，但并不一定是现实社会有效提供公共物品的必然选择，更何况其模式自身存在的局限性，导使其必然产生对政府的需求。实际上，不仅社会群体或个人的公共安全产品生产与供给能力相对于国家来说，都是有限的，而且，当通过市场或群体获得公共安全利益的个人在遭遇其公共安全产品消费权益得不到保障或者遭到损害问题时，欲得到公正的解决，也必须寻求超越社会的国家的法律支持。同时，国家是本国国域内最大的治安组织，由国家生产、供给治安产品，既能够发挥规模效应，降低整个社会的运行成本，又可以使消费者不需要付费或少付费却能够享受到更多的公共安全利益。由此而论，无论从理论还是实践的视角分析，国家提供治安产品的形式不仅是不可或缺的，而且是至关重要的一种模式。

**（三）国家主体治安认知及行为选择偏好限制**

1. 国家主体本性视角的分析

如前所述，在虚幻共同体的形式之下，国家权力对公民权利的异化成为必然，国家权力被异化为一部分人对抗另一部分人的特权。国家权力控制着整个社会，国家权力掌握着强制性的物质力量。马克思在谈到法国时说：在这里，国家管理、指挥、监视和监护着市民社会。① 同时，它还占有着意识形态的机构，使公民权利附属于国家权力。② 这样，公民权利与国家权力的地位被倒置，进而被滥用，国家权力不仅成为国家的目的也成为公民权利的目的，国家权力来自公民权利，反过来又反对公民权利——国家权力被异化。③

正是由于国家主体本性的作用，尽管西方启蒙思想家 18 世纪就提出了“以权力制约权力”的命题，但该命题中无论是发挥制约功能的权力，还是被制约的权力，都同属于一个“与人民大众相分离”的公共权力体系，两者间关系的实质只是同一个国家权力体系内部各组分之间的相互制约，并不涉及“社会权力”④以及公众权利对于国家权力的制衡。⑤ 显然，如果社会权力和公众权利不能实质性地参与国家权力制衡过程，并生产出富有实效的制衡产品，“国家权力—国家利益”将始终只能是一个“密封”的、“定制”的、“自娱”的机器，从而难以避免国家主体利益实现过程中的“自我利益”本位或优先，以及利益共同体内的“官官相护”。如此一来，国家体系就异化为“与人民大众相分离的权力”和“与人民大众相分离的利益”的结合体，这样的国家体系距离其终结也应当为期不远了。

2. 制度视角的分析

公共利益不是目的，它仅仅是人实现其权利和自由的手段。公共利益是什么以及人们呼唤对公共利益加以法律的明确规定，其实都是为了保证政府权力能够在法治的规则下运行。对公共利益的限制，实际上则是对国家政府权力的限制。公共利益固然为善，但假如对它不作限定，公共利益的代表就可能假借公共利益的名义以获取非法的私利。所以，必须将公共利益行为束缚在宪政的框架下，公共利益服务只有以宪政的名义才能规制住政府滥用公共权

① 马克思恩格斯选集(第 1 卷)[M]. 北京：人民出版社，1995：624.

② 马克思恩格斯选集(第 4 卷)[M]. 北京：人民出版社，1995：178.

③ 曹峰旗. 本原与异化——马克思恩格斯论资本主义公民权利与国家权力[J]. 社会科学战线，2007(1)：278.

④ 此处所说的社会权力，主要是指社会主体拥有的社会资源对社会和国家所具有的影响力和支配力。

⑤ 比如说三权分立，它只是一种政治体制，是解决统治阶级内部的权力结构和配置问题，属于政治体制范畴，是为了调整统治阶级内部的矛盾，防止统治阶级内部权力腐败而设置的机制，不涉及对人民的统治的性质问题。参见郭道晖. 社会权力与公民社会[J]. 山东科技大学学报(社会科学版)，2007(2)：17.

力为自己谋求不正当利益的行为。①

第二次世界大战后，一些国家甚至在宪法中明确规定国家义务来源于公民权利。如德国《基本法》第 1 条第 3 项规定："下列基本权利作为可直接实施的法律，使立法、行政和司法机构承担义务。"在宪法理论中的表现就是，德国基本权利双重属性和基本权利功能都能产生或决定国家相应义务。关于基本权利的限制问题，目前中外法学理论和实务界的通说认为，限制的直接目的是为了公共利益，但终极目标则是更好地保护基本权利；而且限制的直接对象是基本权利，但实质上是限制国家权力。具体地说，基本权利应该受到限制，但只能由宪法或宪法授权的普通立法限制，即由宪法确定基本权利限制的原则、范围、程度和方式等，然后由普通立法机关在宪法许可的范围之内，制定法律加以限制。② 宪法授权原则渊源于《法国人权宣言》第 4 条，是指涉及限制公民基本权利时，只能由宪法授权国家最高立法机关通过制定法律来实现，否则须承担违宪的后果。德国学者温厚兹将宪法授权的方式分为立法授权和宪法训令两大类。立法授权是指宪法授权立法机关制定法律对基本权利予以限制。宪法训令是指宪法关于基本权利的限制性规定，直接约束立法、行政和司法三机关。③

从政治制度层面看，公民权利与国家权力都离不开政治制度，二者都必须通过政治制度来向现实转化，而且公民权利与国家权力关系本身也构成了政治制度的基本内容。在国家安全制度体系中，由于政府统治合法性受到的威胁可能来自政府本身，国家安全的规范性内容应当包括对政府统治合法性的认可。政府是国家权力的具体掌管者，必须按照一定标准运行，以便让社会认同它是合法的、有能力的、公正的、清廉的。④

3. 理论视角的分析

虽然说国家的干预是必要的，但是这种干预不是无限度的。就连自由主义大师哈耶克都不是一味地反对国家干预，而是反对不适当的干预。⑤ 无数事实表明政治国家无度地、不适当地干预市民社会，往往不能治疗市民社会的弊端，反而由此造成的弊端要比市民社会自身的弊端还要大得多。⑥

国家对社会控制的正当性源于自然正义赋予(自然法意义)、社会的承诺及同意(社会契约论意义)和控制行为的正外部性为其正当性提供了辩护(政治理性意义)。⑦

通过对公民权利、国家义务、国家权力相互关系的分析，现代国家与公民之间的关系应当归结为"国家义务—公民权利"关系，国家义务直接源自于公民权利，公民权利是国家义务的根据，公民权利的需要才产生了国家义务。不仅如此，现代社会产生的国家义务存在的唯一目的是公民权利，其作用是对公民权利的保障，且是根本保障，而国家权力只有通过国

---

① 范进学．定义"公共利益"的方法论及概念诠释[J]．法学论坛，2005(1)：19.

② 汪进元．基本权利限制的合宪性基准[J]．政法论丛，2010(4)：3.

③ 陈新明．法治国公法学原理和实践[M]．北京：中国政法大学出版社，2007：14-16.

④ 汤蓓．安全化与国家对国际合作形式的选择：以美国在艾滋病问题上的对外政策为例(1999—2008)[D]．复旦大学国际关系专业博士学位论文，2009：27.

⑤ [英]哈耶克．自由秩序原理(上)[M]．邓正来译．上海：三联书店，1997：279，281.

⑥ 李拥军．论市民社会的权利——对个人、社会、国家权利关系的一种解析[J]．华东政法学院学报，2005(4)：27.

⑦ 安建增．对社会自治施以控制的正当性及其边界——基于国家与社会关系的分析[J]．河南师范大学学报(哲学社会科学版)，2012(2)：16.

家义务的中介才能与公民权利发生关系。① 现代国家理论和法治理念对此作出了明确的回答。②

## 三、"保护"与"限制"间相互关系

### （一）保护与限制相反相成

1. 围绕保护与限制概念的必要类推

美国社会学家 J. C. 亚历山大认为，关于社会的研究总是围绕着自由与秩序问题展开，正是自由与秩序之间的这种紧张关系为社会学提供了知识的道德的理论基础。③

在治安学论域中，自由与秩序间关系实际上可以描述为治安治理权利与治安治理义务、社会自治与国家管控、保护与限制间关系。由此而论，如果自由与秩序间存在着相反相成的关系，那么，作为治安学范畴的权利与义务、保护与限制间亦存在着相反相成的关系。

2. 保护与限制间相反相成关系的理论分析

有人认为，近代以来政治领域的一切理论探讨和实践方案设计都是从国家与社会的关系入手的。④ 以西方政治哲学（即非马克思主义政治哲学）为样本分析，国家与社会关系理论具有国家路线和社会路线两条基本路径，前者强调国家和政府的主导作用，对社会自治持相对悲观的观点；后者强调社会自治的作用，视国家和政府为权利的潜在威胁。⑤ 在国家主义与无政府主义将这两条路径发挥到极致的氛围中，自由主义择居中间，强调个人和社会权利优先，主张通过社会自治实现和保障社会权利，但同时不否认社会自治体的缺陷，为国家的干预和控制行为预留了一定的空间，视其为"必要的恶"。⑥ 综之要点，国家在维护社会秩序和公共利益方面具有不容置疑的作用；同时，社会自治作为管理内部事务、实现自责自负的治理机制，构建了一种免于外部力量无端干涉的自主活动空间，有助于充分发挥社会的主动性和创造性，也有利于社会自治体便捷迅速地处理自身事务。正是从这个意义上，两者之间存在着相反相成的同构共在关系。

自 20 世纪 90 年代以来，中国也走向了一个权利张扬的时代。一方面，国内法学界对权利研究的硕果累累，另一方面，法学界仅只偏重于单纯对权利本身的论证，并将权利保障寄

---

① 龚向和．国家义务是公民权利的根本保障——国家与公民关系新视角[J]．法律科学（西北政法大学学报），2014(4)：6.

② 社会连带主义法学创始人狄骥声称，我们承认统治阶级仍然保有着一定的权力；但是，他们如今保有权力的根据不再是它们所享有的权利，而是他们所必须履行的义务。参见[法]莱昂·狄骥．公法的变迁·法律与国家[M]．郑戈，冷静，译．沈阳：辽海出版社，春风文艺出版社，1999：13. 那些统治者们只有出于实施他们的义务的目的，并且只有在实施其义务的范围之内，才能够拥有权力。参见[法]莱昂·狄骥．公法的变迁·法律与国家[M]．郑戈，冷静，译．沈阳：辽海出版社，春风文艺出版社，1999：444. 狄骥认为，权力的根据和来源是义务，而统治者的义务是为全体人们提供公共服务。

③ [美]J. C. 亚历山大．社会学 20 讲：二战以来的理论发展[M]．贾春增译．北京：华夏出版社，2000：11-20.

④ 张康之．新市民社会背景下的国家与社会治理[J]．文史哲，2011(1)：144-145.

⑤ 庞金友．近代西方国家与社会关系理论的逻辑与特点[J]．天津社会科学，2006(6)：63-66，72.

⑥ 安建增．对社会自治施以控制的正当性及其边界——基于国家与社会关系的分析[J]．河南师范大学学报（哲学社会科学版），2012(2)：16.

希望于国家权力(不管是限权还是控权理论)，而对权利得以实现相对应的义务研究相对萎缩。① 这一阶段的权利研究之所以偏忽了“没有义务就没有权利，没有义务就没有公共生活”②的实际，一个很重要的原因是长期以来，学界不少人持有“承认了权利也就确定了对应的义务，因而权利研究实际上也是义务研究”的观点。这种观点很明显忽视或简化了成对主体间权利与义务的内在区别和相反相成的关系。如果说该观点在私法领域有一定道理的话，在公法领域则可能只是一种政治欺骗了。因为自近代建立公法制度以来，公民与国家的关系表现为公法上的权利与权力关系，规定国家权力的条款比国家义务的条款多得多，公民权利由国家权力来保障，而不是由国家义务来保障；“权利—权力”也成为公法学基本范畴，形成了“权利—权力”法理学，与公民权利对应的是国家权力而不是国家义务。③

显然，国家义务的直接来源是公民权利而不是国家权力。国家与公民关系发展到今天，国家义务与公民权利关系已经成为其主轴。但二者在这一权利义务法律关系中的地位并不等同，公民权利处于根本性或决定性地位，国家义务源自于公民权利，而且直接源自于公民权利。④

3. 保护与限制相反相成关系的制度依据

保护与限制相反相成关系的调节规则主要分布在与其三种关系状态相对应的三个规则领域：一是与“保护—限制”关系应然状态相对应的自然互动规则；二是与“保护—限制”关系法定状态相对应的制度规制；三是与“保护—限制”关系实然状态相对应的具体办法。其中最权威、最稳定、最具普适性和最易研究的是与“保护—限制”关系法定状态相对应的制度规制。

长期以来，“保护—限制”关系的法律规制一般基于对国家权力、国家义务和公民权利之间的关系的认知：公民权利决定国家权力，国家权力决定国家义务，公民权利通过国家权力中介间接决定国家义务。⑤ 正是在这种思想指导下，在近代公法体系中，国家权力与公民权利关系构成了国家与公民之间的根本法律关系。至于公民权利与国家义务间关系问题，则因公法学国家义务研究的偏忽而研究不足、创制不足。⑥ 由此而论，主流理论关于公民权利决定国家权力的观点表达不够准确，并不完全正确，而关于国家权力决定国家义务的观点则是错误的。近代个人主义国家理论把国家的目的设定为保障公民权利，并强调以公民权利限制国家权力，但公民权利并不直接决定国家权力。近代理论国家确实认为国家存在的目的在

① 这种现象犹如权利启蒙阶段对权利的论证，或源自于对神圣权利的膜拜，或者追随于权利话语的时髦，“热情淹没了理性，口号淹没了具体研究”。参见[美]斯蒂芬·霍尔姆斯，凯斯·R. 桑斯坦．权利的成本——为什么自由依赖于税[M]．毕竟悦译．北京：北京大学出版社，2004.

② 古罗马政治家西塞罗认为，“生活的全部高尚寓于对义务的重视，生活的耻辱在于对义务的疏忽”。参见[古罗马]西塞罗．论义务[M]．王焕生译．北京：中国政法大学出版社，1999：9.

③ 龚向和．国家义务是公民权利的根本保障——国家与公民关系新视角[J]．法律科学(西北政法大学学报)，2014(4)：4.

④ 龚向和．国家义务是公民权利的根本保障——国家与公民关系新视角[J]．法律科学(西北政法大学学报)，2014(4)：5.

⑤ 龚向和．国家义务是公民权利的根本保障——国家与公民关系新视角[J]．法律科学(西北政法大学学报)，2014(4)：5.

⑥ 参见陈醇．论国家的义务[J]．法学，2002(8)；高鹏程．国家义务析论[J]．理论探讨，2004(1)等文献。

于最大限度地保护个人的权利，但同时也指出，正是个人权利为国家创设了义务，国家因此有义务最大可能地保护个人权利，为履行保护个人权利的义务，还有义务创立军队、警察和司法机构等相应的组织。“个人主义学说主张个人拥有一种可以要求国家为某些行为或不为某些行为的权利，这不仅是指国家不得干涉个人的自治性，也不仅是指国家必须履行其所有的义务，而且还是指国家必须将其自身组织为一种尽可能保障其义务之实现的实体。”①

尽管上述观点尚存争议，但从世界立法例看，法律体系通过对国家义务和公民权利，国家权利和公民义务的规定，明晰两对范畴间的相辅相成、相互制约关系却也可称之为通例。在国家义务与公民权利关系上，要求国家履行义务以保护公民权利是现代文明的法治社会的必然要求。从我国的法律规定来看，这一对应关系，主要通过一种非典型的形式表现出来，即通过限制国家权力来达到保护公民权利的效果。例如宪法中规定，“任何公民，非经人民检察院批准或者决定或者人民法院决定，并由公安机关执行，不受逮捕”，对国家行使逮捕权的限制就是为了维护公民的人身自由权。这样的规定刑事类法律和行政类法律等公法领域中体现得尤为充分。在国家权力与公民义务上，公民义务与国家权力的对应主要体现在对公民基本义务的规制中。基本义务是公民对于国家的义务，而且是决定国家存续和发展以及社会利益维护的必要义务，符合这个条件的义务种类不多，按照宪法的规定主要包括依法服兵役、依法纳税、受教育和环境保护等。除此之外，对于维护社会的安全秩序，公民还需要履行其他一些义务，这些义务散见于民事法律领域。

**（二）保护与限制一体同构**

1. 保护与限制间一体同构关系根基于权力与权利的天然联系

尽管我们目前依然缺乏充分的证据说明公民权利和国家权力在人类社会发展史进程中孰先孰后，但若以国家作为认知的标准，我们却有充分的理由作出推断：应然权利出现于国家权力之前，法定权利产生在国家权力之后。从这个意义上分析，形成于社会主体包括社会之个体与个体、个体与群体、个体与整体，以及群体与群体、群体与整体关系的权利对于权力无疑具有更为初始、更为根本的意义。

个人权利是公共权力产生原因和存在基础。政治国家没有家庭的天然基础和市民社会的人为基础就不可能存在。② 公民权利与国家权力都属于上层建筑，个人权利在上层建筑结构中处于更为基础的层次，而公共权力与之相比，则更具有工具性。在某种程度上国家权力是公民权利的衍生物。③

国家权力的合理性来自于公民权利。尽管权力产生后会获得“与人民大众相分离”的独立性，且其作为公民权利的普遍化或公共化而比权利拥有更大的力量，但国家这种“至高无上的独立的存在本身不过是表面的”，④ 它自始至终都不可能成为完全独立于公民权利之外的社会现象。

2. 保护与限制间一体同构关系寄寓于个体与集体的利益共同体

① ［法］莱昂·狄骥．公法的变迁·法律与国家［M］．郑戈，冷静译．沈阳：辽海出版社，春风文艺出版社，1999：235.

② 马克思恩格斯选集（第4卷）［M］．北京：人民出版社，1995：250.

③ 马克思、恩格斯认为：政治权力不过是用来实现经济利益的手段。参见马克思恩格斯全集（第1卷）［M］．北京：人民出版社，1956：252.

④ 马克思恩格斯全集（第45卷）［M］．北京：人民出版社，1985：646.

在治安学论域中，“国家—社会”之“安全—秩序”利益结构偏好取决于三种公共安全利益观：① 一是“社会安全利益观”，即公共安全利益所体现的是全体社会成员不可分割的共同安全利益。二是“国家安全利益观”，即公共安全利益所体现的是以广大人民的整体安全利益名义出现的国家安全利益。三是“共享性安全利益观”，即公共安全利益所体现的是经由全面协调所实现的国家、社会以及全体人民共享“安全—秩序”体系发展成果的“国家—社会”共同安全利益。

如前所述，组成社会的具体的人皆是自利性的主体，他们都会或隐或显地以寻求自己利益的最优化或满意化为自己缔结社会关系的天职，并将珍爱自由视为自己的本性，将自治视为自己的生活方式。由社会主体的这一天性使然，社会主体在其参与社会关系运行的过程中往往会通过计算和博弈，逐渐明晰地意识到关联各方之间必须互相承认对方的权利、兼顾对方的利益，并在可接受、可弥补的范围内彼此限制自己的自由、压缩自己的利益，共同遵守公共利益规则和程序，才能共居于同一个利益共同体基础之上的“权利—义务”共同体，从双赢、多赢的过程中实现自身利益最优化、满意化的结果。否则，因斤斤计较或滥用权利而导致的无序竞争只能招来一损俱损的恶果。②

在社会主体上述计算、博弈过程中，社会体系内大多数成员将会逐渐形成趋近一致的社会认同③、公共理性④和共同观念⑤。而建立在社会主体经验基础上的这种社会认同、公共理性和共同观念的核心要素则是对公共利益及其实现原则的认同。正是通过该核心要素的作用，社会得以形成自身的道德规范、风俗习惯和其他的自生自发规则，社会的生存与发展得以有效维系。正如哈耶克所说：大多数这样的规则，都不是经由主观琢磨而发明出来的，而是通过渐进的试错过程，慢慢发展起来的，在这个过程中，正是无数代人的经验，才促使这些规则发展成当下这个状况。⑥ 当这些社会规则经国家认可后，即会转化成法律制度，被赋予更具普适性、强制性的公共力量，从而，对国家主体和社会主体，对权利和义务，对公共利益和个体利益也具有了更强的“保护—限制”力。

3. 保护与限制间一体同构关系实现于自由与秩序的相互依存

在人类社会发展的全部进程中，从来都没有出现过纯粹的自由或纯粹的秩序，也从来没

---

① 参见洪远朋，于金富，叶正茂．共享利益观：现代社会主义经济学的核心[J]．经济经纬，2002(6).

② 李拥军．论市民社会的权利——对个人、社会、国家权利关系的一种解析[J]．华东政法学院学报，2005(4)：22.

③ 此处所说的认同，主要是指个人的自我意识被他的集体自我意识部分取代时的一种行为；作为一个整体的社会以及市民社会的制度或机构乃是他的集体性自我意识的对象。所谓社会认同，就是对构成社会的那些制度或机构的一种珍视或依归。它是对整个社会——包括社会的所有阶层与部分——依归态度。它是关怀整个社会福祉的态度。参见[美]爱德华·希尔斯．市民社会的美德[J]．李强译，载邓正来，[英]J. C. 亚历山大．国家与市民社会[M]．北京：中央编译出版社，2002：41-42.

④ 此处所说的公共理性，主要是指“那些共享平等公民身份的人的理性”，“是公共的善和根本性的正义”。参见[美]约翰·罗尔斯．政治自由主义[M]．万俊人译．南京：译林出版社，2000：20-21.

⑤ 此处所说的共同观念，用辛格的话说就是“共同的理解、共同的预期、行为规则、目标和利益、价值和关切，以及那些使得我们以一种有意义的方式彼此交往和互动并说明我们是社会的人的特征的东西”。参见[美]贝思·J. 辛格．实用主义、权利和民主[M]．王守昌等译，上海：上海译文出版社，2001：70.

⑥ [英]哈耶克．自由秩序原理(上)[M]．邓正来译，北京：三联书店，1997：196.

有出现过纯粹的权利或纯粹的义务。正如孟德斯鸠所强调的：自由是做法律所许可的一切事情的权利；如果一个公民能够做法律所禁止的事情，他就不再有自由了，因为其他的人也同样会有这个权利。① 自国家、法律体制产生以来，任何权利在法律上都是受限制的，甚至在国家、法律体制产生以前的人类社会的有组织活动领域，任何权利在社会行为规则上都是受限制的，古往今来，既不存在无限制要素的绝对自由和权利，也不存在无保护要素的绝对的秩序和义务。

在世界立法通例中，任何一个民主、法治、文明国家的法律制度，都会明确规定自己对于社会个体和群体的基本权利和特殊利益的保护义务，但它们同时也都会明确规定自己对于社会权利和公共利益的保护义务。尽管特定社会的个体、群体的利益与社会整体的公共利益可能在根本上是一致的，但在精细、实证的分析范式中，对于前者来说，后者意味着作为社会共同体的国家对于所有社会成员追求其本身自由的公共秩序规制，它往往更突出地体现为国家主体对于社会主体的权力诉求，或者“国家—社会”公共秩序对于前者施行的合法、适度限制；对于后者来说，前者则意味着作为国家制度体系设置及运行终极价值目标的社会成员的自由对于公共秩序的权利制约，它往往更突出地体现为国家主体对于社会主体的义务承诺，或者“国家—社会”公共秩序对于前者实现的合法、适度保护。

由此可见，在治安学论域的“国家—社会”框架中，个人自由与公共秩序，社会权利与国家义务始终是成对的、相互依存、相互制约的范畴，② 它们在共同构成社会之“利益—权利—义务”共同体的同时，也共同构成国家“利益—权力—责任”共同体，并一起融合成为“安全—秩序”统一体。

**(三)保护与限制涨消互动**

1. 保护与限制间涨消互动关系实质的定性分析

保护与限制间涨消互动关系并非“好”的东西生长，“坏”的东西消减，也不是一方升涨，另一方降落，而是保护与限制间关系所承载的公民权利与国家义务，公民义务与国家权力，自由与秩序，个体利益与公共利益间关系范畴诸方间相辅相成、相互制约关系之具体结构的演化过程和结果。

马克思明确指出：“人的本质并不是单个人所固有的抽象物，在其现实性上，它是一切社会关系的总和。”③据此分析，马克思恩格斯视野中的权威及其控制行为并非某种恒定不变的实体，也不是某种实体的某种属性，而是存在于政治生活、社会生活和生产实践中的一种特殊的社会关系。这表明，无论是国家还是社会，个体还是整体，国家管理体和社会自治体的“个体性”与“社会性”的联系是不变的。在政治实践和社会生活实践中，特定国家管理体和社会自治体如果有能力去做某一件事，其社会性本质就为其施加了义务去判断做那件事是否正当，是否应该去做那件事。这是国家管理体和社会自治体对社会的一种责任，它既依赖于以“保护”为特征的国家管理体和社会自治体的自适应机制实现，也依赖于以“限制”为特

---

① [法]孟德斯鸠．论法的精神(上)[M]．张雁深译．北京：商务印书馆，1961：154.

② 以私有财产规制为例，私有财产的占有是为了个人利益和个人自由，但私有财产的使用和处分永远与社会相关联。理性的选择是，在保障私有财产不受侵犯的同时，还必须关注私有财产的社会义务。这种社会义务，一方面要求私有财产的运用不得损害社会利益，另一方面也要求私有财产应当为了积极的社会利益而运用。因此，各国宪法一方面规定财产权保护原则，另一方面对财产权也规定了必要的限制。参见李克嵘．保护与限制：我国公民财产权宪法地位的平衡[J]．四川警察学院学报，2008(3)：85.

③ 马克思恩格斯选集(第1卷)[M]．北京：人民出版社，1995：60.

征的外部的合法强制促成。与前者相比，尽管以“限制”为特征的权威及其控制行为往往会使被限制方感到“难堪”，但国家主体与社会主体间体现为“保护—限制”关系的互动合作是政治秩序、社会秩序以及生产秩序形成的前提，而这种合作需要依靠一定的权威及其控制行为来组织、保护和限制，即权威及其控制行为是调整社会关系、促成社会合作的一种客观必须条件。“所以，把权威原则说成是绝对坏的东西，而把自治原则说成是绝对好的东西，这是荒谬的。”①

一般情形下，国家主体义务的丰富与社会主体权利的完备“成正比”，与国家主体权力的扩张“成反比”；国家主体权力的扩张与社会主体义务的增量“成正比”，与社会主体权利的完备“成反比”。② 这种保护与限制间的“涨消”关系体现在“国家—社会”体系“由治达安”的过程和结果中，往往集中于国家管理与社会自治，个体、群体安全需求满足与社会公共安全利益实现，以及社会个体、群体治安认知及行为选择的偏好自由与社会治安认知及行为选择的制度规制间的联动互变。

2. 保护与限制间涨消互动关系生成的一般机制

人与人之间的交往是社会主体争得利益以求良好存续的基础，也是社会主体的本性，正是人与人间的各种交往形式构成了政治性的、非政治性的社会网络结构和联结状态。③ 人与人之间交往的范围越广、越深，以及由此决定的社会网络结构越完备、联结状态越优良，人的利益空间也越大。但与此同时，为维持这些网络结构和联结状态的有序运行和良性发展，需要有被大多数人所认可的制度、规范或其他约制条款，自然也需要有推进这些制度、规范和约制条款切实实施的权威形态和控制行为。因此可以说，权威及其控制行为是社会主体本性自然展现的必然结果，控制的正当性源于社会主体所追逐和享有的权益的这种社会性本质。

霍布斯与洛克的国家理论均认为，国家起源于自然状态的不完美。在前者看来，为了摆脱“每一个人对每一个人的战争”，过一种安全的生活，人们就必须承认并授权“利维坦”④，“在有关公共和平和安全方面所采取的任何行为、或命令他人作出的行为，在这种行为中，大家都把自己的意志服从于他的意志，把自己的判断服从于他的判断”。⑤ 洛克眼中的自然状态虽然善意平和，却也需要一种被共同接受的权威来裁判纠纷、执行判决。因而，为了维持有序的公共生活，个体就有义务去接受、维护国家这一共同体对于自己进行的法定限制。

而当近代民族主义兴起后，对国家的维护又多了一层集体情感寄托的含义。尽管两者并不是一回事，但民族往往寄托于“国家”这一实体而存在，一旦脱离，“就会像软体动物被从其硬壳中扯出来一样，立刻变得歪歪斜斜，软软绵绵”。⑥ 而且，在摩根索看来，个人在社

---

① 马克思恩格斯选集(第3卷)[M]. 北京：人民出版社，1995：226.

② 此处所说的“成正比”或“成反比”只是为了叙述便利而借用的词语，而非严格的数学用语。

③ 安建增. 对社会自治施以控制的正当性及其边界——基于国家与社会关系的分析[J]. 河南师范大学学报(哲学社会科学版)，2012(2)：17.

④ “利维坦”是《圣经》中提到的一种力大无比的海兽名称的音译，霍布斯借用这个名称命名自己的著作《利维坦》，旨在比喻一个强大的国家，让无生命的事物具有了生命，让抽象的事物变得具体。

⑤ [英]霍布斯. 利维坦[M]. 黎思复等译. 北京：商务印书馆，1985：131.

⑥ [英]埃里克·霍布斯鲍姆. 民族与民族主义[M]. 李金梅译. 上海：上海人民出版社，2000：222.

会生活中的挫折感、不安全感越是严重，他们对国家、民族集体认同的情感需求便也更大。① 在这种情形下，公民就会进一步让渡自己的权利给国家，以使国家为维护、保障公民的权利而承担相应的义务。

3. 保护与限制间涨消互动关系变迁的基本规律

依据政治学、经济学、法学、社会学、管理学等多学科原理，公民权利与国家义务，公民义务与国家权力，自由与秩序，个体利益与公共利益环节的关系都会通过各范畴双方间现实的“保护—限制”关系体现社会之人与人的关系和国家与社会的关系，它们的发展伴随着国家与社会间关系的变迁，也呈现出一个由低级到高级的变化过程，经历着一个从权力本位走向权利本位、以社会权利论国家权力走向以国家义务论社会权利的过程，体现着由异化向复归的一般发展趋势。②

然而，就一国国域内的公民权利与国家义务，公民义务与国家权力，自由与秩序，个体利益与公共利益间关系及其现实体现者“保护—限制”关系都总是历史的、现实的、特定的而不是抽象的、泛化的、永恒的。不同的国家，不同的社会形态、社会结构和社会发展水平承载着不同的国家与社会间关系，从来都不存在脱离一定“国家—社会”体系的泛化的国家权力、义务和公民权利、义务，也不存在绝对的自由和秩序，更不存在纯粹的个体利益和公共利益。正如马克思所说：不存在脱离社会发展水平的绝对的公民权利，也不存在完全独立于和超越于权利的国家权力，权利永远不能超出社会的经济结构所制约的社会的文化的发展。③

“国家—社会”体系之“安全—秩序”范畴作为国家与社会间关系的基本元素，自然也要伴随这一主旋律的演变而变化。在治安学论域中，属于该范畴的公民权利与国家义务，公民义务与国家权力，自由与秩序，个体利益与公共利益间关系的变化必定要集中体现于社会“由治达安”领域中的国家管理与社会自治、保护与限制关系的变迁。就我国现阶段提出的治国理念和明确的战略偏好分析，其变迁也会经由一个由国家管理向国家治理、由国家权力本位向国家义务本位、由公民义务本位向公民权利本位发展的过程，这将对我国今后的治安治理理念、政策、战略、策略、模式、工具以及治安学知识体系建构等方面产生深远的影响。

---

① ［美］汉斯·摩根索．国家间政治：权力斗争与和平［M］．徐昕等译．北京：北京大学出版社，2006：145.

② 马克思恩格斯选集（第3卷）［M］．北京：人民出版社，1995：95.

③ 马克思恩格斯选集（第3卷）［M］．北京：人民出版社，1995：305.

# 第二章 历史传承及发展

秩序与安全是人类社会的基本需求之一，自人类社会自诞生之日起就在探索如何维护秩序与安全。但以脱离大众的公共权力来维护秩序与安全，即治安，却是人类社会发展到一定阶段的产物。按照马克思主义的观点，治安是阶级社会的产物，与国家同时出现。治安有其自身的发展规律。数千年来，中外各民族在前人治安实践的基础上，不断深化对治安规律的认识，形成了既有共性又各具特色的治安制度，并在相互的借鉴、融合中推动治安向前发展。总结中外治安的历史传统与现代传承，不仅有助于我们认识治安规律，推动治安学的发展，也可为当代治安提供借鉴。

## 第一节 古代各国的治安传统

古代治安传统，是指国家出现以后、近代专职治安机构(警察)出现之前的治安活动的方式。中西各国在国家主导、社会参与的主线下，结合各自不同的历史环境，形成了各具特色的治安传统。

### 一、从氏族社会安全活动到国家治安

在人类社会之初，各民族都经历了从氏族社会安全活动到国家治安的阶段。氏族社会是人类最初的社会阶段。其时生产力落后，氏族实行原始公有制，没有私有财产，所有成员一律平等，思维原始。由此决定了氏族社会的安全活动不存在违法犯罪现象，不存在脱离大众的公共权力，也不需要强制性的暴力规范来约束氏族成员行为。氏族内部的冲突纠纷由所有氏族成员组成的氏族议事会根据禁忌、风俗、习惯等非正式制度来解决。因此，氏族社会安全活动基于血缘展开，由社会(氏族)自我管理，不存在后世暴力强制的“治安”。西方学者称之为氏族警务(Kin policing)。恩格斯曾感叹氏族制度的美妙，“没有军队、宪兵和警察，没有贵族、国王、总督、地方官和法官，没有监狱，没有诉讼，而一切都是有条有理的。一切争端和纠纷，都由当事人的全体即氏族或者部落来解决，或者由各个氏族相互解决……一切问题都由当事人自己解决，在大多数情况下，历来的习俗就把一切都调整好了”。①

氏族社会后期，随着生产力发展，出现了私有制和商品交换，出现了剩余产品，出现了私有制和贫富分化，从而引发财产纠纷，导致社会日益分裂为矛盾不可调和的对立阶级。尤其是第三次社会大分工，商业兴起，使得纠纷扩大到血缘之外的广大地域，氏族内部出现债务奴隶，彻底摧毁了成员平等的氏族制度。基于血缘管理的氏族社会对此无能为力，迫切需要一种超越血缘之上的强制性权威力量来维持秩序。于是，国家就逐步出现并日益凌驾于社会之上，国家治安也随之出现。与氏族社会安全活动相比，国家治安有了根本性的改变。氏

① 马克思恩格斯选集(第4卷)[M]. 北京：人民出版社，1995：92.

族社会不存在违法犯罪行为；而国家治安关注阶级之间、阶级内部的矛盾，即各种侵犯统治秩序、侵犯私有财产的犯罪行为。氏族社会实施血缘管理；国家治安活动则是同一地域居民之间的事务，即地缘管理。氏族社会全体氏族成员平等参与安全活动，不存在脱离大众的公共权力机构；国家治安则是由少数统治阶级掌握脱离大众的公共权力。氏族社会的安全活动建立在全体成员自觉的基础上，无强制性暴力，以非正式制度来解决纠纷；国家治安建立在暴力强制基础之上，以礼、刑、法等正式制度来维护秩序。

虽然不同民族产生国家的具体方式有差别，但其国家治安均体现了上述特点。总之，各民族进入文明社会以后，国家成为维护秩序与安全的主导力量和根本保障，代表统治阶级意志的强制和暴力是国家治安的本质特征。在古代乃至近现代社会中，各国的治安活动没有改变这个本质特征。但由于地理环境、生产生活、风俗习惯等方面的差异，此后各国治安形成了不同的治安传统。需要注意的是，国家治安并不意味着社会从治安退出，相反，社会一直是治安活动不可缺少的力量。巴特拉·哈恩指出，在前现代社会中，警务是私人事务(Private matter)，每个市民都有责任自我预防和维持秩序。① 西方的 private policing 或 self - policing，往往追溯到氏族社会和文明之初。但此时的社会早已丧失独立主体的地位，是在国家的强制下参与治安。

## 二、古代欧洲的治安传统

古代欧洲的治安大体可以分为两种模式。一种是以古希腊、古代英国为典型，受氏族社会安全活动的影响较大，形成了以自治为基础的治安传统。另一种是以罗马帝国、古代法国为典型，形成了以集权为特征的治安传统。

### (一) 古希腊、古代英国以自治为基础的治安传统

1. 古希腊以“民主”为基础的城邦治安制度

古希腊(公元前 800—前 146 年)是西方文明的源头，国家形态是小国寡民的城邦国家，盛行民主政体，城邦治安多采取“民主”的方式，对近现代西方的治安制度有深刻的影响。雅典被亚里士多德认为是城邦民主政体的样本，也被恩格斯视为从氏族社会到国家阶段“最纯粹最典型的形式”，我们以雅典为例，介绍古希腊以“民主”为基础的城邦治安制度。

雅典国家“直接从氏族社会中产生”②，原始的民主制度经过改造，融入到雅典国家制度中。雅典全体公民组成公民大会，是雅典的最高权力机构，它讨论和决定雅典财政、立法、审判、外交、治安等所有的重大公共事务。在公民大会之下设有：五百人议事会，主要负责日常行政事务；陪审法庭，主要负责司法审判以及对官员的审查与监督；十将军委员会，主要负责统率军队及外交等重大事务。除十将军委员会外的其他官员均是从雅典公民中抽签、轮流充任，且任期一年，不可连任。雅典治安，战时由将军统率军队维护；日常则采取以下两种方式维护。

一种方式是通过城邦设置的诸多机构来维护治安。公民大会之下设有诸多行政机构

---

① Bartollas Clemens and Larry D. Hahn，Policing in America，Boston：Allyn & Bacon，Inc. 1999，p. 2.

② 马克思恩格斯选集(第 4 卷)[M]. 北京：人民出版社，1995：118.

"Magistrate"(治安官)①，包括市场监理、城市监护、乡区监护(林区监护)、经征司(司库)、注册司、监狱管理6个职司。亚里士多德视这些职司为"保证社会安全、协调人民生活的机构"，"这是建立城邦的规律之一"。② 这些职司的官员，从公民中抽签产生，轮流充任，任期短暂，也没有经验、技能或财产资格的限制，以确保权力不被权贵垄断。行政职司使用的治安力量，即恩格斯所说的雅典"警察宪兵队"③，主要是西徐亚弓箭手，他们手持鞭子而非弓箭，从事逮捕看守罪犯、维持维护公共场所的和平秩序、驱赶公民参加公民大会等活动④。但他们是雅典购买的公共奴隶，毫无后世警察的地位或权威。⑤

另一种更为普遍的方式则是氏族警务(kin policing)的延续——公民的自我警务。一方面，古希腊法律没有将当地警务作为国家的事情，而是在部落里沿用家族警察的做法，每个家庭都是执法者，都可以将违法者带到审判者那里。⑥ 另一方面，由于协助职司的西徐亚弓箭手毫无地位，雅典城邦的大多数警务工作，如调查、逮捕、起诉，甚至执行，都取决于公民自身，个体自发和自救是城邦治安的规则。⑦

但雅典的治安民主仅限于雅典公民。据恩格斯的测算，雅典全盛时期，自由公民约9万人，而奴隶为365000人，被保护民(外地人和被释奴隶)为45000人⑧。雅典城邦的大多数居民——奴隶和外邦人，并非公民，被排除在治安民主之外。

2. 古代英国以地方自治为基础的治安传统

古代英国从氏族社会直接跨入封建社会时，没能形成强有力的君主专制统治。在氏族社会原有的人人平等、全民参与、社区自治等观念之下，形成了"全民皆警"模式。这个模式与其后逐渐加强的封建君主统治结合，形成了古代英国以郡区为主体的自治性的治安传统。

公元前的不列颠处于氏族社会阶段，社会秩序维护主要依靠"自我警务"或"私人警务"。这种治安传统在5世纪罗马军团撤出不列颠之后再次复兴，并与其后陆续出现的不列颠封建政权相结合。7—10世纪，英国盛行"泰兴制"(Tything)，11世纪的诺曼王朝将其完善为十户联保制(Frankpledge)。泰兴制和十户联保制是古代英国维护治安最为普遍的形式。其主要内容是：王国划分为若干个郡，郡下每百户人构成百户区，百户区之下是"泰兴"(十户区)，每相邻10户构成1个泰兴(十户区)。泰兴(十户区)是最基层的治安组织。设有泰兴官(十户长、保长)，最初各户长轮流担任，后由推选固定的户长担任，带领居民维持治安；所有符合条件的成年男性都加入十户联保体系，宣誓效忠国王，履行治安义务；参加联保的

---

① Hunter Virginia, Policing Athens: Social Control in the Attic Lawsuits, 420-320 B.C. Princeton: Princeton University Press, 1994, p.3.

② [古希腊]亚里士多德. 政治学[M]. 吴寿彭译. 北京：商务印书馆，1983：330-334.

③ 马克思恩格斯选集(第4卷)[M]. 北京：人民出版社，1995：116-117.

④ 孙艳萍. 古代雅典的奴隶"警察"——西徐亚弓箭手[J]. 广西师范学院学报(社会科学版)，2006(4).

⑤ Hunter Virginia, Policing Athens: Social Control in the Attic Lawsuits, 420-320 B.C. Princeton: Princeton University Press, 1994, p.3.

⑥ [美]菲利普 P. 普尔普拉. 警察与社区——概念和示例[M]. 杨新华译. 北京：中国人民公安大学出版社，2009：8.

⑦ Hunter Virginia, Policing Athens: Social Control in the Attic Lawsuits, 420-320 B.C. Princeton: Princeton University Press, 1994, p.4.

⑧ 马克思恩格斯选集(第4卷)[M]. 北京：人民出版社，1995：168、117.

十户区内的所有户主有责任预防犯罪、抓捕并移交罪犯，并通过“大喊大叫”(Hue and Cry)通知区内所有成员搜捕罪犯；否则，所有户主均须连带抵罪和承担赔偿责任；凡陌生人到本联保范围内，必须有本联保居民为其提供担保，保证其今后行为良好，否则就会受到惩罚。泰兴制和十户联保制核心是“全民皆警”理念。治安是每个公民应尽义务，由此延伸出社区治理犯罪、自我警务和公民广泛参与等理念。它以民间力量、十户联保、集体负责为基础，由地方政府承担部分组织和管理治安的责任，是一种将政府的治安职责与社会的治安义务有效结合的形式。

从12世纪开始，在“全民皆警”的传统下，英国逐渐出现了一些义务的、固定的治安力量，如验尸官(Corner)、“和平维护者”(Keepers of the peace)、“和平战士”(Serjeant of the peace)等。他们承担了基层治安执法工作，但没有专门薪俸，其工作大多是义务性的，为后来专职警察的诞生提供了思路。

13世纪中后期，随着中世纪城市和城市人口的增加，犯罪日益严重。为预防、打击城市及乡村的犯罪活动，1285年，英王爱德华一世颁布《温彻斯特法令》，强化十户联保制，将履行职责的连带责任从十户扩大到整个村庄；重申了巡夜看守(Watchman)制度，每位市民都有担任巡夜人的义务，每个城镇必须推举诚实、能干的人担任巡夜看守；正式确认大喊大叫(Hue and Cry)是居民的法律义务；重申武器保有规则，每个符合条件的成年男子，都应拥有相应的武器以对付违法犯罪活动；每个百户区都要推举出两位守法平民作为警务官(Constable)，带领居民和巡夜看守维护本地区的法律和治安，取代了此前百户长和十户长的职责。《温彻斯特法令》标志着古代英国的治安正式步入国家法制的轨道。

13、14世纪之交，英国传统农业经济呈现解体的征兆，城乡流动性增强，地方自治的传统不利于全国范围内秩序维护。1361年英王爱德华三世颁布《治安法官法》，要求：每个乡村和城镇配备治安法官，从本地领主或士绅中产生，由国王任命；治安法官的职责是保护人民免受犯罪行为、骚乱和暴动的侵扰，保护和平不被玷污，保护商人安全经商，保护所有人日常生活的安全；每位治安法官应当配备三到四名助手，其任务是制止犯罪，抓获并看押罪犯，并将他们带到治安法官面前接受法律的审判；治安法官的助手们具有一定的自由裁量权。治安法官强化了国王在地方治安中的权力，一直延续到1829年新警察制度建立，才基本被废除。

**(二)古代罗马、古代法国以集权为核心的治安传统**

1. 古罗马治安制度的演变

古罗马的治安制度在王政时期(公元前753—前510年)、罗马共和国(公元前509—前27年)和罗马帝国(公元前27—395年)三个时期有很大的变化。

王政时代的罗马是氏族制度解体并向城邦过渡的时期。由于此时罗马地域有限，内部公共事务相对简单，没有具备治安职责的行政机构。日常治安维护延续氏族社会的血缘警务(Kin policing)，罗马法称之为“同态复仇”，即：当氏族、部落成员或集体在遭到外来伤害时，受害方给对方以同等的报复，以命偿命，以伤抵伤，加害者氏族或部落则交出惹祸人，以求得整个氏族或者部落的集体安全。

罗马共和国时期，随着罗马平民(无公民权的自由民)的日益增多，罗马平民与贵族开始了长达200年的斗争。斗争的结果是贵族与平民实行共和，共和政体下，罗马治安机构出现。罗马共和国时期的治安采取两种方式。一种是权贵负责。权贵是罗马共和国的官员，各等级权贵有不同程度的警察权，是维护国家秩序和公共安全的主要力量。主要有营造官

(aedile)、三人行刑官(tresviri capitals)和监察官(censor)。营造官，负责监管市场、公共场所、剧院、集会的秩序和安全；三人行刑官主要防范夜间火灾、进行夜间巡逻、追击逃犯、打击偷盗行为等；监察官负责5年一次的人口普查。另一种则是公民自助。公民通过自助形式维护公共与私人的安全。公民自助的具体方式很多：受权贵召唤，承担守卫、巡逻、守夜以防止大规模暴动发生；以邻里为单位实行居民自保，召集朋友或亲属协助进行防御。

公元前27年，执政官屋大维实行元首制，罗马进入帝国时期。但传统的治安方式已经不适应形势的发展。屋大维为赢得民心，进一步巩固君主集权的地位，改革罗马城的传统治安方式，以军队来取代权贵负责和公民自助方式。公元前30年，屋大维创建近卫军，驻扎在罗马城及其周围，负责警卫元首安全与镇压民众暴动，同时，近卫军还着便服巡视罗马城以发现治安隐患。公元前23年，屋大维创建城市军团，主要驻扎罗马城内，专门负责维护罗马公共安全、保障罗马日间治安、制止各种突发事件、处理违法行为以及监管奴隶。公元6年，屋大维建立消防军，不仅负责罗马夜间的守卫与巡逻，也负责火灾的扑救与防范。此外，近卫军、城市军团和消防军还负责维护剧院和市场秩序，调查犯罪分子行踪，逮捕嫌疑人，搜集犯罪证据，捣毁非法组织，保障通往罗马城的道路安全，追捕逃亡奴隶等。驻扎在罗马帝国各行省的罗马军团通过设立警卫哨所、协助总督和组成秘密情报机构等活动，镇压暴动与骚乱，维护当地治安，保障交通与贸易安全，在一定时期内较为有效地确保了罗马各行省的社会稳定①。

2. 古代法国以集权为核心的治安传统

法国所在的高卢地区，曾被罗马帝国统治达500年之久。罗马帝国以军队维护治安的方式给古代法国烙下了深刻的印记。5、6世纪之交，法兰克王国建立。法国由此进入封建国家阶段(5—18世纪末)。法国的统治者们认为，强大的国家机器既是他们意志和利益的体现，又是他们得以生存和发展的前提。这一观念在很大程度上决定了古代法国治安的特点，即：完全依靠国家(主要是军队)来开展治安活动，形成所谓的“国家警务”模式，即以集权为核心的治安制度。

在法国封建制度下，封建领主是领地内唯一能提供安全保障的人，拥有包括司法权在内的各种权利，并通过类似英国百户区、十户区的制度控制每个角落。法王只是名义上的最高领主，毫无实权。菲利普二世(1180—1223)在位之时，通过代理人统治领地，他们多由国王任命贵族担任，职务不能世袭，也非终身，代表国王进行行政管理、审理案件。由此建立了以国王为核心的全国地方行政系统。这种行政区划延续到1789年，为法国的集权型治安制度奠定了行政组织基础。

路易九世之后，军事性质的骑警队成为古代法国维护治安的主要力量。1254年，路易九世颁布法令，从国王的贴身卫队中选拔人员组建夜间巡警队(骑警队的前身)，负责巴黎夜间安全。随后普及于法国各城市。在英法百年战争中，腓力六世创立“法国骑兵团”(后改称宪兵骑警队)，由负责公共安全的宪兵组成，战时负责监控士兵、维护军纪，平常则在国王调遣下监督领地代理人。16世纪以后，宪兵骑警队负责广大农村的治安，拥有处理城市以外道路上各类犯罪的权力；在城市骚乱之时，可以应城市当局之请求前往处置；同时，深入社会的骑警小分队也被国王们作为情报力量使用。根据1720年王家国防部长查尔斯·勒布朗和1778年路易十六制定的条令，骑警队建成了全国统一的组织，既是法国军队组成部

---

① 李大维. 论罗马帝国行省军团的警察职能[J]. 德州学院学报，2009(5).

分，又担负维护治安、调查犯罪、审判罪犯的责任。骑警队在维护当时法国治安秩序方面发挥了重要作用，是当今法国国家宪兵的前身。

1666年路易十四颁布诏令，创设巴黎“警察总监”。诏令明确警察的职能是：“警察……在于确保公众和个人的安宁，清除所有可能引起混乱的因素，使每个人都按照他的身份和责任安居乐业，给社会带来繁荣。”并规定了警察总监的职权范围：维护城市及其周边地区的安全，管理旅馆、出租房屋和赌博场所，管理卖淫业，管理武器，控制非法集会、煽动性活动和骚乱，维护水灾、火灾现场的秩序，监督新闻、出版、印刷和发行，管理食品供应、物价、市场和集市，保证街道和公共场所的整洁，监督商业行会及商业规章和劳务合同的执行，监督度量衡，对违反警察法令的罪犯进行调查、讯问和审判等。此外，诏令要求：所有各类警官及其下属都必须服从警察总监的指令，在实际执行警察总监的口头或书面命令的过程中，市民必须提供帮助。1699年，路易十四又颁布诏令，在全国各大城市设警察总监一职，接受巴黎警察总监的监督。至此，以警察总监为中心、垂直管理、覆盖全国的治安集权体制在法国建立起来。

## 三、古代中国的治安传统

### (一)古代中国治安传统的演变

从现有的史料来看，至迟在西周，我国已建立了初步的治安体制。其时的治安制度大致包括三方面内容：一是设置具有治安职能但非专职的机构和官职，如西周的司徒、司马、司寇、虎贲(军队)等；二是建立了维护秩序的规范——礼和刑，如周公制礼三千，西周穆王时吕侯制定《吕刑》；三是通过井田制、国野制等来维护基层的秩序。在西周以分权和世袭为特点分封制和宗法制的背景下，其时治安制度总的特点是地方分权。天子不能直接干预诸侯领地治安，上一级领主不能干预下一级领主的领地治安；治安规范不统一，“刑不上大夫，礼不下庶人”；基层治安以社区“守望相助”为主，缺乏对基层治安的监管。

春秋战国时期，诸侯争霸，天下动荡，必须解决西周分权的弊端，集权于君主(中央)，才能最大限度地动员全国力量。新的治安体制就是在以君主(中央)集权为趋势。这个探索始于公元前7世纪初齐国的管仲变法，盛于公元前3、4世纪各国的变法。其中，商鞅变法是春秋战国集权治安体制的典范。主要内容是：全境实施县制，国君任命县令长，负责全县事务(包括治安)，并以上计制度考核；彻底实施法制，“一断于法”，“刑无等级”，轻罪重罚，废除“刑不上大夫，礼不下庶人”传统；健全人口管理制度，以“户”为单位登记包括流动人口在内所有住户，民众迁移须报官府批准，废除民间旅店“逆旅”，官办客舍留宿“无验(官府签发凭证)”人员要连坐；建立什伍连坐体制，奖励告发；禁止民间私斗。司马迁高度评价商鞅变法的治安效果：“道不拾遗，山无盗贼，家给人足。民勇于公战，怯于私斗，乡邑大治。”①

秦始皇统一天下，将商鞅变法创建的集权型治安体制推向全国。汉承秦制，奠定了其后两千年中国古代治安的基本框架。宋代以后统治者在加强中央集权的同时，在宋明理学的影响下，县以下的基层社会以“乡役制”取代以往的“乡官制”，实行“以民治民”，大力倡导家族、乡约、保甲、会馆等治安社会组织，形成了中央集权体制下“以官治民”(官治)与“以民治民”(民治)结合的传统。

---

① (汉)司马迁. 史记(第7册)[M]. 北京：中华书局，1959：2232.

**（二）古代中国治安传统的基本内容**

1. 以皇帝安全为重心的广泛治安实体

中国历代学者都将所有影响政权稳定、社会安宁的因素视为治安问题，治安实体广泛。虽然民众的生命、财产安全也在治安之列，如《大清律例》篇首引康熙上谕，“国家设立法制，原以禁暴止奸，安全良善”，将禁暴止奸、民众安全，视为国家法制之目的。但在实践中，皇帝安全才是中国古代治安的重心所在，各种损害皇帝权威及其人身、财产安全的行为是中国古代治安实体的中心内容。例如，中国古代社会认为最为严重的10种犯罪行为——“十恶不赦”中，涉及皇帝的犯罪就有5条，占了一半；皇帝是古代治安保卫的重心，军队主要就集中在皇帝所在的京师，皇帝出行要实施三重警卫。

2. 以官治为主导的多元化治安主体

由于中国古代治安涉及广泛，因而在治安主体上采取了多元化，即以官治民（官治）与以民治民（民治）并举；又因为中国古代实行以君主专制为核心的中央集权制度，所以在治安主体上又奉行以官治为主导。

以官治民是中国古代治安的主线。设官分职，管理社会，是中国古代治安一以贯之的思路。历代王朝都有大量与社会治安密切相关的官职和制度。官治的主要内容是：（1）治安权集中于君主。君主通过设官、立法来维护天下治安，官由君命，法自君出。正如《管子·形势解》所说“治安百姓，主之则也”。（2）治安权分散行使。治安权的行使分散于中央各部门，各部门都有一定的治安职责，但没有一个集中行使治安权的中央机构。地方政府按照中央的模式，地方长官集地方治安权于一身，下属的各种机构都有一定的治安职责。（3）官治分“军镇警察”和“州县行政”两个途径。学者多认为军警不分、警政不分是中国古代警察制度的特点①。但通观史料，军队与行政在维护治安上是有分工的。《旧五代史》记载周太祖诏书：“其婚田争讼，赋税丁徭，合是令佐之职。其擒奸捕盗，庇护部民，合是军镇警察之职。今后各守其分。”强调州县行政与军镇警察要“各守其分”，不能混淆②。实际上，这种区别在整个古代中国基本如此。汉代的县令与县尉、郡太守与郡都尉，魏晋南北朝的州郡县与都督府，隋唐的州县与折冲府，宋代的州县与巡检，明代的府州县与卫所，清代的府州县与八旗兵、绿营兵，都存在上述的分工。

以民治民是中国古代基层治安的传统。中国自古国土辽阔，人口分散聚居，官府不可能在基层广设机构和官吏，必须动员民众，以民治民。由此形成了以民治民的基层治安传统。秦汉魏晋时期，国家设置乡、亭等国家机构和相应官吏维护基层治安，基层治安以官治为主；南北朝隋唐时期，乡衰落，亭消失，基层治安从官治向民治过度；宋、元、明清时期，国家不在基层设置行政机构和治安机构，基层治安的维护主要依靠保甲、家族、乡约、会馆等社会组织，以民治为主③。

古代治安社会组织的形式。主要有三种形式：一是民众自发的治安互助行为，这是民治的最初形式。例如，周代井田之下的“守望相助”，宋代的“结社自保”。二是在自发治安互

① 中国社会科学院法学研究所法制史研究室．中国警察制度简论（序）[M]．北京：群众出版社，1985：9.

② 陈涌清．中国古代史料所见“警察”含义考．治安学论丛（第3卷）[M]．北京：中国人民公安大学出版社，2006：630-635.

③ 陈涌清．中国古代基层乡村治安主体的演变[J]．中国人民公安大学学报（社会科学版），2009(1).

助行为基础上建立的各种社会组织。如，两汉之际的聚族自保，汉末魏晋之坞壁、唐代的私人结社、宋代的乡约、明清的会馆以及宋以来的家族组织等。这些民间组织自我管理的内容大量涉及治安防范。三是官府倡导和强制建立的治安社会组织。对于民众建立的治安组织，唐以前基本是禁止的，唐宋以后大体上是充分利用，包括倡导和强制两种方式。倡导是针对民间自发建立的治安社会组织，官府大力提倡并强迫其承担治安义务和责任。如：清代律例除规定一般人民的维护治安责任之外，对民间的宗族、邻佑、街坊、城乡、乡约、会社、会馆等民间自然形成的团体，都有相关的治安责任规定①。强制是指官府是利用基层民众安全防范需要，对基层民众直接编制，无偿强制民众维护治安，建立如伍保、保甲、里甲、团练、乡约、乡社、乡地等组织。

古代治安社会组织一般是通过订立乡规民约、家规帮规、章程会规等形式来实现，具有一定的强制力。而官府对此是默认、倡导和强制民间使用。如：家族组织可以拥有从辱名、罚跪、罚拜、锁禁、罚停、革胙、罚钱、记过、出族、除位直到处死的家刑以惩处有违反家法行为的族人②。新近发现的1813年河南登封后河合村建立的“治安碑”，规定乡约可以对村中盗窃、赌博、讹诈等七种犯罪行为直接罚款，“有不认罚者，俱送官法处”③。

由于参与民治的治安力量来自民间，熟悉基层社会，民治的效果胜于官治。南宋名臣程大昌主张“以民治民，以天下治天下”④。清代陈淑均任职台湾之时，游手好闲、无事生非的“罗汉脚”是其时台湾的治安难题，但以“联甲法”代替“清庄法”来治理，却卓有成效，由此他总结“为政之道，以官治民难，以民治民易”⑤。但是由于中国古代官治主导下的民治基本采取官府无偿强制的方式，再加上官府无力监管，民治组织实际的效果差强人意，甚至蜕化为破坏治安的因素。例如，尽管宋以来的统治者无不把保甲奉为“弥盗良方”，并有各种详细的规定，但“总的来讲是没有效率的”。⑥

3. 以礼为核心的多样化治安规范

“礼乐刑政，综合为治”是对中国古代法律制度的概括⑦，也是对中国古代治安规范的概括。司马迁《史记·乐书》载：“故礼以导其志，乐以和其声，政以一其行，刑以防其奸，礼乐刑政，其极一也，所以同民心而出治道也。”⑧汉以后的历代开明统治者均奉行“礼乐刑政，综合为治”，既注意运用法制的强制力惩奸除恶，同时又强调运用道德教化移风易俗，使政治的、经济的、法律的、教育的等各种手段得到综合运用⑨。

在多种治安规范中，礼是核心，其他规范和手段都要受礼的制约，按照礼的原则和精神

---

① 柏桦，吴爱民. 清代律例规定的民间组织治安责任[J]. 学术交流，2009(1).

② 李交发. 论古代中国家族司法[J]. 法商研究，2002(4).

③ 袁建龙. 登封现清代“规矩碑”：禁赌治盗扫黄 乡约治理民风[N]. 郑州晚报，2011年3月16日.

④ (宋)程大昌. 用望论. (宋)王霆震. 古文集成前编[M]. 台北：台湾商务印书馆，2008：297.

⑤ 陈淑均. 噶玛兰厅志. 台湾文献史料丛刊(第1辑第17册)[M]. 台北：台湾地区大通书局，1984：28.

⑥ 瞿同祖. 清代地方政府[M]. 北京：法律出版社，2003：253-254.

⑦ 张晋藩. 论中国古代的法律传统[J]. 南京大学法律评论，1994年秋季号。

⑧ 司马迁. 史记·乐书[M]. 北京：中华书局，1959：1119，1186. 这段话也见于《礼记·乐书》。但由于《礼记》成书年代一直存在争议，我们认为“礼乐刑政，综合为治”的提出时间以西汉为宜。

⑨ 郭成伟，姜晓敏. 依法治国方略与综合治理措施[J]. 国家行政学院学报，2000(2).

来制定。如，《唐律疏议》开篇就提出“德礼为政教之本，刑罚为政教之用”。① 由于礼的地位，有学者将礼视为中国古代的“宪法”②。由于礼本质上就是根据血缘关系亲疏远近而规定的行为规范，因而血缘关系在确定治安权利、治安责任、治安义务时具有特别的意义，不仅民众的日常生活要遵守人伦五常，国家的活动也要遵守“亲亲”原则，如法律处罚上的“准五服以治罪”。由于血缘关系的重要，中国古代对血缘亲疏远近关系的称呼异常复杂于西方。秦汉时期成书的《尔雅·释亲》收录了约100个亲属称谓，清人梁章钜《称谓录》则收录了265个。如此复杂的血缘关系和称谓，在古代社会的技术和信息条件下，官府远不如基层民众熟悉。信息不对称，必然导致官办的礼治在基层就可能由熟悉血缘关系的民众自己来推行，官治转化为民治。宋代以后，理学家倡导各种社会组织，基层治安主要由社会组织来维护，其内在的逻辑思路即在此。

## 四、古代各国治安传统的异同

古代各国治安传统的共同之处在于：都是以政府维护治安为主导，设立职责治安的职官；治安实体与一般行政管理、司法审判、刑事执法的实体杂糅在一起，从而导致国家治安职能与国家其他职能融合；基本不设或不能长期设立专职维护治安的官方机构；各国都根据自身的传统制定治安法规；社会基本是在政府主导和强制下参与治安。

但各国治安传统也存在显著的差异。

古代英国治安主要关注与犯罪相关的问题，不涉及一般的行政管理。治安主体由政府和社会构成，政府主导，地方负责，全民皆警。中央负责制定法规，地方实施治安自治，地方居民和团体实际负责本地治安；没有专职的治安官吏，从事治安活动的人员基本上是推选的、兼职的、义务的、无薪俸的居民，而不是国家官员；所有社会成员都负有治安责任和义务。治安规范主要依据中央制定的法律。法律规定犯罪、暴动和骚乱，并划分中央政府、地方政府、地方团体和个人之间不同的治安职权和义务。

古代法国治安关注的对象较之英国更为广泛，不限于犯罪，还包括一般的行政管理和司法活动。从路易十四对“警察”的解释来看，古代法国的治安理念继承了罗马法的传统，把警察职能等同于国家所有内政管理，意味着在古代法国的治安实践中，警察不仅担负广泛刑事司法职责，也担负所有的行政管理职责。治安主体以国家为主，建立集权体制。法国国王任命巴黎警察总监，巴黎警察总监奉诏监督各大城市警察总监，是中央集权治安体制的源头；警察总监下设有多种国家治安力量，职责广泛，军事性质的骑警队是维护治安的主要力量。

由于中国文明的早熟，受中央集权体制的影响，其治安兼具古罗马、古代英法的特点。一方面，在两千年中央集权体制下，对于任何涉及社会安宁的问题，官府可以随时干预。这与古罗马、古代法国非常相似。但不同的是，中国古代并没有建立古代法国那样以“警察总监”为中心、遍布全国的、统一的治安管理体制；也不允许军队像古罗马和古代法国那样广泛干预社会日常生活。官吏在治安实践中通常并不是完全按照已有的治安法律行事，而是根据自身的儒家修养和实际情况，以礼乐教化来化维护治安，正史推崇的“循吏”即为典型；而严厉执行法律的官员却被正史贬为“酷吏”。另一方面，中国古代特别是宋以后的集权型治安体制，是一种“简约的集权”，“集权的简约治理”。地方行政实践广泛地依赖由社区自

① 长孙无忌等. 唐律疏议[M]. 北京：中华书局，1983：3.

② 张千帆. 传统与现代——论“礼”的宪法学定性[J]. 金陵法律评论，2001年春季卷.

身提名的准官员来进行县级以下的治理①。马克斯·韦伯称“王权止于县政”，② 费孝通称乡村秩序是“礼治”而非官吏和法律来维持③，马伯良称宋代由半正式和非正式执法机构执法④。这意味着中国古代治安是县以上的“官治”与基层的“民治”的结合。从战国商鞅变法建立的什伍连坐到清代的保甲制度，最能体现古代中国基层的民治特色。这个特点类似古代英国的治安自治。19 世纪初英国传教士马礼逊最早编撰的汉英字典《华英字典》将古代英国治安赖以为基础的泰兴制（Tithing）翻译为“保甲”，将汉语“保长”翻译为百户区的“Constable”⑤（即前述警务官），已肯定了古代中国和古代英国治安的相似之处。但不同的是，古代英国有中央制定的法律来明确划分中央、地方、社会团体和个人之间的治安权利和义务，而在古代中国，社会在官府强制下只有治安义务，没有治安权利和相关保障。

## 第二节　近代的治安实践

近代的治安实践，是指各国进入近代资本主义社会后，通过建立专职警察制度以维护治安的活动。受各国古代治安传统的影响，各国以专职警察维护治安的制度存在明显区别。1915 年，美国学者 H. R. 福思迪克的《欧洲警察制度》将欧洲警察制度分为大陆型与盎格鲁撒克逊型两种，后又被称为集权型与自治型。两种警察制度代表了近代西方治安的两种类型。中国自晚清开始学习、引进西方近代警察制度，并结合中国古代治安传统，形成了中国近代治安制度。

### 一、以英国为代表的自治型治安制度

18 世纪以来，英国工业化、城市化快速发展，城市治安迅速恶化，社会秩序混乱。传统治安法官、公安员和巡夜人固有的义务、无薪酬及缺乏专业素质等问题，使得他们无力应对。一些有识之士开始尝试变革传统的治安体制。

18 世纪中叶，亨利·菲尔丁和约翰·菲尔丁兄弟先后出任伦敦舰队街治安法院首席治安法官，对传统治安制度进行了改革。改革的主要内容是：建立受薪治安法官制度；组建英国首个专门的犯罪侦查组织——舰队街捕快队，成员精心挑选，处于公众控制之下；组建骑警巡逻队和步行巡警队证明治安巡逻的意义；发挥新闻媒体在预防和打击犯罪方面的作用；探寻和改变犯罪产生的社会原因等。菲尔丁兄弟的改革实践证明了专职警察在打击犯罪、维护社会秩序的威力，也预示着此后治安制度的职业化发展方向。

---

① 黄宗智. 集权的简约治理——中国以准官员和纠纷解决为主的半正式基层行政[J]. 开放时代，2008(2).

② “王权止于县政”是当代学者对于马克斯·韦伯关于传统中国统治的概括。“对于纯粹官僚体制的世袭机构来说，一般也仍然存在着山高皇帝远的情况，政权领域的各个部分，离统治者官邸愈远，就愈脱离统治者的影响；行政管理技术的一切手段都阻止不了这种情况的发生。”“‘城市’是没有自治的品官所在地，——‘乡村’则是没有品官的自治区！”马克斯·韦伯. 经济与社会(下卷)[M]. 北京：商务印书馆，1997：375. 马克斯·韦伯. 儒教与道教[M]. 北京：商务印书馆，1995：145.

③ 费孝通. 乡土中国　生育制度[M]. 北京：北京大学出版社，1998：48-58.

④ [美]马伯良. 宋代的法律与秩序[M]. 北京：中国政法大学出版社，2010：108-134.

⑤ Robert Morrison：A Dictionary of the Chinese Language，Part I，Macao：East India Company's Press，1815，p. 117.

1792 年，英国议会通过法令，在整个伦敦地区推广舰队街治安法院的模式。随后，帕特里克·科奎豪恩被任命为泰晤士河地区治安法院的治安法官，成为改革推广阶段的代表人物。他通过建立英国警察史上第一个专职从事犯罪预防的警察机构——泰晤士河警察署，成功地预防了泰晤士河码头偷盗货物的犯罪活动，证明了训练有素的专职警察比非专职的巡夜人和公安员在治安上具有更高的效能。

1829 年，英国内政大臣罗伯特·皮尔向议会提出议案："鉴于伦敦及附近地区侵犯财产的案件有所上升，地方当局建立的夜间守卫和值夜警察组织已不能充分发挥预防和侦破犯罪的作用。造成此种现象的原因是警察的人员素质低劣、人数不足和权力有限，以及他们之间缺乏联系和合作。建立一种新型而更有效的警察制度，以取代那种夜间守卫和职业警察已成为当务之急，在下文中将适当提到，组建一个直接由内政大臣指挥的警察厅，它将指挥和控制整个伦敦地区所有的新式警察。"罗伯特·皮尔的议案在议会顺利通过，变成了具有划时代意义的《伦敦大都市警察法》。根据《伦敦大都市警察法》创建的大伦敦警察厅是世界近代第一个依据资产阶级法律建立的警察组织，它专门的、单一的、完整的组织系统，使国家治安控制的效能大幅提高，成为近现代英国维护治安的主要力量。其主要特点是：(1)明确新警察由两位并列的治安法官指挥和管理，受内政大臣的直接领导，对内政大臣负责，其职责专在维持治安、预防犯罪、犯罪侦查和关押罪犯，不再履行传统的刑事审判职能。(2)新警察身着不同于军人的制服并佩带特有的标识和警号，实行特有的警衔、晋升、纪律和奖惩制度，不再混同于军人、其他行政人员以及普通市民，占警力中绝大多数的督察级以下的警长、警员都不配发武器。(3)合理划分辖区，建立以有组织、有计划的着装公开巡逻为核心的勤务制度，奠定了巡逻在治安勤务和警察勤务中的重要地位。大伦敦警察厅将辖区划分为 17 个分区，每个分区设 1 个警察署。每个分区又被划分为若干巡区，其位置和大小是按照警察能够在 15 分钟内巡视完区内的每个角落来设计的。除少数管理和后勤人员外，绝大多数警察都被安排上街值勤。(4)为保证每个新警察都能努力有效的工作，罗伯特·皮尔审定、颁布了《警察训令》，即"罗伯特·皮尔的警务原则"，确定了礼貌、克制、最小武力、公平执法、公众满意、预防为本等内容是警察行为和警务活动的基本原则，至今仍为英国乃至西方警界所谨守。

以专职警察维护治安的做法，在逐步得到公正认可之后，英国在全国推广。1856 年英国议会颁布了《郡市警察法》，规定：所有的郡、市都必须按照大伦敦警察厅的模式建立正规的警察机关；地方政权负责任命郡、市警察局局长，但任命郡警察局局长前必须报内政大臣批准；内政大臣对郡、市警察的工作享有一定的监督权；郡、市警察局局长负责警察局的日常管理和指挥。《郡市警察法》所确立的中央政府、地方政府、警察局局长这三方共同管理警察、维护治安的三角形管理体制结构，奠定了后来英国自治型治安体制的基础。

英国的殖民地或从英属殖民地独立出来的国家，基本上沿用英国的自治型治安体制。如，1776 年独立的美国，地方治安最初沿用英国古代全民皆警、居民守望的体制。19 世纪 30 年代至 50 年代，仿效英国伦敦大都市警察，先后在波士顿、纽约、费城等城市建立了警察局。

## 二、以法国为代表的集权型治安体制

法国是近代建立集权型警察体制以维护治安的典型。

1789 年法国资产阶级大革命爆发后，立即废止了封建王朝的旧警察制度，开始创建新的资产阶级的警察制度。

君主立宪派统治时期(1789年7月至1792年9月)，各城市创设警察特派员(相当于分局长)，由选举产生，市长指挥，统领城市中各地区的新警察(国民卫队)；重建骑警队并改称为国家宪兵。城市警察(国民卫队)和国家宪兵都不再享有刑事审判的权力。

吉伦特派统治时期(1792年8月至1793年6月)和雅各宾专政时期(1793年6月至1794年7月)，先后建立了公安委员会和治安委员会，统管全国治安以及镇压保王势力的复辟活动。

热月党与督政府统治时期(1794年7月至1799年11月)解散了治安委员会和公安委员会。1795年，在中央政府创设警务部，作为全国警察的首脑机关，在巴黎等大城市设立警察中心局作为各地方警察的指挥机关。同年，国民公会制定《警察法典》，首次提出行政警察与司法警察的分类，为法国乃至其他大陆型国家后来将警察分为行政和司法警察这两大警种奠定了基础。1796年10月拿破仑督政府颁布法律，规定警察必须以维持公共秩序、个人的自由权利和安全为目的，并从组织上提出行政警察与司法警察两种基本形式，赋予警察警告、预防、取缔、驱散、镇压、罚款、行政拘留、提起公诉的权力。

拿破仑统治的法国大革命后期(1799年11月至1815年6月)，法国高度中央集权的警察体制建立。拿破仑保留并扩充了创设于督政府时期的警务部，规定各省省长都必须向警务部部长报告包括警务在内的所有工作。在巴黎，拿破仑创建了巴黎警察厅，其首脑称为“警察长官”(The Prefect of Police)，受警务部部长监督指挥并向其汇报工作。大城市(10万人口以上)和市镇(5000人口以上)设一个警察局或警察分局，同时设一个由警务部部长亲自任命的警察总特派员或警察特派员。为了镇压敌对势力、巩固政权和对外战争的需要，拿破仑把情报工作和控制公众思想确定为警务工作的核心，任用约瑟夫·富歇为警务部部长，把警察情报工作发展成为一门高超的艺术。

尽管1795年的《警察法典》已提出行政警察与司法警察的区分，但实际上两者都是由便衣警察履行的，两大警种之间没有外在的区别。1829年，巴黎警察厅组建了法国警察史上第一支制服警察队伍——都市巡警队(les sergantdeville)。他们身着蓝色制服、头戴三角帽，巡逻街头，监视城市公共安全，履行行政警察的职责。随后，都市巡警在法国各地推广。从此，身着制服与身着便衣成了法国行政警察与司法警察的外在区别。

1818年，复辟后的波旁王朝削弱警务部的职权，并将其降级，移交给新成立的内政部。从那时起至今，内政部成了中央政府监督管理警察、地方政府以及国家其他内部事务的重要部门。1881年，为了对警察的管理更专业、更得力，法兰西第三共和国政府在内政部设立了保安总局(后改称国家保安局)，专门负责指挥监督除巴黎警察厅以外的各省的警察组织；而巴黎警察厅仍受内政部长的直接指挥，直到1966年巴黎警察厅才与国家保安局合并组成国家警察总局。

近代德国、日本的警察体制，与法国集权型的警察体制大体相似。

## 三、近代中国的治安实践

从晚清至1949年南京国民政府败退大陆，中国引进、建立近代西方警察制度，并将之与古代中国治安传统相结合，形成了不同于西方的治安制度。

### (一)清末近代西方警察制度的引进

中国对西方警察制度的了解，一是来自国内租界“巡捕房”和“巡捕章程”，如1887年出版、葛元煦撰《沪游杂记》有上海租界巡捕记载；二是来自出洋官员的见闻，如1878年出版、李圭撰《环游地球新录》有美国巡捕记载，1877、1878年任职清驻英法公使的郭嵩焘所撰《伦敦与巴黎日记》有英国巡捕记载。19世纪90年代，早期改良派的代表人物如何启、胡礼垣、郑观应等，呼吁学习西法，建立警察制度。不过，学习、引进西方警察制度的最早实践是黄遵宪创办的湖南保卫局。

黄遵宪(1848—1905)曾多次担任清驻外使节，十分赞赏西方警察制度，强调"有国家者，欲治国安人，其必自警察始"。① 1898年7月，黄遵宪在湖南巡抚陈宝箴的支持下，创建湖南保卫局，分总局、分局和小分局三级机构，职责是"去民害，卫民生，检非违，索犯罪"，按照众人议定的《湖南保卫局章程》行事，并根据一定的资质条件录取巡查，规定巡查的执勤纪律、薪酬和升迁条件。初步具备了近代警察机构的性质。但黄遵宪不是全盘照搬西方。他批判西方"(警察)不归于乡官、区长之手，而归于行政官，此亦泰西文明美犹有憾之证也"，强调警察要"以民卫民"、"以民保民"②，湖南保卫局是"官绅商合办之局"③。这正是宋代以来"以民治民"的治安传统。从保卫局的构成和分工来看，从总局到小分局，既有官，又有民(绅商)，二者各司其职，分工合作。黄遵宪能继承和发扬传统治安"以民治民"的长处，强调官绅商合办警政，对于其后晚清各地办理警政有较大的影响。

1901年，清廷发布上谕，要求各省组建"巡警军"，首次明确表示要创办警政。随后，清廷将八国联军占领北京期间临时建立的治安机构"安民公所"改为"善后协巡总局"，后改称"工巡总局"，作为维持京师治安、执行警察职能的机构。

1902年，袁世凯为顺利接收天津，从新军中选拔士兵，换上警察制服，进行短期训练，称为"中国警察"。接收天津后，袁世凯成立天津巡警总局(后改名天津南段巡警总局)，以警察驻守天津，一方面维持治安，一方面军事戒备，使得天津治安一时为全国各省之冠。慈禧太后要求各地效仿。于是各地纷纷创办巡警(警务)总局。这些巡警(警务)总局，有的是将原有的保甲局改名而来，有的则是仿照湖南保卫局采取官督绅办的形式；前者巡警来自军队，后者多来自社会招募。但总的职责是：既管治安、户籍、风俗，又兼管建筑、交通、卫生，还审理民事、刑事案件，实际上是一个警察、市政、司法的混合体，并且中央没有统一的领导机构。

1905年，北京发生炸弹袭击出洋考察五大臣事件后，清廷将工巡总局改为巡警部，京管理师及各省巡警，成为全国警察事务的最高指挥和监督机关。巡警部设警政、警法、警保、警务、警学5个司16科及1个机务所，下属机构有内城巡警总厅、外城巡警总厅、内城预审厅、外城预审厅、京师习艺所、高等巡警学堂、路工局、消防队、协巡营、探访队、稽查队。巡警部的建立，标志着中国近代专职警察制度的正式建立。1906年，清政府撤销巡警部，成立了民政部，将原巡警部的业务并入民政部的警政司。

**(二)北洋军阀时期以警察维护治安的体系逐步成型**

1912—1927年，北洋政府整顿警察机构，颁布警察法规，兴办警察教育，使得近代中国以专职警察维护治安的体系逐步成型。

---

① 黄遵宪．日本国志(卷14职官志"警视总监"条注)[M]．沈云龙．近代中国史料丛刊续编(第96册)[M]．台北：台湾文海出版社，1966：421.

② 黄遵宪．人境庐诗草笺注(下册)[M]．钱仲联笺注．上海：上海古籍出版社，1981：1127-1128.

③ 黄遵宪．黄遵宪集(下册)保卫局章程[M]．吴振清等整理．上海：中华书局，2003：570.

清政府曾规划从1907年起八年完成各级政府的建警。但仅进展到省一级，清政府就灭亡了。从1912年到1918年，北洋政府多次改组、整顿警察机构，使之趋于定型。内务部总揽全国警务，其下的警政司是主管全国警政的专设机构。警政司下辖四科，第一科管行政警察，第二科管高等警察，第三科管著作审查，第四科管出版事项。京师设京师警察厅。各省于省会设立省警务处，在省长的直接领导下管理全省警察事务。省会和重要商埠设立警察厅，分别隶属于省长公署和道尹公署，专职本地治安和警察事务。次要商埠设立警察局。县设警察所，以县知事兼任所长，或另派警佐担任所长，县知事监督。此外，一些新警种出现，负责特定区域的治安，如水上警察、矿业警察、铁路警察和保安警察队等。

北洋政府时期颁布了众多法规，以保证所有的警务和治安活动都有法律依据。关于警察机关的设置、组成和职责权限的组织法规有《京师警察厅官制》、《京师警察厅分区规则》、《地方警察官厅组织令》等；关于警察机关日常办事规程和勤务规例有《京师警察厅办事细则》、《铁路警察服务规则》等；关于警务人员录用、服制、培训、奖惩和抚恤的规定有《招募巡警章程》、《文职任用令》、《警察服制令》、《警察学校组织令》、《警察学校教务令》、《各省警察传习所章程》、《巡官长警赏罚章程》等。关于治安管理方面的法规数量很多，涉及广泛。如规定各类违警行为以及处罚办法的《治安警察法》、《违警罚法》；关于户籍管理的《警察厅户口调查规则》；关于交通管理的一系列法规；关于营业管理的诸多营业法规；关于危险物品管理的《管理收藏枪支规则》。此外，还有不少关于建筑、消防、卫生、医药等方面的治安管理法规。

“统一教育，集中警权，注重实用，以期整饬地方警政”，是历届北洋政府推行警察教育的基本方针。1913年，袁世凯先后发布《警察学校教务令》和《警察学校组织令》，初步形成高等警察教育(高等警官学校)、初等警察教育(巡警教练所)和特种警察教育(警察传习所)的警察教育体系。

**(三)南京国民政府时期警察制度的发展**

南京国民政府统治时期(1927—1949)，南京国民政府清理原有警察组织，扩张警察机构，扩大警察职权，使得近代中国的专职警察制度得到迅速发展。但是由于其发展警察制度的目的，从根本上来说，是为了“剿共”、镇压人民的反抗，最终也被人民所抛弃。

1. 建立覆盖全国的集权型警察体制

南京国民政府时期进一步完备了从中央到地方的警察网，建立起覆盖全国的集权型警察体制。在中央，行政院下的内政部是全国警察的最高主管机关，其下的警政司是全国警察行政的最高管理机构，管理行政警察、外事警察、户籍登记、民团、教育、图书、版权登记保障、出版物的检查、社会团体的立案和禁烟等事项。同时，警政司既有指挥监督各地行政官员执行警察事务之权限，又能直接指挥各地警察，权限大大加强。1946年警政司升格为全国警察总署。各省设立省级民政厅或警务处，执掌全省的警务。警务处长由省政府遴选、内政部审核、国民政府任命。省会设立省会警察局，一般隶属省警务处或民政厅。省会以外的市均设警察局，负责公安、消防事项、公共卫生事项、医院、菜市、屠宰场及公共娱乐场所之设置及取缔等。各县设县警察局，掌理户籍、警卫、消防、防疫、卫生、保护森林、渔猎、县警察管理、县警察装械、保护名胜古迹、保甲及民兵训练事宜，县长无权任命县警察局长，必须报请省政府批准。值得注意的是，在清末及北洋政府时期，县警察的办理事宜属于县自治或民治(绅办)的内容，在1934年国民政府实施新县制、“裁局改科”之后，才变为

“官治”，由政府办理①。重要的镇，一般设警察所；乡、镇以下的保，一般设有警士。30年代中期，曾在部分地区推行警管区制，使警察的触角遍及社会各个角落。此外，在非县城的重要商埠，省政府设立特种公安局，受省警务处管辖，职责是管理经济物资流向和流动人口以及配合“剿匪”。

2. 完善内部管理体制

南京国民政府建立后，制定了大量的法律、法规，将警察的任用、待遇、成绩、奖惩乃至服制、教育、勤务方式等逐渐纳入法制化、制度化轨道。例如在警官的任用上，采取法定主义的原则。强调学历和年资，不具备法定资格的不得任用为警官。为了镇压共产党和共产党所领导的人民革命，强化警察的阶级统治职能，南京国民政府将特务组织和特务控制的方法渗入警察机构。警察部门的高级骨干多为特务分子，警察局中的督察、政治等部门也多为特务所控制。

3. 强化警察社会管理职能

南京国民政府向西方资本主义国家学习，大量引进警察管理的制度和经验，强化了中国警察社会管理的职能。南京国民政府以清末、北洋警政为基础，先后设置了专职的司法警察，新式的刑事警察、外事警察以及税务、盐业、渔业、森林、卫生、交通、航空、铁路、公路等行业警察；女子警察也是在这个时期正式诞生的。这种分工细密充分表明了警察对社会的管理职能有了明显的提高，并初步开展了国家间的警察合作与交流。此外，与警察有关的技术、设施、装备等，较之以往有了相当的改良和加强。

4. 警察与保甲互为补充

保甲制度是中国封建社会的产物，数千年来相沿不改。南京国民政府建立以后，为了反共和加强对基层人民的控制，继续推行这一制度。1932 年首先在靠近红色根据地的地区建立起来，不久普遍施行于全国。根据有关法律的规定，保甲作为基层治安组织，在许多方面直接行使警察职能，而且在未设置警察机构的乡村可以代行警察的一切职权。从这种意义上说，它实际上是一级警察机关，而警察对保甲则负有指导帮助职责。警察指导保甲，保甲辅助警察，二者互为补充，紧密结合，从而建立起从城市到乡村、从中央到基层的多级治安防范网络。

## 四、近代各国以警察维护治安的异同

建立专职警察制度以维护治安是近代各国的共同做法。近代各国建立专职警察，无不强调警察行政职能独立，军队、审判机关、地方行政长官不再直接行使警察职能，行使治安行政权力的警察与行使其他行政权力的国家机关有了明确分工；强调警察组织统一，从中央到地方都设有警察机关的专门机构，组成了从上到下、多部门、多层次行使治安行政权力的强大的国家机器；强调警察的设立、体制、任务、职权等都以国家法律为依据；警察都身着不同于其他行政机关、具有国家权力机关象征意义的、统一的制式服装，佩戴表示管辖范围和职权大小的警种、衔级符号，既便于公开地开展治安活动，也利于民众的报警、求助。

但是，受各国不同的政治、社会、文化的环境及古代治安传统的影响，各国以专职警察维护治安又有明显区别。

---

① 魏光奇．官治与自治——20 世纪上半期的中国县制［M］．上海：商务印书馆，2004：111-112，119.

以法国为代表的集权型模式，其警察在治安上的基本职能是维护专制的或高度中央集权的政治统治；警察的职责繁杂，警察的权力很大；实行自上而下的垂直领导；专职治安的行政警察是独立警种，对社会日常生活的干预大。

以英国为代表的自治型模式，其警察在治安上的基本职能在于保护公民个人及地方社区的安全并为之提供服务，警察的职责简单，警察的权力较小；中央政府、地方政府、警察局局长三方共同管理警察；有巡警维护治安但没有专职治安的行政警察，对社会日常生活的干预较小。

近代中国治安既受西方两类模式影响，又受中国治安传统制约。专职警察制度是近代西方的产物，中国近代建警，学习西方，一方面受集权型警察体制影响，这是学者的共识。晚清民国初期的警察体制主要是学习日本，而日本模式又以法德的集权型警察为蓝本，因此，近代中国的治安制度，带有明显的集权型警察特点。例如，专设“治安警察”，职责广泛，积极干预社会日常生活，以自上而下的垂直领导为主。另一方面在地方治安体制上又学习美、英的自治型警察体制，这方面易被学者忽略。其实，民国的公安局即为学习美国警务的典型。1916 年，孙中山倡导地方自治，呼吁学习其时美国最新的地方自治，建立公安局①。1921 年，孙中山之子孙科在广州市长任上，颁布《广州市政暂行条例》，规定市政府下设公安等六局②。其时美国学者就认为广州市政组织(包括公安局)，是采美国之长，更参以广州实在情形，最为适当③。1928 年南京国民政府颁布《各级公安局编制大纲》，将各地警察机关统一定名为“公安局”，直到抗战前才改回“警察局”。但以上近代中国创建专职警察维护治安，都注意对传统治安的继承和改造。从晚清官绅合办警察、绅办警察，到民国初年的县自治警察、公安局，在一定程度上都是对宋元以来“以民治民”治安传统的传承。

## 第三节 现代治安的发展

现代治安是指 20 世纪以来至今各国的治安实践。大致可以分为两个阶段。第一阶段是 20 世纪的前 60 年的治安专业化。第二阶段大致是 20 世纪 70 年代以来至今，对治安专业化的反思。

### 一、治安专业化

20 世纪初，以专职警察维护治安的制度在各国基本确立并得到社会认可，警察被认为是主要的、甚至是唯一的治安力量。但警察的非专业化成为严重妨碍治安维护的因素。20 世纪上半叶，现代治安的主线和特点，就是以警察专业化运动为依托，开展治安专业化。专业化成为现代警察、现代治安的标志。20 世纪初，美国开展了持续了半个多世纪的警察专业化、治安专业化运动，并且随后为其他西方国家所效仿。以下以美国为例，简要介绍西方治安专业化的基本情况。

---

① 孙中山．在沪办茶话会上的讲话[M]．中国社会科学研究院近代史研究所．中华民国史研究室等编．《孙中山全集》(第 3 卷)．上海：中华书局，1984：325-328.

② 孙科．八十述略[J]．传记文学(台湾)．第 137 号，1973.

③ 汕尾市人物研究史料编纂委员会编．汕尾市人物研究史料——陈炯明与粤军研究史料，1993：284.

20世纪初，美国地方政治实行"政党分肥制"，地方选举中获胜的党派有权把该党派人员或其支持者安排到包括警察局在内的任何政府部门担任任何职务。政党分肥制直接导致了警察专业素质差、治安管理无效率等问题。这是美国治安诸多问题的根源。因此，治安专业化的总目标是"警察与政治分离"，打造专业警察队伍，以科学理论和技术维护治安。

为达到这个总目标，改革者提出了以下主张：强调警察科学研究，运用科学的理论来研究、指导治安工作；实行专家领导制，专家担任警察局领导，并以科学理论指导治安活动；重新界定警察的职责，强调警察只对法律负责，其职责是执行法律和控制犯罪而不是公共服务和维持秩序，应逐步减少非警务活动；集中行政控制权，治安权力集中到警察局局长；根据需要设置新部门，开发和设置交通、青少年犯罪、道德犯罪、刑事技术、档案和教育训练等新的专业部门；严格录用教育培训，提高警察的录用标准，加强警察专业训练，制定执法资格，提高警察的治安素质，使警察职业成为不随党派进退的稳定职业；强调科技化，将现有的科技成果应用于治安工作并进行创新；培养警察职业自豪感，并向社会广泛宣传，增强警察的职业身份认同。

从20世纪初期到20世纪中期，警界改革者先后把理论化、系统化了的治安专业化主张付诸实践并取得了极大的成功。

警察是其时主要的治安力量，改革警察行政管理是治安专业化的重要内容。在这方面，O. W. 威尔逊(1900—1972)撰写《警察行政》一书，运用行政学理论对警察行政改革进行了研究，提出了警察局内部集权管理、按业务分工理顺和设置部门机构的原理与原则。在这个理论的指导下，威尔逊对其所领导的警察局进行了撤销警署、内部集权、根据任务职责进行部门划分与重组等行政改革，大大提高了工作效率与效能。在勤务管理改革方面，O. W. 威尔逊任威奇塔市警察局局长期间(1928—1939)，强调通过预防性机动车巡逻和对接受报案的快速反应来实现犯罪控制，使警察巡逻勤务建立在科学的理论之上。

警察专业素质是治安专业化的重要条件。在警察招录与教育训练方面，奥古斯特·沃尔默(1876—1955)在任伯克利市警察局局长期间(1905—1932)有诸多创举。他首次增加新警员招录的任职资格要求，包括身高、体重、力量、心理测试、社会背景调查及最低学历等；率先从在校大学生中录用业余警察；在伯克利市创办了美国警察史上第一所警察学校(1908)；率先在加州大学伯克利分校开设了警察行政学课程(1916)。此后，美国许多地方警察局相继建立了正规的警察学校，很多大学也开办了警察行政学、刑事司法学系。1932年，联邦调查局局长埃德加·胡佛(1895—1972)开设了国家执法学院，要求联邦调查局雇员必须受过高等教育和严格的训练。警员的招录与教育训练，使美国警察的专业治安素质有了非常明显的提高。

科技化是提升治安工作效率的重要手段。20世纪20年代，奥古斯特·沃尔默率先在伯克利市警察局的巡逻警车上安装车载无线电台，建立了"公众电话报警求助——警察局接警并调度指挥——路面巡逻车巡警快速赶往现场处置"的警察快速反应机制与模式，使美国警察的控制区域扩大，机动性、快速反应能力得到极大的增强。此后，警车巡逻成为美国基层警务的主要形式，提高了美国警察的基层治安控制能力。

警察的使命感和职业信念，是警察治安工作取得社会认同和支持的文化因素。在这方面，埃德加·胡佛及其所领导的美国联邦调查局发挥了重要作用。1924年，联邦调查局局长胡佛针对犯罪猖獗和公众心理恐惧，实施了一系列打击各种严重犯罪的对策和措施，在警界内树立了"警察是打击犯罪的斗士"的使命感和职业信念，并通过各种媒体向公众宣传警察这个社会角色，得到了社会的广泛认同和支持。

以美国治安专业化运动为典型的西方现代治安实践，持续半个多世纪。它在延续近代治安实践以专职警察打击犯罪从而维护治安的基础上，强调警察专业化在警务工作和治安维护中的作用。它重视警察工作的系统、科学研究，使警察管理与警务工作的科学化水平有了质的飞跃；重视警察录用培训规范化，使警察人员的职业素质有了明显的提高；重视警务工作科技化，极大地提高了警务效率与效能。科学化、规范化、科技化的警务工作，不仅在严格执法、打击犯罪、维护治安方面发挥了重要作用，也使得各方面普遍认识到警务工作所需要的专业知识和技能只有通过教育训练才能获得，从而促进了西方警察科学和警察教育的发展，进一步提高了美国警察执法、控制犯罪、维护治安的能力。

## 二、反思治安专业化阶段

但是，由于西方近现代的治安实践基本上是重视对犯罪的处罚，忽视对犯罪的预防，忽视轻微扰乱秩序及越轨行为的处置。在此基础上的治安专业化运动，就必然会强调警察“犯罪斗士”形象，强调警察严格执法、打击犯罪的职能，从而忽视警察维持秩序和服务公众的职能，忽视警察与社会的沟通与合作，最终导致治安维护的效果不尽如人意。简而言之，单靠专职警察的打击犯罪，单靠警察专业化，是不能从根本上达到治安的效果。

从20世纪60年代开始，治安专业化运动曾招致社会、政府乃至警察内部的质疑。治安专业化不仅造成了警察与公众的隔膜，而且警察经费的巨大投入与60年代以来犯罪率的逐渐上升，也形成了鲜明的反差。从20世纪70、80年代开始至今，各国在民权运动、财政压力以及全球化、信息化、市场化、恐怖主义猖獗等内外压力下，一系列新的警务理念和模式应用于治安工作中，如社区警务、情报主导警务、问题主导警务、反恐警务、警务社会化、第三方警务、多元警务、国际合作警务等。这些新的警务理念和模式反映出当前各国治安发展的以下趋势：

### (一)国内治安与国家安全进一步密切

在全球化、信息化、市场化的大背景下，各国既存在一致的利益，也存在国家之间的利害冲突。一些国家往往对其他国家制造治安问题，或利用他国的治安问题搞政治颠覆，甚至策动暴乱。为了适应这种需要，各国警察重视保障国家安全。有的将国家安全工作从警务工作中分离出来，设立专门的国家安全机关；有的则在国家安全机关、公安机关及其他安全机关之上设立国家安全委员会，以统一协调，集中力量，确保国家安全。2013年11月，中国共产党中央国家安全委员会成立。无论哪种方式，都要求进一步密切国家安全和国内治安的关系，从国家安全的角度解决国内治安，从国内治安的角度来保障国家安全。

### (二)重新定位警察及其在治安中的作用

在警察专业化阶段，警察(Police)通常被认为是维持公共秩序与安全、执行法律、预防侦查犯罪活动的政府组织，警务(Policing)则是指警察发挥上述作用。但是随着犯罪的日趋严重，西方学者批评这种以法定权能(legal competence)维持秩序和执行法律的国家组织来定义警察的普遍观念，有两个原因：一是以结果而非达到目标的手段来定义警察，二是警察被要求干预的情形远大于维持秩序和执行法律。美国社会学家 Egon Bittner 最早提出而后为研究者普遍接受的观点是，所有警务(policing)机构都有一个共性：在有潜在危害、急需在危害成形之前解决等二个特征的情形下，可以采取强制的、非谈判的措施以解决有问题之情形的法定能力。因此，强制的实际使用或使用强制的潜在威胁，允许警察迅速、不经协商、终结性地解决问题。因此，警务(Policing)可以由以下几类不同的专业组织来执行：公共警察、私人保安机构、军队和其他具有各种监控和调查权力的政府机构①。此种对警察(Police)、警务(Policing)重新定位，丰富了警察的内涵和外延。在这个背景下，治安不再由专职警察独自承担，而是专职警察、其他国家机构和社会组织、社会个体共同维护。近代之前各国社会公众承担治安义务和职责的传统，如 Private policing、Self-policing，重新复兴。当前各国推行的社区警务、第三方警务、社会化警务、安全城市计划等，某种意义上都与这种治安传统有密切关系。

**(三)更加注重专业化警察在治安中的主导作用**

当前各国治安虽然强调专职警察与其他国家机构、社会组织、社会个体共同维护治安，存在治安主体多元化的趋势，但多元化并没有否定专职警察在治安中的主导作用，相反，只有更为专业化的警察，才能将各种治安力量融合在一起，共同维护好治安。因此，警察进一步的专业化，仍是当代治安发展的趋势。突出表现在以下：(1)警察集中管理。世界各国警察，无论管理体制是实行中央集权制，还是实行地方自治制，都致力于警察的集中管理，加强统一指挥与协同作战。(2)科技强警。现代科学技术的飞速发展为警察维护治安提供了有力支撑。各国不断改善、更新警务装备，将最新科学技术成果应用于治安工作并建立新的治安理论。如将问题导向、犯罪分析、犯罪地图、计算机统计(COMPSTAT)等实证方法和科技应用于预防、处置犯罪和社会失序问题。(3)加强特警队伍建设。由于阶级社会根深蒂固的社会矛盾，历史遗留下来的国与国、民族与民族之间难以调和的利益冲突，有组织的杀人，大规模的抢劫、绑架人质、劫持飞机、恐怖活动等暴力犯罪日益增加，许多国家都建立特种警察部队，作为一支有坚强的战斗力、能迅速反应、适应任何复杂环境的突击力量，以应对各种严重暴力犯罪、群体事件以及国际恐怖活动。(4)重视警察教育训练。随着犯罪的智能化、科技化趋势，各国极为重视对警察的教育训练工作，均设有专门分管教育训练的机构，从中央到地方一般都设有警察学校，根据警种、警务的不同要求，制定严格的标准，开展教育训练。

**(四)注重依法维护治安**

警察依据法律维护治安是近现代治安的显著特征。但是由于以往治安主体仅限于国家专职警察，因而这里的依法在过去也被局限于专职警察赖以为依据的刑法、行政法、组织法、警察法等公法范畴。随着警察概念的扩大、治安主体多元化的趋势，越来越多的国家逐渐认识到私法领域的民法、商法、物权法等法律，也能为治安维护提供强有力的法律支撑。如，各国的民法领域中，强调公民个体、法人对于另一方或第三方有安全或提醒安全的法律义务，中国称之为“安全保障义务”，德国称为“交往安全义务”，法国称为“保安义务”，日本称为“安全关照义务”，英美法系称为“注意义务”或“安全注意义务”。这种民法领域中的“安全保障义务”，逐渐为各国维护治安所关注。例如，20 世纪末，西方警界提出“第三方警务(Third Party Policing)”，指警务部门通过说服或强制各种社会组织或非犯罪人共同担负起预防犯罪或减少犯罪的职责。“第三方警务最为重要的核心概念是，警务部门综合运用民事法律、刑事法律与市场监管规则和法律等手段，促使(或迫使)第三方承担起更多的犯罪

---

① 不列颠百科全书 2012，“police”条。http：//global. britannica. com/EBchecked/topic/467289/police，2015-03-23.

控制职责。”①

**（五）大力发展国际间警务协作与交流**

警察一般只能在本国行使警察权力而不能超越国界，但是，当今世界各国之间的经济、文化、科学、技术、人员的交流日益频繁，在警察事务中也出现了许多国家共同关心的问题，如吸毒贩毒、青少年犯罪、国际恐怖活动、在国际范围内进行大规模走私、组织卖淫活动、盗窃及其他刑事犯罪。这些问题，可以通过国际协作与交流探讨解决的办法，借鉴经验、教训和做法以取得广泛的、深层次的协作。当前卓有成效的是“国际刑事警察组织”的活动。

## 三、新中国的治安实践

1949 年 10 月 1 日，中华人民共和国宣告成立。新中国在认真总结民主革命时期治安工作经验和改造南京国民政府治安制度的基础上，在社会主义建设中逐步完善，形成了具有中国特色的社会主义治安制度。

**（一）新中国成立初期的治安实践**

新中国成立不久，从中央到县的各级公安机关都内设治安部门，负责辖区的治安管理工作；城市街道、农村乡镇设公安派出所，农村的区和不设区的乡设公安特派员，形成了一个从上到下、严密的、多层次的治安组织体系。

1950 年 7 月至 8 月公安部召开了第一次全国治安行政会议，确定了治安管理工作的任务，强调加强以户口管理为中心的派出所工作，同时开展防特、防盗、防火工作。随后各级治安管理部门依据会议精神，配合全国范围内的镇反运动，打击惯匪、惯盗，取缔反动会道门，禁毒禁赌，取缔娼妓，收容了危害社会治安的国民党散兵游勇和无业游民，迅速改变了当时治安混乱的状况。

1953 年 9 月，公安部召开了第二次全国民警治安工作会议。会议明确了公安派出所的基本任务，尤其强调要巩固和加强群众性的治安保卫委员会，要继续加强和提高户口、交通、消防等各项业务建设和组织建设。经过几年努力，初步形成了以户口管理为中心，以派出所工作为基础，包括交通、消防、公共复杂场所、特种行业、危险物品管理在内的治安管理工作体系。

**（二）开始全面建设社会主义时期的治安实践**

1957 年到 1965 年，我国进入了全面建设社会主义时期。这一时期的治安管理工作同其他各条战线的工作一样，除了受到一些“左”的影响、干扰外，从主流方面看，仍然得到了全面的发展。

1957 年 1 月，全国第八次公安会议根据党的第八次全国代表大会确定的全面建设社会主义的方针，提出公安机关的主要任务从主要是对敌斗争，开始转变为在继续加强对敌斗争的同时，加强治安工作，保卫社会主义经济建设。1963 年 9 月公安部召开了全国城市治安管理工作会议，提出了以城市为重点，进一步加强和提高城乡治安管理工作的要求。根据会议精神，治安管理部门一方面严厉打击不法分子，铲除各种社会丑恶现象，另一方面强调正确区分两类不同性质的矛盾，很快改变了城乡治安问题严重的局面。

这一时期还加强了治安立法工作。先后制定和实施了《治安管理处罚条例》、《户口登记

---

① ［澳］洛林·梅热罗尔．第三方警务［M］．但彦铮译．北京：中国人民公安大学出版社，2012：2-3.

条例》、《公安派出所组织条例》、《治安保卫委员会暂行组织条例》、《消防监督条例》、《城市交通规则》、《爆炸物品管理规则》、《枪支管理暂行条例》、《城市旅栈业暂行管理规则》、《公共娱乐场所暂行管理规则》、《印铸刻字业暂行管理规则》等几十种治安管理的基本法规和专项规则，使治安管理逐步走上依法管理轨道，形成了新中国成立以来少有的良好的治安局面。

**（三）“文化大革命”时期的治安实践**

1966年至1976年的“文化大革命”，使治安管理遭到了严重破坏。治安管理的各级机构随着整个公安机关被“砸烂”，广大治安民警有的下放到农村、劳改农场劳动，有的被关进监狱或被迫害致死。许多基层保卫干部、治保人员和治安积极分子被揪斗。一些行之有效的治安管理的规章制度遭到践踏，治安管理工作受到严重冲击。虽然1970年和1973年召开的两次全国公安会议，都曾经提出要“加强治安管理”，但由于“四人帮”的不断干扰和破坏，治安管理不可能全面恢复。

**（四）社会主义建设新时期的治安实践**

“文化大革命”结束，特别是党的十一届三中全会以后，我国进入社会主义建设新的历史时期，治安管理工作逐步得到全面恢复和发展。

1977年召开的第十七次全国公安会议，提出要恢复和健全治安管理的各项规章制度。1978年召开的第三次全国治安工作会议，总结了新中国成立以来治安管理工作正反两个方面的经验教训，提出了治安管理工作要实行“党委领导，依靠群众，预防为主，管理从严，及时打击，保障安全”的方针，要求全面恢复和加强新中国成立以来建立的各项治安管理工作。随后，各级治安管理机构重新建立，治安管理业务重新开展，公安院校设置治安管理相关专业，出版治安管理教材，培训治安民警，治安法规恢复执行，治安管理技术装备得到充实，为治安管理的全面发展奠定了基础。

1979年，公安部两次召开全国公安厅局长会议，调整公安工作重心，从过去以阶级斗争为纲，主要为政治运动服务，转到保卫四化为中心，为经济建设服务上来。从此，维护社会政治稳定以为经济建设提供良好社会环境，成为公安工作和治安工作的首要任务。

为了使社会治安秩序持续稳定好转，党和国家作出了社会治安综合治理和严厉打击严重刑事犯罪的决定。1981年6月14日中共中央批转中央政法委《京、津、沪、穗、汉五大城市治安座谈会纪要》提出的“社会治安综合治理”方针。1983年，中共中央、全国人大常委会先后作出《关于严厉打击刑事犯罪活动的决定》、《关于严惩严重危害社会治安的犯罪分子的决定》，随后掀起了“严打”的高潮。1991年2月，中共中央、国务院又作出了《关于加强社会治安综合治理的决定》。但是，在社会治安综合治理的诸多手段中，依法严惩严重刑事犯罪分子是首要手段，只有在坚决打击严重刑事犯罪的同时，再辅之以其他手段，才能达到综合治理的目的。从此，社会治安综合治理成为我国治安工作的基本方针，“严打”在较长时间内成为公安工作的重要组成部分。

为适应社会主义市场经济条件下社会治安的需要，在从20世纪90年代开始，公安机关探索建立新的治安思路和措施。1991年第十八次全国公安会议要求在全国首先建立和基本完善直辖市、省会市和自治区政府所在市以及计划单列市的人民警察巡逻体制。至1995年年底，全国已有193个城市初步建立起人民警察巡逻体制，提高了公安机关对城市社会面的治安控制能力。1996年，公安部在福建省漳州市召开了全国城市“110”报警服务台建设工作现场会，以建立“110”报警系统为契机，推动治安快速反应机制的建设。同年，公安部提出了改革和加强派出所工作的基本思路，要求充分认识派出所在公安工作中的基础作用，确立派出所以管理、防范为主要任务，以“发案少、秩序好、群众满意”为目标，改革和调整派出所的工作方式、运行机制，切实提高管理、控制辖区治安的能力。根据这个基本思路，1997年公安部在苏州召开了全国公安派出所工作会议，明确提出在当前和今后一个相当时期内，改革和加强派出所工作，以适应公安机关提高社会治安管理控制能力的总体要求。

2002年，公安部在杭州召开了全国公安派出所工作会议，提出要大力加强以人口管理为重点的治安防范和管理工作，夯实公安工作根基；坚持专门工作与群众路线相结合的方针，积极实施社区警务战略；大力加强派出所的规范化建设，不断提高执法水平、工作效率和工作质量；进一步加强派出所队伍建设，不断提高民警整体素质和战斗力；加强领导，加大投入，着力解决派出所在管理体制、警力配置、经费投入、装备配备和奖惩机制等方面存在的困难和问题，切实保障派出所依法充分履行职责，提高派出所发现、预防、控制和打击违法犯罪活动的能力和服务群众的水平，努力实现派出所的工作目标。

2003年，党中央作出了《中共中央关于进一步加强和改进公安工作的决定》，要求要大力加强以公安派出所工作为主体的公安基层工作；全力做好维护稳定工作；推进社会治安防控体系建设，积极开展群防群治，切实加强社会治安工作。同年，公安部召开第二十次全国公安会议。关于治安管理工作方面，会议提出：要严密防范各类严重刑事犯罪活动，完善社会治安防控体系建设，增强人民群众安全感；积极防范各种经济犯罪活动，坚决维护社会主义市场经济秩序和国家经济安全；积极预防、妥善处置群体性事件，维护社会稳定；加快治安行政审批制度改革，深化户籍制度改革，以及加大在道路交通、消防、出入境和边防管理等方面的一系列改革力度，更好地为经济建设服务；改革勤务方式，积极实施社区警务战略，建立起与新型社区管理相适应的社区警务机制；把派出所建设置于基础性、先导性的位置，按照“人要精神、物要整洁、说话要和气、办事要公道”的要求，大力推进派出所的规范化建设，把派出所真正建成综合性的战斗实体；加强治保组织和群防群治队伍建设，探索成立治安志愿者协会等新型群防群治组织形式，积极发展保安服务业，推进公共安全服务产业化，发挥保险业对维护社会治安、维护公共安全的作用，充分运用社会资源维护治安，探索新形势下专门工作与群众路线相结合的有效实现形式。第二十次全国公安会议对我国新世纪的治安管理工作具有极为重要的指导意义。

2005年，公安部从公安事业长远发展的战略全局出发，积极适应形势发展变化对公安工作提出的新挑战、新要求，作出了“抓基层、打基础、苦练基本功”(“三基”工程建设)的工作部署。2006年公安部先后下发了《公安部关于抓基层打基础苦练基本功的指导意见》、《公安部关于全国公安民警苦练基本功的实施意见》和《公安部关于县级公安机关机构设置的指导意见》，为全国“三基”工程建设提出了具体指导意见。“三基”工程建设的总体目标是：到2008年，基层实力进一步增强、活力进一步激发、战斗力进一步提升、基础工作进一步夯实，公安队伍的整体素质、执法水平、做群众工作的能力进一步提高，基本实现队伍正规化、执法规范化、警务信息化、警务实战化、保障标准化，从根本上扭转基层基础工作薄弱、民警综合素质和执法水平不高、警务保障乏力的状况，为公安工作的长远发展奠定坚实的基础。

2006年9月，公安部决定在全国实施社区和农村警务战略，并下发了《公安部关于实施社区和农村警务战略的决定》。实施社区和农村警务战略以维护社会稳定、服务人民群众、实现执法为民为根本任务，以“发案少，秩序好，社会稳定，群众满意”为工作目标，贯彻专门工作与群众路线相结合的方针，坚持实事求是、因地制宜、积极推进、务求实效的原则，立足辖区、依靠群众，优化警力配置，规范警务运作，切实做到警力下沉、警务前移、强化基层、夯实基础，警民携手、共保平安，逐步建立与新型社区管理体制、社会主义新农村建设、全面建设小康社会、构建社会主义和谐社会创造良好的治安环境。

2004年至今，中央在完善“党委领导，政府负责，社会协同，公众参与，法治保障”的社会管理格局的基础上，于2012年在党的十八大上提出了国家治理体系和治理能力现代化的改革总目标。2015年2月，中央审议通过了《关于全面深化公安改革若干重大问题的框架意见》，提出全面深化公安改革的总体目标是：完善与推进国家治理体系和治理能力现代化、建设中国特色社会主义法治体系相适应的现代警务运行机制和执法权力运行机制，建立符合公安机关性质任务的公安机关管理体制，建立体现人民警察职业特点、有别于其他公务员的人民警察管理制度。到2020年，基本形成系统完备、科学规范、运行有效的公安工作和公安队伍管理制度体系，实现基础信息化、警务实战化、执法规范化、队伍正规化，进一步提升人民群众的安全感、满意度和公安机关的执法公信力。

全面深化公安改革提出了七个方面的主要任务。一是健全维护国家安全工作机制，二是创新社会治安治理机制，三是深化公安行政管理改革，四是完善执法权力运行机制，五是完善公安机关管理体制，六是健全人民警察管理制度，七是规范警务辅助人员管理。

全面深化公安改革坚持以问题为导向，将改革的指向聚焦在三个方面：一是着力完善现代警务运行机制，提高社会治安防控水平和治安治理能力，提高人民群众的安全感。二是着力推进公安行政管理改革，提高管理效能和服务水平，从政策上、制度上推出更多惠民利民便民新举措，提高人民群众的满意度。三是着力建设法治公安，确保严格规范公正文明执法，提高公安机关执法水平和执法公信力，努力让人民群众在每一项执法活动、每一起案件办理中都能感受到社会公平正义。

在创新社会治安治理机制方面，这次改革从完善治安管理防控机制、创新惩防犯罪工作机制、完善国际警务合作机制、健全情报信息主导警务机制等方面，提出了创新治安治理方式、提高治安治理水平的若干措施。围绕创新立体化社会治安防控体系，建立健全更加注重源头预防、综合治理的社会治安治理模式。加快建立以公民身份号码为基础的公民统一社会信用代码制度，推动建立违法犯罪记录与信用、相关职业准入等挂钩制度。健全社会治安组织动员机制，推动社会治安社会化治理。健全涉众型经济犯罪、涉电信诈骗犯罪侦查工作机制。健全同有关部门密切协作、高效顺畅的海外追逃追赃、遣返引渡工作机制，等等。

在深化公安行政管理改革方面，这次改革从深化行政审批制度改革、扎实推进户籍制度改革、创新人口服务管理、健全完善外国人在中国永久居留制度和改革边防出入境、交通、消防监督管理制度等方面，提出了一系列服务改革开放、促进经济发展和便民利民的政策性措施、制度性安排。建立行政审批事项定期清理和行政审批权力清单制度。扎实推进户籍制度改革，取消暂住证制度，全面实施居住证制度，建立健全与居住年限等条件相挂钩的基本公共服务提供机制。落实无户口人员落户政策。建立户口迁移网上流转核验制度和居民身份证异地受理制度，方便异地办理户口和身份证。改革内地往来港澳边检查验模式，提高通关效率。向县级公安机关下放出入境证件受理审批权限。健全完善统一规范、灵活务实的外国人在中国永久居留制度。改革驾驶人培训考试，推行驾驶人自主预约考试、异地考试等制度。深化机动车检验改革，全面实施省内异地验车，逐步推行跨省异地验车。加快建立跨省异地处理交通违法和缴纳罚款制度。缩小建设工程消防审批范围。全面落实报警求助首接责任制、群众办事一次告知制、窗口单位弹性工作制，大力推行"预约服务"、"绿色通道"和"一站式"等服务模式。积极搭建综合性网络服务平台和新媒体移动终端，推行行政审批事项全程网上流转，方便群众咨询、办事和查询、监督，等等。

在完善执法权力运行机制方面，这次改革从完善执法办案制度、执法司法衔接机制、执法责任制、人权保障制度等方面，提出了规范执法权力运行、促进社会公平正义的一系列改革举措。探索实行受案立案分离和立案归口管理制度。健全行政裁量基准制度，细化量化裁量标准。深化执法公开，落实执法告知制度。围绕推进以审判为中心的诉讼制度改革，完善适应证据裁判规则要求的证据收集工作机制，完善严格实行非法证据排除规则和严禁刑讯逼供、体罚虐待违法犯罪嫌疑人的工作机制，建立健全讯问犯罪嫌疑人录音录像制度和对违法犯罪嫌疑人辩解、申诉、控告认真审查、及时处理机制，完善侦查阶段听取辩护律师意见的工作制度。规范查封、扣押、冻结、处理涉案财物程序，实行涉案财物集中管理。完善执法责任制，健全执法过错纠正和责任追究制度，建立冤假错案责任终身追究制。探索建立主办侦查员制度，落实办案质量终身负责制，等等。

全面深化公安改革还明确提出，根据人民警察的性质特点，建立有别于其他公务员的人民警察管理制度和保障机制。按照职位类别和职务序列，对人民警察实行分类管理。适应正规化、专业化、职业化建设要求，建立健全人民警察招录培养机制。贯彻落实人民警察生活待遇"高于地方、略低于军队"的原则，建立符合人民警察职业特点的工资待遇保障体系。完善人民警察抚恤优待制度，建立健全人身意外伤害保险等职业风险保障制度。依法维护人民警察执法权威。规范警务辅助人员管理，等等。

《关于全面深化公安改革若干重大问题的框架意见》为当前我国构建中国特色社会主义的治安体系指明了方向和目标。

## 第四节 治安学的建立与发展

治安学是我国特有的学科。它以治安秩序维护为研究对象，是研究治安秩序维护一般规律的科学。治安学的出现，是古今中外学者千百年来持续探索治安秩序一般规律的结果。尽管西方没有专门的治安学学科，而是在警察科学之下开展相关的研究。但是近现代以来西方警察科学的发展，为中国特色的公安学、治安学的形成，提供了非常重要的借鉴。

### 一、古人关于治安的认识

中外各国自古以来就有丰富多彩的治安实践，也有形态各异的治安文化，包括治安思想、治安观念、治安理论和治安管理制度等。各国历史上的思想家也曾经试图总结治安秩序形成和维护的一般规律。

古希腊的学者提出了"两种秩序观"，用 taxi（外部秩序）指称人造的秩序，用 kosmos（内部秩序）指称增长的秩序。① 亚里士多德认为："法律（和礼俗）就是某种秩序；普遍良好的秩序，基于普遍遵守法律（和礼俗）的习惯。"②他把警察定义为"良好的秩序，城市的管理与

---

① ［英］弗里德里希·冯·哈耶克．法律、立法与自由（第1卷）［M］．邓正来译．北京：中国大百科全书出版社，2000：56，70.

② ［古希腊］亚里斯多德．政治学［M］．吴寿彭译，上海：商务印书馆，1965：387-388.

组织，对人民的尊重，是给予人民最伟大的礼物"。① 柏拉图认为："在有秩序的城邦里，每一个人都有他应尽的职务"；"只要护卫者成其为护卫者就能使国家有良好的秩序和幸福"②。

古代中国的学者认为，天下存在"治安之理"，唯有大明德之人才能发现。宋代黄伦《尚书精义》卷38《洛诰》载："天下有治安之理，惟大明德者见之。循理而行，则天下安且治矣。"宋代李心传《建炎以来系年要录》卷116载莫将上疏："天下之事，成败得失在理不在形。形者，众人共争之地；理者，众人不见之处。愿陛下游心于所不争之地，以求治安之理。"在这样的认识下，古代中国提出了诸多关于治安的观点和对策，例如，礼乐刑政、综合为治的治安方略，"民数周为国之本"的户籍管理思想，基于邻里守望的基层治安控制，"客舍无验"的旅馆登记制度，"警迹人"的重点人口管理制度，行老制度(公共场所治安管理中的行会)等。

古人关于治安的认识，基本上是零星的、分散的，建立在唯心主义基础之上，但仍为后人认识治安规律，提出治安学，提供了宝贵的历史资源。

## 二、近代警察科学与治安学研究

对治安的科学认识，或者科学意义上治安研究，是伴随世界近代警察制度的建立而产生的。近代以来的西方国家主要是通过警察科学(Police Science)来开展相关的治安研究。由于近代西方警察制度大致分为自治型和集权型两类，因而近代西方警察科学中的治安研究也存在两种倾向。

以英美为代表的自治型警察，其所建立的警察科学强调警察职能不仅要打击犯罪，更要把预防犯罪作为警察职能的首要目标。1795年，帕特里克·科奎豪恩《论伦敦警察》提出了"警察新学科"。"警察在这个国家中应被看做一个新的学科。它并不拥有仅属地方法官的惩罚犯罪的司法裁判权，其职能在于预防和侦破犯罪以及与建立一个良好秩序和安逸的市民社会有关的内政管理。"随后，罗伯特·皮尔也强调指出："从现在起就应该明白，我国要达到的主要目标是'预防犯罪'。警察应朝着这个伟大目标努力，它会使我们更有效地保护人身和财产的安全，维护社会秩序的稳定，以及实现警察其他的所有目标。"英美警察科学中的预防犯罪研究与我国治安学研究是基本一致的。

与英美不同，以法德为代表的集权型警察，其所建立的警察科学则强调行政警察的独立和依法行政。1795年，法国颁布的《警察法典》首次区分行政警察与司法警察。行政警察、司法警察分别相当于我国的治安警察和刑事警察。但是由于17、18世纪法德等大陆国家实行中央集权，政府权力过大，直接以警察控制人民，成为"警察国家"。为改变这种现状，依法统治的警察权被提出。1832年，德国人莫尔(Robert von Mohl)的《法治国原则的警察学》(Die PolizeiWissenschaftnach den Grundsaetzen des Rechtsstaates)出版，强调政府需要依法使用警察权。书中明确提出了两个概念，警察科学(德语 Polizei Wissenschaft，英语 The Science of Police)和预防性司法警察体系(英语 System of Preventive Justice or Judicial Police)。该书也因而被认为是第一本科学研究警察的专著，奠定了西方警察科学的基本框架。法德警

① 王大伟．欧美警察科学原理——世界警务革命向何处去[M]．北京：中国人民公安大学出版社，2007：30-31.

② [古希腊]柏拉图．理想国[M]．郭斌和译．上海：商务印书馆，1986：114.133.

察科学中的关于行政警察或预防性司法警察的理论研究，即相当于我国治安学研究的范畴。日本明治维新时期，以法德的警察模式为蓝本建立近代警察制度，也翻译了大批以法德警学为重点的西方警学著作。在这个基础上建立的近代日本警学，受法德警学影响很大，对于近代中国开始科学研究治安也有重要影响。

晚清引进西方警察制度，也将西方、特别是日本的警察学著作引进中国。《中国公安图书总目》著录晚清警察学、警察法著作共计94部，其中明确标识译自日本的即有43部。其实，其他未标识的也大多是根据日本的研究改编而来。这些警学著作多将警察分为保安警察、行政警察和司法警察三大类。行政警察包括卫生警察、风俗警察、救灾警察、建筑警察、贫民警察、森林警察、农业警察、矿山警察、营业警察、兽疫警察、交通警察、领事警察、外国人警察等。保安警察，即高等警察，负责集会游行示威等。司法警察即调查、搜集犯罪证据的刑事警察。显然，关于行政警察和保安警察的研究，基本包含在治安学研究的范围。

民国时期，随着警察制度在全国的建立和发展，我国警察学的视野从日本扩大到欧美，研究范围拓展，成果也更为丰富。《中国公安图书总目》大约著录了民国时期的警察著作近2000部，与治安学密切相关的警察学、警察行政学、警察法学、行政警察、户政学约有1000部，占一半左右。但是，民国时期的治安研究，基本上是相关警种的警务实践总结，没有治安学或治安管理学的提法，但警察学、警察权、警察行政之理论与实际的提法、警察高等教育的兴起，表明其时已出现从警务实践中总结治安规律的趋向。

## 三、治安学的建立

新中国成立后，在改造了原有警察制度和警察学的基础上，中央(大区)、省先后设立了警干校和警察学校，并以警(干)校为平台，编写《民警治安工作概要》、《户口管理工作教材》、《民警治安管理工作怎样贯彻群众路线》、《做好农村治安保卫工作》等治安教材，开展治安研究。但总的特点是涉及面窄，缺乏系统性，理论性不强，基本是业务总结。这种情况一直持续到70年代。

从20世纪80年代开始，以公安高等教育为平台，在总结新中国成立以来治安管理经验的基础上，建立了治安管理学。治安管理学是治安学的前身。

1984年，经国务院批准，中央人民公安学院改建为中国人民公安大学，成立治安系，标志着治安管理学、治安学创建的开始。治安系设治安专业，并于第二年开始招收全日制治安专业本科学生。1986年，治安系与保卫系(内设保卫专业)合并，成立治安保卫系，设置治安、保卫两个专业。1988年治安保卫系增设交通管理专业。公安高等学历教育的建立，为治安管理学的诞生提供了平台。

为适应警察培训、专业教育的需要，一批具有较强理论性的治安管理教材编辑出版，促进了治安管理从经验总结、单纯阐述业务知识向系统化理论研究转变。1979年，在全国公安局长会议上，提出“组织力量编写教材”。1981年，《治安管理工作》由公安部群众出版社正式出版。1984年6月，西南政法学院公安业务教研室编写的《社会治安管理学》出版，第一次赋予治安管理以“学”的称呼。同年7月，公安部公安教材编审委员会成立。在公安部的领导下公安教材编审委员会从全国各地调集了200余人，开始编写“公安高等院校统编教材”40余种。其中，参加编写治安管理教材的同志约40人。经过三年左右的艰苦努力，终于在1987年1月出版了第一本《治安行政管理学总论》。随后在1989年9月之前出齐了《治安秩序管理》、《消防管理学》、《户籍管理学》、《治安基层基础概论》、《城市道路交通管理学》、《公安外国人管理》、《中国公民出入境管理》和《户口统计》8本治安管理专业教材。这套共9本的教材，不仅系统总结了新中国成立以来治安管理各项业务工作的实践经验，而且从中提炼出一定的理论和规律，不再是单纯的业务、经验总结。例如：《治安行政管理学总论》将治安管理学表述为："治安管理学是关于治安管理主、客体矛盾运动规律的学说，是对治安管理理论、经验、知识、技能的系统而科学的概括和总结。"其研究对象包括：治安管理主体活动的基本理论；治安管理客体活动的规律；治安管理的依据；治安管理的手段和方法；治安管理的实践经验；治安管理学与相关学科的关系等。因此，"公安高等院校统编教材"治安管理专业教材的出版，标志着治安管理学的诞生，也奠定了此后治安管理学科的基础。

1986年11月，由公安大学和公安部治安局联合组织召开了(宜昌)首届全国治安管理学学术讨论会。会议出版了《治安学术论文集》，论题涉及治安管理学科建设，治安管理的性质、原则、地位、作用，治安管理改革，治安管理手段，治安问题与治安案件、治安事件对策，治安法规，治安巡逻，治安防范，治安承包，治安警察素质，公共秩序管理，旅馆业管理，爆炸物品管理，旅客列车治安管理，流动人口管理，居民身份证管理，户口管理与人口统计等20余个专题，覆盖了除交通、消防管理以外的治安管理的主要业务领域和基本理论内容。这次研讨会不仅在前述统编教材的基础上进一步深入，而且首开治安管理学术研究之先河，把治安理论探究之风推向全国。

## 四、治安学的发展

20世纪90年代至2010年是治安学的发展时期。

治安学列入本科专业目录，标志治安学的正式建立。1993年，经过原国家教委组织的本科专业论证，中国人民公安大学保卫专业更名为安全防范专业，治安专业更名为治安管理专业，治安保卫系更名为治安系。1998年，教育部颁布《普通高等学校本科专业目录》，将治安管理和安全防范两个专业合并为治安学专业。从此，治安学取代治安管理学而为学者普遍使用，标志着治安学的正式建立。

这一时期，治安学初步形成了较为完整的学科体系。一般来说，治安学的学科体系大体包括治安学原理、治安史学、治安法学、治安管理学和比较治安学等领域。在这些领域内涌现了一批高质量的著作。例如，熊一新主编的《治安管理学》、李健和主编的《新编治安管理学总论》、王彩元著《治安学基础理论专论》、武和平《大治安》、周国雄《现代警务与社会治安》、王洛生主编的《城市治安管理学》、张子路等所编《治安紧急处置方略》、郭太生主编的《治安灾害事故社会防范研究》、汪勇等著《警察巡逻勤务论》、王太元著《户政与人口管理理论研究综述》、冯锁柱著《治安事件预防、预警与处警》、李忠信主编《中国社区警务研究》，张京著《法国治安管理概览》等。有些则从更为广阔的视野来研究治安，丰富和深化了治安学的内容。例如，朱绍侯主编的《中国古代治安制度史》、陈鸿彝的《中国古代治安简史》和《中国治安史》、宫志刚著《社会转型与秩序重建》、金其高著《社会治安学》、王彩元主编的《市场经济与治安管理》、李艳岩《治安经济学》、康大民主编《治安效益理论与实践》等。

治安学在借鉴、应用其他学科理论的基础上，形成了较为完整的理论体系，主要包括：社会治安综合治理理论、治安秩序形成与维护、安全被理论、社区警务理论、社会治安防控理论、风险管理理论、安全评估理论、治安效益理论、善治(治理)理论、动态稳定论、系统论等。

治安学在长期的发展过程中，已经形成了自身较为完整的方法论体系，包括社会调查法、比较研究法、实证研究法、经验研究法、实验研究法和系统研究法等。

治安学形成了一批特有的专门术语，是其他学科不能包容或取代的。主要有：治安秩序、治安管理、治安管理原则、治安效益、治安管理主体、治安管理客体、治安管理对象、治安管理手段、治安耳目、治安防控体系、治安区域控制、治安联防、治安巡逻、堵截、守望、盘查、安全检查、安全保卫、特种行业、危险物品管理、公共复杂场所、要害保卫、大型群体活动、治安案件、治安事件、治安事故、社区警务、户政管理、户籍制度、法定住址、户口登记、户口统计、户口迁移、户口调查、重点人口等。

初步形成了治安学本科、硕士、博士完备的人才培养体系。截止到2010年，全国开设本科治安学专业的高校有25所，其中公安院校17所，地方和政法院校8所。1998年，经国务院学位委员会批准，中国人民公安大学增设行政管理学专业硕士学位点，下设治安管理与安全管理研究方向。这是我国治安学专业首次设立的硕士学位点。2010年，中国人民公安大学首次在治安系设公安行政与行政法学位方向博士点，2012年开始第一届治安学博士培养工作。

此外，在这20年里，治安学的国内外交流频繁。2003年至2010年，每两年举办一次全国性的治安学论坛，并出版会议论文集《治安学论丛》；华东地区各公安院校自1999年开始，每年举办“华东地区公安高校治安管理学术研讨会”。公安院校和地方院校的治安系，也不定期的选派教师到境外学习、交流。

20世纪90年代至2010年治安学的发展，为此后治安学成为独立学科奠定了坚实的基础。

## 五、治安学的新时期

2011年至今，治安学进入新的历史发展时期。社会形势的变化对治安学发展提出了新要求：

一是在当前全球化、信息化、城镇化、市场化背景下，境内因素与境外因素、传统安全威胁因素与非传统安全威胁因素、“虚拟社会”与现实社会、人民内部矛盾和敌我矛盾相互交织的特点日益突出，社会管理领域中人流、物流、资金流和信息流加剧。当前及未来一段时间内我国社会治安形势日趋严峻、复杂多变。这些都要求治安学必须创新。近年来中央提出的社会管理创新、国家治理体系和治理能力现代化是当前治安学发展、创新的指导思想。

二是2011年3月，经国务院学位委员会和教育部批准，《学位授予和人才培养学科目录(2011年)》增列公安学为一级学科。至此，治安学被正式确定为公安学下的二级学科。如何科学规划和调整治安学的学科体系，以适应其作为公安学一级学科下属二级学科的学科地位，是当前治安学发展的迫切要求。

但是经过30年发展的治安学，仍存在与公安学关系不明、基础理论研究薄弱、人才培养目标过窄、研究环境相对封闭、学术平台缺乏等问题。

在治安形势复杂多变和公安学确立的背景下，针对上述的问题，当前治安学的发展应该注意以下方面：

1. 治安学的转型。计划经济时代，政企不分，公安机关“包打天下”有明显的治安效果。在此基础上建立的早期的治安学(治安管理学)，实际上是公安机关的治安管理之术。随着改革开放和社会主义市场经济的确立，社会主体分化，治安需求多样化，计划经济时代公安机关“包打天下”的传统，已经不适应治安形势的发展需要。从 1992 年党的十四大到 2012 年党的十八大，历次大会报告都提到了有些地方治安状况不好或社会治安问题群众不满意。因此，治安学必须从以往的公安机关治安管理之术的经验总结，升华、转型为探究治安之道的学科理论。而这也正是社会管理创新、国家治理体系和治理能力现代化的要求。

2. 在公安学下探讨治安学发展。对治安学与公安学的学科隶属关系认识不一致，是影响治安学发展的重要原因。当前治安学已确定为公安学一级学科下属的二级学科，治安学的发展就应该基于这个前提来探讨，以避免学术资源的浪费。在公安学下探讨治安学发展，首先要明确公安学的学科体系，才能弄清治安学的学科体系。其中的关键是要区别“公安”与“治安”，而这集中表现在秩序与安全的关系。

3. 加强治安学基础理论研究以指导治安实践。首先，要处理好治安学基础理论与治安实践的关系。要重视理论对于实践的指导作用，克服当前治安学研究中重实践、轻理论的现状。同时，为避免可能出现的“唯理论”倾向和随意构建的“理论创新”，治安学基础理论研究不能脱离实践，必须经得起实践的检验。其次，要处理好继承与批判的关系。任何一门学科的理论都是在批判、继承前人研究的基础上发展起来的。治安学基础理论还谈不上丰富，甚至存在问题，但即使如此，也不能将已有的研究成果完全抛弃，这是当前尤其要警惕的倾向。最后，要规划好基础理论的研究方向。相对于成熟的学科，治安学研究人员少，研究阵地分散，加强治安学基础理论研究必须规划好研究方向，以集中力量解决主要问题。

4. 拓宽治安学人才培养目标以适应社会多样化的人才需求。根据社会的需求，治安学人才培养的目标应该是应用型(应用复合型)的治安学人才，不仅包括治安警察，也包括在其他部门、治安社会防范组织从事治安防范的专门人才。作为知识平台的治安学，其培养目标应该如此。但各院校开展治安学学科建设，则要根据各自的师资力量、研究水平、教学设备等条件，在上述范围内自行确定培养目标。

5. 构建开放的治安学研究体系以摆脱治安业务思维的限制。要采取开放的态度，引入多学科的理论和方法，引进各学科背景的人才，从而开拓学术视野，从根本上摆脱治安业务思维的限制，真正提高治安学的研究水平。这既是治安学发展的要求，也是大势所趋。

6. 争取扶持力度和政策倾斜以提供学术发展平台。治安学作为一门新兴的学科，要发展壮大，必须争取有关部门的扶持和政策倾斜，建立专门的学术组织、学术刊物，完善院校与业务实战部门的交流机制和研究资料分享机制，加强国内外的学术交流。

# 第三章　治安理念确认及应用

## 第一节　治 理 理 念

### 一、治理理念的确认

#### (一)治理理念的基本含义

在传统用法上或辞书上的解释，“治理”都是“统治”的同义词。但是，自世界银行1989年会议以后，治理的用法和内涵就有了新的变化，治理意味着一种新的统治过程，意味着统治的条件已经不同于以前，或是以新的方法来统治社会。也就是说，治理所期望达到的目标是创造条件以保证社会秩序和集体行动。因此，治理的产出和统治并无任何不同之处。如果有什么差异，那也只在于过程。

国外学者对治理的概念的界定可谓形形色色，但最基本的意思是相同的，即治理指的是统治方式的一种新发展，其中的公私部门之间以及公私部门各自的内部的界线均趋于模糊。治理的本质在于，它所偏重的统治机制并不依靠政府的权威或制裁。“治理的概念是，它所要创造的结构或秩序不能由外部强加；它之发挥作用，是要依靠多种进行统治的以及互相发生影响的行为者的互动。”①

我国学者在介绍西方治理理论的时候，都对治理的含义进行了有益的探讨，如俞可平教授认为：“治理一词的基本含义是指在一个既定的范围内运用权威维持秩序，满足公众的需要。”②治理的目的是在各种不同的制度关系中运用权力去引导、控制和规范公民的各种活动，以最大限度地增进公共利益。俞可平教授对治理和统治进行了区分，认为“善治就是使公共利益最大化的社会管理过程。善治的本质特征，就在于它是政府与公民对公共生活的合作管理，是政治国家与市民社会的一种新颖关系，是两者的最佳状态”。③ 从某种意义上来说，治理理念是与公民社会相伴而生的——在民主政治国家，政府必须划定自己的作用边界，使自己成为有限政府，逐步将一些自己无法管理和管理不好的空间让渡给独立的公民社会进行自我管理，或者与公民社会进行共同治理，公民社会也就成为与有限政府相适应的另一方公共治理主体。④ 因此，我们认为，治理是各种公共的或私人的个人和机构管理其共同事务的诸多方式的总和，它是使相互冲突的或不同的利益得以调和并且采取联合行动的持续的过程。

---

① 格里·斯托克．作为理论的治理：五个论点[J]．国际社会科学杂志(中文版)，1999(1).

② 俞可平．治理与善治引论[J]．马克思主义与现实，1999(5).

③ 俞可平．治理与善治引论[J]．马克思主义与现实，1999(5).

④ 何增科．社会管理与社会体制[M]．北京：中国社会出版社，2008：48.

治理有四个特征：治理不是一整套规则，也不是一种活动，而是一个过程；治理过程的基础不是控制，而是协调；治理既涉及公共部门，也包括私人部门；治理不是一种正式的制度，而是持续的互动。① 格里·斯托克将治理的核心概括为五点：治理指出自政府但又不限于政府的一套社会公共机构和行为者；治理明确指出在为社会和经济问题寻求解答的过程中存在的界线和责任方面的模糊之点；治理明确肯定涉及集体行为的各个社会公共机构之间存在的权力依赖；治理指行为者网络的自主自治；治理认定，办好事情的能力并不在于政府的权力，不在于政府下命令或运用其权威。政府可以动用新的工具和技术来控制和指引，而政府的能力和责任均在于此。②

综合学者们的论述，我们认为治理有以下四点需要注意：

第一，治理不是一套规则，也不是一种活动，而是一个上下互动的管理过程，它强调管理对象的参与。统治的权力运行方向是自上而下的，它运用政府的政治权威，对社会公共事务实行单一向度的管理。而治理则是一个上下互动的管理过程，它主要通过合作、协商、伙伴关系、确立认同和共同的目标等方式实施对公共事务的管理。治理所拥有的管理机制是合作网络的权威，其权力向度是多元的、互动的。

第二，治理既涉及公共部门，也涉及私人部门，因此，治理的主体未必就是政府，也不需要依靠国家的强制力来实现。“治理指的是一种由共同的目标支持的活动，这些管理活动虽未得到正式授权，却能有效发挥作用。”③意即，治理需要权威，但不一定是政府机关，治理的主体既可以是公共机构，也可以是私人机构，还可以是公共机构和私人机构的合作。

第三，强调国家与社会的合作，模糊了公共领域与私人领域的明确界限，更加强调国家对社会的依赖关系。统治基本上局限于社会公共领域，所关联的对象是一种二元对立式的国家与民众。而作为政府管理模式的治理却与市场、社会自治组织、社会中介组织、社会独立组织等具有许多联系。由于现代社会国家正在把原先由它独自承担的责任转移给公民社会，即各种私人部门和公民志愿性团体，后者正在承担越来越多的原先由国家承担的责任。这样，国家与社会之间、公共部门与私人部门之间的界限便日益变得模糊不清，治理理论亦应运而生。

第四，治理还意味着管理方式和管理手段的多元化。统治的典型模式是运用发号施令来达成目标的。而治理模式则认为办好事情的能力并不仅限于政府的权力，在公共事务的管理中，还存在着其他的管理方法和技术，政府应该运用各种可行的办法来达到公共事务的良好管理。④

**（二）治理理论的本土化反思**

我国学者在引介西方治理理念的同时，也对治理理论本身进行了深刻的反思，并对本土化提出了真知灼见。代表性的成果有杨雪冬的《治理的制度基础》与《“治理”的九种用法》、刘建军的《治理缓行：跳出国家权力回归社会的陷阱》、李春成的《治理：社会自主治理还是政府治理?》、李锋的《治理：工具理性还是价值理性?》、臧志军的《“治理”：乌托邦还是现实?》。这些反思性论文认为，西方的治理理论有其特殊的社会背景和理论背景，是西方社

---

① 全球治理委员会．我们的全球伙伴关系[M]．英国：牛津大学出版社，1995：23。

② 格里-斯托克．作为理论的治理：五个论点[J]．国际社会科学杂志(中文版)，1999(1)．

③ 俞可平．治理与善治[M]．北京：社会科学文献出版社，2000：2.

④ 李风华．治理理论：渊源、精神及其适用性[J]．湖南师范大学社会科学学报．2003(5)．

会社会发展到一定阶段的产物，而中国的历史传统、社会现实和社会制度具有自身独特性，不能盲目照搬西方的治理理论。

“国家—公民社会”两元分析模式一直是中国学者分析问题时常用的框架模式，但有不少学者提出反对意见，认为中国从来没有形成西方式的成型、成熟的公民社会，因此，这种分析模式不适用于中国。反映在治理理论中，就是发达的公共精神是良好社会治理的决定性因素，传统中国的治理模式无法孕育发达的公共精神，而公共精神的缺乏又导致传统中国无法实现更好的社会治理。在今日中国，治理模式的转变为公共精神的培育提供了有利条件，同时也对发达的公共精神有了更为迫切的需求。①

有部分学者对治理的本土化进行了思考，如有人认为，“西方治理与善治制度的实践是对公共领域的危机或民主政治衰败作出的拯救性回应。但仍然是以发达的政府——市场制度为社会基础，在西方社会中作为治理与善治拯救对象的政府失败和市场失败在中国还是一个虚拟问题，因为从规范意义上来看，作为现代社会有效地解决群体生活一致性问题的“政府—市场”制度在中国还有待建立，或者中国目前还处于模拟市场制度及其所需的其他制度的阶段。”②

上述对治理理论及其本土化的思考对于治理理论在中国的具体应用具有重要的作用。要想使根源于极端自由主义和公共选择理论的治理理论发挥应有作用，下述几个问题需要注意和解决。

第一，参与主体的合法性问题。西方治理理论同样面对这样的问题，即治理理论同宪法授权的政府体制存在矛盾，如英国政治制度的特征是议会掌握权力，内阁制政府强大，通过选举对社会承担责任。但治理理论却对这种“一中心”权力模式提出质疑，认为从理论上讲，建立统一基础上的国家只能有一个权力中心，但实际上国家的中心不止一个；而且，地方、地区、全国以及国际层面上各式各样政府机构之间的关系密密麻麻。同时，治理理论也指出私营和志愿机构越来越多地参与战略性决策和提供服务，过去由政府垄断的若干职责，部分转由私营者和志愿机构承担，即非政府机构开始参与提供公共服务事业甚至战略决策。

因此，治理理论面临的第一个困境就是参与主体合法性问题。治理理论要求地方当局和提供公共产品与服务的公私机构共同承担责任，缺乏法律依据。另外，在国外，公众强烈要求由他们选举出的市议会组织和控制公共服务，而不是将其交由受委托的单位或私营部门，公众们最为支持传统的管理体制，即由政府承担全部的服务职责，而由受委托的单位、私营部门的供应商乃至由服务行业用户直接经营管理——所有这些都不具合法性。

然而，“多中心论”、社会参与本来就是治理理论的核心，况且，在不涉及权力的服务供给方面由私营部门或志愿部门来参与会有更好的效果。更为关键的是，合法性问题不一定就是有和无的问题，还存在多和少的问题。如果能够通过立法赋予参与治理的社会主体的合法性，那么合法性问题并不难解决。

第二，治理所解决的问题的边界及模糊性问题。从理论上讲，治理理论讨论的是国家和社会之间制衡关系发生的变化。这种变化在于责任的转移，即治理理论认为公民不仅要从国家获得福利，不仅享有权利，而且应当承担相应的责任，国家事务、社会事务不仅仅是权力代表——政府的事情，也是每个公民应有的责任。这种转移在体制上表现为：公私部门之间

① 笪素林．社会治理与公共精神[J]．南京社会科学，2006(9)．

② 孔繁斌．治理对话统治——一个政治发展范式的阐释[J]．南京社会科学，2005(11)．

的界限趋于模糊，同时，开始出现大量的第三部门，它们名称不一，如志愿团体、非营利性机构、非政府组织、社会互助组织等。治理理论要求这些第三部门不借助于政府的正式资源而为社会解决具体问题。但是，问题的关键在于哪些问题可以由第三部门解决，政策制定者和公众并不清楚有关的事务该谁负责。这有可能导致在承担责任时互相推诿，甚至导致政府在出现不良后果时寻找替罪羊。我们在引入西方治理理论的时候，必须通过立法来解决边界模糊这一问题。

第三，参与治理的主体之间存在一定的权力依赖。这里的权力依赖有三层含义：一是参与治理的主体必须依靠其他组织；二是参与主体之间存在资源交换和谈判协商；三是主体之间不仅交换资源，还要通过协商制定行动规则。参与主体之间的关系不是领导关系，而是协作关系，在参与治理的时候，政府扮演的不是领导者的角色，而是协调者的角色。任何一个参与主体都不可能独自解决问题，而是要借助于其他组织的资源和知识。参与主体之间的伙伴关系具体有以下表现形式：主导者和职能部门之间的关系、组织之间的谈判协商关系、系统的协作。这三种关系是一个递进的过程。第一种关系是比较初级的，是一方(如政府)雇用另一方(如政府职能部门)或以承包方式使之承担某种项目；第二种关系更进一步，是多个组织间的协商谈判和资源的相互利用；第三种关系为最高形式，各个组织间的关系更加成熟，更加系统，也更有目标性，已经能够形成一个自我管理的网络。

由于中国的统治传统上是一种威权统治，是一种自上而下的单向统治，这种统治模式下缺乏谈判协商的制度环境，无论是政府同非政府组织和公民个人还是非政府组织之间，谈判协商的缺乏使得我们在应对危机或问题的时候难以有效地达成共识，也无法成熟地相互利用知识和资源，导致在治理的时候仍然是各自为政，难以形成合力。因此，治理的本土化必须坚持参与主体间的权力依赖，通过一次次事件的不断检验和磨合，形成有效的谈判协商机制。

第四，参与治理的主体之间是一种伙伴关系，而非领导关系。参与治安理念的贯彻必须以社区为依托，从培养社区的“公共精神”着手。治安治理能够取得成效的基础和关键不在于政府及其警察，而在于社区及社区公众。一方面，社区公众对安全的诉求是警察开展工作的动力和方向，社区公众是公共安全的直接受益者，对日常生活中存在的治安问题有最为直接的感受，他们的意见和建议是警务决策重要的信息源；另一方面，社区公众的参与是治安治理的重要内容，治安治理不仅仅是提供建议和意见，更重要的是直接参与社区治安活动，社区公众能否参与治安治理、参与治安治理的范围与程度是否合理、参与方式是否科学是治安治理能否取得效益的关键所在。社区公众加入或促成各种社区治安组织是治安治理过程的标志，但由于力量的分散和组织能力的相对缺乏，决定了公众的参与并非顺理成章，而必须依靠政府及其警察的组织、协调，以整合社区公众的力量，发挥社区公众的作用。因此，必须有意识地培养“公共精神”。公众参与治安治理必须使其意识到：作为社区成员，社区治安事关自己切身利益，诸多治安问题仅仅依靠政府及其警察难以解决，自己有义务参与治安问题的解决，参与治安治理，不意味着代替政府及警察，也不是简单的协调，而是作为主体之一共同解决治安问题。所以，公众在配合警察机关搞好治安管理和犯罪防控中除了能给自己带来更大的社区安全系数和心理满足程度外，亦能提升自己的公民观念。①

然而，和西方国家相比，我国社区公众参与公共事务的热情度普遍不高。社区公众的参

① 王智军．警事治理：国家警事社会化的新理解[J]．中国人民公安大学学报，2005(1)．

与分为两类，一是动员性参与，一是自觉性参与。在我国，动员性参与一直是主要的参与方式，但这种参与方式的持久力不够，随意性较强，难以保持长久的效力。德国学者托马斯·海贝勒在中国做过一项调查：从 2003 年到 2004 年，调查在沈阳、重庆和深圳展开，有 38 名市、区、街道办事处、居民委员会的各级地方官员和 140 名经筛选出来的社区居民接受了调研。调研结果说明在接受调研的地区中，社区公众的社区参与程度普遍不高，而且在经济比较发达、流动人口较多的深圳，社区参与的程度最低。虽然这项调查不能说明整个中国的社区参与状况，但具有重要的参考意义。由于传统中国是一种威权统治，在这种统治模式下，民众习惯于服从而不是参与，在当前培养“公共精神”就有一定的难度。我们认为需要通过各种政治活动、文化活动、社区自我管理活动等逐渐培养社区公众的参与精神，并使传统的动员式参与逐渐转化为自觉性参与，只有社区发育成熟了，自我管理和自我组织才能作为制度固定下来并得以自觉自发地长期实施。

实际上，即便是在以邻里守望为重要方式推行社区警务的英国、澳大利亚等国，随着时间的推移，社区公众对邻里守望的参与热情也在下降。这说明，即使在社区参与程度较高的西方发达国家，社区安全领域的社会公众的参与也是一个棘手的问题。

## 二、治理理念在治安工作中的应用

在我国，对治理理论的研究主要集中在政治学、行政管理学和经济学等领域，在犯罪学和治安学领域，有不少学者使用了治安治理或犯罪治理等概念，但对这些概念本身及其应有的内容尚无深入细致的分析研究。在 20 世纪 80 年代末 90 年代初，我国提出的社会治安综合治理政策使用了治理这一概念，从其社会治安综合治理的内涵上看，大体上承袭了治理理论的基本精神，如“多中心论”、“多主体论”等，同时，由我们国家的国体所决定，加之群众参与这一历史传统的影响，社会治安综合治理的提出极具中国特色。然而，“迄今为止，学界对这一语汇还缺乏深入的理论分析，特别是缺乏以中国为本位的探讨，以至我们在运用这一语汇对村民自治、社区自治、民间组织及其国家与社会关系的分析时，没有强有力的理论支持和解释力。”①由于西方治理理论的提出，从实践上源于对政府和市场关系的反思，从理论上源于极端自由主义和公共选择理论，具有广阔的世界背景和深刻的历史渊源，我们在引入治理理论的时候没有很好地解决其本土化问题，因此，在治安学和犯罪学领域，治理理论尚有较大的研究空间。

从治理的研究视角来看，治安治理既可以归属于国家治理，也可以归属于社会治理，这恰恰是治安问题的本质所在，即在治安治理这一问题上，必须探讨国家和社会之间的关系。尽管有学者反对使用“国家——社会”这一二元分析方法研究中国社会，认为在中国并未形成类似于西方的市民社会，但不可否认，相对于国家的正式力量而言，社会中的非正式力量一直在发挥重要的作用，这也正是涂尔干提出的“社会事实”的意义所在。同时，基于“犯罪不可消灭”这一基本规则，对社会治安的维护必须借助于治理理念，这是治安理念中最根本的内容。当前，治理理念的应用必须合理解决以下问题：

### （一）非警察主体参与的合法性问题

治安治理首先遇到的就是参与主体的合法性问题，虽然治安治理同宪法授权的政府体制不存在明显的矛盾。这点和西方国家不同，如英国政治制度的特征是议会掌握权力，内阁制

① 徐勇．治理转型与竞争——合作主义［J］．开放时代，2001(7)．

政府强大，通过选举对社会承担责任。我国实行人民代表大会制度，形式上由人大代表选举出来的政府来行使国家权力、管理社会事务，实质上，每一个中国公民按照宪法的规定，都有资格和权利参与社会事务的管理。然而，由于社区安全的维护是一项比较特殊的公共事务，在这个过程中可能涉及对他人权利的暂时侵犯甚至剥夺，因此，国家宪法和法律对此有明确的授权，一些可能侵犯公民自由的权力只能由警察机构来行使，其他主体在参与过程中，必然会遇到这一问题。例如，社区聘请的保安能否实施盘问、搜查等行为，能否使用械具。因此，治理理念引入治安领域，必须首先解决主体的合法性问题，否则，“多中心”的治理必然又会退缩为“一中心”式的垄断管理。

“多中心论”、社会参与本来就是治理理论的核心，况且，在不涉及权力的服务供给方面由私营部门或志愿部门来参与会有更好的效果。如果能够通过立法赋予参与治理的社会主体的合法性，合法性问题并不难解决。

**（二）社区治安事务的边界及模糊性问题**

由于治安问题的特殊性，引入治理理念必须解决社区治安事务的边界及模糊性问题。从理论上讲，治理理论隐含着一种责任的转移，即将原本由国家和政府承担的责任，一部分转向社区公众，即治理理论认为社区不仅享有权利，而且应当承担相应的责任。这种责任的转移，既要社区公众参与社区治安治理，又要避免政府故意推脱责任，转嫁风险。在治安领域，就表现为安全事务的界限问题，政府及其警察和社区之间的责任划分问题，另一个表现就是大量的保安服务公司、私人侦探、私人调查公司等组织的出现，这些也必然涉及事务的范围划分问题。我们在引入治安治理理念的时候，必须通过立法来解决边界模糊这一问题。

**（三）治安治理参与主体之间的权力依赖关系**

这里所说的权力依赖，是指各参与主体之间存在相互依赖关系，每一方的参与都必须依靠其他各方，各参与主体之间必须坚持资源共享与交换，必须及时进行沟通协商，必须制定行为规则。各方之间不是领导与被领导的关系，不是主要与次要的关系，而是一种协作、伙伴关系。政府及其警察承担的更多的是一种协调、指导和整合的作用。由于中国的统治传统上是一种威权统治，是一种自上而下的单向统治，这种统治模式下缺乏谈判协商的制度环境，因此，警察和社区之间如何建立比较科学的协商机制是治安治理必须解决的一个问题。我们认为，必须通过一次次的治安事件的解决，在解决过程中各方通过实验性的谈判、协商制定出具体的协商制度，形成有效的沟通机制，以维护这种权力依赖关系。

**（四）确立政府及警察的新角色**

治安治理的主体之间是一种伙伴关系，而非领导关系。在参与治理的主体形成的自主自治网络中，政府及其警察的角色同以往相比发生了较大的变化，不再像以前一样统管所有治安问题，而是对治安治理网络以及各参与主体进行控制和引导，更多地承担设计者和协调者的角色。也就是说，政府和警察的主要精力不在于解决所有琐碎的具体问题，而在于在解决必须由其解决的重大治安问题如刑事案件、治安行政违法等的同时，政府及其警察应当通过制度建设，使各主体间能有一个良好的沟通和协调机制，在共同目标的指引下，形成合力。问题在于，由于官僚制这种传统的等级式的管理体制向扁平化、网络化的治理体制转变存在一定的困难，政府及其警察是否能够进行调动，适应新角色是一个难题。

## 第二节　法治理念

### 一、法治理念的确认

法治作为一种治国方略和国家治理模式，总是而且必须与特定的社会物质生产方式相协调，它的产生壮大离不开一个国家具体的国情和现实。依法治国方略提出的时代背景在于：我国正在经历一个由计划经济向社会主义市场经济、由国家一统向国家和社会二元构造、由人治向法治的转型时期。转型时期的社会问题主要表现为原有的利益格局被打碎，新的利益格局尚未建立，因此，社会矛盾激化，甚至会出现有组织的对抗；固有秩序遭到破坏，原有的价值观、世界观受到挑战，伦理资源亏空等。这些问题，在当时的中国的发展进程中表现得比较明显。在社会转型的大背景下，如何应对错综复杂的国内形势，如何正确处理社会治理中面临的各种问题，如何积极有效地解决各种社会矛盾，如何引导并保持全社会的健康发展，是我们党和政府所面前的严峻考验。依法治国，厉行法治，正是党和政府为应对这些挑战而作出的正确选择。经过二十多年的改革开放，中国社会在关系结构和利益格局上已经发生重大变化，与此相适应，在社会的治理方式上也要求作出相应的变革。法治之所以能够适应中国社会发展和治理方式转变的需要，不仅是因为法律的固有属性决定了其对国家和社会生活具有独特的规范功能，更是因为法律的特有属性与转型时期治理方式的内在要求相契合。“法律是一种特殊的社会行为规范，它由国家制定认可，以权利义务为内容，采取允许、命令和禁止的明确规范形式，并由国家强制力保障实施。因此，与伦理道德、风俗习惯、政令政策等其他社会规范相比，法律具有或更具有普遍、明确、稳定和强制的特性。同法律的这些特性相适应，法律对人们的行为起着独到的指引、统一、评价、预测、教育和惩戒作用，这些作用保证了国家和社会生活进程所必需的某种程度的一致性、连续性和确定性，从而满足人民对有秩序的社会生活的根本追求。”①

具体来看，法治对转型时期社会治理(包括国家治理)的作用体现在如下几个方面：②

第一，疏导社会矛盾，防止边缘人以及有组织对抗的出现。社会转型引发的利益格局的变化导致了大批边缘人的产生。边缘人大多是在社会变革和竞争过程中处于弱势地位，无法通过正常渠道表达自己意见和需要的群体。这些边缘人的大量存在，是社会稳定的一个隐患。如果矛盾长期积聚，最终会导致大规模的有组织的对抗。在一个法治社会中，司法作为社会正义的牢固防线。承担着社会矛盾“减压阀”的作用。当一个孤立无援的人受到来自他人或组织的侵害时，他或她还可能通过司法来获得公正，而不需要通过暴力对抗社会的方式来发泄怨恨，这种对怨恨情绪的疏导是转型治理中最关键的因素。在一个良好的法治社会的框架下，人可以怨恨命运，但是绝不会怨恨国家；可以怨恨具体的人，但绝不会怨恨抽象的社会。法治可以有效地疏导社会矛盾，防止边缘人的出现和有组织对抗社会行为的产生，从这个意义说，法治也是建立和谐社会的基本条件。

第二，统合意识形态，避免信仰危机。一个社会要保持稳定和谐的，发展应当有一种为大多数社会成员认可的意识形态。在这样一种意识形态的作用下，人们自觉不自觉地遵循着

① 张志铭．法理思考的印迹[M]．北京：中国政法大学出版社，2004：246-247.

② 蒋银华．论社会主义法治理念的基本特征[J]．政治与法律，2008(1)：4-5.

一套共同的道德规范和行为准则，这是社会具有凝聚力、保持稳定和谐的一个重要因素。法治强调规则之治，主张通过一套明确的规则治理社会，这就为现代社会的秩序提供了保障，为社会信用体系的建立提供了基础法治强调法律面前人人平等，这正满足了现代社会主体进行经济往来和参与政治事务的需要。法治强调平等主体的意思自治，强调法律关系主体的自治，这为现代社会公民的自治、自律提供了重要的思想资源。法治强调行为主体对自己行为的责任，这是现代社会人们之间进行商业交往和日常活动所必不可少的。因此，在中国社会由传统向现代的转型过程中，在伴随着原有秩序的松动而出现伦理价值和意识形态资源亏空、是非观念多变的情况下，法治由于其满足了现代社会所需要的多元、开放和宽容等基本的思想品质和元素，而可以成为社会大众共同的信仰和追求。对法治的尊重与追求，必将重建新的社会秩序和道德体系，实现社会的和谐发展与进步。

第三，维持国家权力的平稳运作，有效缓解或解决政治冲突。社会转型必然引发各种剧烈的变动和振荡，这使得政治安定、国家权力的平稳运作显得尤为重要。如何在社会转型过程中做到社会政治权力的平稳，这有赖于通过法治提供一套完整的制度性保障。法律代表着秩序，法治状态下的政治是稳健、衡平的政治。通过法律建立国家权力的程序和制度，可以防止国家权力为一时一地的力量对比关系所左右，保障国家权力和国家政策的连续性，避免出现动荡。

第四，为市场经济的建立和发展提供良好的制度框架和制度环境。社会主义市场经济的建立和发展离不开法治。因为，市场活动主体的资格需要法律加以确认和规范，其平等地位需要法律加以保障，自由竞争的市场行为需要法律加以调整，公平的市场秩序、统一市场的形成需要法律加以引导和维护市场经济顺利发展所必需的社会保障体系需要通过法律加以建立和完善。可以说，没有良好的制度框架和制度环境，就不可能有健康发展的市场经济。要通过法治实现政府对经济的适度管理，最大限度地尊重和发挥经济组织和个体的主动性和创造性。

## 二、法治理念在治安工作中的应用

党的十八大报告中明确指出："法治是治国理政的基本方式。"要进一步"提高领导干部运用法治思维和法治方式深化改革、推动发展、化解矛盾、维护稳定能力"。①"法治思维"和"法治方式"写进十八大报告，这是对贯彻落实依法治国基本方略的进一步升华，也表明了执政党全面推进依法治国方略的鲜明态度和坚定决心。党的十八大之后，执政党进一步提出了法治中国的新命题，这一命题是我们执政党对过去几十年治国理政经验的总结，同时也是共和国法治建设的一座里程碑，其标志着中国法治建设进入到一个全新的阶段。法治中国建设其作为一种探索中国未来法治走向的实践活动，其为法治思维提供了可能，同时也是法治思维的最终归宿之所在。②

法治是迄今为止人类能够认识到的最佳治国理政方式。法治思维是基于法治的固有特性和对法治的信念来认识事物、判断是非、解决问题的思维方式。法治思维对法治中国建设实践活动有重要的指引作用，必将成为新时期治安工作和平安建设的指导思想和基本理念。

① 十八大报告辅导读本[M]. 北京：人民出版社，2012：28.

② 江必新. 法治思维——社会转型时期治国理政的应然向度[J]. 法学论坛，2013(5).

### （一）在法律框架下思考问题

法治思维内涵丰富，主要有以下方面内容：法治思维是遵从宪法法律至上、倡导良法为治的思维，法治思维是尊重人权和自由、维护秩序和安全的思维，法治思维是依循职权法定、主张正当行权的思维，法治思维是要求公平对待、允许合理等差的思维，法治思维是坚持程序正当、注重实体正义的思维①。在当前社会转型阶段，我们警察机关必须运用法治思维在法律的框架下来思考所面临的各种社会问题，但主要还在于：

1. 防止权力滥用，提高执法公信力

（1）法治思维是依循职权法定、主张正当行权的思维，需要我们明确警察机关的权力来源和权力边界。

职权法定涵盖了两个方面的内容：职权来源法定与职权范围法定。所谓职权来源法定是指只有立法设定和赋予的职权才是合法的职权，立法以外其他途径不能产生职权。换言之，职权来源具有唯一性——立法，其他途径获得的权力都是违法的。所谓职权范围法定是指职权的适用对象和事项范围也是立法确定的，相关主体只能在立法确定的对象和事项范围内拥有和行使职权，不能超出法定的对象和事项范围行使行政职权。否则，同样构成超越法定职权范围。孟德斯鸠曾说过："一切有权力的人都容易滥用权力。"正当行权是对公共权力行使的审视与约束，公权力必须接受监督，防止滥用，这是古今中外，国家文明法治的基本定律。② 正当行权同样也涵盖了两个方面的内容：行权目的正当及行权方式正当。所谓行权目的正当是指公权力机关行使权力时必须基于实现公共利益的客观需要而不得考虑其他不相关因素。所谓行权方式正当则是指公权力机关行使权力所采用的方式方法合乎理性，在所用拟采取方式中选取最有利用于达到立法所授权之目的的方式。此外，公权力机关不仅存在滥用权力的可能，而且也存在消极不作为的可能。故此，警察机关不仅要正当行权，还要积极行权。积极行权是对公民权利的捍卫和保障，其内在的要求公权力机关要积极地行使权力为人民谋福利，而不可故意消极怠惰，迟延拖沓。

当前，要树立依循职权法定、主张正当行权的思维特别要注意反思某些以领导意志为中心而扭曲法律的现象。③ 由于复杂的历史原因，以领导意志为中心的现象在我国政治生活中屡见不鲜而难以根除。领导意志恣意所造成的危害极大损害了官方权威和社会团结，也极大地影响了社会主义法治建设进程。以重庆王立军为例，王立军当年权力在重庆警界不受制约，从抽调干警组织个人的摄影队搞个人崇拜，违反警务条例装备新制服、警徽、女子巡警队，到随意撤换、监禁异议的警务人员，再到打黑活动中的刑讯逼供、侵占私人财产，无一不是领导意志肆意所导致的乱象。如果能够严格以法律规则为行为依据，上述情况将及时得到避免。因此，树立法治思维就意味着以规则作为领导意志行为的标准及边界，树立宪法法律的至上权威，杜绝领导个人意志至上的法律工具主义。

（2）法治思维是严格公正执法、自觉接受监督的思维，需要我们加强法律监督，提高警

---

① 江必新．法治思维——社会转型时期治国理政的应然向度[J]．法学论坛．2013(5)．

② 刘志高，刘志成．监督有理：约束权力行使保障公民权利[J]．检察日报．2011(9)．

③ 参见于浩．当代中国语境下的法治思维[J]．北方法学．2014(3)：158-160. 在通常情况下人们谈论法治，都是在和人治的对比中完成阐释的。法律的理性、非专断性以及客观性，都与人治的激情、专横、主观意志相冲突。因此，法治的初始点，就是指生活在法律之下的人们，能够摆脱他人不可预测的率性行为的干预，获得自我保存的机会。

察机关公信力。

如何对警察机关的权力加以限制，在中国语境下意义格外重要。从“全能政法治理模式”向法治治理模式转变，难免带有过去遗留的痕迹，因为在过去一段时间的社会治理结构中政法机关的权力占据绝对压倒性地位；社会转型期诸多的矛盾纠纷，如看守所各种离奇死亡案件、暴力强拆纠纷、征地引发的群体性事件、刑事冤假错案等，归根结底都是在短期利益的干涉下，强势公权力对私人权利挤压冲突的结果。可是悖论在于，近代变法以来的中国社会发展与秩序重构都呼唤着强大的国家权力来推动这一进程，但在中国面临现代化的世界格局时，正是由于国家竞争力的衰弱、国家权力的不足，导致了变法的被动发生。因此，中国的现代化和法治化实质上是国家权力重构的过程，在现代化的旗帜下进行国家政权力量的强化。这一点在很长时间内一直没有改变。① 坚持法治思维治国理政，要警惕国家主义的泛滥，同时更要直面公权力过于强势带来社会危险与国家发展需要公权力这对关系，并坚决作出符合法治要求的价值判断：限制公权力具有更优先的地位。

严格公正执法，强化法律监督，维护公平正义，是公权力机关工作永恒的主题，同时也是法治思维的精髓所在。② 具体到警察机关，就是用法治思维管人权管事，提高警察队伍建设的制度化水平：用制度厘定执法司法权边界。法治既授予权力，更约束权力。把执法司法权关进制度的笼子里，最重要的是明确执法司法权都由法律授予；没有法律授权，不得对公民、法人和其他组织实施执法司法行为。要对法律授予警察机关的执法司法权进行全面梳理，清晰界定执法司法人员行使权力、承担责任的界限。用制度实现对执法司法权运行的监督制约。执法司法权行使关乎当事人权利，如果缺乏监督，既会影响执法司法公正，也会产生腐败。要坚持以权力制约权力，健全政法各单位分工负责、互相配合、依法制约的制度机制。正在进行的执法司法责任制改革，一开始设计改革方案时就要注重强化对执法司法权的监督制约，确保权力行使到哪里、监督制约机制就到哪里，最大限度减少权力出轨、寻租的机会。用制度促进执法司法权公开透明运行。阳光是最好的防腐剂。要通过健全制度，确保除法律规定的情形外，将执法司法依据、程序、流程、结果都及时公之于众，以公开促公正、树公信、保廉洁。把信息化和公开化结合起来，健全执法办案全流程信息化管理机制，做到动态管理、刚性约束，促进执法司法公开、规范、公正、高效。坚持以权利制约权力，拓宽人民群众依法有序参与执法、监督执法的渠道，促进执法公正。用制度的严格执行保障权责一致。有了制度，没有严格执行，就会形成破窗效应。要在执法办案各个环节都设置“隔离墙”、通上“高压线”，坚持法律面前人人平等、制度约束没有例外。对违反法律制度的，无论涉及谁，都要发现一起、查处一起，不能姑息。③

2. 维护合法权益，提升执法人员能力

在我国目前社会转型的过程中，人们的思想观念、伦理道德、文化意识等都发生了巨大的变化，原有的利益观、价值观、伦理观正受到越来越强烈的冲击与碰撞，新旧观念交织，矛盾错综复杂。在这种背景下，当前由人民内部矛盾引发的各类群体性事件，已经成为影响社会稳定的突出问题。导致群体性事件的直接原因很多，但最主要的原因是群众的正当利益遭到非法侵害或合理的利益没有得到依法保护，而且公民表达自己利益诉求和不满情绪的合

① 参见苏力．二十世纪中国的现代化和法治[J]．法学研究，1998(1)：3-4.

② 江必新．法治思维——社会转型时期治国理政的应然向度[J]．法学论坛，2013(5).

③ 汪永清．善于运用法治思维和法治方式开展政法工作[J]．人民日报，2014(7).

法渠道不畅。①

有法不依使公民的合法权利得不到法律的有效保障。我们现在面临的问题和困境不是无法可依，而是有法不依、执法不严、违法不究，视法律为装饰门面的道具和滥用公权侵犯私权的工具，需要时就拿出来粉饰门面，甚至打着合法的旗号作出不法的行为；不需要时根本无视法律的存在。需要就用，不需要就不用。一些执法部门机械执法，对一些侵害公民权益问题的出现，不是认真履行职责，积极维护公民合法权益，反而以法制不健全作为自己不作为、推托责任的借口。有的执法部门滥用权力或者非法执法，以维护社会公共利益为由，无视法律的存在，随意侵犯宪法、法律赋予公民的权利和自由，把法治视为"治民"(把法律视为治民工具)。说明上述情况存在的案例在现实生活中大量存在。以各地曝光的强拆案件为例，这些恶性案件出现，都是严重违规违法造成。②

公民通过法定渠道表达利益诉求的制度设计流于形式。一些地方政府片面追求经济增长，决策脱离实际，不考虑群众的承受能力和不同利益需求，对人民群众正常的利益诉求、权利要求和不满情绪的表达不认可、不适应、不习惯，视为不稳定因素，是对政府权威的冒犯，是麻烦的制造者，甚至是"刁民"、"精神病患者"，公民通过法定渠道表达利益诉求的制度设计得不到落实，对正常的民意表达不是依法进行疏导而是堵，维持表面的稳定，短暂的稳定，使矛盾越积越严重，最后酿成群体性事件。

如何认识和解决这些社会冲突，需要公安机关的警务人员进一步转变观念，提升能力：

(1)树立正确的稳定观，有效实施法律，切实保护公民合法权益。③

社会稳定在中国当前政治社会生活中具有重要意义。但我们要确立正确的稳定观，对社会稳定的理解不能简单化、片面化，要走出稳定思维的误区，即不能将民众的利益表达与稳定对立起来，不能将公民正当的利益诉求与表达视为不稳定因素，④ 不应以维护社会稳定为理由压制民众的正当利益诉求。要把群众呼吁解决社会存在的问题、依法维护权益视为一种正当的诉求给予积极支持，而不是视为不稳定的因素。也就是说，建设法治中国、平安中国并不是要消灭冲突和矛盾，社会存在矛盾和冲突是正常的；社会的和谐、稳定，不是消灭矛盾，而是管控和化解矛盾。积极而科学的维稳手段，应是通过科学合理的纠纷解决机制和利益诉求表达渠道，保证人民群众的意见得到充分表达，合理诉求和合法利益得到充分体现，把矛盾和冲突的处理纳入到制度化的轨道，保持在宪法和法律可以控制的范围内。

法律的生命力在于有效实施，法律的精神和价值得到实现，并能为社会公众带来安全、自由和幸福。法治的实现不仅要重视立法工作，还要注意建立和创造能够使法律规范落到实处的机制和环境，以保证所制定的法律得以有效实施。这也是我国当前法治中国建设面临的

---

① 蒋传光．法治思维：创新社会管理的基本思维模式[J]．上海师范大学学报(哲学社会科学版)，2012(6)：7.

② 据新华社电，记者从监察部、国土资源部、住房和城乡建设部、国务院纠风办等四部门获悉，四部门会同有关省、区纪检监察机关和纠风部门对2011年上半年发生的11起强制拆迁致人伤亡案件进行了调查处理，给予党纪政纪处分和行政问责57人，其中副省级1人，市厅级4人，县处级20人，乡科级及以下32人。涉嫌犯罪移送司法机关处理31人。据介绍，此次查处的11起强拆致人伤亡案件均发生在《国有土地上房屋征收与补偿条例》实施后，其中，属于违法违规强拆致人伤亡的6起，属于依法依规组织拆迁但由于现场处置不当等原因发生人员伤亡的5起。参见《人民日报》2011年9月26日。

③ 蒋传光．法治思维与社会管理创新的路径[J]．东方法学，2012(5)：116-118.

④ 参见梁恒．专家称不可用维稳概念压倒民众诉求[J]．半月谈，2011(9).

重要课题。法律只有在现实生活中切实有效实施，才能规范社会成员的行为，防止国家机关工作人员滥用权力，维护国家政治、经济和社会生活秩序，保障公民的合法权益。如何有效实施法律，有多种多样的措施，最根本是严格执法。法律如若不能得到严格遵守和有效实施，结果会比没有法律还要糟糕；要切实维护公民合法权益，严格执法是应有之义。①

(2)提升执法人员能力，用法治思维处理好法理情的关系。②

在执法活动中，有时会陷入所谓“合法不合情理”“合情理不合法”的矛盾境地。解决这个问题，关键是正确理解法理情的内涵，善于用法治思维处理好法理情的关系。也就是说，执法司法人员的能力建设在当前的复杂社会情势面前非常重要，法治思维的行为指导意义需要执法司法人员能够理性、科学地认识问题作铺垫；唯有“理性文明”，方能“严格公正”。具体说来，就是要做到：

正确理解和把握法治意义上的公理、常情。法律作为人民意志的体现，法治意义上的理是公理，不是歪理；法治意义上的情是绝大多数人公认的常情，不是个别人的私情。公理、常情是构成国法的重要内容，国法是公理、常情必须坚守的底线。治安执法实践中，合法公正的判决于情于理都讲得通；不合法、不公正的处罚于情于理都讲不通。

用法律视角和社会视角分析、处理问题。社会事物是复杂多样、普遍联系的，评价事物的优劣、对错、利弊，应综合各方面因素。运用法治权衡利弊、瞻前顾后、兼顾各方的思维特征来分析、处理问题，才能更好地实现双赢甚至多赢。从我国执法实践看，由各种矛盾相互交织、相互影响表现出来的法律问题，往往蕴含着更为深层、复杂的经济、社会问题，如果单纯从法律技术角度去分析、处理，有时难以有效解决，甚至会引发更多问题。法律既有明确的杠杠，也有极大的包容。政法工作者要加深对国情、社情、民情的了解，既善于从法律视角依法办事，又善于从社会视角处理问题，努力实现执法行为最优、执法效果最佳。

用法治思维把严格公正执法与理性文明执法结合起来。人民群众衡量执法活动，首先是合法，同时要合理合情。只有准确把握社会心态、群众情绪，积极主动向当事人说透法理、说明事理、说通情理，做到实事求是、以法为据、以理服人，才能既解开“法结”，又解开“心结”，达到定纷止争的目的。要规范执法言行，推行人性化执法、阳光执法。在当前社会环境下，治安执法人员善于与群众理性对话，善于与不同意见的当事者协商，是引导社会成员依法维护自身合法权益、履行维护社会秩序义务的重要方式。警民都依法办事、理性平和，很多矛盾才不会升级激化。

**(二)在法治轨道上解决问题**

当前，我国改革进入攻坚期和深水区、社会稳定进入风险期，我们比以往任何时候都更加需要运用法治思维和法治方式开展工作、解决问题。警察机关作为政法机关的基本组成，其工作人员是否具有法治思维、能否善用法治方式，关系到社会主义法治中国和平安中国建设，关系到国家治理体系和治理能力现代化的实现。③

---

① 我国在法治建设中，面临的主要问题不是法律不完善，而是严重的有法不依，执法不严。以食品安全问题为例，近年来，食品安全事件频频发生，不是相关法律法规缺失，“我国在食品安全上的法律规是非常多的，甚至是超乎国际水准的严厉”。我国涉及食品安全的法律共有20多部，近40部行政法规，150多部部门规章。从暴露出的问题看，究其根源是有法不依，执行不力，法律规定形同虚设。转引自李妍．卫生部专家称食品安全问题主要出在执行环节[J]．中国经济周刊，2011(5).

② 汪永清．善于运用法治思维和法治方式开展政法工作[J]．人民日报，2014(7).

③ 汪永清．善于运用法治思维和法治方式开展政法工作[J]．人民日报，2014(7).

1. 恪守法治底线，预防化解社会矛盾

总结新中国成立以来的治国理政的经验和教训，历经了从“以阶级斗争为纲”的指导方针，到“以经济建设为中心”的基本方略，再到“稳定压倒一切”的重要国策。回顾新中国成立的历史，我们把诸如上面提到的一些思维放在了重要位置，弱化了法治思维的地位，重新走上了法律工具主义的历史轨道，从而导致了很多不良后果，其教训是极为惨痛的。客观而言，过去我们强调法律效果与社会效果统一，有它的正确合理性，强调要顾大局，强调要尊重民意，强调要具有可持续性，强调要符合道德习惯，不同的治国理政思维在特定的社会历史背景下存在一定的合理性和正当性，但不可否认，在这样一个价值更替、秩序重构、文明再生的转型社会，单单依靠上述治国理政的思维已经很难适应转型社会的需要，我们需要更加强调法治思维的优先性和至上性。①

(1)用法治思维作为导向和底线，来分析和解决治安问题。

在转型社会时期，基于所面临矛盾的复杂性，其思维形态也必然是多元化的。但多元化的思维形态不代表没有核心思维，相反多元化的思维形态更需要核心思维去充当提纲挈领的角色，而论及核心思维也就非法治思维莫属了。法治思维是物质文明、精神文明、政治文明三者相互融合的产物，② 它倡导公平、正义、民主、和谐等核心价值观，着力推动多元社会主体之间的利益平衡，进而达到“良法善治”的目标。法治思维内在的要求社会主体之间通过平等对话机制，达到优化配置社会利益的效果。此外，法治思维还主张私益与公益之间的协调平衡，不仅防止私益的过度张扬，同时也极力遏制因公益过度扩张而排斥或挤压私益。正是在这个意义的层面而言，法治思维引导每个社会个体都要关顾多元主体间所秉持的多元价值，并竭力达成多元价值的衡平效果。③

而法治思维的精髓在于规则意识，社会要发展，社会要和谐都必须要讲规则，无论社会治理当中运用何种思维方式，其前提都在于制定良好的规则并得到大家的普遍遵守，这也正是法治思维在多种思维方式中处于核心地位的原因之所在。申言之，也只有充分发挥法治思维的核心指导作用并将其作为底线，才能够真正实现多种思维方式的统筹兼顾，也只有以法治思维为指导，才能真正将其他思维方式落到实处。离开这一核心，其他一切思维也都将变成空泛无力的说教之辞。

当前，坚持法治思维、法治方式和法律底线，既不能受人为的干扰，也不能轻易受媒体与社会舆论的影响。一事当前，既不能因为事情被舆论关注了，就觉得是很大的事；也不能因为舆论觉得是很大的事，就让舆论左右了对事件的依法处理。任何时候都要以事实为依据、以法律为准绳。一些地方和领导干部片面理解“稳定压倒一切”，认为平安就是“不出事”，对一些苗头性问题视而不见，能捂则捂、能压则压，要么乱扣帽子、加剧冲突，要么丧失原则、一味妥协。这将导致在应对公共安全事件时，被舆论牵着鼻子走，只要能压下舆论、平息风波，就可以作出不合理、不合法的让步。现实中有的行政执法案件往往陷执法者于“两难”之中：执法者必须在“优先平息事态”还是“严守法律底线”之间作出选择。只有始终坚持法治理念，才能在任何时候都保持头脑清醒，不被一时的“社会压力”、“舆论压力”

① 江必新．法治思维——社会转型时期治国理政的应然向度》[J]．法学论坛，2013(5)．

② 汪习根，彭真明．论法治文明[J]．社会主义研究，2004(2)．

③ 参见崔永东．司法价值论与司法平衡论[J]．法学杂志，2012(9)．

所左右。①

(2)用法治思维预防化解社会矛盾，实现维权与维稳的统一。②

法治是最大的社会公约数。在法律框架内保护人民群众合法权益、处理人民内部矛盾、惩治各类犯罪、维护政治安全，能够最大限度地稳定社会预期、最大限度地赢得人民群众的拥护和社会的支持，使法治成为社会安定有序的压舱石。从人民内部和社会一般意义上说，对涉及维权的维稳问题，首先要把群众合法合理的利益诉求解决好，同时不能一味迁就用"闹"来解决问题的做法，因为"闹"的本质是打破常规、放大诉求，是以高昂的社会代价满足眼前和个别的利益，长此以往必将严重干扰我国现代化进程。把法律而不是个人意愿作为判断是非曲直的标准，符合人们的普遍理性。因此，矛盾的解决、诉求的张扬，都应当纳入法律轨道。不管眼前有多大困难，都应当顺应这个历史潮流，坚定地推进依法办事进程。全社会要有这个共识。

通过依法办事来预防减少社会矛盾。当前，不少矛盾是不依法办事造成的。预防减少矛盾，最根本的是社会全体成员都要遵守法律而不破坏法律。警察机关及警务人员要带头依法办事，形成示范效应。对各个环节的执法活动，都要建立责任倒查机制，谁不依法办事引发矛盾就追究谁的责任。同时，要结合执法司法实践，加强对群众的法制宣传教育，善于引导群众把法律作为规范自身行为的基本准则，自觉做到依法办事。这些工作不可能一蹴而就，但只要坚持抓下去，就一定会有成效。

用法治思维和法治方式化解社会矛盾。法治思维是权衡思维、建设性思维，注重瞻前顾后、常规持久。依法化解矛盾具有权威性，可以较少留有后遗症。如果以牺牲法律权威为代价，求得问题一时解决，会破坏人们的行为预期，引发新的问题。面对矛盾，我们要善于用法律上的事实分清是非，用权利义务思维分清对错，在法律框架内明确权利、界定义务。对进入法定渠道的矛盾问题，要严格依据事实、法律，公开公正处理，以依法解决矛盾问题的实际成效，让群众体会公平正义、信服法律权威，从而形成办事依法、遇事找法、解决问题用法、化解矛盾靠法的良好环境。

2. 推进治安治理，促进社会公平正义

当下中国正向法治社会转型，社会管理者的治理水平与效果取决于治理的思维方式，没有法治思维方式则不可能有法治治理方式。我国法治建设的历程说明，社会主义国家的法治化治理不仅是党的执政策略，在宪法意义上更是人民意志的制度选择。在这种大背景下，中国共产党十八大报告中所强调的法治思维命题③意味着对实现法治方法的探寻和实施法治方略的具体落实，在治安治理的进程中，只有当人们能够自觉而非被动、经常而非偶然地依循法治理念来思考问题时，亦即待真正的法治意识和规则意识成为思考方式的主流时，才会形成与法治理念相一致的普遍行为方式。④

(1)全面认识法治的功能和作用，充分发挥法治思维在治安治理过程中的正能量。

法治思维在我们治安治理过程当中所发挥的正能量可以概括为四个方面：⑤ 其一在于通

① 南方日报评论员．把群众诉求纳入法治轨道来解决[J]．南方日报，2013(6)．

② 汪永清．善于运用法治思维和法治方式开展政法工作[J]人民日报，2014(7)．

③ 于浩．多维视角下中国法制与法学发展面临的三重矛盾[J]．国家检察官学院学报，2012(5)：65.

④ 郑成良．论法治理念与法律思维[J]．吉林大学社会科学学报，2000(4)：10.

⑤ 参见叶传．法治的社会功能[J]．法律科学，2003(5)．

过正当化国家权力，促进价值多元化和解决纠纷而实现社会整合功能；其二在于通过降低社会交往和管理成本，促进市场效率和个人自由而实现福利增量功能；其三在于通过确立法律的正义形象，形式合理性及权威性而达到其意识形态功能；其四在于通过秉持有限理性论，破除权力迷信和确认基本的法律价值而实现法治的批判功能。纵观这四个方面不难发现法治思维的基本功能在于衡平多元的利益争端，从而达成利益妥协，以实现社会的长治久安。法治思维就某个时段来说，它的效力可能比不上某些思维，甚至可能会引起暂时的矛盾和冲突。但从社会的长远利益来看，只要坚持以法治思维为指导，它的社会效果会越来越显著。所以要坚持法治思维的优先性和至上性，必须要舍得，有舍才能有得，不能舍便不会有得。在思想认识上，一定要理性看待法治思维，不要指望法治思维能够立竿见影。坚持法治思维的过程其本身就是一个倡导理性文明，普及执法正义的长期过程。故此，坚持法治思维的过程就是一个点滴积累的过程，任何妄图速成的想法只不过是人们一厢情愿的空想罢了。只要持久的坚持法治思维，只要持久的严格依法办事，其效果是会呈几何级数增长的。正是基于法治思维固有的秉性，用急功近利的眼光来看待法治思维，最终势必“南辕北辙”。①

党的十八届三中全会明确提出：“创新社会治理，必须着眼于维护最广大人民根本利益，最大限度增强和谐因素，增强社会发展活力，提高社会治理水平，全面推进平安中国建设，维护国家安全，确保人民安居乐业、社会安定有序。”②改进社会治理，必须“坚持系统治理，加强党委领导，发挥政府主导作用，鼓励和支持社会各方面参与，实现政府治理和社会自我调节、居民自治良性互动”。③ 也就是说，推进社会治理，需要确立“多方参与、共同治理”的理念，但多方参与、共同治理都必须“坚持依法治理，加强法治保障”。具体说来，多方参与、共同治理的理念实现要求一方面发挥好党委领导核心作用和政府主导作用，不断提高政府的治安管理能力和成效，另一方面发挥好各种社会力量在治安管理中的协同、自治、自律、他律、互律作用，不断增强社会自我管理能力；多方参与、共同治理要成为一种有效的治安治理，就要求主导者和参与者等相关各方都要有严格地按规则办事的规范意识。换句话说，坚持法治思维，推进社会治理，最终体现在要把法律手段作为解决社会发展中的各种社会矛盾和问题的主要手段，但当务之急尚在于要在全社会普遍确立起规则意识和契约意识：④

确立规则意识，对为社会提供公共服务的警察机关来说，警务人员特别是领导干部要自觉养成依法办事的习惯，切实提高运用法治思维和法律手段解决经济社会发展中突出矛盾和问题的能力；对社会组织来说，要在符合社会整体利益的前提下，通过合法渠道，依法依规维护公民权益；对每个公民来说，要确立规则意识，依法理性表达自己的合理诉求，依法维护自己的合法权益，认为只有“闹”才能解决问题，并以此作为有效解决问题的思维方式，不是法治社会对理性公民的要求。

确立契约意识，就是通过完善的法律法规及相应的规章制度，明确各种社会主体的权利义务，确立行为正当性和合法性的边界。这种既定规则的产生，应当是通过发扬民主，广泛

---

① 江必新．法治思维——社会转型时期治国理政的应然向度[J]．法学论坛，2013(5)：8.

② 中共中央关于全面深化改革若干重大问题的决定[J]．求是，2013(22)：15.

③ 中共中央关于全面深化改革若干重大问题的决定[J]．求是，2013(22)：16.

④ 蒋传光．法治思维：创新社会管理的基本思维模式[J]．上海师范大学学报(哲学社会科学版)，2012(6)：13.

听取、充分吸收各方面意见的结果，是民意的体现，是具有普遍约束力的社会“契约”，任何社会主体都要接受这种“契约”的约束。一旦出现纠纷和利益冲突，无论是管理者还是被管理者，都按既定的规则办事，在规则面前地位平等，违背了规则，都要承担相应责任。确立契约意识，按规则办事，一些较难处理的事情也容易得到解决。

必须明确的是，强调公民规则意识与强调权利意识并不矛盾，也不意味着要求每个公民缺乏自主地奴性服从法律，成为法治理的对象，而是要求每个公民在对法律规范的内在价值认同的基础上，能够理性地行使权利，积极主动地服从规则。公民规则意识的确立，是由法治社会的性质决定的：公民的规则意识体现着对法律规则的自觉服从、遵守和对法治秩序的认可，而秩序则是法治社会的基本价值目标，法治就是规则之治，法治是以理性规则秩序为运行的基础的，法治就意味着秩序。

(2)用法治思维正确处理好实体正义与程序正义的关系，促进社会公平正义。

法治社会的最大价值在于最大程度的实现正义，党的十八大提出要在全社会实现公平正义，不论是执法还是司法活动中都要讲求公平正义，处理的结果要经得起公平正义规则的拷问。而正义理念天然的包括程序正义与实体正义两个视角，基于所关注问题的差异，两者的侧重点也各不相同：实体正义注重的是结果的正当性，它决定了“客观真实”乃现代法治社会的不懈追求；程序正义注重的是过程的正当性，它要求在探寻事实真相时必须遵循正当的步骤、采取合法的方式，其意则在于将整个社会纳入可控的可预期的场域，将“恣意因素”之于立法、执法以及司法行为的干扰降到最低限度；① 公平正义在现实生活中存在的形式也是多种多样：在资源分配领域，有关于分配的公平正义规则；在权利救济领域，有关于矫正的公平正义规则。由此不难发现，从资源的分配到权利的救济，生活的各个方面、各个层次、各个领域都有它特有的公平正义规则。我们讲法治思维就是要在各个层面、各个领域都要建立清晰的、可辨认的公平正义规则，这是实体正义的内在要求。但实体正义仅仅是一个方面，现代文明社会，正义不仅要实现，而且还要以看得见的方式实现，即同时要注重程序正义。这一过程不仅要求程序是正当的、透明的、可验证的，而且要求可以最大限度地实现实质正义。在某些情况下，很难有绝对的公平正义，于是乎借助程序的管道来谋求实体正义便成为当今法治思维的基本表征。② 只有运用法治思维把实体正义与程序正义结合好，才能坚守好维护社会公平正义的最后一道防线，让人民群众切实感受到公平正义就在身边：③

确保实体正义。在我国，对一些事情只走程序是不够的，还要在法律轨道上设法解决实体问题。实现实体正义，关键是依法律靠证据。要把证据作为保证案件办理质量的生命线，严格执行防止冤假错案的规定，对采取刑讯逼供等非法方法收集的证人证言、供述陈述，不得作为定案的依据；对定罪证据不足的案件，坚持疑罪从无。只有这样，才能确保办理的每一起案件都事实清楚、证据确实充分、适用法律正确、裁判处理公正，让受到侵害的权利得到救济、违法犯罪行为受到制裁。对穷尽法律手段仍不能完全实现实体正义的，要给予适当补偿或救助，尽可能促进实体正义实现。

确保程序正义。程序在法治思维中之所以有特殊意义，在于其有三个重要价值：机会公平、中立公正和权利救济。正因为此，程序不仅成为保障实体正义的机制，而且成为社会成

---

① 季卫东．法律程序的意义[M]．北京：中国法制出版社，2004：21.

② 齐树洁．程序正义与司法改革[M]．厦门：厦门大学出版社，2010(2)：1.

③ 汪永清．善于运用法治思维和法治方式开展政法工作[J]．人民日报，2014(7).

员实现普遍理性的载体。特别是实体上难以分清对错或实体正义难以保证时，按照事先设置的公平透明的程序来处理，即使最终结果不尽如人意，人们也会自我释然、坦然接受。警察机关要肩负起维护社会公平正义的责任，必须把程序正义的要求落实到执法全过程，严格办案期限，落实告知、回避、听证等治安处罚程序，让社会成员以看得见的方式实现公平正义。

## 第三节　服务理念

### 一、服务理念的确认

#### (一)服务理念的产生背景

服务理念产生于公共行政理论领域，是新公共行政理论对传统公共行政理论反思和发展的结果。传统的公共行政理论强调效率，注重以最小的投入获得最大限度的产出。过去，由于政府资源的有限和社会公众需求的增长，这种追求"机械效率"的价值体系满足了"行政国家"对经济和效率追求的内在需要。① 然而，传统公共行政模式的这种观念，过分强调客观的效率，而忽视了人的主观能动性，把人看成机器一样的理性工具，以追求高效率完成组织目标，个人失去了自我意识，缺乏创造精神和人格的健康发展，甚至造成组织成员和服务对象之间的疏远与隔离，进而失去了组织应该表现出的社会价值和责任。②

由于传统公共行政理论"效率至上"原则固有的缺陷，20 世纪六七十年代以美国为代表的西方国家出现了此起彼伏的政治改革呼声。新公共行政理论主张公共行政组织通过"了解"和沟通对话来促使公共行政与其服务对象——社会公众产生真挚的互动，以通过增加其对广大民众的需求作出积极反应来抵消传统公共行政理论下的无效率观，引导社会价值，进而实现公共行政的民主政治责任和义务。与传统公共行政理论相比，新公共行政理论强调建立规范价值，关注人民需要，提高社会性效率，以改善人类的生活，实现行政管理工作的最终目标。

这种转变实际上是对政府与社会公众关系的重新审视、解读以及确立，将传统的管理关系变为服务关系。从社会发展的进程来看，公共需求始终处于不断变动中，因而，行政的内涵与外延亦具有相应的阶段性与变动性。从以"公共权力"为核心的传统行政走向以"公共服务"为核心的现代行政，正是这种阶段性与变动性的体现。

自20 世纪以来，伴随着经济、政治以殁意识形态的变化，特别产业革命、科学革命以及资本的高度集中，有限的消极行政难以保持社会经济的平衡发展，难以满足日益增长的社会需求，积极的服务行政成为一种时代趋势。行政不再只是"公共权力"的代名词，同时还意味着政府的服务与保障功能，体现为公共事业的提供、社会福利的保障等。在这种社会需求之下，凯恩斯主义经济理论以及作为战后发展模式的"福特主义"在经济领域逐渐占据了主导地位。这些新兴的理论与政策，强调国家的经济和社会职能，强调国家在社会经济生活中的重要地位和作用，主张加强国家干预，扩大公共服务领域，推行国家垄断调节政策，大力强化行政职能。在这种演变之下，行政由消极有限的权力行政转化为积极扩张的服务行

① 张铭，陆道平. 西方行政管理思想史[M]. 天津：南开大学出版社，2008：206.

② 王乐夫，蔡立辉. 公共管理学[M]. 北京：中国人民大学出版社，2008：56.

政，无论从其活动范围、方式以及主体而言，都日趋多样化、灵活化。

20世纪中期以来，由于通货膨胀与失业同时迸发，西方国家出现了严重的经济“滞涨”局面，“福特主义”生产与分配模式失去了原有的作用，“福利国家”难以为继，人们对凯恩斯主义宏观经济理论的共识破裂了，各国再次受到世界范围的政府改革浪潮的冲击。在重塑政府的口号下，以服务为行组织目标，个人失去了自我意识，缺乏创造精神和人格的健康发展，甚至造成组织成员和服务对象之间的疏远与隔离，进而失去了组织应该表现出的社会价值和责任。①

在重塑政府的口号下，以服务为行政的宗旨，顺应社会需求，转变政府职能，改革公共行政管理的模式，打破公共职能的国家垄断，实现政府、社会分担行政，在有限政府的前提下，满足日益扩大的公共需求，成为新一轮改革的中心，并为以“公共服务”为理念的公共行政赋予新的内涵。自20世纪90年代以来，各国政府在改革中，都在努力塑造服务型政府。美国于1994年颁布《顾客至上：服务美国民众标准》，主张建立顾客至上的政府。英国政府于1991年颁布公民宪章，主张施行公共管理的顾客导向，加拿大、澳大利亚等国都把顾客导向作为政府改革的重要环节。

在我国，计划经济体制下的政府必然以“公共权力”为核心，管理手段主要为具有命令属性的行政手段，这种管理理念会加强政府的垄断地位、使行政管理方式单一化，政府和社会公众的关系也是一种自上而下的权力关系。市场经济体制和依法治国方针确立以后，政府的管理模式和理念必然要发生变化，同时，受到西方服务型政府理念的影响，面对多元化的社会需求，“公共服务”的行政理念开始逐步代替“公共权力”理念，政府职能、作用开始被重新认识、界定。

**（二）服务理念的基本含义**

20世纪初，面对社会的发展与变革，狄骥指出：“现有的证据已经断然向我们表明：以前曾经作为我们政治制度之基础的那些观念正在逐步解体，到目前为止仍然正在发生巨大的变化。即将取代它们的新制度建立在截然不同的理念之上……”②狄骥所说的理念就是“公共服务”。随着这一理念的确立，在原有的权力行为之外，政府更多地在实施非权力性的服务行为。

20世纪70年代以来，西方国家行政改革的目标就是在“公共服务”的理念之下，重塑政府，具体措施包括以公众为对象，引入竞争机制，以企业的精神重塑政府，提高政府的能力与效率，使公众获得更多高质量的服务。这种改革打破了传统的管理模式，强调行政的服务理念与功能。随着我国加入WTO，在“公共服务”的理念之下，转变行政观念，完善政府行为规则，实现政府行为的公开、透明、诚实、信用，改善政府服务，完善公共服务规则，也成为我国行政改革的一项重要措施。

现代社会中，伴随着社会生活的日益复杂，以及政府公共职能与义务的加强，传统的单方命令性行为方式已经无法适应社会的发展。为适应现代行政的复杂性，激励公共行政的活力，满足日益扩大的公共需求，新公共行政理论应运而生，它以现代经济学，以及私营管理理论和方法作为自己的理论基础。从理性人的假定中获得绩效管理的依据；从公共选择和交易成本理论中获得政府以市场为导向、提高服务效率与质量的依据；从成本—效益分析中获

① 王乐夫，蔡立辉．公共管理学[M]．北京：中国人民大学出版社，2008：56.

② [法]莱昂·狄骥．公法的变迁：法律与国家[M]．郑戈，冷静译．沈阳：辽海出版社，1999：8.

得对政府绩效目标界定、测量和评估的依据，其核心思想在于从私营管理方法中汲取营养，并将私营管理方式和手段运用于公共行政领域。广泛采取私营部门的管理手段，引进竞争机制，取消公共服务供给的垄断性，根据服务的内容与性质选择相应的供给方式，如政府业务的合同出租、竞争招标等。在这一理念影响下，行政指导、行政合同、政府采购等非强制性行政方式被广泛运用于各个行政领域，以私法的方式实现行政的目的成为一种普遍的行为方式，它标志着政府的行政方式已由“单一化”走向“多样化”。

在我国，随着社会公共需求的扩大以及政府职能的调整，单纯的权力行为已经无法适应现代行政发展的需求，由单一化权力行政向多样化的服务行政过渡已是当务之急。随着我国的入世，这种行政方式的转变显得尤为重要。由统治性行政转向服务性行政，这是当代政府改革的普遍趋势，标志着公共行政价值目标和指导思想的革命性变化。

## 二、服务理念在治安工作中的应用

### (一)服务理念的基本要求

“今天，除维持治安和确保税收这样一些传统的权力作用外，与人民福利紧密相连的非权力性的管理作用，在行政活动领域越来越占主要地位。”①事实上，在治安领域，“公共权力”向“公共服务”的转变也是比较明显的趋势。在西方，以社区警务为标志的警务模式的核心就是“服务型警务”，这种警务模式以服务和权变为主导思想，是反应式警务模式的演变，其目的在于克服反应式警务带来的警察与公众日益分离的倾向，建立警民合作关系以共同解决犯罪和治安问题。

如同行政领域各种政府行为受到服务理念的影响而逐渐多元化一样，在治安领域，服务理念的影响是通过警察职能的转变来实现的。警察的职能是由国家的职能决定的。国家既有政治职能，又有社会管理职能。恩格斯在讲到国家的作用时指出：“在这里，问题在于确定这样的事实：政治统治到处都以执行某种社会职能为基础，而且政治统治只有在它执行了它的这种社会职能时才能持续下去。”国家职能的这种双重性决定了警察基本职能的双重性，即警察不仅是国家实行阶级专政的工具，有政治镇压职能，而且是国家管理社会的行政机构，有社会管理职能。国外警察不仅体制和组织十分复杂，其职能同样十分复杂。美国学者认为，提供服务、执行法律、维持秩序是地方警察的三种主要职能。尽管这三者通常相互联系，但它们是体现警察职责特点的不同活动。对警察工作简要分类的依据是：(1)没有违法迹象，警察向民众提供援助的情况；(2)存在违法行为或可能违法的行为的情况。第一类工作是提供服务的职能，第二类工作则包括执行法律(此时警察依法行事)和维持秩序(此时警察并不以法律作为行为的主要依据)。总而言之，警察的三种主要职能——提供服务、执行法律以及维持秩序——反映了警察存在的目的：社会控制。无论就提供服务、执行法律而言，还是就预防混乱恢复秩序而言，警察都是社会控制的机构。具体说来，警察是政府的——拥有必要时使用暴力权力的——社会控制机构。由此可见，在西方，服务公众是警察职能的重要内容。

受服务型政府理念和西方社会警务改革的影响，我国警察的职能也从之前的打击犯罪为主开始逐渐转向服务社会为主。这里面，既有对犯罪这一社会现象的科学认识，也有对警民关系的重新审视，当然也有服务与权变思想的重要影响。

---

① [日]西冈．现代行政法概论[M]．康树华译．兰州：甘肃人民出版社，1990：9.

服务型警务，就是公安机关在公民本位、社会本位理念的指导下，增强服务意识，强化服务职能，拓宽服务领域，完善服务措施，转变服务方式，提高服务质量，通过公正执法、热情服务，为社会发展保驾护航，为人民群众排忧解难，努力做到让人民群众满意。它包括以人为本的服务理念、依法行政的服务准则、公众导向的服务模式、绩效评估的服务考核和有错必究的服务责任等基本内容。① 这种新型警务至少包括以下几个框架：第一，注重警察服务职能。在硬件方面，警察资源配置向基层倾斜、向公共服务倾斜；在政绩考核和晋级晋职上，跟警方的公共服务挂钩，警务人员服务社会、服务群众的工作和态度占据相当重要的位置。第二，强调警察返璞归真。警察与市民是“公仆”与“主人”的关系，警察要做什么，想做什么，应该事先听取民意，尤其是社区民警，由民意决定其应该提供什么样的公共服务。第三，外部评价、结果评价成为导向。人民群众享有充分的民主权利，警察服务质量好坏不再是警方的自我评价，自拉自唱，它必须以社会公众的满意度作为评价服务好坏的标准。第四，强权利，弱权力。凡警务人员无视职责或超越职权，给公民、法人和其他组织的合法权益以及国家、集体的利益造成损害，都应按规定追究过错责任。

建设服务型警务，要求各级公安机关在治安工作理念上实现以下几个方面的转变：

第一，坚持公正执法，突出服务效率。把群众满意作为首要目标，从群众普遍关注和反映强烈的突出问题以及不满意的地方入手，抓规范、抓制度。通过规范服务模式，简化办事程序，实现公安机关与人民群众的零距离，以大幅提高服务效率。

第二，坚持以民为本，突出人性关怀。把群众的呼声和要求作为第一信号，把实现群众利益作为第一追求，一方面，通过管理活动充分保障个体的生命权、健康权、财产权。另一方面，逐步加大对精神性权利的保护力度，把对个人政治权利和自由的保障置于核心地位。

第三，坚持权利归位，突出群众参与。人是警察服务的首要因素。警察的权力由法律所赋予，由公民所让渡，新型警务应坚持还权于民，把民众享有的知情权、参与权、选择权、监督权等重要权利归还于民众，努力实现警民融洽，和谐发展。

第四，坚持依法治理，突出有限公安。警察管什么？怎么管？必须有法律规定。2004年3月国务院印发的《全面推进依法行政实施纲要》明确指出：“凡是公民、法人和其他组织能够自主解决的，市场竞争机制能够调节的，行业组织或中介机构通过自律能够解决的事项，除法律另有规定的外，行政机关不要通过行政管理去解决。”这一要求充分体现了“有限政府”的理念。这要求公安机关及其人民警察思想观念、思维方式和工作作风来个大转变。要由过去注重直接的、静止的、封堵的事前管理，转变为充分运用间接的、动态的、疏导的和事后监督管理等手段，对经济和社会事务实施有效管理和服务。② 在反应式警务模式下，警察的大多数工作是处理已发生的犯罪，犯罪预防只是警察工作的一小部分。这种对孤立事件作出反应的治安方式，存在着一些缺陷。③ 以事件为驱动力的警务工作模式不利于治安问题的解决。在犯罪不可消灭的前提下，对于当前中国治安的维护，仅仅靠被动式的打击难以奏效，合理的途径是通过改善政府及其警察与民众的关系，构建和谐社会，整合社会组织和公众的力量，形成合力，培养社区抵御风险的能力，服务公众是密切警民关系的最好方式。

① 肖飞．关于建设服务型警务的理论与思考[J]．公安教育，2005(9)．

② 肖飞．关于建设服务型警务的理论与思考[J]．公安教育，2005(9)．

③ 闫月梅编译．社区治安与犯罪问题解决[M]．北京：中国社会出版社，2005：33-34.

“警察在民众心目中的地位是以警察所提供的服务质量为基础的。”①在公民社会逐渐发育的阶段，警察应转而思考如何更好地践行“全心全意为人民服务”的宗旨，以改变警察“难以接近”的形象，按照“以人为本”的理念及新公共行政理论，警察工作的重心应当是对社会公众的要求作出积极的回应而不是以追求警察组织本身的自我满足为目的。服务理念重新界定了一线警察的职能和作用，认为他既是犯罪打击者，也是问题解决者，还是“邻里巡视官”，这与其说是警察职能的转变，不如说是一种文化上的转变。

**(二)对服务理念应用的反思**

从阶级属性看，我国警察应当视服务社会为己任；从警察的发展历史看，服务社会与公众是任何一个国家的应有职责，警察应该为群众排忧解难。正是基于这样的原因，公安机关提出了“四有四必”的宣传口号，即“有警必接，有险必救，有难必帮，有求必应”。然而，在现实生活中，对于大量的公众求助，有人认为那些都是警察职责范围以外的事情，是在“心有余而力不足”的情形下做的好人好事。在有的地方，不但取消了向人民群众郑重承诺过的“四有四必”，连“有困难找警察”这句暖人心的话也被认为是绝对化的口号、是对警察职责的泛化，而被改为“有危难找警察”。持这种观点的理由是警力有限，能力有限，在当前警务资源紧张的情况下，不应当投入过多的资源在与打击犯罪无关的提供服务上面。

当前警力的不足、警务资源的匮乏同严峻的社会治安形势、居高不下的犯罪率之间的矛盾给上述言论的出现提供了空间。我们认为，这种观点实际上模糊了警察的职责范围。如前所述，人民警察的职责分为人民警察具体的工作职责和人民警察普遍的服务职责。认为不在人民警察具体的工作职责内或不在自己的本职工作中，就简单地判断不是警察的职责，甚至是非警务活动，其实是对警察职责的片面理解，在实践中会不可避免地因失职而作出伤害群众感情的事。

20世纪初，英美等国曾为割裂警察公共服务传统的改革付出了代价，从20世纪60年代起，采取相应措施赋予警察广泛的服务职责。警察通过亲自帮助或指导民众到其他机构求助的做法，起到了整合社会服务的作用。有关资料显示，美国所有有关警察的入门教科书都估计，80%~90%的警察工作是“有关服务的”，而“有关犯罪的”不到10%。有些国家和地区的警察将自己视为“公众的保姆”，并因此而感到自豪。

在我国，人民警察本来就有全心全意为人民服务的优良传统，到了20世纪90年代，更以法律和向社会承诺的方式进一步强化警察服务的理念，认真履行服务的职责，受到广大群众的称赞。“警察职责泛化论”观点的不当之处有以下几点：第一，没有准确理解警察的职责，片面地将警察的服务职能割裂出去，而仅仅理解为打击犯罪，殊不知警察这一职业自诞生之日起，其职责范围就没有一个统一明晰的界定，而总是在包括“打击犯罪和服务社会”的前提下不断调整两者的比例，打击犯罪的最终目的是服务社会和公众，而服务社会与公众反过来又可以为打击犯罪提供帮助。第二，服务社会并不意味着对所有的服务要求都无条件地满足，警察有权力对服务诉求进行甄别，以便将有效的警务资源用在最需要的人身上；另一方面，由于警察在履行职责时，总面临这种不同需求根据危急程度进行分类回应的局面，对于服务请求，警察机关可以根据案件具体情况灵活处置，而非不讲条件地全部满足。第三，只要警察机关及其成员能够妥善地处理公众的需求，即便不能满足其要求，社会公众也会充分地理解警察，当前公众的不满不在于个人诉求得不到满足，而在于对警察机关及其成员的办事态度、效率和公正

① [英]菲利普·约翰·斯特德．英国警察[M]．何家弘，刘刚译．北京：群众出版社，1989：164.

性存在质疑，如果警察机关及警察能够重视、认真处理公众诉求，警民关系将会通过一次次的服务得到改善和修复，从而为打击犯罪提供丰富的社会资源。

服务理念来源于新公共管理理论，而新公共管理理论的核心内容之一就在于引进竞争机制，取消公共服务供给的垄断性，根据服务的内容与性质选择相应的供给方式。由于我国经济发展的不平衡、区域差异、社会结构的不同，不同区域、不同阶层的人们对安全的需求也存在较大的差异，在公共安全产品的供给方面，可以考虑服务内容的不同引入非警察组织，将一部分能够由非警察组织承担、不涉及公共权力转移的一部分事务交由其他组织完成，既可以减轻警察组织的负担，使其集中精力打击犯罪，又可以满足社会公众不同的安全需求。例如，可以逐步开放、发展保安市场，壮大保安队伍，以满足社会需要。

需要注意的是，这种做法同警察机关的服务理念并不矛盾，在面对个别的服务请求的时候，警察机关应根据具体情况、根据国家法律作出合适的应对，以满足社会公众的需求。

## 第四节 效益理念

### 一、效益理念的确认

#### (一)效益的基本含义

效益原是一个经济学的范畴，所指的是以尽可能少的投入获取尽可能大的产出，其核心思想在于更加充分有效地对社会经济资源进行配置和利用。因为，“效益是人类生存和发展的需要，效益始终是人类社会重要的价值追求”。效益同效率是一对相近的概念。效率，是指单位时间内所取得的效果的数量，反映了劳动时间的利用状况，与效益有一定的联系。效益是有效产出与其投入之间的一种比例关系，实际上是一种成本收益的比较关系，它强调用更少的成本去实现更大的收益，在效益最大化的背景下，主张所有经济行为的合理性。

成本收益比较理论是经济学的重要内容。成本，是指经济活动开始之初的先期要素投入，收益，是指经济活动最后产出的利益或好处。在经济活动中，通过努力实现以最少的投入获得最大的收益，这是经济活动合理或者经济效益优良的理论标准，这实际上也是“经济”一词的本质含义。成本收益比较理论正是告诉人们如何通过有效的生产组织和管理，去实现最经济的结果。所谓经济的结果，可以从两个层面来解读：如果先期投入的成本是一定的，投资者就应该努力寻求以既定的投入来获得最大的产出，即以既定的成本来获得最大的收益。反过来，如果最终的产出和收入是一定的，那投资者就应该力求以最小的投入来获得这份既定的产出，即以最小的成本来获得这份收益。

实际上，成本收益比较理论暗含了经济学的这样几个理论基础：一是西方经济学关于经济人的假设。亚当·斯密所说的经济人，就是追求自己目标利益最大化的理性的人。理性的经济人遵循趋利避害原则，在经过深思熟虑后对其所面临的所有机会和手段进行最优化的选择，最终实现对自己的利益的最大化满足。二是利益最大化原则。利益最大化原则是成本—收益分析的最终目标，这种最大化目标在个体的角度就体现为利润的最大化，即经济个体追求利益层面这样的逻辑：如果所投入的成本是既定的，当事人就力求以既定的投入来获得最大的产出，以既定的成本来获得最大的收益。反过来，如果产出和收入是既定的，当事人就会力求以最小的投入来获得这份既定的产出，以最小的成本来获得这份收益。而在社会的角度，这种利益的最大化就表现为整个资源配置的最优化，即在经济过程中，所有资源(要素）都发挥了最大的作用，作出了最大的生产贡献，并且带给了资源所有者最大的收益。这在经济学中称之为资源配置的“帕累托最优”。三是关于理性预期理论。理性预期，是指一种预测方式或预测方法，即人们会按照成本—收益分析的理性原则来对现有的信息进行有效率的加工处理，从而得出对有关经济变量的预测。

从纯经济学角度看，对效益的预期是人们行为的基本出发点，因而是人类社会的首要理性原则。显然，成本收益比较理论在经济的角度关注人们经济行为的合理性，在理性层面去保证选择的合理化。其内在精神其实是可以推而广之到人类的所有行为层面的：人类行为追求的目标可以实现某种变迁，在人类行为追求目标的定性分析方面，可以如行为经济学所主张的那样，以“幸福最大化”取代新古典体系的“财富最大化”、“金钱最大化”。人们在很大程度上追求的是生活的幸福，而并非新古典经济体系所描述的更多的金钱。在人类行为追求目标的定量分析方面，行为经济学家指出，人们“追求满意”而不是最优化，在找到问题的答案的过程中，人们只追求“满意解”而并非一定强求“最优解”。现实的生活目标，总是限于停留在某些较好的解决方法上，而不是一味地永不妥协地去寻找最好的方法。这大体上是因为人的有限理性。美国学者西蒙的有限理性理论认为，“人在主观上追求理性，但只能在有限的程度上做到这一点”，因为人的认知能力是有限的，如有限的推理能力、记忆能力的不足等，同时，信息也可能是不完全的，因此人们不能像完全理性一样时刻遵循效用最大化原则去展开行动。西蒙的有限理性包括“有约束的有限理性”和“选择性的有限理性”两种。其中“有约束的有限理性”，是指人类因认知能力或外界不确定性、信息成本的约束而无法充分运用理性实现收益的最大化；而“选择性的有限理性”是指行为主体本来可以最大化理性但他们不愿意最大化，只选择一定程度的理性，因为那样可能要耗费更高的成本，或者那样的结果寻求可能伤害到了人们的满足感，从而最终损害到利益最大化原则。

总的来说，效益是有效产出与其投入之间的一种比例关系，可从社会和经济这两个不同角度去考察。从社会角度对效益进行考察，已经超出了效益的原有含义，但不可否认的是运用经济学的视角分析治安问题是一个重要的研究方法。

**（二）治安效益的确认**

一般来说，成本收益比较理论从经济学领域延伸到非经济领域，如公共权力实施社会管理的过程中，是有一定的分析障碍的，因为运行的条件和目标未必相同。但我们还是应该承认，所有的公共权力在实施社会管理的时候，是有一定的成本支出，也是有明确的收益目标的。即使公共权力最终会落实在特定的职位上、特定的个人身上，使在这个特定职位上的特定个体实际上成了代理人，接受公众的委托，去实施其管理的行为，但采用种种方法去激励这个特定的职位或个体用更少的管理成本去实现更大的管理收益是必需的。也就是说，讨论政府等公共权力的成本和收益的问题是有价值和可行的。

公安机关作为政府部门的重要组成部分，行使着重要的社会管理职能，发挥着维护社会秩序和公民权益的基本功能，所以，治安工作的全过程需要关注如何降低治安成本、增加治安收益的问题。所谓治安成本，是指在治安活动中的要素和资源投入，这种成本既包括物质层面的投入，也包括公安民警精神层面的投入。而治安收益，是指警务活动结束时所带来的收益。这种收益既表现为外部的公众所感受的公共安全水平的增进和社会秩序的改善，也表现为内部的公安机关所实现的对违法犯罪行为的有效控制和对社会治安的高效掌控。在减少治安成本的同时能增加治安收益，就直接意味着公安机关治安效益的提升，意味着公安机关在承担的维护国家长治久安、维护民众安居乐业方面的能力的提升。

可见，治安效益是指通过公安工作在保障国家安全与社会治安秩序的过程中所实现的社会实际受益，它客观地反映了公安工作对国家、对社会所作出的实际贡献。① 如按照康大民教授的观点，为国家提供治安效益的并不局限于公安机关，还包括广大的社会治安力量，所以治安效益是人民警察与广大的社会治安力量相结合共同创造的社会效益。

因此，在理解治安效益的时候需要注意下面两个方面的内容：

第一，治安效益属于社会效益的范畴，即是从社会角度进行的考察。治安效益是治安工作的开展过程及其结果的综合体现，衡量的标准不仅有以统计模式以及数学模型为基础的经济学意义上的社会收益，也有以群众满意度、社会安全感等以个人感受和群体感受为衡量标准的社会收益，即既有硬性指标也有软性指标，治安效益是两者的结合。

第二，治安效益是所有治安参与主体共同创造的结果，而非政府及其警察机关单方面创造的社会效益。从主体角度而言，治安效益不仅仅是警务绩效，它既包括警务绩效，也包括保安公司、社区治安自治组织所创造的效益；从计算方法而言，治安效益不仅要计算警察机关的投入与产出，还要计算其他组织的治安投入与产出。

## 二、效益理念在治安治理中的应用

### （一）效益理念引入治安治理场域的问题

治安效益衡量的是治安领域有效产出与其投入之间的比例关系，是一个相对的概念，关注更多的是最终的结果。然而，如前所述，在治安领域中，治理是一个核心的理念，而治理关注的不仅仅是结果，更加关注治理的过程，关注多方主体之间在处理治安问题时的谈判协商制度、资源和信息的整合以及网络化结构的形成。所以，效益理念是治安领域中的一个重要理念。效益理念同治安效益的关系如同绩效管理和绩效之间的关系。我们认为，在治安防控体系科学化的构建中，必须自始至终坚持效益理念。

从主体的确立及相互关系角度来看，对哪些组织参与治安治理，必须有一个比较清晰的概念，20 世纪 80 年代提出的社会治安综合治理发挥了巨大的作用，但也有个别问题没有得到根本的解决，如参与主体的权力、责任和利益的划分问题。这些问题的背后，既有资源投入的成本问题，也有最终效益的产出问题，这些同效益理念本身是不符合的，也不符合基本的经济规律。在治安治理的基本架构中，确立以公安机关为主，以社会性组织如保安服务公司、社区治安自治组织为次，其他政府部门及社会组织予以协助，是比较理想的网络化结构，这是在主体方面坚持效益理念的体现。

从治理的角度而言，在治安防控过程中，要坚持既从经济学的角度关注治安效益，又要从社会学的角度关注治安效益。具体而言，在公安机关，既要重视政治效益、社会效益，又要重视经济效益；既要注重尽可能地挽回违法犯罪造成的经济损失，又要在经费相对紧张的情况下注重物尽其用，节约成本，将经费的投入用在治安秩序的维护上。对社会性的治安组织，如保安公司，由于基本上是自负盈亏，因此，追逐利润注重经济效益的同时，也应当注重社会效益，而不能舍本逐末，虽然治安领域的社会化是大势所趋，但治安领域的市场化不能摆脱正义、公平等社会价值目标的束缚，毕竟，安全产品同有形产品和其他公共物品具有本质的不同。

---

① 康大民. 治安效益研究(上)[J]. 辽宁警察高等专科学校学报，2009(1).

当运用效益理念去检视当前的治安工作，可以发现，当前公安机关的警务工作在这一方面还明显薄弱。如果以治安队伍建设为例，可以发现明显地存在效益不高的问题①：首先是管理成本效益意识淡薄。表现为在警力资源投入上，一味追求扩充警员和辅警力量，热衷于争取政府多拨款，将提高战斗力等同于拥有庞大的队伍；在勤务工作上，习惯于强制命令，机械执行，搞人海战术、疲劳战术；在宣传导向上，缺乏合理调整和养兵的意识，鼓励民警加班加点，致使民警长期得不到休整，身心健康受到较大影响；在资源管理上，大多只涉及物力、财力资源的节约，很少把警力作为一种资源进行科学合理的开发利用。其次是管理组织架构不合理。公安机关内部管理层次多、分工过细、职能交叉，机构的设置、部门职责权限的划分不适应发展变化的形势任务。警力配置不科学，机关警力过剩，人浮于事，推诿扯皮，工作效率低下，而基层警力紧张，警务繁忙，民警疲于应付。再次是管理决策机制不规范。表现为既缺乏科学的队伍管理决策流程，也存在制度化管理不到位，激励机制不完善，考评原则不够清晰，考评量化不够科学，考评责任不够明确，考评结果没有很好地运用，考评的激励作用发挥不明显等现象。最后是管理成本效益评估缺乏。表现为缺少成本效益评估体系。公安工作在社会效益之外还承担重要的政治效益，但这些政治效益和社会效益很难量化评估，没有形成一套相对完整的、科学的、有效的队伍管理效益考核评估体系。进而导致缺乏成本效益评估压力，节约或浪费行政成本在公安队伍绩效考核中无法得到应有的体现；一些管理者甚至借口公安工作追求的是政治效益，在队伍管理中不计工作成本、不看工作效果。

**(二)效益理念在治安治理中的实现**

社会治安综合治理在维护社会治安稳定、控制犯罪方面发挥了重要的作用。但是，随着社会结构的变化和经济体制、政治体制改革的深入，这种以“综合”为特征的治安控制模式受到多种因素的冲击，使之在可利用成本资源的构成状况及其追求效益的过程中面临众多问题，我们必须将治安治理的效益追求和实现重新进行合理定位，这应从治安治理作为一种社会成本，投入在治安防控中的效益价值中进行分析。

最大限度地提供良好的社会治安环境。满足社会的安全需要是社会发展所追求的目标，也是社会发展的重要保障。不同的国家和地区在不同的时期往往会根据需要探索适合其自身发展的治安控制模式。治安治理在长期实践的基础上已形成一种具有中国特色的社会治安控制模式。在计划经济条件下，社会治安综合治理基于当时我国社会的现状，尤其是行政、经济管理形式的高度集中，使这种“综合性”较强的工作范式更能通过强化的宏观调控和微观管理较为顺利地调配权力、责任、权利与义务在不同主体间的分配，达到集中一切可利用资源之目的，在实践中，社会治安综合治理以实际效果验证了在预防和控制违法犯罪、维护良好的社会治安秩序方面的积极作用。然而，在市场经济条件下，随着各种可利用成本资源的分散性、流动性的增强，治安状况的日趋复杂以及社会控制法治化程度的提高和部门分工的明确化、专业化的突出，社会治安综合治理这种以行政为主要手段的治安控制模式很难再通过对权力责任、权利、义务在不同主体之间的分配调动一切积极因素实现良好社会治安的预期效益。

对此，我们必须从我国社会的实际情况出发，全面分析效益的实现机制。实现社会治安治理在维护社会治安方面的效益不仅仅意味着单纯的成本投入，而且还有一个降低成本、有

① 郑昆义. 借鉴现代企业成本理念提高公安队伍管理效益[J]. 公安研究，2009(1).

效配置成本的问题，通过减少治理成本的数量、规模投入，确保各方面成本的有效配置，提高运行效率亦可达到维护社会治安的目的。因此，治安治理工作应以最大限度地预防违法犯罪为效益的追求目标，这样可以因过多地向打击违法犯罪投入成本而形成的各种资源的重复投入和效益重叠。

首先，必须树立治安治理的效益观念。形成社会治安治理效益化运行的前提是对社会治安治理这一工作本身的思维方式的调整，即在市场经济条件下要正确认识效益观的确立对提高社会治安治理工作质量的影响，消除各种认识的误区，从而在提高社会治安治理整体效益质量的基础上完成社会治安治理由外延增长型向内涵增长型的过渡。要在治安成本和治安收益的比较思路上形成“预警犯罪”重于“察证犯罪”的理念，变消极警务为积极警务。“消极警务”强调打击、管理和限制，强调“兵来将挡、水来土掩”，使警务走向了“头痛医头、脚痛医脚、疲于奔命”的状态；而“积极警务”强调预防、服务和保护，强调“警之于先，察之于后”，使警务走向了“事前预防、事中得当、事后妥善”的状态。其实，在警察的“警之于先，察之于后”的本质含义中，可以看到“警察”二字即有“预警犯罪”重于“察证犯罪”的含义。当然，在消极警务转向积极警务的过程中，更重要的是公安业务主管部门对治安工作的考核思路要做根本的调整，要尝试将公安派出所的打击数、案件数等考核指标剥离，让基层治安机关真正将警力投入到社区警务等基础工作中去，使预防成为基础治安工作的关键指向。

其次，必须根据社会情况调整治安治理的效益状态。由社会治安治理这一治安控制模式的效益价值所决定，在运行中必须根据社会环境的变化，尤其是社会对治安环境的需求程度的变化，调整运行机制和成本资源的配置类型和投入数量，以避免成本的不足和过剩，实现效益的正向发展。就治安机关来说，警察机关要努力完善组织结构和警务运行机制来保障治安效益的提升。在机构设置方面，基层治安机关要减少管理层次，理顺管理关系，让更多的警力进入社区，真正做好社区警务这一主业。在警力配置方面，要综合考虑基层派出所辖区内的人口总量、经济发展水平、治安状况、地理环境等因素，进行合理的警务单元的分工，形成派出所警务运作的“社区单元警务模式”，即将公安派出所的工作区域分隔为一定数量的社区单元，将基层民警划分为一定数量的单元警组，由社区单元警组全面负责维护社区单元内的治安和提供社区单元的公共安全产品与服务的警务模式。① 要加强与辖区居民的合作，做实“警民恳谈”及社区民警定期向居民汇报等制度，从居民群众中发掘治安管理的智慧和方向，从与居民群众的治安合作中提高治安效益。

再次，社会治安治理效益目标系统的科学设定。社会治安治理效益目标是社会治安治理在投入成本的前提下欲达到的控制社会治安问题的程度。它由诸多子目标构成，包括某一类人群或地区犯罪率的下降、群众安全感的增强等。治安治理效益目标确定的水平高低，关系到社会治安治理自身成本投入水平合理与否及社会治安治理预期效益的实现程度。因此，合理确定社会治安治理效益目标是实现其收益最大化的调节器。治安效益的强调还意味着必须协调好治安机关所承担的与政治责任和社会责任，政治责任和社会责任的担当和实现原本就是治安效益的应有之义。

最后，把握社会治安治理成本投入的程度和方向，实现社会治安治理成本资源的有效配置。成本资源是实现社会治安治理预期效益的各种支出，核心是为实现社会治安治理支出的

① 殷建国、刘亚军．社区单元警务的机制建构及创新特色[J]．公安研究，2009(5)．

权力、责任、权利与义务的规模及权力、责任、权利与义务在运行中的延续程度和调整状况。前者表现为社会治安治理成本投入的全面性，后者表现为社会治安治理成本投入的可持续性，即能否适应实际工作需要和满足这种工作需要的程度。

# 第四章 主体选择及结构

在人类社会发展史上，安全与发展，始终是人类生存的根本利益所在，古往今来，无不如此。“作为人类行为方式的一个重要特征”，秩序“是社会的结构要素之一”。① 可以说，无论社会进化到何种程度，人类都不能没有治安秩序，一个和平、安定、有序、繁荣的社会环境始终是人类长久以来的梦想。对此，日本警学专家松井茂先生指出：“虑患防危，以期秩序安宁，乃人类生活中不可少之事。”②然而，这样的秩序安宁的环境究竟由谁来创建与维系呢，其结构应如何方能切实形成这样的社会环境？本章的任务在于依据主体多元化趋向，重新厘定治安主体概念，并对治安主体的结构进行分析，进而探析治安主体间的相互关系与建构。

## 第一节 治安主体概述

党的十八届三中全会后，中央不再提“社会管理”，改提“社会治理”，提出要通过创新社会治理体制，促使整个社会既充满活力又和谐有序。此后，社会治理成为国家治理体系和治理能力现代化这一全面深化改革总目标的重要组成部分。而推进国家治理体系和治理能力现代化，首要是努力实现国家治理主体的现代化，原因是治理主体不仅是治理的最终实施者，而且也是价值、制度与行为三位一体的承载者。作为国家治理主体的组成部分，治安治理主体(简称治安主体)是推进社会治安治理体系和治理能力现代化的执行者，是治安秩序发展变化的最根本推动力，对治安治理过程的效能起着决定性的作用。因此，科学地界定治安主体，正确地厘清其结构、权限与趋向，不仅能更还地明确治安治理主体责任，推进治安学研究，也有利于政府制定更加合理的治安对策。

### 一、治安主体多元化趋向

社会治安治理是国家治理的重要内容。回溯人类社会治理史，社会治理结构的历史路向大致是由统治型结构—授权型结构—管理型结构—共治型结构递进发展的。众所周知，早在20世纪70年代末，为解决日趋凸显的青少年违法犯罪问题，我国即提出了对社会治安问题实行综合治理的策略，随着1991年中央社会治安综合治理委员会的设立，社会治安综合治理模式正式形成，创建起了以社会成员为主体、以社会功能为手段的新的社会治安治理模式。这一社会治安治理模式是在建设有中国特色社会主义过程中不断总结和摸索出来的，为经济改革的顺利推进奠定了社会稳定基础。社会治安综合治理模式的终极旨趣是建立起党委和政府主抓，组织和行政推动，广大群众参与的社会治安治理模式，具有治安社会化的本

---

① 邢建国，汪青松，吴鹏森．秩序论[M]．北京：人民出版社，1993：1.

② [日]松井茂。警察学纲要[M]．吴石译．北京：中国政法大学出版社，2005：28.

质，但在实践中还是主要依靠党委和政府的权威以及组织和行政机制的推动，在一定程度上延续了计划经济时代以来所奉行的“权力高度集中、政府统管一切的治理色彩”①，不可避免地留下了一些计划经济的烙印。因而“虽能解一时危机，却不能有效化解社会矛盾”②，出现了将“综合治理”异化为“维稳才是硬道理”的思想乃至行为逻辑，“为了追求眼前的功绩和利益而不计成本的投入”③，最终却形成“越维越不稳”的样态。面对此种局面，政府开始思量社会治安综合治理推进之策，借以改变过去被动应对社会治安问题的执政思维，提出了在创新社会管理的基础上解决社会治安问题的思路。2011 年 8 月，随着中央社会治安综合治理委员会正式更名为中央社会管理综合治理委员会，我国社会治安综合治理正式纳入了社会管理范畴，社会治安治理模式由此进入了“社会管理综合治理时期”。

社会治理主体的变迁是社会变迁的突出表现之一，是基于社会“不是坚实的结晶体，而是一个能够变化并且经常处于变化过程中的机体”④的客观现实而不断创新社会管理的结果。从一定意义上而言，社会主体由单一走向多元化是现代社会文明的标志。回溯原始社会末期到整个封建社会时期的社会治安治理模式，不难发现，贯穿于社会治理始终的是统治式的治理模式。其突出和强调自上而下的、以权威命令发布为标志的单向要求，它是国家政治生活中一部分成员借助国家机器对另外一部分社会成员实施的统治现象和行为。后来，随着世界形势不断变化，国家职能弱化、公民意识萌芽、经济运行模式变迁等成为一股潮流，为淡化统治色彩的管理模式创造了历史条件。这样，在国家治理中的治安也必须考虑更多人的诉求，必须在统治中让渡一部分权力、更多地关注被管理对象，尤其是“以人为本”从理念到实践的推进，促进了管理模式由统治向管理的变化。进入 21 世纪，西方国家出现的管理危机、“市场失灵”和社会组织的兴起，为治理理论与实践提供了充足的准备。在此背景下，学界与警界对警务概念的认知逐渐深入，认识到警务概念的确定主要取决于警务的功能，而并不仅仅在于特定的主体，更不是警察的工作，而是一种结构复杂的，有许多旨在维护秩序的机构在一起工作的相互交织的体系。⑤ 应把警务更多的看作是对安全的提供或供给，而不只是执法和对犯罪的控制。这种认识的深入，颠覆了公安部门垄断警务工作的传统观念，拓展了社会治安治理主体认知的空间。

社会和个人的多元安全需求，催生了多元化警务。在多元警务兴起的背景下，社会治安治理要破除以往强控思维，努力实现社会管理的转型，这种转型主要体现在三个维度：理念上的包容性，功能上的服务性，体制上的高弹性。不再认为公安机关是唯一能实施社会治安治理的主体，而是主张多种主体参与社会治安治理来满足民众日益增长的公共安全的需求。事实上，社会治安治理的目标是社会和谐，而和谐社会本身“不是一个单一治理主体统治下的社会，而是一个由多元主体合作治理的社会”。⑥ 原因是当代社会在涉及维护社会治安秩序和公共安全上，无论是对社会治安秩序的有效控制，还是对犯罪的预防，都离不开政府有关部门和社会力量的协同与参与，运用多种手段进行综合治理。

---

① 李培林．创新社会管理是我国改革的新任务[J]．人民日报，2011(2).

② 张佳俊．略论当代社会治策的战略转型[J]．经济师，2012(1)：8.

③ 于阳．从社会治安到社会管理：综治工作的五个转变[J]．预防青少年犯罪研究，2012(11)：57.

④ 马克思，恩格斯．马克思恩格斯全集(第 23 卷)[M]．北京：人民出版社，1971：12.

⑤ [英]韦克菲尔德．社会发展与警务变革：公共领域的社会化警务[M]．郭太生等译．北京：中国人民大学出版社，2009：3-15.

⑥ 朱晓红，伊强．论社会治理的多元主体结构[J]．学习论坛，2007(8)：51.

西方公共治理理论认为，政府治理与市场治理都存在其局限性，无法实现资源配置的帕累托最优，需要新的治理主体参与，协同治理国家与社会。要逾越政府本位思维，树立社会本位理念，推动政府管理走向社会治理，使政府、市场与社会"各尽其能、良性互动"。按照国家和社会的分离，政府与市场边界的划分，公域和私域的调整，不同的治安治理主体对应着不同的治理对象，发挥各自的作用，政府治安部门将本不属于自己或者自己无力独自承担的更多职责分担给其他社会组织和公众，只做他们"不能做"、"做不好"的事情，如对多发性抢劫、强奸等恶性案件的场所进行深夜巡逻等，单凭公民个人的资源不能解决，互相联合又不太可能，应该由政府的治安部门负责。虽然治安服务属于公共产品，政府是主要提供者，但不是唯一提供者，不排除利用市场的手段由其他社会力量来提供，即在治安产品的提供上可以引入竞争机制，将部分治安产品的生产向社会开放，以契约的方式(如治安承包)引入多元生产主体，营造一个竞争的局面，以提高公共治安产品提供的效率。可见，主体多元化的治安治理模式，既是社会主义市场经济和民主政治发展的必然要求，也是建设社会主义和谐社会的必然要求，鲜明地体现了善治的基本取向。

## 二、治安主体概念的界定

基本范畴的界定是任何学科研究的起点，也是一门学科成熟程度的重要尺度，但它往往又是研究的难点所在。要想对治安主体做一全面的界定实属不易，吾辈所能是尽可能汲取前辈学人的研究成果，然后根据时代变迁与个人的理解而做一概括性的界定。

考究现有教材，不难发现，对于治安主体概念的界定，大多是站在行政管理视角，从行政主体资格角度予以界定的。囿于行政主体的构成要件有以下三个方面：第一，拥有行政权。它既包括拥有行政职权的所有权，也包括拥有行政职权的行使权。行政主体以拥有行政权作为其主要的构成要件之一。第二，能以自己的名义开展行政活动。能否以自己的名义开展行政活动是确定行为人是否具有独立的法律人格的重要标志。而行政主体作为行政法上具有独立人格的主体，它必须能够以自己的名义开展行政活动。第三，能独立承担法律后果或法律责任。在行政领域，实施行政管理的组织机构只有能够为自己的行政行为承担法律责任才具有行政主体的资格。因而对治安主体的概念界定狭窄，多数没能跳出治安行政管理主体藩篱，难以有效回应公共行政治理化、市场化与社会化的需要。

如万川先生主编的《治安行政管理学》认为，治安行政管理主体就是能动地认识和改造治安行政管理客体的发动者和承担者。并根据治安行政管理主体的组织性质，把它分为治安行政管理机关、治安行政管理人员和群众性治安保卫组织等三种类型;① 惠生武先生主编的《治安管理学总论》认为，治安管理主体是指在治安管理关系中，依法享有治安管理职权、履行治安管理职能、主动实施治安管理活动的组织。根据组织性质的不同，治安管理主体可以分为治安管理机关、治安管理机构和群众性治安保卫组织。② 戚丹主编的《新编治安管理学总论》认为，治安管理主体就是能动地认识和改造治安管理客体的发动者和承担者。根据组织性质将其分为治安管理机关和治安管理人员。而群众性治安保卫组织，不属于治安管理主体范畴。③ 熊一新、王彩元、石向群主编的《治安管理学基础理论教程》认为，治安管理

① 万川. 治安行政管理学[M]. 北京：中国人民公安大学出版社，2001：73.

② 惠生武. 治安管理学总论[M]. 北京：中国政法大学出版社，2006：36.

③ 戚丹. 新编治安管理学总论[M]. 北京：中国人民公安大学出版社，2004：101.

主体是享有治安管理职权，能以自己的名义进行治安管理活动，实施治安管理行为，并能独立承担由此而产生的相应的法律责任的公安机关或者法律法规授权的组织和个人。①

尽管有些教材与著作对此有了一些突破，如熊一新、李健和先生主编的《治安管理学概论》认为，治安管理组织是由社会成员个体和群体依照合法规则组成、得到公众承认甚至行政认可、可以依法调控自身和其他社会群体行为、以维护社会治安为共同目标的社会群体的总称。治安管理组织大致可以划分为：治安管理机构——国家机关中的治安管理组织、群防群治组织——自治性安全防范组织、保安服务企业——职业化安全防范组织三类；② 夏菲教授编著的《治安管理研究》指出，治安管理主体是国家警察机关，具体是指国家依法设置的以维护社会治安秩序、履行治安管理职能的专门组织，即公安机关中承担治安管理工作的各业务部门。然而，由于治安管理工作坚持专门机关管理与群众路线相结合的原则，因此，治安管理主体不仅包括各级公安机关中的治安管理机构，社会治安防范组织也属于治安管理主体的范畴。③ 但仍没能从理论上有效回应社会需求。

从上文分析可以看出，社会治安治理主体已呈多元化趋向。历经三十多年的快速发展，当前的中国改革进入了攻坚时期，历史沉积的诸多矛盾开始显露。时代“新疾”与历史“沉疴”交织混合淤积在社会领域，加剧了社会矛盾的脆弱性，社会治安问题凸显。而且当代社会治安中出现的一系列现象与问题越来越具有综合性，社会治安“单中心治理”模式的暴露无遗，“缺位”与“越位”现象突出。要改变此种状况，必须从理论上重新审视治安主体的概念界定，建构一种新的开放性的治安主体模式，方能有效回应社会治安治理能力现代化的时代要求。原因是倘若没有理论层面上的重大突破，应用层面也会一筹莫展。

中国人民公安大学宫志刚教授曾指出：“治安实践活动决定了治安实体(即治安主体)的广度和深度。总体上说，社会越发展，治安实体的层次越复杂、内涵越丰富。”④既如此，那在当下法治与民治并行的社会环境下，到底应如何界定治安主体这一概念呢？余以为，一方面，我们应从治安与主体二者本身的词义角度来思量(所谓治安，是指维护社会秩序安宁。其本质是社会控制，治安治理的过程就是对可能出现的失序状态的进行预防、控制和处置，是秩序的维护与重塑的过程，以最终达到有序化为目的；所谓主体是指实践活动和认识活动的承担者)，另一方面我们也应对社会治理多元化趋向与多元化警务做些回应。既要看到国家治安资源，也要重视社会治安资源；既要包含公共安全的供给主体，也要囊括市场化与社会化的治安组织。基于此，治安主体的概念宜作如是界定，所谓治安主体就是防控危害或可能危害社会治安秩序的行为与事(案)件发生的捍卫者与维护者，包括政府管控下的治安专门力量、市场化的保安服务力量、社会化的治安防范组织等治安行政主体与非治安行政主体。

## 三、治安主体的构成

从上述治安主体的概念界定可以看出：治安主体的构成包括在社会治安治理中具有不同

① 熊一新，王彩元，石向群．治安管理学基础理论教程[M]．北京：中国人民公安大学出版社，2005：51.

② 熊一新，李健和．治安管理学概论[M]．北京：中国人民公安大学出版社，2004：31.

③ 夏菲．治安管理研究[M]．北京：中国方正出版社，2005：55.

④ 宫志刚．治安秩序结构研究[M]．北京：中国人民公安大学学报(社会科学版)，2005(6)：24.

地位和作用的治安行政主体与非治安行政主体(或称“警务系统的力量”和“非警务系统的力量”)两大类。主要包含有三大力量：一是政府管控下的治安专门力量，广义上包括公安机关的警察力量、边防管理的警察力量、海关和武警内卫等专门力量；狭义上特指公安机关治安管理组织。二是利用经济杠杆提供有偿安全服务的市场力量，主要指保安服务公司。三是社会化的治安防范组织，包括义务性质的治安力量，如单位内部的治安保卫组织、农村(城镇)村民委员会建立的治安保卫委员会与治安群防组织等。

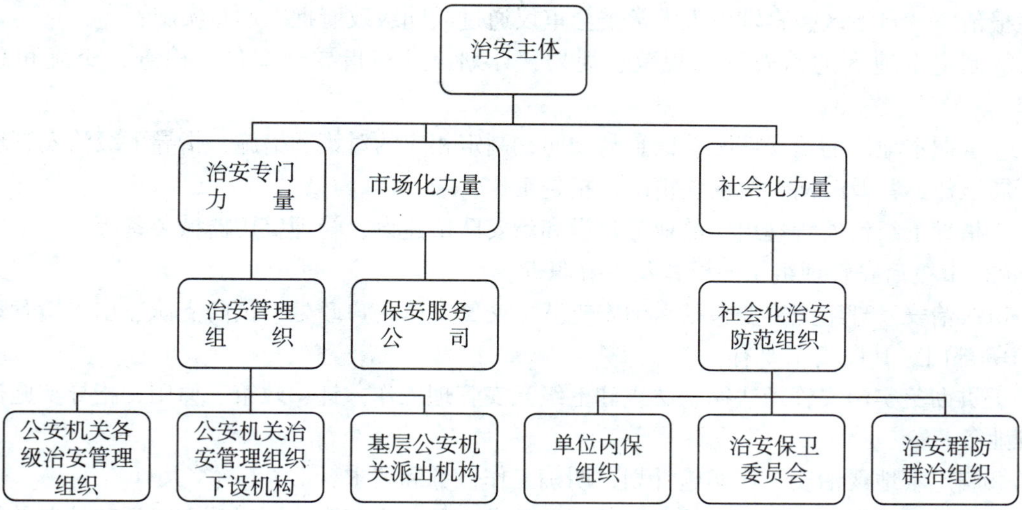

治安主体构成图

**(一)治安管理组织**

治安管理组织是国家为了维护社会治安秩序，充分发挥治安管理职能作用，通过法律法规加以确定和建立的治安管理体系，包括各级公安机关的治安管理组织及其下设机构、基层公安机关的派出机构。

1. 各级治安管理组织与职责

我国治安管理组织机构的设置，是按行政层级来设置的，有中央、省(自治区、直辖市)、地市及县(包含县级市)四个不同的层级。由于治安管组织的层级不同，对职责要求亦有差别。

(1)中央治安管理组织的设置及主要职责。

中央治安管理组织主要包括：治安局、户政局、交通管理局、消防管理局、出入境管理局等。其职责主要有：

①研究和制定全国性的治安管理工作的方针、政策和原则，并组织贯彻实施；

②草拟全国性的治安管理法律、法规，提请全国人大常委会审议通过或报送国务院审核批准后公布实施；

③制定和提出全国性的治安管理规划、工作要点以及各个时期的工作任务，发布指令、通知、通报，召开专业会议，检查、监督与指导工作；

④调查研究，汇总治安统计数据，研判和掌握治安动态，提出相应对策和措施，并向公安部和国务院报告；

⑤掌握和指导全国性治安管理业务建设和治安队伍建设，管理警用器械装备等。

(2)省级治安管理组织的设置及主要职责。

省级治安管理组织主要包括：治安管理处(总队)、户政处、消防管理处(总队)、出入境管理处等部门。其职责主要有：

①贯彻执行中央制定的治安管理方针、政策和原则，结合区域实际，提出贯彻实施的具体措施；

②组织贯彻执行治安法律法规，并结合本地区的具体情况，制定实施细则、办法以及规章，报请省、自治区、直辖市人大常委会审议通过或同级政府批准颁布实施；

③制定本地区的治安管理规范、规划、计划，发布指导性文件，检查、交流和总结工作。

④掌握本地区的治安情况、信息与动向，制定相应的对策和措施，指导下级治安管理组织开展工作，并及时向上级反映情况，报告工作；

⑤指导下级治安管理组织的业务建设和治安队伍建设，管理警用器械装备等。

(3)市级治安管理组织的设置及主要职责。

市级治安管理组织主要包括：治安支队、交警支队、户政处、消防支队、出入境管理处(局)等部门。其职责主要有：

①贯彻落实治安管理法律、法规和上级治安管理工作方针、政策、原则，指导实施治安管理业务；

②制定本地区治安工作实施计划，明确工作任务和要求；

③了解、掌握本地区治安情况，处理各种突出的治安问题，同时向上级反映情况并报告工作；

④监督指导治安管理与社会安全防范工作；

⑤按照上级指示和要求，抓好业务工作和队伍建设。

(4)县级治安管理组织的设置及主要职责。

县级治安管理组织主要包括：治安大队、交警大队、户政科、消防大队、出入境管理科等部门。其职责主要有：

①贯彻落实治安管理法律、法规和上级治安管理工作方针、政策、原则，具体实施治安管理业务；

②制定本地区治安工作实施计划，明确工作任务和要求；

③组织力量查出治安案件和治安灾害事故，执行治安管理处罚，定期向上级做统计报告；

④了解、熟悉本地区治安情况，处理各种突出的治安问题，同时向上级反映情况并报告工作；

⑤对群众经常进行加强四防、遵守法律和公共秩序的宣传教育；

⑥依法监督和指导市场化保安组织和社会治安防范组织开展治安防范工作；

⑦按照上级指示和要求，抓好业务工作和队伍建设，强化民警思想政治工作；

⑧指导和监督下设治安组织开展工作，并与相邻地区开展治安管理业务协作。

2. 治安管理组织下设机构

(1)巡警队。

巡警队是一支专司巡逻勤务、维护城镇街面治安秩序、处置各种治安事件、劝解与制止公共场所发生的民事纠纷，并为社会和公民提供救助和服务的专门警务力量。目前，我国巡警体制的设置形式大致如下：

①省、自治区、直辖市公安厅(局)设立巡警总队或在治安总队(处)下设巡警工作指导处，全面负责指挥、协调和指导全省、自治区和直辖市的巡逻工作；

②直辖市公安分局、地(市)公安局设立巡警支队，根据警区或网格的划分情况以及实际工作需要，下设巡警大队与中队；

③县(市)公安局、地(市)公安局下设的公安分局设置巡警大队，大队下设巡警中队；

④直辖市和设分局的地级市，在市公安局设巡警支队，分局设巡警大队，大队下设若干巡警中队。

根据公安部发布的《城市人民警察巡逻规定》第4条的规定，巡逻民警具有以下职责：

①维护警区内的治安秩序；

②预防和制止违反治安管理的行为；

③预防和制止犯罪行为；

④警戒突发性治安事件现场，疏导群众，维持秩序；

⑤参加处理非法集会、游行、示威活动；

⑥参加处置灾害事故，维持秩序，抢救人员和财物；

⑦维护交通秩序；

⑧制止妨碍国家工作人员依法执行职务的行为；

⑨接受公民报警；

⑩劝解、制止在公共场所发生的民间纠纷；

⑪制止精神病人、醉酒人的肇事行为；

⑫为行人指路，救助突然受伤、患病、遇险等处于无援状态的人，帮助遇到困难的残疾人、老人和儿童；

⑬受理拾遗物品，设法送还失主或送交拾物招领部门；

⑭巡察警区安全防范情况，提示沿街有关单位、居民消除隐患；

⑮纠察人民警察警容风纪；

⑯执行法律、法规规定由人民警察执行的其他任务。

而根据《人民警察法》和《城市人民警察巡逻规定》，巡警在巡逻中具有以下职权：

①盘查有违法犯罪嫌疑的人员，检查涉嫌车辆、物品；

②查验居民身份证；

③对现行犯罪人员、重大犯罪嫌疑人员或者在逃的案犯，可以依法先行拘留或者采取其他强制措施；

④纠正违反道路交通管理的行为；

⑤对违反治安管理的人，可以依照《中华人民共和国治安管理处罚条例》的规定，执行处罚；

⑥在追捕、救护、抢险等紧急情况下，经出示证件，可以优先使用机关、团体和企业、事业单位以及公民个人的交通、通讯工具。用后应当及时归还，并支付适当费用，造成损坏的应当赔偿；

⑦行使法律、法规规定的其他职权。

(2)治安拘留所。

治安拘留所是公安机关对被裁决拘留处罚的人执行拘留的场所，是治安管理的基层组织之一。治安拘留所依据法律规定，行使国家行政强制权力，对违反治安管理被裁决拘留的人执行处罚，目的是教育挽救违反治安管理的行为人，使他们知错认错、引以为戒。根据《治安拘留所管理办法》，治安拘留所由县(自治县、旗)、市公安局，城市公安分局设置，公安机关的治安部门负责管理。相当于县级的铁路、交通、民航、林业公安局(处)根据需要，经省、自治区、直辖市公安厅、局批准，可以设置治安拘留所。

(3)收容教育所。

收容教育所即收容劳动教育，是专对卖淫嫖娼人员所采取的一种行政强制措施。收容教育所是对卖淫、嫖娼人员集中进行教育矫治的场所。根据《收容教育所管理办法》，收容教育所的设立，由省、自治区、直辖市或者自治州、设区的市的公安机关根据收容教育工作的需要提出方案，报同级人民政府批准。其管理管理由设立收容教育所的公安机关负责。收容教育所民警一般不得少于十二人，月平均收容教育超过一百人的，一般按月平均收容教育人数的百分之十五的比例配备，其中医务人员不得少于二人，并应有一定数量的女民警。

(4)强制隔离戒毒所。

强制隔离戒毒所是公安机关依法通过行政强制措施为戒毒人员提供科学规范的戒毒治疗、心理治疗、身体康复训练和卫生、道德、法制教育，开展职业技能培训的场所。根据《公安机关强制隔离戒毒所管理办法》，强制隔离戒毒所由公安机关提出设置意见，经本级人民政府和省级人民政府公安机关分别审核同意后，报省级人民政府批准，并报公安部备案。强制隔离戒毒所设所长一人，副所长二至四人，必要时可设置政治委员或教导员。强制隔离戒毒所根据工作需要设置相应的机构，配备相应数量的管教、监控、巡视、医护、技术、财会等民警和工勤人员，落实岗位责任。

(5)精神病管治院。

精神病管治院又称安康医院，是公安机关对严重危害社会治安或者家庭无力管束、病情严重的精神病人进行强制管理、治疗的场所。一般设在大中城市，由公安机关管理，卫生部门负责指导、监督。精神病管治院对收治病人实行“科学管理、精心治疗、管治结合”的方针。精神病管治院的行政管理和医务人员，既承担看守任务，又负责医护，享受民警待遇。

3. 基层公安机关的派出机构

基层公安机关的派出机构又称公安派出所，它是市、县公安机关直接领导和管理的派出机构，是集防范、管理、打击、服务等多种职能于一体的基层综合性战斗实体，是整个公安工作的根基。

(1)性质：公安派出所是市、县公安局或相当于县级公安机关管理治安工作的派出机关，是公安机关的基层组织，是多功能综合性的作战实体。可从以下四个层面来理解：①公安派出所是市、县公安机关的派出机构，而不是相对独立的一级公安机关；②公安派出所由市、县级公安机关直接派出、领导和管理，而不是乡、镇人民政府或者街道办事处的一个组成部分；③公安派出所承担治安管理、安全防范、打击犯罪、为民服务等多种职能，而不是上级公安机关某一业务部门的派出机构；④公安派出所对整个公共安全系统具有广泛的基础性工作，而不仅仅是狭义的“公安工作”的基础。

(2)种类：公安派出所大致可以分为两类：一类是地方公安机关的公安派出所，其中又分市区公安派出所、建制镇公安派出所、乡公安派出所、水上公安派出所、边境公安派出所等；一类是专业公安机关的公安派出所，即铁路、交通、民航、林业等部门的公安机关，在其管理范围内设置的公安派出所。

(3)设置：根据《公安派出所正规化建设规范》，公安派出所的设立、撤销或者变更，由县(市、区、旗)公安机关提出申请，经同级人民政府机构编制主管部门审核同意后，逐级报请省、自治区、直辖市公安厅、局审批。派出所的设置应当综合考虑辖区面积、人口数量、治安状况和工作需要，原则上与乡、镇、街道行政区划相对应设立公安派出所。对于地域面积小、人口少、治安好的建制乡，公安机关警力紧张的，可暂不设立公安派出所，但要派驻民警为辖区群众办理相关事务。

(4)警力配置：警力配置是指警察机关根据未来自身发展的需要而进行的警力储备和对现有警力进行合理安排以提高警察工作效益的过程。科学配置警力是提高警察队伍战斗力的一个有效途径。根据《公安派出所正规化建设规范》规定，公安派出所警力原则上应当达到所属县(市、旗)公安局、城区公安分局总警力的40%以上。城区派出所每所民警不少于20人；城镇派出所每所民警不少于10人；乡派出所每所民警不少于5人。

(5)主要职责：公安派出所的职责主要有以下9个方面：

①收集、掌握、报告影响社会政治稳定和治安稳定的情报信息；

②管理辖区内的实有人口；

③管理辖区内的重点行业、公共娱乐场所和枪支、弹药、爆炸、剧毒等危险物品；

④指导、监督辖区内的机关、团体、企业、事业单位的内部治安保卫工作；

⑤宣传、发动、组织、指导群众开展安全防范工作；

⑥办理辖区内发生的因果关系明显、案情简单、一般无需专业侦查手段和跨县、市进行侦查的刑事案件，并协助侦查部门侦破其他案件；

⑦办理治安案件，调解治安纠纷；

⑧参与火灾、交通、爆炸、中毒等治安灾害事故的预防工作；

⑨接受群众报警、求助，为群众提供服务。

**(二)保安服务公司**

1. 概述：保安服务公司是公安机关监管下的一支市场化的社会治安防范力量，在协助公安机关维护社会治安，建立新形势下的治安防控体系中有着极其重要的作用，是维护社会稳定、维护公共安全和治安秩序的重要治安社会力量和辅助警察力量，是治安防控走群众路线的新的开拓，是我国群防群治工作发展的一个方向。

从国外来看，保安服务作为一种专业化的有偿服务，在世界各国非常盛行。美国既是世界上最早建立保安服务业的国家之一，同时也是世界上保安服务业最为发达的国家，目前已拥有私人保安公司4000多家、200余万人。在日本，20世纪70年代就颁布了保安法，强调保安从业人员必须接受资格培训，并规定发生案件时，由保安公司负责第一次出警。截至2001年年底，日本已有9900家保安服务公司，从业人员超过42万人，而警察总数也不过23.5万人，保安公司是日本社会担负社会安全防范的主要行业，1964年的东京奥运会安全保卫工作就是名气最大的西科姆公司承包的。在欧洲，保安业有着悠久的历史，服务领域包括防盗、防破坏、武装押运、个人警卫、入口控制、守护与监护、消防、身份证的生产与制作、协助警察维护治安秩序等，有的国家的保安人员甚至有追捕、逮捕罪犯和管理监狱的职责。我国香港地区虽然只有650多万人口，却拥有保安人员约10余万人，大约占香港人口的1.5%，即每10万居民中就拥有保安人员1500人，是香港社会一支不可忽视的防范力量。保安服务在许多国家已经成为一个服务领域，经济社会发展越快，保安服务工作开展得越好。

在我国，以有偿服务为客户提供安全的保安服务业古已有之。在1400多年前的南北朝末年，由于社会处于分裂与战乱之中，强盗、草寇横行，一些“要人”或富豪商贾为出行安全，大多雇请一些武艺高强之人，保护其旅途或财物安全，并给予一定的经济报酬。但其时，这种护送都是自发性的个体行为，尚未达到一定的规模，也未形成行业组织，因而只能算是保安服务的发轫或萌芽。

我国现代意义上的保安服务业较之欧美国家来说，起步较晚。1984年12月，我国第一家保安公司——蛇口保安服务公司在深圳成立，这标志着中国保安业这一新兴服务产业的诞生。1985年，国家决定将这一新兴行业推广至全国各大城市。但长期以来，保安服务归属于垄断行业，公安机关既是直接创办者、运行者，又是领导者和监管者。由于政企不分，使保安公司成为一个发育不良的怪胎，像企业又不是真正意义上的企业，像事业单位又不是事业单位，像“第二警察”机构又不是警察机构。这种发展样态显然不利于保安服务公司的壮大。

2010年1月1日，《保安服务管理条例》正式施行，该条例第40条明确规定：“国家机关及其工作人员不得设立保安服务公司，不得参与或者变相参与保安服务公司的经营活动。”2012年公安部颁布《关于加快推进公安机关保安企业脱钩改制工作的通知》，要求保安企业脱钩改制工作于2013年底完成，这一改公安机关管办合一的体制，按照管办分离、政企分开的要求，引进竞争机制，允许和鼓励社会资本进入保安服务市场，保安服务业的发展真正步入了法制化与市场化的轨道，由此迎来了空前发展。至2014年12月，全国保安服务公司已发展到近4200家，保安人员450万余人。尽管保安服务业的发展还存在市场乱象、管理不顺、监管乏力等问题，但保安服务已深入到企业、学校、医院、党政机关等各个社会层面，广大保安员积极参与社会管理，对社会治安起着重要的辅警作用，被誉为是维护社会治安的第二力量。据统计，仅2013年，各地保安员就为公安机关提供破案线索21万多条，直接抓获的违法犯罪嫌疑人9.4万人。①

2. 性质：保安服务公司是为适应社会主义市场经济体制需要而兴起的，在公安机关主管和指导下，专门为向社会提供安全防范服务的特殊企业。

3. 设立条件：保安服务公司应当具备下列条件：(1)有不低于人民币100万元的注册资本；(2)拟任的保安服务公司法定代表人和主要管理人员应当具备任职所需的专业知识和有关业务工作经验，无被刑事处罚、劳动教养、收容教育、强制隔离戒毒或者被开除公职、开除军籍等不良记录；(3)有与所提供的保安服务相适应的专业技术人员，其中法律、行政法规有资格要求的专业技术人员，应当取得相应的资格；(4)有住所和提供保安服务所需的设施、装备；(5)有健全的组织机构和保安服务管理制度、岗位责任制度、保安员管理制度。如是从事武装守护押运服务的保安服务公司，除应当符合国务院公安部门对武装守护押运服务的规划、布局要求，以及具备上述规定的条件外，还要符合下列条件：(1)有不低于人民币1000万元的注册资本；(2)国有独资或者国有资本占注册资本总额的51%以上；(3)有符合《专职守护押运人员枪支使用管理条例》规定条件的守护押运人员；(4)有符合国家标准或者行业标准的专用运输车辆以及通信、报警设备。

---

① 罗锋会长在中国保安服务业发展30周年纪念会上的讲话，http://www.zgba.org/_d276932213.htm.

4. 与公安机关的区别

(1)性质地位不同。公安机关是国家政府的职能部门，是国家机器的重要组成部分，是人民民主专政的重要工具，属国家行政机关；而保安服务公司是在公安机关领导下的群众性治安防范组织，是特殊的提供安全服务的企业，具有企业的一般性质，不具有同公安机关相等的法律地位。(2)职责权限不同。公安机关是武装性质的国家治安行政和刑事司法力量，担负着保卫国家安全，维护社会治安秩序，打击违法犯罪活动等重要任务，拥有国家赋予的治安行政、刑事司法以及警械武器使用的权利，而保安服务公司则没有这些特殊的权利。(3)服务对象不同。公安机关作为维护国家安全的专政机关，服务对象是全社会，维护的是社会的公共安全和公共利益；而保安服务公司则是维护特定的客户的人身、财产等的安全，具有局限性。

5. 公安机关对保安服务的管理

(1)对保安从业单位的管理。

申请设立保安服务公司，应当向所在地设区的市级人民政府公安机关提交提交下列材料：①设立申请书(应当载明拟设立保安服务公司的名称、住所、注册资本、股东及出资额、经营范围等内容)；②依法设立且具有法定资格的验资机构出具的100万元以上注册资本验资证明，属于国有资产的，应当依照有关法律、行政法规的规定进行资产评估，并提供有关文件；③拟任的保安服务公司法定代表人和总经理、副总经理等主要管理人员的有效身份证件、简历，保安师资格证书复印件，5年以上军队、公安、安全、审判、检察、司法行政或者治安保卫、保安经营管理工作经验证明，县级公安机关开具的无被刑事处罚、劳动教养、收容教育、强制隔离戒毒证明；④拟设保安服务公司住所的所有权或者使用权的有效证明文件和提供保安服务所需的有关设备、交通工具等材料；⑤专业技术人员名单和法律、行政法规有资格要求的资格证明；⑥组织机构和保安服务管理制度、岗位责任制度、保安员管理制度材料；⑦工商行政管理部门核发的企业名称预先核准通知书。受理的公安机关应当自收到申请材料之日起15日内进行审核，并将审核意见报所在地的省、自治区、直辖市人民政府公安机关。省、自治区、直辖市人民政府公安机关应当自收到审核意见之日起15日内作出决定，对符合条件的，核发保安服务许可证；对不符合条件的，书面通知申请人并说明理由。保安服务公司设立分公司应当向分公司所在地设区的市级人民政府公安机关备案。

申请设立保安服务公司，应当具备下列条件：有一定的注册资本，有必要的管理人员，有相应的专业技术人员，有固定的场所和所需的设施，有健全的机构和制度。

自行招用保安员的单位应当自开始保安服务之日起30日内向所在地设区的市级人民政府公安机关备案。备案应当提供下列材料：①法人资格证明；②法定代表人(主要负责人)、分管负责人和保安员的基本情况；③保安服务区域的基本情况；④建立保安服务管理制度、岗位责任制度、保安员管理制度的情况。自行招用保安员的单位不再招用保安员进行保安服务的，应当自停止保安服务之日起30日内到备案的公安机关撤销备案。自行招用保安员的单位不得在本单位以外或者物业管理区域以外提供保安服务。

根据《保安服务管理条例》第13条规定，自行招用保安员的单位应当具有法人资格，有符合本条例规定条件的保安员，有健全的保安服务管理制度、岗位责任制度和保安员管理制度。

(2)对保安培训单位的管理。

申请从事保安培训的单位，应向所在地设区的市级人民政府公安机关提交申请书和相关证明材料，并经所在地的省、自治区、直辖市人民政府公安机关审核批准，取得保安培训许可证。

保安培训单位应当具备下列条件：是依法设立的保安服务公司或者依法设立的具有法人资格的学校、职业培训学校、职业培训机构；有保安培训所需的师资力量，其中保安专业师资人员应当具有大学本科以上学历或者10年以上治安保卫管理工作经历；有保安培训所需的场所、设施等教学条件。

从事武装守护押运服务的保安员的枪支使用培训，应当由人民警察院校、人民警察培训机构负责。负责培训工作的单位要向所在地的省、自治区、直辖市人民政府公安机关备案。

保安培训单位应当按照国务院公安部门审定的保安员培训教学大纲制订教学计划，对接受培训的人员进行法律、保安专业知识和技能培训以及职业道德教育。

**(三)社会化的治安防范组织**

1. 单位内保组织

单位内保组织是指机关、企事业单位为加强单位内部的治安保卫工作，保护公民人身、财产安全和公共财安全，维护单位的生产秩序、工作秩序、教学课科研秩序而依法设置的内部治安保卫机构。

(1)单位内保组织的设置。

根据《企事业单位内部治安保卫条例》之规定，单位应当根据内部治安保卫工作需要，设置治安保卫机构或者配备专职、兼职治安保卫人员。治安保卫重点单位应当设置与治安保卫任务相适应的治安保卫机构，配备专职治安保卫人员，并将治安保卫机构的设置和人员的配备情况报主管公安机关备案。机关、团体的内部治安保卫工作参照本条例有关规定执行。

(2)单位内保组织的职责。

根据《企事业单位内部治安保卫条例》之规定，单位内部治安保卫机构、治安保卫人员应当履行下列职责：

①开展治安防范宣传教育，并落实本单位的内部治安保卫制度和治安防范措施；

②根据需要，检查进入本单位人员的证件，登记出入的物品和车辆；

③在单位范围内进行治安防范巡逻和检查，建立巡逻、检查和治安隐患整改记录；

④维护单位内部的治安秩序，制止发生在本单位的违法行为，对难以制止的违法行为以及发生的治安案件、涉嫌刑事犯罪案件应当立即报警，并采取措施保护现场，配合公安机关的侦查、处置工作；

⑤督促落实单位内部治安防范设施的建设和维护。

(3)公安机关对单位内保组织工作的监督和指导。

根据《企事业单位内部治安保卫条例》之规定，公安机关对本行政区域内的单位内部治安保卫工作履行下列职责：

①指导单位制定、完善内部治安保卫制度，落实治安防范措施，指导治安保卫人员队伍建设和治安保卫重点单位的治安保卫机构建设；

②检查、指导单位的内部治安保卫工作，发现单位有违反本条例规定的行为或者治安隐患，及时下达整改通知书，责令限期整改；

③接到单位内部发生治安案件、涉嫌刑事犯罪案件的报警，及时出警，依法处置。

公安机关接到单位报警后不依法履行职责，致使公民人身、财产和公共财产遭受损失，或者有其他玩忽职守、滥用职权行为的，对直接负责的主管人员和其他直接责任人员依法给予行政处分；情节严重，构成犯罪的，依法追究刑事责任。

2. 治安保卫委员会

(1)治安保卫委员会的性质。

治安保卫委员会是群众性的治安保卫组织，在基层政府和公安保卫机关领导下开展工作，是公安机关专门工作与群众路线相结合的桥梁和纽带，是维护社会治安秩序的第一道防线，是中国特色社会治安综合治理系统中一个组成部分。

(2)治安保卫委员会的设置。

根据《治安保卫委员会暂行组织条例》之规定，治安保卫委员会的设置，城市一般以机关、工厂、企业、学校、街道为单位，农村以行政村为单位，其委员名额，应视各单位人数多寡、情况繁简，由 3 人至 11 人组成之，设主任 1 人并得设副主任 1 人至 2 人。各地于治安保卫委员会建立后，视情况需要，经市、县公安局批准，得建立治安保卫小组，由群众推选积极分子 3 人至 5 人组成之；内设组长 1 人，在治安保卫委员会领导下进行工作。

(3)治安保卫委员会的职责。

①协助公安机关、保卫部门组织群众性治安防范，开展看门护院、值班巡逻和安全检查等工作，落实防盗、防火、防破坏和防其他治安灾害事故的防范措施，预防和制止扰乱治安秩序的各种违法犯罪行为。

②协助新居民管理办公室搞好本辖区内新居民的管理工作。

③协助公安机关、保卫部门对被判处管制、剥夺政治权利、宣告缓刑、裁定假释和监外执行的罪犯进行监督、考察、教育改造。

④对有可能危害社会治安的民间纠纷和闹事苗头及时向有关部门反映，并协助做好教育疏导工作。

⑤发生案件和治安灾害事故后，及时报告公安机关、保卫部门并保护现场，为查明案件和事故提供线索。

⑥向党委、政府或公安机关、保卫部门反映敌、社情动态以及群众对社会治安管理工作的意见要求，并提出工作建议。

⑦向人民群众进行遵守社会主义法律、公共秩序、社会公德的宣传教育。

3. 治安群防组织

(1)治安群防组织的性质。

治安群防组织是指在党政组织的领导下，群众自发组织起来，动员广大群众维护社会与自身安全，预防犯罪，确保一方平安的社会控制力量，是社会治安综合治理对策的重要组成部分。主要包括治安协勤队、护厂队、护校队、治安志愿巡逻队、治安联防队等。

(2)治安群防组织的特点。

治安群防组织是社会治安治理主体体系中的一支生力军，他们以自愿、无偿为前提，把服务他人、服务社会与实现个人价值有机结合起来，既能够广泛动员社会资源，有效弥补政府服务和市场服务的不足，也体现了安全社区全员参与的要求，有利于发挥群众的主体作用，激发群众的参与热情，为群防群治工作注入了新的生机与活力。

(3)治安群防组织的任务。

治安群防组织的任务主要是协助公安机关维护社会治安或区域内部治安，保护特定部位的安全，参与社会治安综合治理等活动。

## 四、治安执法主体的权限

治理作为一种政治管理过程，也像政府统治一样需要权威和权力。治安秩序是治安主体追逐的本真，而“治安秩序由治安实体、治安规范和治安权威三要素构成”。① 其中，治安权威的形成，更多依赖于治安执法主体具备的权限。所谓治安执法主体，是指享有治安行政权，能以治安管理组织的名义实施治安管理活动，履行治安管理职责，并且能承担法律责任的组织和个人。作为维护社会治安秩序的核心力量，治安执法主体具有以下权限：

### (一)治安行政处置权

治安行政处置权，是指公安机关在公共场所管理、道路交通管理、消防管理、危险物品管理、特种行业管理和出入境管理等治安行政管理活动中，为维护社会秩序和公共安全，依法对特定的人、物、事、场所采取的命令、禁止与取缔、许可等权力运行行为。

命令，是指公安机关为了维护社会治安秩序和公共安全，依法向负有特定义务的人发出的作为、不作为和约束的指令。这种命令又称“警察命令”。

禁止与取缔，是指公安机关依法对于某些违反治安管理、扰乱社会秩序、妨害公共安全的行为宣布禁止，予以取缔，并对违禁者予以法律制裁。

许可，是指公安机关在行政管理中，对公民、法人或者其他组织的请示依法允许或者否定的一种权力。这种权力通常是通过审核批准、决定、登记、颁发证照、指挥等形式表现出来。

### (二)治安行政处罚权

治安行政处罚(又称治安管理处罚)，是公安机关对于不履行治安法规所确定的义务或者危及社会治安秩序，情节轻微，尚不够刑事处罚的行为，依照治安管理法规的规定实施的行政处罚。治安行政处罚是我国行政处罚的一种。根据《中华人民共和国治安行政处罚法》(以下简称《治安行政处罚法》)的规定，治安行政处罚的种类有警告、罚款、行政拘留、吊销公安机关发放的许可证。对违反治安管理的外国人，可以附加适用限期出境或者驱逐出境。治安行政处罚不同于刑事处罚，它是以公安行政强制措施的行政处罚。

### (三)治安监督检查权

治安监督检查，是公安机关依法对应负治安责任的社会团体、组织及个人履行治安责任、预防治安问题的发生所进行的监督检查。通过治安监督检查，发现违章违法行为，依法予以处置或制裁；发现治安隐患，要求监督对象限期整顿改正，预防治安问题的发生，增强其自治、自防、自卫的能力，创造安全的生产和工作环境。

### (四)治安行政强制权

美国哈佛大学教授罗尔斯说：“即使在一个组织良好的社会中，为了社会合作的稳定性，政府的强制权力在某种程度上也是必需的。”②治安行政强制，是指公安机关在依法进行治安行政管理和实施治安行政处罚时，为达到使行为人履行法定义务或接受处罚的目的，对不履行法定义务或不服从治安行政处罚的人所采取的人身和物品的强制手段。治安行政强制权主要有以下几种：强制传唤、强行带离现场和强制拘留、强制隔离、约束特定的人、盘问

① 宫志刚．治安秩序结构研究[J]．中国人民公安大学学报(社会科学版)．2005，(6)：42-48.

② [美]约翰·罗尔斯．正义论[M]．何怀宏，何包钢，廖申白译．北京：中国社会科学出版社，1988：238.

检查等。

## 第二节　治安主体的结构与相互关系

在多元主体的社会治安治理体系中，政府力量、市场力量以及社会力量三者共同构成了社会治安治理体系的主体结构。由于三者各自性质、功能的不同，三者之间在整个体系构建所处的位置，因而发挥的作用有所差别。其中党委和政府是领导主体，公安机关是核心主体，保安服务公司与社会治安防范组织是重要主体，社会民众是基本主体。

### 一、治安主体的结构分析

**（一）党委和政府是社会治安治理的领导主体**

“领导我们事业的核心力量是中国共产党。”①党的领导是历史形成的中国国情，是体现社会主义国家性质的内在要求，也是坚持走中国特色警务发展道路的制度安排。

虽然公共管理理论认为，管理社会并不只有政府一个公共权力中心，还应有第三方力量，主张多元化的社会管理，但同时指出，政府应当充当好元治理（meta-governance）的角色，即在社会管理网络中当好“同辈中的长者”，这有利于稳定主要行为主体的大方向和行为准则的重任。

社会治安治理是一项复杂而又长期的系统工程，倘若不采取“领导抓，抓领导”的办法，不但难以奏效，而且还可能难以为继。因此，要深化“平安中国”建设，营造良好社会秩序，必须依靠各级党委政府的组织领导和统筹协调，形成“党委领导、政府主导、社会协同、广泛参与”的社会治理格局。这既是社会治安治理能力现代化的可靠政治保障，也是确保社会治安治理取得实效的最重要的前提性条件。唯有如此，方能为社会治安治理科学化的施行提供强有力的组织、人事、编制、财政、基础设施、信息资源等方面的支持和保障，形成合力，取得实际性的进展和效果。从某种意义而言，保安服务公司、社会治安防范组织与民众等市场及社会力量能否积极有序地参与社会治安，形成社会治安治理的合力，关键在政府。要建立健全社会治安治理的法律、法规，建立健全容易滋生治安问题的社会保障制度、社会矛盾调处机制、利益关系协调机制、社会治安综合治理机制、社会应急机制、生态环境保护制度等，不断完善社会管理的职能，提高社会管理的能力。

**（二）公安机关是社会治安治理的核心主体**

纵观人类发展史，不难发现，社会稳定是任何形态的人类文明存在、延续和发展的前提。倘若“没有稳定的环境，什么都吹了，已经取得的成果也会失掉……离开这一点，就什么都搞不成”②。而“为求取社会的存在、稳定和发展，就需要调控措施，把冲突保持在秩序的范围以内”③。在现代社会中，“保护地方安宁，维持社会秩序，端赖警察”，警察是维护国家安全和社会秩序的重要力量，“是根除罪恶的药剂师”④。从维护社会稳定这一角度

---

① 《毛泽东文集》（第6卷）［M］. 北京：人民出版社，1999：350.

② 邓小平文选（第3卷）［M］. 北京：人民出版社，1993：284.

③ 吴必康. 美英现代社会调控机制——历史实践的若干研究［M］. 北京：人民出版社，2002：5.

④ ［英］罗伯特·雷纳. 警察与政治［M］. 易继苍，朱俊瑞译. 北京：知识产权出版社，2008：11.

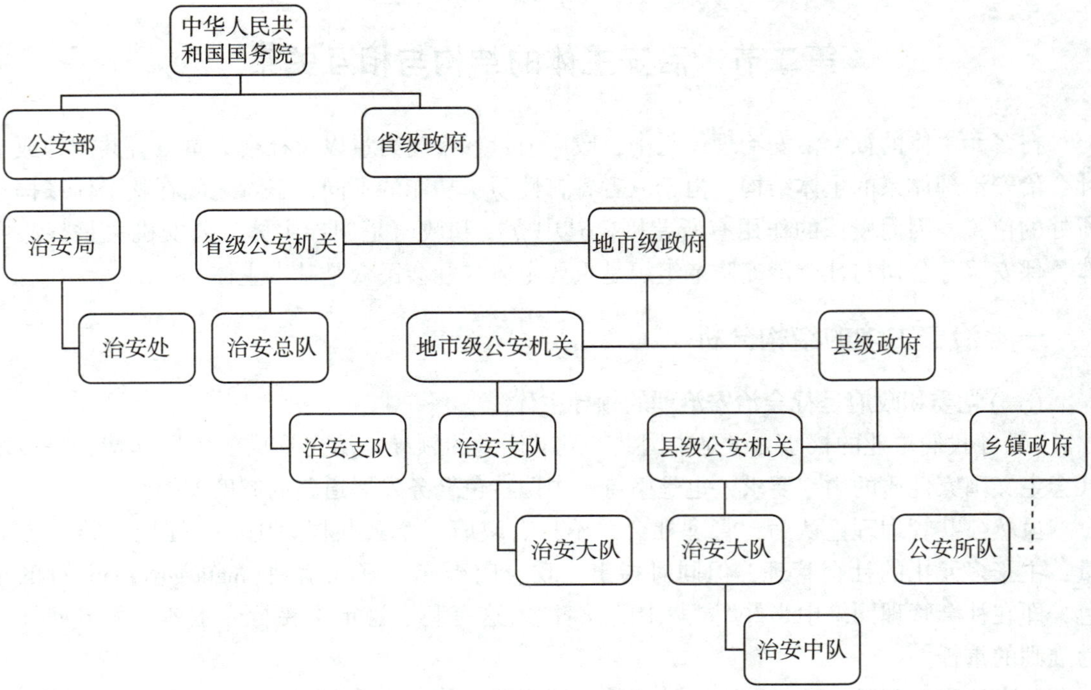


治安主体领导体制示意图

而言，警察行使之事虽微，但关系于国家治乱者巨，“警政不良，社会就不安”①。任何“国家是不能没有警察的”②，“舍此则国家将不国矣”③。可以说，“作为现代国家形式兴起的一个重要方面，警察已经发展成为一个关键的现代社会的重要机构。”④“东西洋各国，罔不注重”⑤。所以警察这个东西，在世界各国秩序之维系中占着很重要的地位。

在我国，警察个体组成的组织称为公安。周恩来总理说：“国家安危，公安系于一半。”公安机关无论是在治安主体单一的社会治安治理体系中，还是在治安主体多元化的治安治理体系中。公安机关的地位和作用皆十分重要，作为武装性质的国家治安行政力量和刑事司法力量，是维护国家安全和社会稳定、保护人民群众生命财产安全的最主要的国家行政力量，在目前和未来的很长一段时间内仍然是社会治安治理主体体系中的核心主体。具有以下四个方面的职责。其一，参谋助手职责。公安机关应作为党委和政府的首要参谋和助手，承担着为党委和政府在社会治安治理工作中提供信息、决策咨询、完成委托交办任务的职责。其二，组织指导职责。根据《人民警察法》第6条规定，公安机关有权组织社会的消防工作，指导和监督国家机关、社会团体、企事业单位组织和重点建设工程的治安保卫工作，组织指导保安服务公司、社会化治安防范组织等群众性治安保卫组织，提升社会治安治理效能的职

① 张兰城. 改进警政与整顿警察制度. 上海市公安局编印. 警察月刊(第五卷). 1937(3): 11.

② 马克思恩格斯选集(第4卷)[M]. 北京：人民出版社，1995：117.

③ 李士珍. 现代各国警察[M]. 上海：商务印书馆，1940：1.

④ [英]罗伯特·雷纳. 警察与政治[M]. 易继苍、朱俊瑞译. 北京：知识产权出版社，2008：8.

⑤ 金毓黻主编. 奉天通志.(影印本4)[M]. 卷143. 民治二·警察，3322.

责。其三，治安行政管理职责。公安机关作为社会治安治理的职能部门，除履行组织指导职责外，还有直接行使对人口、危险物品、公共复杂场所、交通秩序等的治安行政管理职责。通过治安行政管理，堵塞漏洞，消除隐患，达到预防、发现和制止违法犯罪的目的。其四，打击监管职责。公安机关通过侦查破案、专项行动以及对管制、缓刑、监外执行、假释、保外就医的人员的监督、考察、教育和改造，严厉打击严重刑事犯罪活动，整治突出的治安问题，挤压违法犯罪空间，净化社会治安环境。

**（三）保安服务公司与社会治安防范组织是社会治安治理的重要主体**

社会治安稳定是任何形态的人类文明存在、延续和发展的前提，“离开这一点，就什么都搞不成”。① 在现代社会中，警察诚然是维护国家安全和社会治安的重要力量，“是根除罪恶的药剂师”，“地方治安所以能确保，公共秩序所以能维持者，全系乎警察之力”。② 但警察并非“千手观音”，“单枪匹马”难以“只手遮治安”。面对“在开放、动态的社会环境下，犯罪分子容易滋生，犯罪的流窜性又很强，哪里都没有不治自安的‘世外桃源’”③的现实，必须充分发挥“市场”机制与“社会”的主体作用。

马克思主义认为，国家是人类社会发展到一定历史阶段后才产生的，国家不是从来就存在的，也不会永远存在下去。国家产生之初，国家与社会的关系表现为国家凌驾于社会之上。随着社会的不断成长和成熟，社会逐步获得独立自主性，而国家则在权力、能力、权威等方面进行自我限制，因而，国家与社会的关系逐步向平行、平衡状态演变。当社会发展到一定阶段，“随着阶级的消失，国家也不可避免地要消失”。用马克思的话说，就是国家要回归社会。社会管理的理想状态，就是实现社会自治。显然，我们离这一理想状态还相距遥远。从社会管理的演进趋势看，社会管理越来越社会化。由于社会资源的扩散，单位控制向社区管理转化以及公共服务领域的泛化，社会事务不再只是政府与各级管理部门的公务，而是整个社会与个体需要积极参与的事项。因此，在新的社会治安治理格局中特别强调要发挥社会治安资源的“社会协同”的积极作用，根由是“社会治安资源具有客观实在性和广泛性，对其进行合理地开发、整合与利用，既是公安工作可持续发展的动力，也是社会治安防控体系建设取之不尽、用之不竭的源泉”。④

“社会协同”的社会资源，并不仅仅指“社会组织”或“民间社会组织”，它包括市场化的保安力量与社会化的治安防范组织。市场化的保安服务企业既是新型服务企业，又是民间治安防范组织，是协助公安机关维护社会治安的一支重要市场力量。要继续以保障客户安全为企业经营指导思想，坚持以“社会效益第一、经济效益第二”的原则开展保安服务业务，在社会治安防控体系中发挥社会治安保障的重要组成部分与维护社会治安的重要辅助力量的作用。

社会组织参与社会管理，是社会转型的必然要求。在当前的社会转型过程中，我国社会结构已发生了巨大变迁，群体分化加剧，由此导致社会公共需求的多元化。同时，政府职能也处在转变中，政府转移和剥离出来的职能需要新的载体来承接。因此，在现代社会，“培

① 邓小平文选(第3卷)[M]. 北京：人民出版社，1993：284.

② [英]罗伯特·雷纳. 警察与政治[M]. 易继苍，朱俊瑞译. 北京：知识产权出版社，2008：11.

③ 林超群. 长效社会治安防控体系基于民力资源充分开发[J]. 广西公安管理干部学院学报，2003(1)：1.

④ 王兵. 浅谈社会治安资源的整合与利用[J]. 公安学刊，2007(6)79.

育和发展社会自治和自我管理能力，不断扩大社会自治和自我管理的社会空间，是推动社会管理体制现代化的重要环节”。① 社会化的治安防范组织是社会治安防控体系中一支重要的社会力量，在构建治安防控体系中发挥着独特的、不可替代的作用，可以整合广泛的民间力量，加强对社会治安中不稳定因素的预防和控制，维护社会治安秩序。因此，要强化治安防范组织社会管理和服务职责，加强自身建设、增强服务社会的能力，积极参与社会管理和公共服务，发挥协调利益、化解矛盾、排忧解难的作用，共同创建良好的社会治安环境。

**(四)民众是社会治安治理的基本主体**

群众路线是党的生命线和根本工作路线。基于“警力有限，民力无穷”以及“产生犯罪的根源在社会，抑制犯罪的基础也在社会”的现实，依靠群众维护治安秩序，组织与发动群众参与治安防范，是我国公安工作的特色和优势所在，是做好公安工作的基本途径。而且坚持“公众参与”，发挥其社会治安治理的基础作用，符合善治要求和法治精神。善治理论认为，“没有公民的积极参与和合作，至多只有善政，而不会有善治”。② 我国《宪法》明确规定：中华人民共和国的一切权力属于人民。人民依照法律规定，通过各种途径和形式，管理社会事务。可见，公众参与社会管理，是党的全心全意为人民服务的根本宗旨与人民群众为自己创造美好幸福生活的强烈愿望有机统一的具体体现。社会治安是一个系统的有机整体，虽然由公安机关主导，但本质的力量在于民众，民众是社会治安治理的根本实现力量。民众参与社会治安治理，不但是缓解社会治安任务繁重与警力不足这对矛盾的需要，更是适应日趋复杂的社会治安形势变化而群防群治工作弱化问题的需要。当下，要推进与实现社会治安治理能力现代化，务必要更好地发挥民众参与社会管理的基础作用，着重健全公众参与社会治安治理政策的参与机制，健全重大事项集体决策、专家咨询、社会公示与听证、决策评估等制度和机制；增强公众的参与意识，提高参与能力，并为民众参与社会治安治理搭建更多更好更方便的平台等。

## 二、治安主体间的相互关系

从系统论角度看，治理作为一种结构，是以其中的要素或角色及其相互关系为内涵，每一个要素都是能动的主体，都赋有先天的主体责任，它们之间的关系永远处于互动的状态。公共安全事务关系到社会公众的安全需求，是社会每个成员应有的责任，不仅仅是政府和警察部门的事情。不同主体之间要完成社会治安治理工作的分担与合作，务必要明确各参与主体的责任划分，防止在具体的社会治安治理事务中出现推诿、转嫁风险问题。其中包括警察部门与社会组织的责任划分问题；保安服务业等市场警务主体与警察在安全服务业务的界限以及民众应履行的治安义务等问题。要构建一种“一主多元”式的治安治理结构，以公安机关为主导，引导市场和社会力量参与社会治安治理工作，形成一套行之有效的治理体系，保证治安治理社会化的有效开展。

在多元警务中，各参与主体之间不是行政单位中的上下级领导关系，而是分担与协作关系。面对社会治安治理的现实，无论是警察还是其他任何一参与主体都不可能独立解决治安问题，而要遵循十八大提出的“加快形成党委领导、政府负责、社会协同、公众参与、法治保障的社会管理体制”要求，摈弃“公安治安”的治理模式，培植“社会治安社会管”的理念，

① 李培林．创新社会管理是我国改革的新任务[J]．人民日报，2011(2)．

② 俞可平．全球治理引论[J]．马克思主义与现实，2002(1)：24.

整合各种社会治安资源，“实行治安工作社会化……更好地推进大治安战略发展”①。这种合作式的协作关系直接导致的是公安不再大包大揽所有的治安问题，而是把重心放在整个治安防控体系的建设以及对各参与主体的有效引导和控制上来。在思想上接受市场和社会组织，在政策上支持市场和社会组织。引导和扶持市场及社会组织在政府和人民需要的领域充分发挥积极作用。各种“非警务系统力量”也要正确认识自己在社会治安治理中的作用，积极发挥其自身的优势，弥补政府缺位错位所造成的社会发展缺陷，在多元社会治安治理中发挥重要作用。

目前来看，“发挥多元治理主体在国家治理中的作用，形成治理合力是必要的，但应对如此复杂的风险社会，必然要有拥有超强资源整合能力和意志凝聚能力的组织承担核心行动者的角色”。② 在社会治安治理主体结构中，执政党与政府处于核心地位，发挥着领导核心作用，政府与公安是决策者与执行者之间的关系，是咨询者与被咨询者之间的关系。需要指出的是，尽管现行公安体制是“统一领导，分级管理，条块结合，以块为主”，也就是说，当地政府对公安机关有调配权，但政府应恪守“有限政府”理念，滥用或“借用”警力来进行非警务活动。就社会治安治理而言，其职守应是树立“大治安”观念，注重“软性平安”建设，消解矛盾滋生与积聚，充分激发政府力量、市场力量和社会力量的活力，并明晰政府与市场及社会组织的边界，促进政府与市场供给组合的最佳化，“加快形成党委领导、政府负责、社会协同、公众参与、法治保障的社会管理体制”，体现多元共治的价值理念，根除社会治安治理中的行政傲慢，与多元社会治安治理主体共同开展行动，维护社会稳定大局。

“良好的社会治理机构，需要各治理主体既保持相对的自主性和独立性，又能够通力合作，形成一种和谐有序、自律自治的制度化治理机制。”③公安机关作为治安管理的专门机关，不仅对管控社会治安形势、打击违法犯罪有着当仁不让的责任，而且有引导市场参与安全服务、指导社会力量组织群防群治的义务和优势。如就保安服务业的发展而言，保安体制机制改革后，安机关的角色从“运动员”和“裁判员”的角色转换为“守夜人”。如何适应这一变化后的新形势，切实担当起监管责任，履行好监管职责，维护保安服务市场自由、公平竞争秩序，促进保安服务业健康发展，是摆在保安监管部门面前的一项主要任务。可以说，各级公安机关能否依法加强保安监管工作，积极规范保安服务市场秩序，是中国保安行业健康发展的根本保证。为此，公安机关要全面贯彻《保安服务管理条例》和有关法律法规要求，进一步规范保安经营许可、备案和保安员资格考试发证、市场监督、案件查处等工作，做到依法、文明、规范和公开、公正执法，该许可的许可，该备案的备案，鼓励、支持一切合法的保安服务活动。但与此同时，保安服务业作为治安治理的市场化主体，应该坚持市场导向，提供安全产品和服务，满足多层次的治安需求，服务于维护社会治安稳定工作。社会化治安防范组织是治安治理最广泛的群体，一方面要通过加强内部建设与推动外部环境优化和充分利用外部资源等途径，更好地参与社会管理(从加强内部建设的角度来看，社会组织要建设规范的组织体系和形成准确的组织定位；从外部环境优化和外部资源利用的角度来看，社会组织要寻求有力的社会支持，并推动服务机制的建构积极进行自卫互助、主动与公安机

---

① 张兆瑞．警察哲学——哲学视域中的警察学原理[M]．北京：中国人民公安大学出版社，2008：50.

② 沈承诚．不可过分强调治理主体多元化[J]．理论导报，2014(9)：17.

③ 肖文涛．社会治理创新：面临挑战与政策选择[J]．中国行政管理，2007(10)：107.

关合作，加强治安防范，形成强力有效的防范网络)；另一方面，公安机关也务必加强指导与督促，使这些组织不至于游离于政府监控之外而出现治安管理的盲点，充分调动各种民间防范组织的积极性，建立和维护良好的社会治安秩序的同时，为经济发展提供良好的社会环境。

## 第三节　治安主体结构的优化与建构

多元社会治安治理模式的成效，势必受多种环境条件的制约，如政府角色转变度，市场发育程度、有关法律法规的完善等。然而，“尽管有不完善的政府，不完善的市场和不完善的社会，但我们是在完善的多中心治理模式中作出选择”。① 治安主体是一个多元的治安治理主体体系，多元主体充分发挥作用的关键是整个系统结构的优化与合理建构，只有这一治理网络良好运行，方能形成政府、市场、社会各方力量有效合作的治理格局。

### 一、治安主体结构的优化

有学者指出，“在当下的中国，以治理主体的多元化和治理结构的网络化为基础，渐进实现治理制度的理性化、治理手段的文明化与治理技术的现代化，大力推进国家治理体系与能力的现代化，最终达成民主、法治而有效的国家治理，是未来十年中国国家治理与政治发展的蓝图与愿景”。② 笔者以为，这也是治安治理主体建设的方向与指南。为此，我们不仅要抓住完善政府主导多元治理模式的核心问题——建立和完善相应的制度规范，还应着重在以下诸方面作出努力。

**(一)培育和引导非警察力量的发展**

多元治理理念变革的实质是在社会治理的视角下承认非警察力量在维护公共安全与秩序中的作用。因此，以维护社会安定团结为主要目标的社会治理务必重视各种非警察力量的建设，包括市场化的保安人员队伍建设、企业事业单位治安保卫人员队伍的建设、各种自治组织与力量的建设以及各种警察辅助力量的建设。它们是警察预防和控制功能的有效延伸。但目前对这些非警察力量人员的培训教育标准低，重视也不够，对政府的依赖性强，独立性不高，规模小、组织程度低、管理不规范等问题较突出。应该从政策、资金、人员等方面积极扶持，培育和引导非警察力量的发展，使其在社会治安服务领域发挥更大的作用。

**(二)有效发挥市场机制在治安治理中的作用**

市场机制下的保安服务业在社会治安治理中具有重要的作用，但我们也必须看到，市场机制并不能有效地提供公共产品和公共服务，期望利用市场机制引导社会资源配置来增加公共产品的供给是不现实的，公安机关务必履行好自己的监管职责，有效发挥市场机制在治安治理中的作用。

1. 建立健全保安监管机构与制度，配齐配强监管力量

为适应形势发展和工作任务的需要，各级公安机关必须建立健全保安监管机构，将年富力强、精通业务的民警充实到保安监管部门，配齐配强监管力量，加大监管工作力度。省、市、县三级公安机关都应当成立专门的保安监管机构。各基层派出所要确定一名副所长专管

① [美]查尔斯·沃尔夫．市场或政府[M]．北京：中国发展出版社，1994：94.

② 唐皇凤．中国国家治理体系现代化的路径选择[J]．福建论坛(人文社会科学版)，2014(2)：24.

保安工作，警务区民警要开展好保安从业单位及其保安员的信息采集录入和监督、指导辖区内保安员做好社区治安秩序维护、安全巡查、开展情报信息等工作。真正形成由省、市、县（区）等各级公安机关共同组成的保安监管体制，构筑自上而下层层有人抓、层层有人管、职责明确、触角广泛、管理严密的保安监管格局。为有效提高保安监管民警的监管工作水平，要建立健全监管制度，明确监管职责，同时组织全体保安监管民警开展常用法律法规培训。保安监管民警必须做到学懂学透《保安服务管理条例》和《公安机关实施保安服务管理条例办法》（以下简称《办法》），并能够在工作实践中熟练应用。同时，还要认真学习《公司法》、《劳动合同法》、《审计法》、《企业事业单位内部治安保卫条例》、《破产法》、《企业国有资产暂行条例》等与保安业务相关的法律法规。

2. 清理整顿规范保安市场

清理整顿保安服务市场工作的重点，是对现行从事保安性质安全防范活动的单位和个人、自建保安机构和未经许可的保安培训机构等，不论是以什么名称、何种形式出现，都要进行一次彻底的清查，依法、按政策进行整顿，对符合《条例》、《保安培训机构管理办法》规定的，要督促其依据《条例》、《保安培训机构管理办法》和行政许可的相关规定，进行申报，经省级公安机关审批后，方可开展保安业务和保安培训工作，并纳入保安行政管理的范围。该取缔的坚决取缔，切实维护保安服务市场的正常秩序。

3. 加强教育，狠抓培训，努力提高保安队伍正规化建设水平

公安机关监管部门要督促保安服务企业把好进入关，厉行资格认定制度，保安服务企业招收保安员，必须经政治审查和身体检查合格后择优录用。同时，要将保安员的基本情况向保安监管部门备案。要指导保安业在吸纳劳动力、扩大就业和强化安全防范方面的作用，把发展保安业与解决社会就业、完善社会保障制度统筹考虑，鼓励保安服务企业从下岗失业、城市低保人员和农村青年中招收保安从业人员。同时，要抓好教育培训。依据公安部《保安服务操作规程及质量控制》，参照人民警察的培训标准，按照全员培训的要求，抓好保安企业管理人员和保安员的教育和培训。

**（三）推进治安主体管治社会治安的法治保障**

法治是治国理政的基本方式，是善治的基本要求。传统的社会治安综合治理工作体系是使用计划经济的手段把各种治安工作资源进行统一调度，要求企事业单位、人民团体等与政府部门等共同承担治安责任，社会治安综合治理委员会主要通过党的权威来协调、调度各种治安工作资源，缺乏法律的约束与保障，是典型的以权威政治而不是以法治权威作为组织保证的做法，因而难以得到相关方面的充分支持。而“多元社会治理模式的运行是以法治为基础的，强调运用法律调整手段把政府行政机关的行政权限、方式和程序用法律手段固定下来，把政府与企业、政府与公民之间的权力和义务用法律手段固定下来”。① 事实上，从社会控制理论来看，法律也是社会控制的最终有效工具，“所有其他的社会控制手段只能行使从属于法律”②。

因此，施行“法治行政”是破解公安机关在综合治理中唱独角戏问题的根本出路，是形成“一主多元”良性共治局面的基本保障。为此，一方面应加强非政府治安治理主体参与社

---

① 孙晓莉．多元社会治理模式探析［J］．理论导刊，2005（5）：8.

② ［美］罗斯科·庞德．通过法律的社会控制——法律的任务［M］．沈宗灵，董世忠译，上海：商务印书馆，1984：89，24.

会治安治理领域的立法工作，建立和完善社会组织管理法律法规体系，明确民间社会治安防范组织的地位、作用、权利、义务，保障其合法权益，规范其行为，解决合法性与威望缺失问题；另一方面应在国内法制的基础上建构政府与非政府治安治理主体的法制化关系框架，切实做好社会组织的培育发展和监督管理工作，形成科学有效的权力制约和协调机制，确保社会治安治理体系的法治化、科学化与规范化，实现具有中国特色的社会治安治理体系。

**（四）提高治安主体系统构成要素本身的质量**

系统论认为，任何一个系统都是由相互作用的若干要素或子系统组成的复合体。因而尽管系统的效能主要不是取决于每一要素，而是取决于系统的结构整合。但是，高质量的要素的合理结合所形成的结构必定具有更大的功能。就多元治安治理主体而言，每个主体成员既是治安治理群体中相对独立具有能动性的实体，又是该群体中的一个“细胞”或组成部分。系统构成的各主体成员的质量直接影响着治安主体系统的效能发挥。因此，要构建高效的多元主体系统结构，必须不断优化各构成要素本身的质量。公安机关要着力打造高素质的公安队伍、科学施行警务机构重组、建构快速反应机制、建立通畅快捷的信息分享平台、强化对非治安行政主体的业务指导与监管等；保安行业一方面要果断从公安机关的“襁褓”中脱离出来，树立市场意识、法制意识、竞争意识、质量意识、品牌意识、创新意识，走现代企业制度发展之路，另一方面要承袭传统，在追逐经济效益的同时更加注重社会效益，强化行业自律管理和服务等；社会化的社会治安防范组织要不断完善内部治理结构，增强组织公信力等。伴随着各构成要素的质量提升，不仅能使主体系统结构运行更加协调和适应，还能大大提升整个系统结构的效能。

## 二、治安主体结构的建构

“国家治理体系的有序推进和治理能力的全面现代化，其关键点终究落在形成政府、市场与社会三者的有效互动上，核心在于不仅要充分完善和发展三者的制度、机制建设，更在于通过改革和完善体制机制，发挥三者合力所带来的治理效应。”①也就是说，治安主体多元化效能的整合，核心是如何有效组织和协调政府、市场、社会三大力量的关系，发挥各主体在社会治安治理中的积极作用。对于治安治理主体体系的建构而言，要在“群防群治”理念的指导下，有效整合治安治理资源，形成政府、市场、社会各方有效合作的治安治理格局，应着重加强以下三个方面的建设，方能建构好“一主多元”式的社会治安治理主体结构。

**（一）凝练价值共识取向**

治理体系包含有三个层面，即价值体系、制度体系与执行能力。因此，尽管十八届三中全会强调的是后两者，即“推进国家治理体系和治理能力现代化”，但不言而喻，还需要有价值体系的指引。同理，治安治理主体在进行社会治安治理进程中，也应注重潜在的“价值体系”的作用，凝练价值共识取向。

治安治理主体的建设有赖于公众对公共环境建设的认同和共识的形成。长期以来公众早已习惯免费、无偿享用公安部门一家提供的安全服务，而无需考虑更多额外付出。市场经济时代，安全环境的建设完全可以作为商品要素参与到市场的流通中，不仅要让公众逐渐了解到珍惜安全环境的重要性，还要让其认识到“原则上，所有人都从秩序中绝对获益，但所有

① 何翔舟，金潇．公共治理理论的发展及其中国定位[J]．学术月刊，2014(8)：133.

人也要为秩序的建立付出努力和代价。"①各治安主体必须认识到社会治安治理主体结构是一个立体网络结构而不是线性结构，治安治理是一个多元互动的治理过程，需要各治安主体通过合作、协商、伙伴关系，共同，实施社会治安治理。为此，要强化社会治理主体多元化理论认知，激发多元主体从维护自身利益的角度去努力维护治理网络，凝练价值共识取向，在治理理念上实现从"索取"到"服务"的转变，在治理主体上实现从单方到多元的转变，在治理方式上实现从唱独角戏到协作的转变。

**(二)构建协同型的责任主体**

按照权力的行使必然伴随着责任的规定之逻辑，在治理背景下，权力主体多元化带来的必然结果就是责任主体的多元化，原来由政府单一主体承担的公共责任被分散到更多主体之中，共同治理要求权力主体共同承担治理责任，这样，责任也就在多元主体间发生扩散，产生"责任边界的模糊性"问题，出现权利冲突和问责困境，最终导致"治理失灵"。

美国威斯康星大学教授凯特尔指出，"治理是政府与社会力量通过面对面合作方式组成的网络管理系统"。② 社会治安的治理与维护不仅仅是政府的责任，也应该是社会的责任。在多元治理主体结构下，各主体能否有效地进行合作，关键在于多元主体之间能够根据组织化制度和工作能力，形成一种责权对等、制度化的多元治理框架，即在明确各行为主体权责关系的基础上，在多元参与主体之间实行统分结合的责权分配。问题是，究竟应怎样来分配责任担当呢？对此，多中心治理理论提出两种责任承担模式：一种是将责任分配给较大的管辖单位或权力主体，从而扩大责任主体的规模，建立逐级负责的责任供给模式；另一种是委托，中央或区域政府将某种服务委托给地方政府，或者政府委托社会组织和私人部门提供，建立多层级的责任分担模式。这两种责任承担模式对"一主多元"共治式的治安治理主体责任承担划分具有借鉴作用，但基于社会治安治理本身是一个多元主体合作的过程，因而构建协同型的责任主体似乎更贴近实践。

事实上，"一个包含着多元治理主体的治理体系在结构上是具有高度的灵活性的，这种灵活性同时也意味着治理主体能够真正转化为责任主体，从而使整个社会治理体系彻底根除贝克所说的一种'有组织的不负责任'的状况"。③ 但这只是问题的一方面，另一方面，多元主体参与到社会治安治理这一"集体行动"中，权力被共享的过程也是责任扩散的过程，责任扩散既意味着更多治理主体将承担治理责任，还意味着所有的治理主体都不会承担全部的共治责任。如此，倘若多元主体之间逃避与推卸责任，则多元共治只能成为一种政治观念。因此，构建一种"不是以政治的观念来对待公共利益，而是以道德原则来诠释公共利益，把公共利益的内容及其实现途径作为行为的道德标准"④的协同型的责任主体，方能真正彰显多元治安主体结构的效能。

**(三)创建多维合作机制**

美国社会学家弗朗西斯·福山指出，"控制犯罪的最佳形式不是一支具有镇压性的警察

---

① 张立平．对秩序的忧虑——评弗兰西斯·福山的《大分裂：人类本性与社会秩序的重建》[J]．美国研究，2002(2)：145.

② Donald F. Kettl，Sharing Power：Public Governance and Private Markets. Washington，D. C.：Brookings institution，1993. p. 22.

③ 朱晓红，伊强．论社会治理的多元主体结构[J]．学习论坛，2007(8)：54.

④ 张康之．公共管理伦理学[M]．北京：中国人民大学出版社，2003：196.

力量，而是这样一个社会，即首先使年轻人适合于社会生活，遵守法律，并通过非正式的社区压力将违法者引回到社会主流中去”。① 社会治安治理是一个复杂的系统工程，单靠某一个或某几个部门往往难成“大业”，务必注重治理的系统性、整体性、协同性，形成多维合作机制，否则难以形成良性推进格局。是故，党的十八届三中全会提出实现系统治理，加强党委领导，发挥政府主导作用与市场在资源配置中的决定性作用，激发社会组织活力，鼓励和支持社会各方面参与，实现政府治理和社会自我调节、居民自治良性互动。

由于“治理不是一种正式的制度，而是持续的互动”②，“治安治理参与主体之间存在一定的权力依赖。这里的权力依赖有三层含义：一是参与治理的主体必须依靠其他组织；二是参与治理的主体之间存在资源交换和谈判协商；三是参与治理的主体之间不仅交换资源，还要通过协商制定行动规则”。③ 因而社会治安治理结构就必须具有包容性与开放性，多元化的治理主体之间要能根据社会治安治理内容的多样性和差异性，通过功能性的合作和互补而把整个社会治理成一个和谐的社会。比如，在多元主体结构中，公安部门的性质让其在处置突发、高发的案件中具有不可替代性，但是涉及民间纠纷、群体民生诉求上却手段不多。社会组织与民众因不具备公安部门的强力手段而难以施行公共安全治理，但他们却在社会矛盾内部消化与吸收上具有独特解决方法。可见，治安多元主体在治理体系中都存在不足之处，唯有相互之间的合作、协商才能达到和实现治理目标。

---

① ［美］弗朗西斯·福山．大分裂：人类本性与社会秩序的重建［M］．刘榜离译．北京：中国社会科学出版社，2002：33.

② 俞可平．全球治理引论［J］．马克思主义与现实，2002(1)：22.

③ 焦俊峰．论治安治理理念及其实现途径［J］．中国人民公安大学学报(社会科学版)，2010(1)：21.

# 第五章　客体结构及辨析

## 第一节　治安客体概述

社会治安是一个与社会诸多方面有关联的社会子系统。我们对社会治安运行结构和运行机理等问题的研究，离不开对其客体的解析。一定意义上说，治安客体研究更具有本源性，因而治安客体是治安学研究的基本问题之一。

### 一、治安客体的概念界定

要界定什么是治安客体，首先必须确认界定的语境，即在什么背景条件下界定治安客体概念。这里，我们分别从两个层次的背景条件界定治安客体：一是把治安客体放到社会治安运行大系统中解析；二是把治安客体放到社会治安主体治理和管理体系中解析。

**（一）社会治安运行系统中的治安客体**

在社会治安运行系统中，治安客体是与治安主体相互对立、依存，并在一定条件下可以相互转化的社会负能量。

社会治安是一个与社会诸多方面有关联的社会子系统。我们习惯于把社会整体运行解析为经济、政治、文化等各种系统运行的有机组合，而把社会治安理解为社会经济、政治和文化的表现和附属品。事实上，从人类社会发展历史看，社会治安作为人类社会存在的一种基本形式，甚至早于社会政治、经济和文化出现，并始终与人类社会相伴。既不存在没有治安的社会，也不存在没有社会的治安，社会治安是人类社会“健康状况”的晴雨表。人类社会始终在治与乱的交替中存在和发展，尽管治与乱的原因千差万别；治有利于稳定发展，乱破坏稳定发展，甚至导致倒退和毁灭，尽管许多种乱滥觞于治。按照这样一种观察和理解，社会治安与社会经济、政治和文化等社会存在的关系就不那么简单了。我们可以确信，社会治安是一个与社会诸多方面有关联的社会子系统。在传统学科研究领域，社会治安被分割到政治学、法学、社会学、管理学等领域，虽然有着长期的研究历史，却一直没有成为独立的研究领域和学科。但正是由于有这样长期和多样化的研究，使社会治安的存在和独特属性得到了证实和多重角度的解释，为治安学的构建和发展积淀了丰厚的基础。

在社会治安运行系统中，治与乱是相互对立和依存的矛盾体中的两极。对人类社会稳定运行和文明发展起推动、促进作用的社会正能量，也即致治的一切因素都被称为治安主体；对人类社会稳定运行和文明发展起阻碍、破坏作用的社会负能量，也即致乱的一切因素都被称为治安客体。正能量与负能量本是物理学名词，现在引申为具有感情色彩的对立双方。正能量表示积极的正面因素的集合，负能量表示消极的负面因素的集合。由于社会致治与致乱原因非常多样和复杂，这些集合因素也非常多样和复杂，既包括思想和理论层面的，也包括习俗和制度层面的，还包括情感和行为层面的。治安客体和治安主体的相对性是有条件的，条件的改变会引起相互转化。

**（二）社会治安主体治理和管理体系中治安客体**

在社会大系统中，社会治安作为重要的社会子系统对社会整体和其他各子系统良性运行的基础保障作用非常明显。也就是说，社会经济、政治和文化等各子系统以及整个社会大系统的正常运行，有赖于社会治安子系统提供安全稳定的社会环境，这种安全保障是社会正常运行的基础。治安防范和控制以及严厉打击严重刑事犯罪活动，都是为满足这种社会安全保障性需求而进行的。因而从治安主体与客体在社会治安系统中的作用关系看，尽管治安客体具有先决性，治安主体主要处于应对治安客体变化的地位，但是，就整体而言，由于治安主体的能动性、主动性和握有国家权力等资源，治安主体与客体之间是不平衡的，治安主体通过专门的综合治理和管理体系以及刑事司法体系，始终把握着社会治安系统的控制权，并按照统治者的意愿制定治安主体与客体之间关系的相关规则。所以，就具体社会治安系统来说，主要是治安主体控制的格局，也即治安主体能动治理和管理治安客体的格局。

由于社会致乱原因多样和复杂，作为治安客体的集合因素也非常多样和复杂。不仅包括多个层面，还包括现实与历史、主观与客观、直接和间接、主要和次要等类型的因素。从治安主体能动性的治理和管理角度看，不留死角、全方位地作用于治安客体是非常必要的。但是，事实上由于各种原因，特别是法律制度的规范，治安主体对客体治理和管理的范围是有限的，特别是用强制手段管控的范围更为有限。根据我国宪法和法律规定，犯罪和违法的行为事实是对其认定的唯一根据。因此，从法律层面看，犯罪和违法是治安客体的核心性因素，是社会治安主体治理和管理体系中治安客体的核心因素。

社会治安主体治理和管理体系是指治安主体针对犯罪和违法进行预防、控制和打击的有机整体，包括法律体系、组织体系、职能体系、对象体系、方法体系、技术体系、评估体系等。其中对象体系即是以治安客体的核心性因素犯罪和违法为中心的有机整体。其主要内容有三个方面：犯罪和违法行为、犯罪和违法行为构成的物质要素、犯罪和违法行为构成的主观要素。犯罪和违法行为在社会治安主体治理和管理体系中居于核心的地位，是所有构成部分存在的根据，也是其构成物质要素和主观要素的基点。

在社会治安主体治理和管理体系中，治安客体是犯罪和违法行为及其构成的物质要素和主观要素。

## 二、治安客体的基本属性

**（一）本源性**

从社会治安系统主客体双方相互关系来看，社会治安客体更具有本源性，即总体上治安客体的存在与变化决定着主体的适应性存在和变化，治安主体对治安客体的新变化基本上持跟进而后破解的节奏。但是，并不能因此说治安主体对治安客体完全处于被动、应对的地位，完全随治安客体的变化而变化。事实上，治安主体在能动地掌握社会治安客体变化及社会治安系统运行规律的基础上，能够能动地预测和预防治安客体的新变化、新变种，防患于未然。

**（二）社会危害构成性**

社会治安客体作为社会治安系统中的负能量，以及犯罪和违法行为及其构成的物质要素和主观要素，对社会治安以至于整个社会大系统的危害性影响是巨大的。古今中外，没有哪个人类社会不受深刻其影响而不得不建构起庞大的应对、管理、打击和惩治的国家体系。整体上看，社会治安负能量是社会治安安全稳定的破坏性能量，其社会危害性和危害构成性是其基本的属性。犯罪和违法行为的社会危害性是具体的、直接的，是社会危害构成的核心性因素；其构成物质要素和主观要素则不仅是其行为本身的构成要件，也是社会危害构成的必不可少的构成要素。

### 三、治安客体的研究价值

#### (一) 治安客体研究的实践价值

社会治安作为人类生活的社会生态系统之一，其安全稳定的状态对于国家和地区的经济发展、社会繁荣和政治稳定意义重大。尽管它们之间的相互关系非常复杂，但在安全稳定的社会生态环境中温和地渐变式地发展经济、繁荣社会和推进政治文明，是符合最广大人民群众利益和愿望的社会发展方式。研究社会治安客体的根本目的，就是研究社会治安系统中具有本源性的因素对社会治安及其发展变化的影响机理和规律，破解社会治安治理和管理的难题，为国家进行社会治安治理和管理提供理论支撑和智力支持。从这个意义上讲，治安学是社会治安运行机制和规律及其治理和管理的“说明书”。

#### (二) 治安客体研究的理论价值

治安客体理论是治安学不可或缺的组成部分。由于治安客体的本源属性，治安客体研究在治安学研究中的地位非常重要。它既是治安学基本理论研究的重要组成，也是主体理论研究和对策理论研究的基础。作为一种理论工具，治安学从国家、社会、区域、群体和个人具有普遍意义的角度，以公共和个人的基本安全与秩序为出发点，研究人类社会“治乱安危”现象的历史、现实和未来，研究其原因、规律和对策，研究人类社会运行过程中出现的安全与秩序“故障”和解决方案，研究国家警察机关依法维护社会安全与秩序的行政管理活动，研究满足无处不在、已经融入社会所有人生命中的生存安全需求、健康安全需求、生活秩序需求和工作秩序需求，多角度、多层面、综合性地融汇和展现相关学科在“治安需求”方面的内在关联，在学科林立的夹缝中构成独特的研究对象，形成系统的概念体系。

## 第二节　治安客体的结构

### 一、治安客体结构的概念

结构，是指元素和构件相互结合、组合以及编排组成事物整体的方式或秩序。通过分解事物得到对事物整体的认识称为解构；通过组建得到特定的事物整体功能称为建构。解构和建构是我们认识世界和改造世界的基本方式和方法。因而结构既是事物的存在和运动状态，也是人们对事物的理解和创造，在物质世界和意识形态世界得到广泛应用。

治安客体结构是指治安客体系统内部各组成要素和构件之间的相互关系和相互作用方式。在社会治安系统中，治安客体也是一个子系统，是由部分构成的整体。治安客体子系统由相互关联的治安客体元素和构件构成。元素是指从研究系统的目的看不需要再加以分解其内部构造的基本成分。例如，一起恶性交通事故中的违章驾驶员、带病上路车辆和未达标的公路等，这些便是这起事故中治安客体系统中的元素。由多个元素构成的具有一定功能的元素集合称为构件。如违章驾驶员和带病上路车辆组成一个事故构成的构件。

## 二、治安客体结构的依据

根据系统的整体性原理，治安客体作为一种破坏性的负能量，在社会治安系统中，其对社会安全稳定的危害性(功能)是呈整体性表现的，即集中表现为法律禁止的犯罪和违法行为。因而犯罪和违法行为不仅是治安客体的基本构件之一，同时也是关联和连接治安客体其他元素的核心和纽带。也就是说，对危害社会的犯罪和违法行为建构起积极作用的因素，都属于治安客体的元素范畴。

尽管每一个具体的犯罪和违法行为的构成因素千差万别，但是就整体而言，犯罪和违法行为的构成因素是有共性的，构成方式也是有规律可循的，这已为犯罪学等学科的研究成果和实践所证实。治安客体结构的研究，就是以治安客体的核心构件——犯罪和违法行为及其构成规律为基本依据的。立足于这样的基准点研究社会治安客体及其与主体的相互关系，以及社会治安整体的运行，乃至社会治安运行对整个社会运行的作用和影响，是治安学的研究视角和基本逻辑。

## 三、治安客体结构的形式

因研究范围、层次、视角的不同，治安客体系统内部各组成要素和构件之间的相互关系和相互作用方式或被整体阐释或被分解描述，形成了关于治安客体结构形式的理论模型和假设。

### (一)治安客体整体结构

社会治安客体整体结构是以直接影响社会治乱安危核心要素为中心的生成性、层次性结构。

回望历史，人类社会的治乱安危千变万化、风云诡谲，其形成的原因、影响的因素复杂多样，不可胜数，几乎没有不与治安相关联的事物。历史与现实、必然与偶然、物质与精神、国家与社会、政治与经济、文化与习俗、家庭与个人、贫困与富裕、仇恨与爱情、需求与欲望……然而，所有的复杂原因和相关因素对社会治安发生作用和影响，都必须通过实际的、物质的形式实现，即必须通过直接影响社会治乱安危的核心要素——行为来实现。从客体的角度看，这个行为就是危害社会治安的犯罪和违法。以直接危害社会治安核心要素——犯罪违法行为为中心、并关联其他相关因素的生成性、层次性结构可以被看做是社会治安客体的整体结构形式。

把犯罪违法行为确定为结构的中心，还因为从主体的角度看，犯罪违法行为及其直接构成因素，是众多生成因素和条件中最基本的、可控制的因素和条件。根据犯罪违法行为生成因素和条件的性质，以及主体对其实际的可控性，对犯罪违法行为生成因素和条件进行分类、排序、组合，就形成了社会治安客体整体结构的层次形式。由于分类、排序、组合不同和变量影响，社会治安客体整体结构会有一定的自适应调整，但都是以犯罪违法行为为中心的变化，具有较稳定的特性。这也为我们研究社会治安客体和社会治安整体提供了基础和条件。

从主体对客体能动作用的需要看，治安客体的物理结构和法理结构是最重要的两个结构形式。

### (二)治安客体物理结构

治安客体物理结构是以犯罪违法行为为中心，以其构成的物理因素和条件组合、编排的结构形式，包括空间、时间、行为人、行为对象、工具和其他事物等。从治安治理管理角度讲，由于这些物理因素和条件是构成犯罪违法行为必不可少的构件，因而成为治安主体治理管理的具体对象。如公共复杂场所、特种行业、重点人口、危险物品、治安纠纷等。治安客体物理结构的核心是犯罪违法行为，集结其他要件的向心力是行为构成。与犯罪违法行为构成没有关联的物理因素和条件，就不属于治安客体的范畴。

治安客体与治安主体治理管理的对象在概念上不能等同。对象是具象的、表示具体事物的概念，是指构成治安客体的物质构件。治安客体是抽象的、表示与主体相对的概念，是指构成治安客体的所有构件。治安客体是集合概念，是对所有对象的“一言以蔽之”；对象是非集合概念，是治安客体概念下的具体种类。这样理解的必要性，不仅在于治安学理论构成的层次性表达需要，而且在于完善治安学客体系统结构理论的基本概念，促进治安学客体研究的科学发展。

**(三)治安客体法理结构**

治安客体法理结构是以犯罪违法行为为中心，以其构成的法律条件组合、编排的结构形式。包括行为构成的主体、主观方面、客体、客观方面等。从犯罪违法行为的法律认定角度讲，这些因素和条件都是构成犯罪违法行为必不可少的法律构件。如行为人的法律责任年龄和法律责任能力，行为人的目的和动机，行为侵害的法律关系以及行为实施的具体过程等。

从犯罪违法行为主体、主观方面、客体、客观方面把握治安客体的构成条件，不仅可以将对社会治安生影响的纷繁复杂的各种社会因素进行是否属于法律范畴的定性区分，而且可以将属于法律范畴的犯罪违法行为进行定性区分和危害程度的定量区分。在实际工作中，治安主体应准确把握犯罪违法行为主体、主观方面、客体、客观方面，从而科学区分和区别对待治安客体及其各种构成条件，防范可防范治安客体及其构成要件，控制可控治安客体及其构成要件，影响可影响治安客体及其构成要件，转化可转化治安客体及其构成要件，多层次、全方位、立体化综合治理治安客体。

## 第三节　治安客体与主体的关系

在社会治安运行系统中，客观存在相互对立、矛盾，又相互依存、互为条件，还可以在一定条件下相互转化的正、负两大社会能量。在不同的历史时期和社会结构中，这两大社会能量的涵盖范围、具体内容和变化条件有一定差异，而且随时代和社会的发展变迁而变化，甚至发生一定的相互转化。因而，就两者的关系而言，在哲学层面可以表述为对立统一关系。无论在永恒的运动状态还是在相对静态的时空解析治安主体与客体之间的关系，也同样适用对立统一规律。

### 一、治安客体与主体的对立统一关系

中国古代道家经典《易经》用阴和阳两种对立力量的相互作用解释事物的发展变化。近代德国哲学家黑格尔以唯心主义的方式系统地表述了关于对立统一的思想，认为是矛盾推动着整个世界。马克思主义唯物辩证法批判地改造和吸取了哲学史上特别是黑格尔的合理思想，深入地揭示了对立统一规律，并给予了科学的论述。

**(一)治安主体与治安客体的对立**

唯物辩证法认为，在由对立面构成的矛盾体中，对立面的斗争是绝对的、普遍的和无条

件的，是矛盾运动中活跃的、能动的方面，它能够打破各种条件的限制，并能创造矛盾发展所必需的新条件。列宁指出："对立面的统一(一致、统一、均势)是有条件的、暂时的、易逝的、相对的。相互排斥的对立面的斗争则是绝对的，正如发展、运动是绝对的一样。"①社会治安系统的运行也是由治安主体和治安客体之间的矛盾运动推动的。在这一矛盾体中，社会治安客体作为矛盾本源性的一方，不断滋生、蔓延、变种，对社会安全稳定和文明进步不断构成威胁，迫使治安主体为满足日益增长的社会治安需求，能动地对治安客体防范、控制、打击和改造，从而形成治安主体对治安客体永恒的对抗与斗争。

探究治安客体不断滋生、蔓延、变种，威胁社会安全稳定和文明进步的原因，古今中外社会学家、犯罪学家、法学家等给出了许多答案。美国心理学家亚伯拉罕·马斯洛 1943 年在其《人类激励理论》中所提出的需求层次理论被普遍认可。书中马斯洛将人类需求象阶梯一样从低到高按层次分为五种，分别是生理需求、安全需求、社交需求、尊重需求和自我实现需求。尽管需要层次理论也存在一些缺陷，但在一定程度上符合人类需要发展的一般规律，对探究治安客体原动力和治安主体应对力的产生机理提供了有益的帮助。

**(二)治安主体与治安客体的统一**

唯物辩证法认为的对立面统一的相对性是指它的条件性。对立面的统一性是矛盾运动中相对稳定的、保守的方面。只有当某种特定的条件具备时，对立双方才能建立和保持一种平衡；某种特定的条件消失，对立双方就失去了原有的平衡，斗争加剧。矛盾运动处于相对稳定的状态即事物的量变状态，是对立双方保持相互统一的平衡态；矛盾运动处于显著变动的状态即事物的质变状态，是对立双方的统一处于瓦解中的失衡态。社会治安系统中的治安主体和治安客体之间的统一平衡态，主要表现为治安主体对治安客体威胁社会安全稳定运行可容忍的范围和程度。这种容忍的界限决定于许多种因素，时间、空间、利益、对象、力量、机遇等。常态时，治安主体的容忍界限表现为法律规范的下线，即对尚未超越法律下线的治安客体予以容忍，保持有条件的平衡态；非常态时则比较复杂，有时可以降低容忍条件，有时可以提高容忍条件，有时可以有条件地区别对待。

在唯物辩证法看来，相对和绝对是表现矛盾过程的两个不同的方面，在相对的统一性中包含着绝对的斗争性，绝对的斗争性寓于相对的统一性之中。治安主体与治安客体绝对的斗争性是不断地破坏旧的统一和建立新的统一，使统一成为间断的、相对的。反之，只有统一的间断性、相对性，才能体现斗争的不间断性、绝对性。治安主体与治安客体绝对的斗争性体现着社会治安发展过程中的绝对的变动性，相对的统一性体现着社会治安发展过程中的相对稳定性。唯物辩证法关于矛盾斗争的绝对性和统一性的相对性原理，揭示了社会治安发展变化的辩证过程。正如毛泽东所说："有条件的相对的统一性和无条件的绝对的斗争性相结合构成了一切事物的矛盾运动。"②

## 二、治安客体与主体的相互转化

唯物辩证法认为，自然界和人类社会中一切事物的界限都是有条件的、可变的，任何事物或现象都能在一定条件下转化为自己的对立面。这种相互转化之所以可能，就因为对立面之间存在着矛盾的同一性。对立面相互转化的实现必须具备一定的条件；对立面相互转化的

① 列宁选集(第 2 卷)[M]. 北京：人民出版社，1972：712.
② 毛泽东选集(第 1 卷)[M]. 北京：人民出版社，1976：307.

条件是具体的、多样的，如对立双方性质的转化、地位的转化、作用的转化等，上述诸种转化形式是彼此联系的，并常常呈现相互交错的情形。对立面的相互转化是矛盾斗争的结果。

治安主体与治安客体的相互转化也是如此。其一，治安主体和治安客体作为一种作用于社会治安的社会能量、力量，无论是思想层面的，还是制度层面的以及操作层面的，无论是核心性行为，还是构成核心性行为的要素与构件、影响核心性行为的各种元素，都是在一定的社会历史条件下成为其自身的。虽然我们在整体上能够区分治安主体和治安客体的存在，但是，就具体对象而言，脱离了具体的历史条件，就难以判断其社会作用以及主体还是客体了。其二，治安主体与治安客体在一定条件下可以相互转化。纵观历史，人类社会一次次分久必合再合久必分，一次次由乱而治再由治而乱；平衡态一次次被打破，又一次次被重建。在这个历史过程中，维持社会安全稳定运的力量与破坏社会安全稳定的力量，以及以破坏的方式达到新的安全稳定的力量之间的交错和转换是常态，是社会发展自身矛盾运动的产物。其三，从古至今，以不同的视角、不同的标准看同一个历史对象，其结论可能不同；而以同样的视角和标准看同一种历史对象在各历史时期和发展阶段的作用，其结论也会存在一定差异。认识和理解治安主客体相互转化，对于治安主体科学治理管理社会治安，科学决策和施策具有重要意义。

# 第六章　治 安 制 度

## 第一节　治安制度概述

### 一、治安制度的概念

**(一)制度的概念**

"制度"一词出于《周易·节》:"天地节而四时成;节以制度,不伤财,不害民"、"君子以制数度,议德行",① 其本意是指特定的礼数法度,在中国古代则称为规矩。《孟子·离娄上》中有"不以规矩,不能成方圆",其中的规矩就隐含着约束人们行为并使其不超出一定规范的意思。没有规则(即制度)的约束,人类的行为就会陷入混乱。汉语中"制"有节制、限制的意思,"度"有尺度、标准的意思。这两个字结合起来,表明制度是节制人们行为的尺度、标准。根据辞海的解释,制度至少有两个方面的含义。其一是指"在一定的历史条件下形成的政治、经济、文化等方面的体系"。如:经济制度、文化制度、剥削制度等。再有制度是"要求大家共同遵守的办事规程或者行动准则"。②

在西方,制度大致有三种不同学科领域里的解释:一是政治学中的解释,如霍布斯和卢梭主要从社会契约论的角度去把握制度;二是经济学层面上的,老制度经济学派代表凡勃伦说"制度实质上就是个人或者社会对有关的某些关系或者某些作用的一般思想习惯"。③ 强调风俗、习惯和国家等因素在制度含义中的作用。新制度经济学的代表诺斯则认为"制度是一系列被制定出来的规则、守法程序和行为的道德伦理规范,它旨在约束追求主体福利或效用最大化的个人利益行为","制度提供了人类互相影响的框架,它们建立了构成一个社会,或者确切地说一种经济秩序的合作和竞争的关系"。④ 三是社会学和哲学中的解释,德国著名社会学家马克斯·韦伯认为"一个规范团体行为的制度应该叫做行政管理制度。一个规范其他社会行为并保障给行为者们提供通过这种规范所开创的机会的制度,应该叫做调节制度"⑤而德国当代著名哲学家、社会学家于尔根·哈贝马斯则从对人的行为理性出发把人的交往过程中的行为理性分为目的理性和交往理性,提出"有效的行为协调不是建立在个体行为计划的目的理性基础之上的,而是建立在交往行为的理性力量基础之上",⑥ 因此哈贝马

---

① 十三经(全文标点本)(上)[M]. 吴树平点校. 北京:燕山出版社,1991:69.

② 辞海(缩印本)[M]. 上海:辞书出版社,2010:2454.

③ [美]凡勃伦. 有闲阶级论:关于制度的经济研究[M]. 蔡受百译. 北京:商务印书馆,1964:139.

④ [美]诺斯. 经济史中的制度变迁[M]. 上海:上海人民出版社,1994:225-226.

⑤ [德]韦伯. 经济与社会(上)[M]. 林荣远译. 北京:商务印书馆,1997:80.

⑥ [德]于尔根·哈贝马斯. 后形而上学思想[M]. 曹卫东,付德根译. 南京:译林出版社,2001:60.

斯认为制度是人们交往和互动的必然产物，是人们在追求目的理性的过程中形成的交往共识的体现。

尽管古今中外人们对制度的认识各有不同，但定义制度都离不开规则这一字眼。因此制度最一般的含义是要求大家共同遵守的办事规程或行动准则，为了满足人类的社会需要，在社会实践活动中形成和发展起来的具有普遍意义，比较稳定的规范体系。人们依靠制度来衡量自己的行为。正如诺斯认为的，“制度是个社会的游戏规则，更规范地讲，它们是为人们的相互关系而人为设定的一些制约”。他将制度分为三种类型：正式规则、非正式规则和这些规则的执行机制。正式规则又称正式制度，是指政府、国家或统治者等按照一定的目的和程序有意识创造的一系列的政治、经济规则及契约等法律法规，以及由这些规则构成的社会的等级结构，包括从宪法到成文法与普通法，再到明细的规则和个别契约等，它们共同构成人们行为的激励和约束；非正式规则是人们在长期实践中无意识形成的，具有持久的生命力，并构成世代相传的文化的一部分，包括价值信念、伦理规范、道德观念、风俗习惯及意识形态等因素；实施机制是为了确保上述规则得以执行的相关制度安排，它是制度安排中的关键一环。这三部分构成完整的制度内涵，是一个不可分割的整体。

**(二)治安制度的概念**

社会治安是国家为了维护社会秩序，保障国家安全、公共安全，保护公民人身、生命财产安全等设立专门机关进行的一系列管理活动。因此治安应该属于社会管理的范围。而治安制度应当在社会管理制度的范围内，是一国通过宪法和法律调整以建立和维护社会治安秩序为核心的各种社会关系的规则、原则和政策的综合，以及关系社会治安秩序建立和维护的风俗习惯、道德和宗教等内容。

治安制度具有以下特点：

1. 范围的广泛复杂性。治安制度的广泛复杂性是由国家维护社会治安秩序活动涉及内容的广泛复杂性决定的。人是影响社会治安秩序的关键要素，国家要在不同的生产生活领域设立不同的规则对人的行为进行限制约束，才能形成良好的社会秩序。因此治安制度在设置上就会针对不同的管理对象的特点设立相应的制度进行规范。比如针对不同人员危害性大小人口管理的制度就有，对一般人员的登记、对重点人口重点人员的登记管控、对养犬人文明养犬的规范，对在华外国人的行为限制等。

2. 内容的确定性。治安制度的确定性主要是指尽管治安制度涉及的范围广泛复杂，但是只有那些直接关系治安秩序维护的才属于治安制度的范畴。间接涉及治安秩序维护的制度，不属于治安制度的范畴。比如，一般的民事法律制度。这是治安制度与其他社会制度的根本区别。再有治安制度是具有确定性的规则，它明确告诉人们行为的界限：什么行为是可选的，什么行为是义务的，什么行为是禁止的，以及违反制度要承担怎样的后果。治安制度的确定性给社会成员确立了普遍适用的标准，使人能够对他人的行为产生合理预期，对自己的行为进行正确的安排，是治安秩序形成的基础。

3. 约束对象的普遍性。治安制度约束对象的普遍性是指治安制度不仅针对治安管理的对象，而且也针对治安管理的主体。特别是当前随着我国法治建设进程的加快，国家对治安主体在管理活动中遵守实体和程序法律法规方面的要求更加细化，标准更高。

4. 表现形式的多样性。治安制度会随着时代和社会制度的发展变化发生变化，其表现形式也会针对不同应用领域而不同。从历史发展来看，治安制度先后表现为习俗、宗教、道德、法律等形式；从是否具备正式的形式，治安制度可以分为正式治安制度和非正式治安制度。在同一时代、同一地域，多种治安制度会同时并存，共同为维护治安秩序发挥各自作用。

5. 构成的层次性。一是指形式多样的治安制度有层次之分。风俗习惯是最早出现、最普遍的治安制度；道德比习俗高一层次；宗教是神化了的治安制度，具有极强的自制性；治安法律规范是具有最高强制性、最高层次的治安制度。二是不同时代、不同社会制度下，多层次的治安制度必然有一个主导的、核心的治安制度。比如近现代社会，法律规范是具有主导性的治安制度。三是不同的治安制度其约束力也不同。风俗习惯、道德、宗教是不具有强制力的治安制度，其实施有赖于行为人的自觉，而治安法律规范不同，它具有最高的约束力和强制性，它依赖国家的暴力机器强制人们普遍遵守。

**(三)治安制度的分类**

根据不同的标准治安制度有不同的分类。

按照治安制度内容范围的大小，治安制度可分为广义的治安制度和狭义的治安制度。广义的治安制度是指一切有关治安的法律法规、道德、风俗习惯、宗教等正式和非正式的制度及其实施机制；而狭义的治安制度仅指国家正式颁行的法律法规及其实施机制。作为狭义的治安制度的正式规范又有多种表现：一是法律规则形式，这种形式可以被视为是规范性控制的方式，其特征是具有很高程度的精确性、具体性和明确性。二是原则，保证治安秩序形成的一般性准则，这些原则和规则比较起来所涉范围更广、阐述也更模糊。三是政策，这些政策大多是为实现某一明确的治安管理目标而制定的，是具有一定时代性特征的规定。

按照适用领域的不同治安制度可分为：人口管理制度、公共场所管理制度、特种行业管理制度、道路交通管理制度、消防管理制度、出入境管理制度、危险物品管理制度、安全防范制度等。

按照发挥功能方式的不同治安制度可分为：程序性治安制度和规范性治安制度。程序性治安制度是指通过程序规定来规范治安组织和对象的行为；规范性治安制度又可称为实体性治安制度。主要以行为人的权利义务为内容，通过广泛的社会限制减少危害社会治安的问题发生。

按照具体实施措施治安制度可分为：治安监督制度，治安许可制度，治安强制制度，治安处罚制度等。

**(四)治安制度的形成**

制度就是规定。社会制度简单点说就是对社会的规定。它规定着社会的性质，是一套人们必须执行的强有力的行为规范，是一时期稳定的社会关系。正如亚当·斯密在《国富论》中讲的，在人类社会的大棋盘上，每个个体都有其自身的行动规律，和立法者试图施加的规则不是一回事。如果它们能够相互一致，按同一方向作用，人类社会的博弈就会如行云流水，结局圆满。但如果两者相互抵牾，那博弈的结果将苦不堪言，社会在任何时候都会陷入高度的混乱之中。因此从猿向人转变，群向社会转变的同时，制度逐渐产生。国家的建立是制度形成的标志。从人类发展的历史上看，社会制度的发展经历了不同的制度形式，到今天的制度形式，是一个发展的过程。

马克思主义认为："一定历史时代和一定地区内的人们生活于其下的社会制度，受着两种生产的制约：一方面受劳动的发展阶段的制约，另一方面受家庭的发展阶段的制约。劳动愈不发展，劳动产品的数量少、社会财富的增长愈受限制，社会制度就愈在较大程度上受血缘关系的支配。"①在人类初始阶段，人类的安全活动围绕血缘展开，完全是由氏族，即社会来自我管理。这个时期维护治安秩序的治安制度主要是社会的风俗习惯。

氏族社会后期，随着生产力发展，出现了私有制和商品交换，出现了剩余产品，私有制和贫富分化，社会日益分裂为矛盾不可调和的对立阶级。尤其是第三次社会大分工，商业的兴起，使得纠纷扩大到血缘之外，氏族内部出现债务奴隶，彻底摧毁了成员平等的氏族制度。基于血缘的氏族社会对此无能为力，迫切需要一种超越血缘之上的强制性权威力量来保护私有财产、维持秩序。于是，国家就逐步出现并日益凌驾于社会之上，国家的治安活动出现，作为具有最高效力等级的治安制度——法律也应运而生。

国家和法律作为一种特殊的社会产物，是人类社会发展到一定阶段的产物。在我国，同世界上其他古老的国家一样，曾经历过漫长的原始氏族社会，在氏族社会没有国家和法律，靠的是氏族首领的权威和原始习惯，维持和调整各种社会关系。公元前21世纪夏朝的建立标志着我国历史上第一个奴隶制国家产生。夏朝同以前氏族社会有了区别。夏启通过暴力夺取政权，破坏了氏族成员共同选举部落首领的原始民主制度的传统习惯；夏启过着不劳而获的生活，成为凌驾于社会之上的最高统治者。根据史书记载，夏朝已经出现了代表统治阶级意志的法律。"夏有乱政，而作禹刑。"

从现有的史料来看，至迟在西周，我国已建立了初步的治安体制。其时的治安制度大致包括三方面内容：一是设置有承担治安职能的机构和官职，但不是专职治安机构，而是包含于管理民事、军事和司法等官职之中，如西周的司民、司徒、司寇、野庐氏等；二是建立了维护秩序的规范——礼和刑，如周公制礼三千，西周穆王时吕侯制定了《吕刑》；三是通过井田制、国野制等来维护基层的治安秩序。

新中国成立后我国治安制度的形成和建立经历了从无到有，从简单到完善的发展过程。

新中国成立后，警察被正式命名为"人民警察"。这是世界上首个在警察名称前附带"人民"二字的警察队伍。1949年10月25日召开的第一届全国公安工作会议上，正式确定了人民公安管理体制。这支队伍在20世纪50年代中期创造了中外治安史上的黄金时期——犯罪率控制在万分之五；彻底消灭了吸毒、贩毒和娼妓。文革时期公检法等政法机构遭到严重破坏，20世纪70年代拨乱反正开始，公安事业逐渐步入正轨。党的十一届三中全会以来，党和国家对公安工作进行了一系列重大改革，从1983年开始，各级公安机关对新中国成立以来涉及公安工作的法律、法规和其他规范性文件尽力全面清理，公安机关法制机构也得到了建设和加强。改革开放以来，全国公安机关积极适应经济社会发展要求、主动顺应人民群众期待，不断推进公安工作改革创新。比如，在警务运行方面健全完善了110警务指挥机制、治安巡逻防控机制、打击犯罪工作机制和警务合作机制；又如，在治安、户籍、边防、消防、出入境、交通等行政管理方面进行改革探索，出台了一系列便民利民措施，受到了广大人民群众的欢迎。

早在1990年，第一次全国公安法制工作会议就明确提出：公安法制工作的基本任务和目标是：适应社会主义民主与法制建设的要求，不断完善公安法规体系，改善执法活动，提高执法水平，健全公安执法监督机制，保障公安机关依法有效地行使职权，努力实现公安工作的制度化、法律化，把各项公安工作逐步纳入社会主义法制的轨道。在1991年第十八次

① 马克思恩格斯选集(第4卷)[M]. 中共中央马克思恩格斯列宁斯大林著作编译局译. 北京：人民出版社，1995：2.

全国公安会议上，陶驷驹部长指出："要加强公安法制建设和理论研究。今后十年，要逐步形成以人民警察法为主体，包括由组织法和执行职务法、基本法和各项专业法律法规以及内部规章制度组成的基本完备的公安法规体系，使公安机关各项工作都有法可依、有章可循，基本纳入法制轨道。"在1995年全国公安厅局长会议上，陶驷驹部长又一次明确指出："要把立法工作作为做好各项工作的一项重要措施，针对各项业务工作和队伍建设中出现的新情况、新问题，抓紧制定、完善相应的法律、法规，力争在2000年建立起比较完善的公安法规体系，做到有法可依。"党的十四届五中全会审议并通过的《中共中央关于制定国民经济和社会发展"九五"计划和2010年远景目标的建议》指出：建设社会主义民主和法制，推进政治体制改革是我国改革和现代化建设的重要保障；必须加快经济立法，逐步建立和完善适应社会主义市场经济体制的法律体系。

党的十八大以来，以习近平同志为总书记的党中央从坚持和发展中国特色社会主义全局出发，提出并形成了全面建成小康社会、全面深化改革、全面依法治国、全面从严治党的战略布局。这一战略布局的展开，对公安工作和公安队伍建设都提出了新的更高要求。要推动公安事业在新的历史起点上开创新局面、取得新发展，必须抓住机遇、深化改革。2015年2月，《关于全面深化公安改革若干重大问题的框架意见》及相关改革方案，由中央审议通过，确定了全面深化公安改革的总体目标：完善与推进国家治理体系和治理能力现代化、建设中国特色社会主义法治体系相适应的现代警务运行机制和执法权力运行机制，建立符合公安机关性质任务的公安机关管理体制，建立体现人民警察职业特点、有别于其他公务员的人民警察管理制度。到2020年，基本形成系统完备、科学规范、运行有效的公安工作和公安队伍管理制度体系，实现基础信息化、警务实战化、执法规范化、队伍正规化，进一步提升人民群众的安全感、满意度和公安机关的执法公信力。上述目标，既与党和国家"四个全面"的战略布局相符合，又与公安部党委关于大力推进"四项建设"的思路相衔接。同时，提出了改革的七项主要任务，即：健全维护国家安全工作机制，创新社会治安治理机制，深化公安行政管理改革，完善执法权力运行机制，完善公安机关管理体制，健全人民警察管理制度，规范警务辅助人员管理。

每一种制度的建立都有其客观根据，但制度有一个形成期，即制度化的过程。在这个时期，制度是不够完善的，需要进一步完善与扩充。处于效能期的制度在发展演变过程中，也会出现障碍和问题，需要深入调查研究，及时调整不适应的部分与环节，使之继续发挥其效能。有的制度，由于社会环境的变迁，赖以生存的基础已不复存在，这时就必须及时建立新制度来代替已经过时的制度。制度建设是一个制定制度、执行制度并在实践中检验和完善制度的理论上没有终点的动态过程，从这个意义上讲，制度没有"最好"，只有"更好"。

## 二、治安制度的体系架构

### （一）治安制度体系的价值层面

治安制度体系的价值层面也就是治安制度的理论基础，是某种治安制度产生及施行的合理性根据。任何治安制度的设立都不是凭空产生的，其产生于治安实践的经验总结以及人们对共同的社会利益与价值的追求。

公平正义、人权、法治是治安制度体系价值层面的重要体现。法律是治安制度的核心，良好的法律都是建立在公平正义基础之上的，都体现着正义的原则，正义是法律的核心。我国相关治安制度的规定体现了公平正义，正义因治安制度而有保证。治安制度维护社会秩序为国家安全、人民生命财产安全保驾护航，使人民得以生存和发展，推动社会的进步。治安制度的正义性在于，它的规则与程序不是为少数人制定的，而是为所有社会成员的利益制定的。公平的对待，必须有正义的制度来保证。治安制度是以公开宣布的程序和规则组成的系统。每个人都能从制度规则的正常运行中受益，也都受正义制度的约束。如果没有正义规则的支持，就难以实现社会公平。治安制度通过惩罚罪恶以伸张正义。这也是法律实现正义的一个方面。以刑罚为代价的法律上的惩罚，基本目的不外乎报应和预防两个方面。报应也就是通过惩罚罪恶表达正义观念、恢复社会心理秩序。

人权理念在治安制度中有非常多的体现。法律是治安制度的重要表现形式，一个社会、一个国家的人权与该国的法律有着密切的关系。人权作为一项观念上的冲动和欲望，其在现实生活中的落实必须借助于法律这个中介。人权是法律的立足点和基本内容，法律是人权的体现和保障。第一，人权内容已写入我国法律。确认和保障人权是宪法的核心价值和重要功能。宪法是一个国家的根本大法，只有宪法首先对人权给予保护才能使整个法律体系都对人权给予保护。在我国人权的主要内容体现为宪法对“公民的基本权利”的规定，宪法对其内容的确定树立起其崇高的法律地位和权威。我国宪法中也明确写明“国家尊重和保障人权”。刑诉法修改也将尊重和保障人权写入了总则。第二，人权在治安行政中受到保护。公安机关通过认真执行宪法的人权条款和权力机关的人权立法将法定的人权转化为现实人权。

法治实际上包含了许多层面的含义，它是指一种治国的方略、社会调控方式。法治强调以法治国、法律至上，法律具有最高的地位。法治还是指一种法律价值、法律精神，一种社会理想，指通过这种治国的方式、原则和制度的实现而形成的一种社会状态。总的来说就是法治包括实质意义上的法治和形式意义上的法治，也就是强调两者的统一，形式意义上的法治强调“依法治国”、“依法办事”的治国方式、制度及其运行机制。实质意义的法治强调“法律至上”、“法律主治”、“制约权力”、“保障权利”的价值、原则和精神。在法治国家，公安机关要转变传统的执法观念，确立法无规定即禁止的执法理念，治安制度在具体规定中越来越体现法治思想。

**（二）治安制度体系的规则层面**

治安制度的规则层面是治安制度的基本内容，包括成文的和不成文的规范。成文的规范主要是国家制定的宪法、法律、行政法规和规章、地方性法规和规章等以法律规范的形式呈现的规则。不成文的规范是指和治安有关的一些习俗、道德、宗教等的行为准则。从国家制定法的角度来看，目前治安制度规则体系包括下面几个部分：

1. 行政管理法规，即有关公安机关治安管理部门行使治安管理权的有关规定，包括社会治安秩序管理、特种行业管理、危险物品管理、枪支刀具管理、户政管理、消防管理、交通管理、出入境管理、边防管理等法规。

2. 安全保卫法规，指用以调整在大中型企业、安全警卫、安全技术防范、要害部门及重点工程以及计算机监察等安全保卫工作中发生的各种社会关系的法律规范。

3. 公安组织法规，包括公安机关组织机构、人民警察管理、警衔管理、人民警察教育训练等方面。

4. 警务保障法规，包括执行职务、劳保、福利待遇抚恤、公安后勤保障、公安科技等。

5. 监督法规，包括督察、控告申诉、执法监督、行政复议、诉讼、赔偿等法律规范。

**（三）治安制度体系的实施层面**

没有规矩不成方圆。有了规矩不执行也成不了方圆。就治安制度建设而言，公安部经过两年多的努力，清理、整合了公安机关办理刑事、行政案件的程序性规范，形成并下发了《公安机关执法细则》，为各级公安机关和广大民警办理刑事、行政案件提供了程序性的操作指引。2015年3月，公安部印发《关于贯彻党的十八届四中全会精神深化执法规范化建设全面建设法治公安的决定》，就全国公安机关认真贯彻党的十八届四中全会精神，进一步深化执法规范化建设、全面建设法治公安作出部署。各级公安机关积极适应社会主义民主政治的要求，大力加强执法规范化建设，进一步提高公安机关的执法公信力，使公安机关各项制度得到充分落实。

深入开展社会主义法治理念教育，使广大民警牢固树立正确执法理念，从源头上解决执法不规范问题。健全完善各项执法制度，从基层民警日常执法活动最急需的方面入手，针对容易发生问题的执法活动、执法环节，健全完善相关程序规定和标准规范。围绕改革权力运行机制、全面落实依法行政要求，明确了建立权力清单制度、健全依法决策机制、完善权力制约机制、全面推进执法公开等方面的具体措施。主动适应全面开放、高度透明的社会环境，进一步改进执法方式，提高执法效果。最大限度公开执法依据、执法程序、执法进度、执法结果，建立生效行政处罚、行政复议决定文书上网和公开查询制度，建立健全群众意见建议收集、办理、反馈机制，充分运用公开听证、调解、质证等方式，增强办理治安行政案件过程的透明度和处理结果的说理性。在维护社会秩序、加强社会管理过程中，遇到挑衅、面临复杂情况时，不冲动、不感情用事，不说过头的话、不做过激的事。规范民警在执法中的语言和动作，区分不同执法环境，统一执法语言，统一动作规范，切实做到言行文明、举止得当。准确把握当前社会心理的变化和执法对象的感受，讲究执法艺术，尽可能融法、理、情于一体，最大限度地追求法律效果和社会效果的有机统一。进一步加强执法监督，坚持以公开促公正，扩大警务公开的范围和层次，提高执法工作透明度，努力使公平正义以群众看得见的方式得以实现。充分借助信息化手段，加强执法监督信息系统建设，努力从网上录入、审批、办理到结案等各个环节实现对民警执法办案的全程监督，以深化执法质量考评工作为载体，健全完善案件法律审核把关和个案监督机制，大力推行执法责任制，严格落实执法过错责任追究制，确保民警严格按照法定权限和程序行使权利、履行职责。

**（四）治安制度体系的法律救济层面**

法律救济是指公民、法人或者其他组织认为自己的人身权、财产权因行政机关的行政行为或者其他单位和个人的行为而受到侵害，依照法律规定向有权受理的国家机关告诉并要求解决，予以补救，有关国家机关受理并作出具有法律效力的活动，是法律关系主体的合法权益受到侵犯并造成损害时，获得恢复和补救的法律制度。目前，法律救济的方式主要有：行政复议、行政诉讼、国家赔偿、民事诉讼。具体到治安制度的法律救济层面主要体现为行政复议、行政诉讼、国家赔偿以及行政监督等制度。

行政复议是指公民、法人或者其他组织不服行政主体作出的具体行政行为，认为行政主体的具体行政行为侵犯了其合法权益，依法向法定的行政复议机关提出复议申请，行政复议机关依法对该具体行政行为进行合法性、适当性审查，并作出行政复议决定的行政行为。是公民、法人或其他组织通过行政救济途径解决行政争议的一种方法。行政复议基本制度包括一级复议制度、合议制度、书面审查制度、回避制度、听证制度和法律责任追究制度。

行政诉讼是个人、法人或其他组织认为国家机关作出的行政行为侵犯其合法权益而向法院提起的诉讼。行政诉讼是诉讼的一种有效方法。公安机关治安管理活动中实施治安行政处罚、治安行政强制措施、治安行政许可等侵犯相对人人身权和财产权的具体行政行为都属于行政诉讼的受案范围。

国家赔偿是指国家机关及其工作人员因行使职权给公民、法人及其他组织的人身权或财产权造成损害，依法应给予的赔偿。国家赔偿由侵权的国家机关履行赔偿义务。国家赔偿一般包括行政赔偿和刑事赔偿两种形式。行政赔偿是指行政机关及其工作人员违法行使行政职权，侵犯公民，法人和其他组织的合法权益造成损害的，由国家承担赔偿责任的赔偿。刑事赔偿是指公安机关、国家安全机关、检察机关、审判机关、监狱管理机关及其工作人员违法行使职权，侵犯当事人人身权、财产权造成损害而给予的赔偿。

行政监督有狭义和广义之分。狭义的行政监督是指行政机关内部上下级之间，以及专设的行政监察、审计机关对行政机关及其公务人员的监督。广义的行政监督泛指执政党、国家权力机关、司法机关和人民群众等多种社会力量对国家行政机关及其公务人员的监督。行政人员作为社会的一个特殊的利益集团，如果没有有效的行政监督机制，当行政目标与行政人员的个人利益相冲突时，实际的情况往往是，整体利益得不到保护，个人利益成为第一位的考虑。鉴于这种情况，必须对行政机关及其工作人员实施行政监督。实施和加强对行政行为的监督，能够及时发现问题并及时加以解决，防止或纠正违法或者不当的行政行为，惩罚行政人员违法犯罪行为，使国家保持正常的行政秩序。

## 三、治安制度的作用

### (一)行为的导向性作用

治安制度通过制度规定当事人的权利和义务，系统确定个人的地位和角色，为人们提供思想和行为模式，使其较快地适应社会生活，以避免个人与社会的矛盾和冲突。

治安制度对个体行为的指引包括确定的指引和有选择的指引。确定指引一般是义务性规范所具有的作用，是指人们必须根据法律规范的指引而行为；有选择的指引一般是权利性规范所具有的作用，是指人们对法律规范所指引的行为有选择余地，法律容许人们自行决定是否这样行为。

义务性规范代表确定的指引，即法律明确规定：人们应该这样行为(如应遵守交通规则)或不应该这样行为(如禁止酒驾)；并且一般还规定，如果违反这种规定，就应承担某种否定性的法律后果(如罚款、吊销驾驶证等)。授权性规范代表一种有选择的指引，即法律规定：人们可以这样行为；而且一般还规定，如果人们这样行为，将带来某种肯定性的法律后果(如国家承认其有效、合法并加以保护或奖励等)。

另外治安制度对人的行为的指引可分为两种：一种是个别指引(或称个别调整)，即通过一个具体的指示就具体的人和情况的指引；另一种是规范性指引(或称规范性调整)，即通过一般的规则就同类的人或情况的指引。(指引作用的对象是每个人本人的行为。)

### (二)秩序的规范性作用

从最广泛的意义上，秩序是指自然界和人类社会发展和变化的规律性现象。博登海默说，秩序“意指在自然进程和社会进程中都存在着某种程度的一致性、连续性和确定性”。①因此，某种程度的一致性、连续性和稳定性是秩序的具体特征。社会秩序表示在社会中存在着某种程度的关系的稳定性、进程的连续性、行为的规则性以及财产和心理的安全性。一定

① [美]博登海默．法理学：法律哲学与法律方法[M]．邓正来译．北京：中国政法大学出版社，1999：219.

社会秩序的存在是人类活动的必要前提。

冲突是危害秩序的根源。人类生存所依赖的资源的有限性和人类欲望的无限性之间的矛盾是发生冲突的重要原因。法律通过确定人们权利义务的界限将有限的资源按照规范的标准在社会成员之间进行分配，定纷止争。社会是由人构成的。人和人的交往形成了复杂多样的社会关系，为了使人们处理好各种关系，并保证个人和社会的基本利益得以实现就需要某种制度。制度的产生及其使命就是使社会按照一定的规则运行从而形成一定的秩序。治安制度为人们的行为规定了应该做什么不应该做什么，可以怎么做，不可以怎么做，确定人们的行为界限，并使之成为社会成员共同遵守的规则。对社会秩序的建立和维护起着非常重要的作用。

**(三)权利的保障性作用**

权利是指法律赋予人实现其利益的一种力量。与义务相对应，是法学的基本范畴之一，人权概念的核心词，法律规范的关键词。在家庭、社会、国家、国际关系中隐含或明示的最广泛、最实际的一个内容。从通常的角度看，权利是法律赋予权利主体作为或不作为的许可、认定及保障。正如王泽鉴所言“人群共处各有主张，涉及不同之利益不免发生冲突，为维护社会生活自须定其分际，法律乃于一定要件之下就其认为合理正当者，赋予个人某种力量以享受其利益，因此权利就是得以享受特定利益之法律上之力”。① 治安制度通过多方面来保障人们权利的实现。

1. 治安制度解决权利之间的冲突，确保权利的共同实现

权利之间可能因彼此冲突而难以实现。如公民集会游行示威的权利和公民正常生活的权利之间会产生冲突。集会游行示威必然会占用一定的公共场所，那其他公民要用来进行休闲娱乐就不可能。如果在道路上进行游行示威，就会影响到其他公民的正常出行。于是国家通过制定相应的法律法规限制公民集会游行示威的权利，赋予公安机关对申请集会游行示威进行审批的职权，使其和公民正常的生活之间进行协调。

2. 治安制度为权利的享有者提供实现权利的方式方法

比如举办大型活动，承办方不仅要履行法律规定的安全责任，还要按照法律规定的要求到公安机关履行相应的审批程序，确保活动举办场所安全、活动内容符合法律法规定要求等。

3. 治安制度以防止权利被滥用的方式来保障权利的存在和实现

权利被滥用的情形是客观存在的。权利一旦被滥用其他主体的权利就可能会受到伤害。我国宪法规定“公民在行使自由和权利的时候不得损害国家的、社会的、集体的权益和其他公民的自由和权利”。权利主体应当为自己出于自由意志、自由选择和妨害他人权利的违法行为承担法律责任。这种责任的设置对于确保每个人的平等权利是绝对必要的。“没有责任，自由就会成为无政府状态，而人的权利就会成为无限制的任性。”②

4. 治安制度防止对于权利的破坏和妨碍，以保障权利

对于权利的破坏和妨碍最常见的情形是社会成员之间的破坏和妨碍，比如一些侵犯他人人身和财产权的违法犯罪问题。治安制度通过相应法律的制定和实施设定一系列具体的制度和规范，对各种破坏和妨碍行为进行法律制裁。不当运行的权力是对于权利的破坏和妨碍的

① 王泽鉴．民法总则(第12版)[M]．台北：作者自版，1993：40.

② [俄]雅维茨．法的一般理论[M]．朱景文译．北京：人民出版社，1986：197.

最大力量。治安制度通过约束权力、防止权力的滥用，来保障公民权利的实现。

## 第二节 我国治安制度存在的问题

中国社会在转型阶段，所暴露出的问题日趋多元化、复杂化和非典型化，任何一个层面的矛盾都有可能形成“蝴蝶效应”，从而引发整个社会秩序的动荡。在这样的形势下，政府治理就应当从新的的角度提出解决问题的框架和模式，来缓冲积聚的社会矛盾。这就要求所提出的框架，必然有着充分的包容性、适应性和柔韧性。当社会逐渐由国家主导转向社会主导，政府从全能主宰的地位转变为服务者的地位时，作为社会公共秩序维护的核心主体力量的警察角色也必然开始发生重大变化，治安管理活动的方式和手段也就必须作出及时的调整和完善，由此才能适应和谐社会所主张的法理内蕴。从目前的治安管理制度的实践来看，我们的治安管理制度主要存在四个方面的问题，即治安管理主体功能定位不明确、治安管理客体的内容易变不定、治安管理法律体系不健全、治安管理的制度体系支撑不足。

### 一、治安管理主体功能定位不明确

长期以来，由于传统行政文化的影响和计划经济管理的习惯，使得我国国家与社会关系出现偏差，公共领域和私人领域的边界界定不明，由此导致了治安管理主体的边界不明、职能泛化，效能产生缺失等问题。治安管理主体的功能定位直接影响到其任务范围以及权力行使的总体定位。Wilson 认为，警察角色应该分为“看守型”、“执法型”和“服务型”。相应的其主体功能就对应实现三个方面的内容：第一是执行法律。法律执行是现代警察之重要标志。在法治社会，法律执行成为警察任务是“理所当然”且不需要作出任何解释的。警察存在的正当性就是其对立法机关法律的全面执行而不是由政治势力任意决定。同时，警察为了摆脱政治警政模式下贪污腐化、执法不公等弊病，提高自己之专业自主性，非常强调“法律执行”之定位。“警察工作人员的工作受到了流程规范的限制，资讯的流通业受到记录系统的制约。工作的内容也经过分析与归类，让警察人员的工作技巧得以熟练化。”①第二就是维护秩序。警察与秩序维护之间关系极为密切。从起源来看，设立警察目的就是消除社会内部的秩序混乱。如果维护秩序的功能被弱化，那么其他功能的发挥也就必然失去有力支托。第三是提供服务。无论是历史还是实践，警察承担部分紧急救助或者服务是“理所当然之事”。尤其是随着社区警务的兴起，“警察之主要功能为解决社会治安问题，其通过各种服务手段，推动以服务为导向的社区警政，以争取民众对于治安的关心和认同，使警察与民众建立起一种打击犯罪和预防犯罪的伙伴关系，并动员政府其他部门及社区团体共同参与，整合社会资源，共同维护社区”。②

从目前我们国家治安管理的实践来看，我国治安管理制度长期以来主要是以“人民民主专政”作为管理的核心理念，因此更加强调对于政治秩序和社会秩序的维护，而法律执行的功能就相对弱化。“中国的警政不属于三种中的任何一种（看守型、法理型和服务型）。因为它有着完全不同的历史背景，而且受到了‘毛泽东思想’的巨大影响。但是，从总体上而言，

① 王宽弘，朱金池．警察学总论[M]．台湾：五南图书出版公司，2000：225.

② 章光明、黄启宾．现代警政——理论与实务[M]．台北：扬智文化事业股份有限公司，2003：157. 转引自徐文星．警政革新与警察裁量权之规范[M]．北京：法律出版社，2010：136.

其与看守型的警政最为接近。"①其功能定位主要有以下三个特点：第一，由于受到整个政治进程以及"路径依赖"的影响，警察功能依然以维护秩序为主，并依然带有相当的专政色彩。第二，随着社会政治、经济、文化、教育等各方面的发展和政治改革的推进，我们致力于对法治国家的建设，依法行政已经成为治安管理的核心理念之一，因此警察的法律执行功能不断增强。现行《警察法》对于警察角色之定位就是"警察任务法定"的原则的努力体现。第三，面对社会转型、严峻的犯罪率、不断下降的安全感和民众对于良好生活质量的期望，"社区警务"逐渐萌芽，警察在不断回应社会之需求。② 所以，从警政的一系列改革举措以及1995年《人民警察法》的相关规定判断，"人民民主专政"的色彩无疑已经大大淡化，其主要任务已经转移到社会秩序维护和预防、制止和惩治犯罪上。但是，治安管理主体的角色依然还处在艰难的转变过程中，其功能定位在转型期并不是十分明确。

因为如果警察角色是"法律执行"，则警察应该按照法律规范行事，严格控制其裁量权的行使。而且，对于警察绩效的考虑也应该侧重于其法律执行的效果，而不是总体规范效果。相反，如果警察角色是"秩序维护"或者"服务提供"，则警察应该被广泛授予管理上的行政裁量权，不仅要从法律规范层面对警察裁量权进行规范，更应该结合警察行政的总体效果对警察裁量权行使进行评估。在这种情况下，警察行政法之任务就不仅仅是消极监督警察行政，而且，更在于提供一个警察能够积极行政之平台。若是定位于法律执行，就应当强化警察执法的专业化，强调警察依法行政，强调政治、行政之分离，强调传统的法制模式。若是定位于维护秩序，就应当强化社区民主和民众对社区警务的参与广度和深度……③

因此，从目前来看，我们国家治安管理主体从功能定位上而言存在以下问题：首先，从功能的价值设定来看，既要求分权，又希冀中央集权的效果；其次，从功能的定位来看，既要求专业管理，又时刻受到政治导向的影响；再次，从功能的目的来看，既要导向市场，又不得不要求组织绩效；最后，从功能运行的结果来看，既要求民主，又无法回避阶级主宰的决策机制。④ 我国警察之主要功能虽然已经由原来彻底的政权保障的定位逐渐转为对秩序维护、法律执行、服务提供的强调。但是，无论是从宏观的理念层面，还是从具体的制度安排来看，这种转变是非常缓慢的。或者说，法律执行和服务提供的功能是裹挟在政治秩序维护功能之中的。这样，不仅警察机关回应民众需求的能力没有得到提升，而且，其执法之专业自主性也没有得到提升。

## 二、治安管理客体内容易变不定

治安管理主体的功能定位不明的直接结果就是导致治安管理客体的内容易变不定，从目前的治安管理实践来看，其主要体现在以下三个方面：

一是工作泛化。随着社会形势发展变化，治安工作被赋予越来越多的职责，内容愈加丰富，覆盖面越来越广，内涵和外延越来越拓展，承担了很多本不该治安部门承担的临时性和突发性任务，造成治安工作泛化，重点不突出，职能不明确，影响了治安工作的定位和发力

① E. H. Johnson：Neighborhood Police in the People's Republic of China，6 Police Stud. Int'l Rev. Police Dev. 8，1983-1984.

② 徐文星．警政革新与警察裁量权之规范[M]．北京：法律出版社，2010：137.

③ 徐文星．警政革新与警察裁量权之规范[M]．北京：法律出版社，2010：152.

④ 转引自"中央"警察大学教授．各国社区警政比较[M]．台湾：五南图书出版公司，2002：276.

方向。例如，近年来，按照党委、政府部署要求，治安部门先后参与了征地拆迁、计划生育、联合执法等一系列非警务活动、配合性执法活动，浪费了大量时间和警力。

二是主业弱化。治安系统点多线长面广，业务较为繁杂。但无论是打击、防范，还是管理、控制，归根结底是通过加强基础防范工作，实现对人、地、事、物、组织等基础性要素的管控，实现对社会面无缝覆盖。但一些治安部门主业意识淡薄，把握不住重点，陷入事务主义，失去自己的主业，地位和作用面临“边缘化”的危险。例如，在派出所工作中，配置到防范工作中的资源越来越少，尤其在社区民警队伍管理方面，无人抓、无人管、放任自流的局面较普遍，社区警务工作难以摆到应有的位置，基础工作日益薄弱。

三是职能异化。由于长期受战役式的集中统一行动模式的制约，习惯于跟着全局办一件事、做同样事，与其他部门警种之间的职能划分越来越模糊，治安管理专业化、集约化水平得不到提高。例如，长期以来，基层治安部门习惯于把主要精力放在搞治安统一清查、社会治安管控、社会面集中整治等全局统一部署的工作上，治安警种特色化、专业化越来越弱。

## 三、治安管理法律依据不足

由于我国行政法制建设起步较晚，当前，治安管理的行政法律资源仍显不足，治安管理行政立法体制不尽完善，治安行政法律规范的效力层级普遍较低，治安行政法制建设在某些方面仍然滞后于社会政治经济生活的实际需要，导致治安行政立法、执法工作与严格执法、公正执法的要求存在较大差距。

第一，治安行政立法体系呈现较为分散和混乱的状态。由于我国依法行政尚处于起步阶段，制定统一的《行政程序法》时机尚不成熟，因此，行政法制采取了“化整为零”的策略，即先把对市场经济影响最大的几个行为单独列出来，把它们的程序问题先解决，包括行政处罚、行政强制、行政许可和行政收费四个单行法。整个行政管理领域里还有相当的部分没有基本的法律规范。同样，在治安行政领域中，治安行政法制仍采用分散立法，削弱了法制的统一协调性。绝大部分的治安行政行为尚未得到法律规范(尤其是程序法律规范)的控制，而且，即使已经规范的部分，例如《行政处罚法》、《行政许可法》等也由于适用于所有的行政机关，法律规范过于抽象。治安管理机构内部也没有作出进一步的实施细则或者操作规范，因此，这些法律往往可操作性较差。① 由于治安行政执法具有广泛性、多样性等特点，许多行政法律和行政法规都涉及治安管理中的行政执法，但具体到治安管理行政执法实践中，却往往缺乏有效、准确和便于执行的治安管理行政法律、法规，造成治安管理行政执法在某些方面(如警察行政强制)呈现出无序状态。

第二，治安管理行政法律规范存在滞后和被动的局面。首先，治安管理行政实体法律规范在某些领域存在滞后和被动的局面，亟待完善。在一些特定领域尚存在法制空白，客观上造成执法活动无法可依。其次，治安管理行政程序缺乏统一和具体的法律规范。目前，我国还没有制定统一的行政程序法典，而治安管理行政执法程序中的内容又比较多，包括治安处罚程序、行政强制程序、行政许可程序、行政决定程序、行政监督程序等，往往分散规定在各种治安管理行政法律、法规中，其中的实体规定与程序规定又往往没有明确的划分，而且标准不一，客观上给治安管理机关及其执法人员在执法适用正当的行政程序带来了较大的困难。

---

① 徐文星．警政革新与警察裁量权之规范[M]．北京：法律出版社，2010：221.

第三，治安管理行政法律、法规不良造成遵循和操作的困难。我国现行的治安管理法律体系对于治安管理权限的规定非常不周全完善，尤其是没有区分任务/权限、职权/权限，最终导致治安管理主体在采取各种管理措施(查证身份、收集资料、进入住宅等)时，无法得到周全的规范，从而导致行政自由裁量权范围的盛行。某些治安管理行政法律、法规在起草、制定时缺乏超前意识，又不能及时作出必要的法律解释，致使其中的某些规定过于笼统或不准确，难以遵循，可操作性差。例如，在某些领域，治安管理的行政自由裁量的范围规定的过宽，致使治安管理行政执法随意性较大；又如，规定应先告知、审批后，才能进行裁决，这在一些农村边远山区执行起来非常困难。①

第四，有关治安管理的管理措施之各项要求，诸如启动要件、程序规范、救济途径等都散落在各个"综合性管理法"(治安管理法、集会游行法、交通安全法等)中，并没有统一的基本要求，而由于这些单行法无论是在制定时间、制定程序还是制定目的上对于"依法行政"观念之贯彻都未有充分的考量。

## 四、治安管理制度体系支撑不足

传统的中国社会秩序主要靠两个东西来维系，一个是共同体的纽带和基本价值共识，另一个是强有力的官僚机构，即自上而下的科层制。当社会转型发展到一定阶段，由熟人社会转变成陌生人社会，共同体的有序化机制就开始逐步弱化乃至瓦解，就需要通过制度设计形成某种新型的共同体。从科层制的角度来看，科层监控的最大问题就是如何进行强制的正当化，所以我们可以看到在指令系统之外还有强调道德秩序，强调程序正义，强调互惠关系以及强调社会博弈等的思路。②

在任何一个国家，警察都是国家行使垄断性暴力的载体。即唯一具有合法性的暴力手段主要由警察来行使，任何国家都不例外。当然，这个暴力手段的行使是否正当，还需要鉴别。也就是说，关键不在于是否强制，而在于强制是否正当。从这个角度来看，目前中国的突出问题是过度使用警力、任意使用警力。在很多情况下，强制手段的动用忽视了现代法治国家所强调的警察比例原则，警察不介入民事纠纷原则，等等。这样做的结果，导致公安部门即便采取自以为忠于职守的行动，也往往会遭遇民众的指责和抵制。一是公民在不服从的情况下，警察何去何从。警察使用强制手段主要是为了保障财产权，维护社会治安，前者往往基于个人的合法诉求后者往往基于政府的命令。在使用强制手段时，对警察的要求是必须令行禁止。但是在目前的中国，贫富悬殊过大，资源配置不公，造成了财产权难以正当化的事态。警察按照法律规定来保护财产权的行动本身可能导致民众强烈的抵触情绪。而严格执行来自政府的命令，也可能由于政府举措未必具有充分的合法性而受到质疑。二是在民意出现出现差异和变化的情况下，警察怎样抉择。当民意与警察权力良性互动，互动过程发展到某一个节点，民意就会要求公安部门按照他们的要求来做，否则民意就会发生变化。虽然警察把民意作为指南在原则上是正确的，但一时一地的民意不一定符合法律以及长期理性的原

① 萧伯符，张建良．法治之下警察行政权的合理构建[M]．北京：中国人民公安大学出版社，2008：99-102.

② 季卫东．法治原则与中国警务改革[M]，大变局下的中国法治[M]．北京：北京大学出版社，2013：193. 例如湖州警务广场的实践就是警务改革中对民主与法治如何在警务活动中进行深化的一次有益尝试.

则。也就是说，一时一地的民意会与整体的民意发生冲突。在现代法治制度设计中，具体说来在现代警察制度以及司法制度中，比如涉及公民权利义务关系的改变的警察行为，必须经过法院的审批，要等法院发出令状来才能进行。这就意味着政府与法院之间要有功能分化，不能混淆在一起。又比如，在紧急事态发生的时候，治安出动也不是由政府直接发令，需要代议机关来决定或者授权决定。还比如要为强制行为的受众提供事后提出申诉、寻求司法救济的机会等。尤其应该把民主与法治结合起来。

随着国家推行行政审批制度改革、进一步转变政府职能、简政放权等一系列新举措，相应的管理法规和配套措施跟不上，行政审批“接、放、管”等环节容易出现断档和漏点，既对公安机关依法实施行政管理造成不利影响，又对公安机关控制社会局势带来难度。其次，公安机关表彰奖励、考核评估制度还不够科学，导向作用不明显，对基础工作的推动作用没有充分发挥出来，一定程度上挫伤了基层民警的工作积极性。①

## 第三节　转型时期我国治安制度的创新

2015年年初，中央政治局常委会议审议通过了《关于全面深化公安改革若干重大问题的框架意见》和相关配套改革方案，以中央审议通过公安改革《意见》和方案为标志，全面深化公安改革的顶层设计已经完成。这次全面深化公安改革有四个鲜明特点：一是目标明确。紧密结合公安机关的性质特点和职责任务，明确提出了全面深化公安改革的总体目标，即：完善与国家治理体系和治理能力现代化、建设中国特色社会主义法治体系相适应的现代警务运行机制和执法权力运行机制，建立符合公安机关性质任务的公安机关管理体制，建立体现人民警察职业特点、有别于其他公务员的人民警察管理制度。二是内容丰富。与以往不同，这次公安改革是一次全方位、宽领域的综合性改革，提出了健全维护国家安全工作机制、创新社会治安治理机制、深化公安行政管理改革、完善执法权力运行机制、完善公安机关管理体制、健全人民警察管理制度、规范警务辅助人员管理等七个方面的主要任务，涵盖了公安工作和队伍建设的方方面面。三是重点突出。不仅就健全公安机关维护国家安全特别是政治安全、政权安全工作机制等重大问题明确了改革思路，而且就基层普遍反映强烈的体制性、机制性、保障性问题提出了解决办法，充分体现了鲜明的问题导向。特别是围绕人民群众关心关注的安全感、满意度和执法公信力等问题，把改革指向聚焦到着力完善现代警务机制、提高社会治安防控水平和治安治理能力，着力推进公安行政管理改革、提高管理效能和服务水平，着力建设法治公安、提高执法水平和执法公信力等三个方面，回应了社会关切。

由此，根据这一思路，我们认为在社会重大转型时期，治安制度应在三个方面实现创新，有所突破，即治安法律体系实现立体化和稳定化、治安执法体制实现现代化和法治化、治安运行机制实现社会化和全球化的扩大。

### 一、治安法律体系实现立体化和稳定化

#### （一）治安法律体系的价值明确和稳定

良好的制度形塑必定要依托正确的价值观的引导，规范的有效运行必然是正确价值理念

① 于成杰．浅谈新形势下治安管理机制创新[M]，全面深化改革背景下治安管理创新研究[M]．北京：中国人民公安大学出版社，2014：9-10.

的现实反映。伴随着人类社会的进步，人的平等、自由、尊严和人格独立逐步得到重视，民主、正义、人权观念逐步深入人心。“权利文化与人道文化、科技文化一起构成了当今世界三大文化主流”,① 权利的发展有助于增强人与人的相互理解与尊重，构筑和谐而自由的社会关系，尤其是扼制强权的暴虐，从而促进人类的和平与进步。② 坚持以人为本，把人作为一切观念、行为和制度的主体，尊重人的价值与尊严，实现人的解放和全面发展，保障所有人的平等、自由与人权，成为现代文明社会中权力设立与运行的根本追求。警务活动的价值导向亦应如此。如果还一味强调暴力性或强制性，必然与现代文明社会的发展不相适应，而敬民、爱民既是对人权的保障、对人的尊严的维护、对人的价值的肯定和对生命的关怀，也是以人为本的基本尺度。

治安法律体系的价值依托正是来自于对“人”自身的尊重。一切从群众的需要出发，一切以保护公民的合法权利、创造幸福的生活环境为目的。构建社会主义和谐社会，必须坚持以人为本。只有以人为本，促进人的全面发展，把人的潜能充分开发出来，才能使我们的社会充满活力，充满无限发展的生机，才能真正实现社会的和谐。

**(二)治安法律体系的立法程序严格透明**

强化程序正当原则，完善行政立法的程序控制。首先要建立和完善立法回避制度。凡是与所制定的治安行政法规、规章有直接利益关系的治安行政部门都不得参与该治安行政立法的起草工作；其次要建立和完善立法公开制度。按照现代民主与法治的基本要求，行政公开化的内容应当是全方位的，除了将法规草案公开外，还应将立法文档公开，即将有关立法草案说明及为立法目的而搜集的背景资料、审议草案的会议记录等公之于众。让广大公民就自己所关心的事项表示或陈述意见，以保障他们的民主参与，提高立法的透明度；再次要建立和完善立法参与制度，参与的核心是公平听证，给公众提供直接参与立法运行过程并影响立法的机会，而不是简单的出席、到场或参加；最后要建立和完善立法经费预算和公开制度。治安行政立法经费必须纳入财政预算，经费的使用情况要向社会公开。

**(三)治安法律体系的内容统一有层次**

提升立法机关之功能，健全治安法律体系。随着依法行政与法治国家之推进，我国治安法律体系取得了较大的进步，“初步形成了以《警察法》为主体，以公安刑事法规、治安保卫法规、公安行政管理法规、公安组织人事法规、警务保障法规、监督法规和国际警务合作法规为主要门类，由公安法律、法规、规章和地方性公安法规、规章组成的比较完善的公安法规体系，基本上实现公安工作和队伍建设都有法可依、有章可循”。③ 但是，不可否认，当前的治安法律体系依然存在着相当的问题。因此，健全、完善治安法律体系，尽快通过相关的警察任务法、警察职权行使法、警察组织法等法制，使得治安管理裁量权得到基本的控制。警察机关为了顺利完成法定警察任务和目的，必须采用各种法律措施。这些行政措施之适用要件、样态、对象、程序等，非常多样复杂，而且，这些行政管理措施的行使对于人民权益有着重大的影响，与治安管理权的规范更是有着直接的关系。

**(四)治安法律体系的评估科学可行**

完善“授权立法”、“行政立法”、“抽象行政行为”的监督机制。立法机关通过立法否

---

① 张文显．法理学[M]．北京：北京大学出版社，1999：12.

② 夏勇．中国民权哲学[M]．上海：三联书店，2004：177.

③ 李忠信．我国警察法学的发展[J]．山东公安专科学校学报，1999(4).

决、立法听证或报告、明确行政命令的订立期限和议会的一般监督模式、订立相关行政程序法制等建立监督机制。立法机关应该建立相应的执法政策评价、审查机制来确保治安管理机关制定执法政策的合法性。除此之外，还应该通过一定的制度设计审查各种单行管理法，尤其是要对法律各项规定的“执行情况”进行评估，对那些已经过时的、很难得到执行的法律进行全面的考察，在有必要时，及时进行废除。对于那些尚不能废除的法律，要进行修订，并明确各地治安管理主体有权通过法定的程序制定执法政策以及裁量权行使规则。

## 二、治安执法体制实现现代化和法治化

### (一)治安执法体制的现代化

执法体制现代化是指治安执法体制必须适应当前社会发展的趋势，遵循法治社会的内涵，执法的理念和方式都应当符合新形势下治安工作的需要，其主要包含三方面的内容：

1. 执法保障现代化

执法保障主要是指警务保障，是指公安机关依法履行职责所必需的人力、物力、财力和制度条件。警务保障的内容非常广泛，包括：有充足的警力；警察依法执行职务受法律的保护；人民警察依法执行职务，公民和组织应当支持和协助；妨碍警察执法的违法行为应当追究法律责任；人民警察所需的必要的物质技术保障，如经费、设施、装备以及人民警察的工资、福利和优抚保障等。

现代警察装备的专门化表现为两个层次。一是现代警察有了统一的制式服装，这是现代警察制度的外在表现。二是现代警察执行任务的物质装备的专门化。现代警察在执行任务的过程中离不开相应的交通工具、警用器械、技术装备、办公场所等，这方面的足够保证也应是现代警察区别于旧时代警察的标志之一。“苏格兰场”的专用办公地点，特殊的不同于军队的警用器械使很多西方国家在处理一些治安问题，维护社会秩序的过程中，警察发挥着比军队更有效的作用，从而使警察在民众中更受欢迎。所以，警用装备的专业化、文明化可能更容易为民众所接受。①

由于我国人口众多、财政能力较弱的国情，目前，在某些地方基层警力不足、经费短缺、执法权益缺乏保障等因素仍然较为严重地制约着公安行政执法工作的正常开展。从我国目前的警察配备数量来看，我国警察的绝对数量并不少，但我国警察数量占人口总数的比率与国外发达国家相比较仍有较大差距。民警需要相应的警务装备，包括必备的警车、警械、电脑等器械。而各发达国家与地区的警察经费均由国家财政统包统发，保证有足够的资金供警察机关使用。

2. 执法的方式现代化

适应网络时代发展的需要，适应大数据模式下执法方式的转变，适应全球化警务方式转变的需要。信息化浪潮正席卷全球，新一轮技术变革蓄势待发，信息化与工业化、市场化、城市化、全球化相互交织，在多重意义上影响、改变、塑造着世界，社会呈现日益复杂的形态，单靠传统手段已难以实施有效的社会管理。同时，大数据、警务云等也为公安机关创新管理手段和方法提供了技术支持。治安管理要充分运用信息技术手段，从“人、事、物、地、组织”等基本要素入手，把信息流与业务流有机结合起来，抓紧建立完善全方位、全天候、立体化的社会治安防控体系，把防控触角延伸到社区、单位、“城中村”、城乡结合部，

---

① 王智军．警察的政治属性[M]．北京：社会科学文献出版社，2009：234.

延伸到空中视频监控区域，真正把各类人员、重点问题、重点区域管好。

3. 执法的环境现代化

从软件的建设上来讲，应当建立起良好的警察公共关系，也就是说应当改变以往执法被动的局面，面对问题，尤其是公众关注的热点问题和极易引发社会动荡的焦点问题，能够主动及时地作出回应，可以借鉴香港等地区的先进经验和制度，建立相关的公关机构和新闻发言人制度，通过媒体和网络平台，在第一时间回应和平息公众的疑问，消除舆论的不良影响，从而为执法者提供一个良好的执法环境。

从硬件的建设上来讲，执法的办公场所应当符合现代化的需要，主要是指执法的办公场所，应当符合执法规范化的相关要求，对于办公场所、办公设施以及办公经费都应当有相应的财政保障和支撑。

**(二)治安执法体制的法治化**

1. 执法理念法治化

执法理念法治化的核心在于秉持人权的理念和依法行政的理念。所谓人权，就是在一定的社会历史条件下，每个人按其本质和尊严享有或应该享有的权利，就其完整的意义而言，就是人人自由、平等地生存和发展的权利，或者说，就是人人基于生存和发展所必需的自由、平等权利。随着法治国家的建设，对于人权的制度建设也日益完善，公民所享有的权利种类也不断随着社会的发展而增多，我们国家的人权内容更加丰富和多样，这就要求在治安管理中，必须要时刻将维护公民的权利这一理念贯彻其中，切实保护宪法和法律等所赋予公民的各项权利，保护公民的根本利益，实现我国宪法和法律的根本目的。

人权保护的状况与依法行政的程度密切相关，要做到对治安管理相对人人权的尊重与保护，就要端正执法观念，明确执法目的，严格执法，公正执法，文明执法，要严格按照法律规定的权限和范围进行管理，不违法扩大职权和管理范围，不能无根据地乱施行行政处罚和强制措施，合理运用行政自由裁量权等。

2. 执法依据规范化

治安法律法规应当适时地进行整理，对于需要及时立法的应当及时立法，需要废止的要及时废止，需要变通的必须有法律上的依据。防止法律打架、法律漏洞、法律模糊的情况，造成执法上的疲软。

3. 执法程序透明化

执法体制法治化的重要或者说是核心环节，就是要保证执法过程符合法律程序的规定。要严格按照法律规定的程序执法，要特别尊重和保护治安管理相对人的陈述权、辩解权、知情权、选择权和追偿权，以及依法要求回避和听证等合法权利，并保证治安管理行政相对人的司法救济途径的顺畅和国家赔偿的顺利实现；执法活动要受到其他国家机关、党政团体、企事业单位以及社会公众的监督，治安管理机关在执法过程中除了涉及国家秘密、商业秘密和公民个人隐私外，一律应当公开进行。

4. 执法权责一体化

权力能否得到有效规范，核心就是治安管理主体的课责制，也就是治安管理主体应该对其享有的各种权力的行使，尤其是裁量权的行使必须进行说明、解释，并对其所作所为负责，即“权责统一”。课责制度就是使得治安管理主体的行为能够与集体价值相符合，确保治安管理主体责任通过有效的制度进行设定和安排。治安管理主体课责制是整个治安制度的核心内容。因为所有有关治安制度的争论最终都归结到治安管理主体的课责制度上。目前对于这一制度的争论大致可以分为两类：一种观点认为，治安管理主体的责任应该向法律和内部惩戒制度负责；而另外一种观点则认为，在现代社会，治安管理主体由于过度依赖科技和专业知识，以致其无法对社区之需求作出反应，因此治安管理主体应该向社区负责。显然，这是两种理想状态。而从实践来看，现代治安管理主体的课责制度是多元的，也就是说治安管理主体不仅要对法律负责，对治安管理机构的内部惩戒机构负责，对地方政府负责，更应该对所辖社区负责。治安管理主体的课责制度建立奖惩并举、有责必追的刚性追责机制，"追责工作中，严格依照业务工作规范和具体业务规定，查找工作环节上的漏洞，工作措施上的不到位之处以及工作程序上的不规范之处，认定管理责任"。①

## 三、治安运行机制实现社会化和全球化的扩大

### (一)治安运行机制实现社会化的扩大

埃莉诺·奥斯特罗姆在其《公共事务的治理之道：集体行动制度的演进》一文中指出，对部分公共事务实行自主治理的可行性和有效性，标着着多中心治理理论的正式形成。她强调，作为对市场派和政府派的批判，多中心治理的倡导者并不完全否定市场化改革和官僚制的作用，而是认为过度相信市场化和官僚制都是不足的，人们应该扩展观察和分析问题的角度，协调运用多个权力中心和组织机制来共同治理公共事务，达致公共治理的高效率。在当代中国，如果说社会治安公共产品的供给存在短缺问题，那么，一个重要的制度原因就是目前中国政府部门单一主体供给社会治安产品的问题比较突出。在社会治安管理上，强调党的领导、政府主导是必要的，但仅靠政府部门难以有效增加公共品的供给，随着改革开放和社会主义市场经济的建立与完善，社会治安管理工作面临的环境和条件已经发生很大变化，一些传统的社会治安控制手段也表现出明显的滞后性，原有的运行机制和管理体制也难以适应新的需要。处在前面、加速转型阶段的中国社会，变革的速度远远超过了既有的社会控制及其自我调整的速度，从而使整个社会控制出现了不同程度的弱化。因此，应当借鉴多中心治理的理念，由政府、社会、企业等多种主体共同参与，最终形成一种政府和公民共同对社会生活进行合作管理的社会治理方式。②

警务社会化，是指警察在强化核心专业职能的同时，动员社会各界积极参与到社会治安管理当中，共同维护社会秩序。警务社会化包括三种模式：以治安自治组织为主要辅助警察力量的社区警务模式、提供区域公共安全的职业化、专业化、市场化的治安保卫组织模式、具备部分执法权力的辅助警察模式。③ 在国家治理现代化的总体架构中，传统的社会管理将必然转化为新型的社会治理。作为国家治理体系重要组成部分的治安管理创新的目标就是维护社会大局稳定，促进社会公平正义，保障人民安居乐业。为此，要更新治理理念，用社会

---

① 宋磊磊．试述构建覆盖严密追责有力的治安管理责任体系[M]，全面深化改革背景下治安管理创新研究[M]．北京：中国人民公安大学出版社，2014：31．例如山东省菏泽市公安局治安支队作为治安管理工作的归口指导部门，分别成立责任倒查小组，在日常查责工作中通过对各分县局有关工作的指导、监督、检查，发现问题的，经报支队领导同意，针对倒查事项尚未造成严重后果、属于一般性责任问题的，倒查事项存在突出问题或发生严重后果的，对已经造成严重后果、社会影响恶劣或公安部、省厅、市局领导批示查办的倒查事项，分别启动分县局、治安支队、市局三级倒查工作程序。由治安支队在每月 5 日前，将上月分县局自行倒查、支队倒查以及市局倒查工作的汇总情况，报市局纪委备案。

② 丁开杰．中国社会治安体制改革：迈向"多中心治理"[J]．中共成都市委党校学报，2009.

③ 张成．警务社会化的模式分析及法律制度建构[J]．广西社会科学，2010(1)：66-67.

治理理念指导治安管理创新。首先，要更新治理主体理念，更多地吸纳社会组织平等参与治安管理，发挥社会自治作用。其次，要从管理思维转向服务思维，强化公共服务职能，为社会提供更多的优质公共安全服务。再次，要强化以人为本和保障人权的理念，正确处理好维护稳定与保护权利，维护秩序与激发社会热情的关系，坚决杜绝严重侵犯公民权利的行为和现象的发生。第一，加强党委领导，继续发挥公安机关的主导作用，鼓励和支持社会各方面参与治安管理，实现政府治理、社会自我调节和居民自治的良性互动。第二，积极培育社会治安相关社会组织，如进一步放开保安服务市场，发挥行业协会的协调、自治作用；改进特种行业管理方法，落实相关行业的法律责任；支持和发展志愿服务组织，激发群众参与社会治安的积极性等。①

社会综合治理主体的扩大化。治安综合治理要向纵深化发展，适应从政治型国家向市民型国家的转变，尽可能的吸纳更多的社会团体、法人和各种类型的治安志愿者参与到社会治安的管理中。

20世纪中国市场化改革对于中国治安体制造成了两个方面的影响。一方面市场化引至了社会自主力量的生长，以及相应所带来的社区自组织的发展和公民身份意识的成长，这些组织和公民个体在社区公共空间的管理中越来越扮演积极参与的角色。就城市社区治安而言，住房的商品化进程改变了中国城市社区的性质和结构，使得代表国家权力的基层政权不得不面对一个新兴的社会力量……中国正面临在新条件下如何重新组织社会力量参与治安管理的问题，这一过程可以理解为中国国家政权建设逻辑的根本性转变，即由片面强化国家专制性权力，转化为承认和鼓励社会力量的成长，通过治安合作机制的创新，构建出一种自主、平等、良性互动的国家与社会关系。第一，重新定位基层治安机关的职能。第二，让基层治安权重新回归社区，创建社会治安多元合作机制。首先，参与社会治安的主体更趋多元化。之前以基层邻里组织(居/村委会)和国有厂矿企业为主的治安动员体制，已经演变为由居/村委会、业主委员会、物业公司等基层社区组织，与商业网点(超市便利店、书报亭)、企事业单位等产权单位，以及出租车司机、房东、志愿者等个体所构成的治安多元合作体制。其次，由于参与主体的多元化，治安合作机制也进行了创新，针对不同的治安参与主体，采取不同的合作方式，以对等身份协商合作的治安联席会议制度逐渐成为主要的工作方式。具体而言，各种合作机制包括社保物业联动机制、属地原则的联席会议制度、社会治安信息员队伍、外来人口代表会议、房东会议、基层治安调研会议，等等。再次，传统治安联防队伍性质也发生变化，近年来一些城市已经建立了社区保安队或者辅警，由民政部门支付津贴，而归派出所指挥管理。社会治安多元合作机制在运作逻辑上已经发生根本转变，这些机制的支撑性力量不再是“自上而下”的行政力量而是“自下而上”的社会力量，是国家权力与社会力量的“合作”而不是群众对政权的“配合”，换言之，以公民为主体的多元合作治理机制开始形成。在这种多元合作治理机制中，作为国家暴力机器象征的警察部门，不再高高在上，与社区相隔阂，而是通过一系列治安合作网络的运作，与社区、社会力量融为一体，在其中发挥国家权力的影响力，而达到对社会秩序的控制。而与之相应的关键之处在于，社会多元力量参与治安，代表了一个很重要的变化，即社会力量向国家政权争取“空间管理”的权利。当社会力量作为一种相对独立的力量参与到治安管理中来，就意味着社会力量由此

① 张俊海．社会治理视域下的治安管理创新[G]//全面深化改革背景下治安管理创新研究．北京：中国人民公安大学出版社，2014：1.

介入了国家暴力管理过程，必定对国家与社会的关系产生深远的影响。①

公民社会的发展说到底是民间组织的发展，民间组织独立开展活动，自我管理、自我服务、自我保护，并按照自己的意愿安排活动。公民通过民间组织实现自己的政治参与、政治表达，参与国家管理和社会事务。现在民间组织正越来越成为我国国家管理和社会控制的重要载体，其触角延伸到社会的各个领域，覆盖面广泛。而社会治安也涉及全社会的每一个人和每一个角落，只有社会公共部分的治安，才应有警察实施管理，而在非公共领域，如私人和单位、组织的内部，应由他们自己管理或者承担管理的法律责任与经济责任，应该更多地自主选择维护自身安全的方式。而且社会公共安全涉及领域实在太广太深，仅依靠警察所掌握的有限资源是不够的，在相当广阔的范围里还要依靠社会和民众参与。因此，公民社会中应该大力发挥民间组织的作用，提高治安管理工作的社会化水平。主要包括群众自治性防范组织，行业协会组织以及其他民间组织。②

**（二）治安运行机制的全球化合作**

现代社会正处于日新月异的变革过程中。人类的社会活动远远超越了狭隘的、民族的、地域的范围，而变得更加相互依存，相互关联。以信息革命为主导的科技革命，正在迅速地改变着人类的生存与交往方式，把全球社会连接成为一个信息整体，从而强化了社会发展的全球意识。而随着工业化进程加快所产生的日益突出的全球性问题（诸如生态环境危机、资源危机，等等）以及战争与核恐怖对人类的威胁，这使得国际社会愈加认识到要协调各国的行动，以解决面临的共同问题。特别是现代市场的经济大潮，把世界各国逐渐卷入国际经济一体化的轨道之中，各国经济的相关性与互动性因素不断强化。在这种种情形下的强有力的推动下，法律发展跨越了主权国家的疆域而愈加显现出国际化的强劲势头。法律发展加之于社会的基础之普适性意义，无疑表明法律发展国际化的出现，这是不以人的意志为转移的客观进程。从全球角度看，不同国家的经济、政治和文化发展水平是不一致的，它们的国家形态和政治体制方面也有差异，每个国家又有其特定的历史发展、习惯和民族特点，而这些国家所处的地理环境、自然条件、人口状况等也不尽相同……这些复杂的因素，势必会使世界法律发展的历史进程呈现出五彩缤纷、丰富多样的特点。况且，一定社会、地区或国度的法律发展，总有自身特定的价值系统。这些特定的价值系统，随着文化的传播与相互影响，又会形成某些国度共同生活条件的法律发展类型。③

对外警务交涉发端于国家外交关系的建立，发展于经济全球化时代。全球化使得各国逐渐形成了相互依存、相互依赖的复杂关系。由此，各国的安全既有本国的独立性，又受到国际社会的制约，特别是在打击国际性犯罪、处置涉外敏感案（事）件方面，仅靠当事国一方警力已显不足。只有在相关国家主管部门，包括国际组织机构的及时沟通、成功交涉、通力配合的前提下才能达到最佳的处置效果。为此，自 1998 年起，越来越多的国家互派警务联络官或安全官。截至 2012 年年底，我国也向美国等 23 个国家派驻了 38 名警务联络官，加强了国际警务沟通、交涉与合作，有力地打击了国际性犯罪，有效地维护了我国的利益，积极地保障了国际社会的安全与秩序。④“警务国际化这一问题已经越来越引起社会学学者的

① 陈周旺．当代中国治安体制与国家政权建设[J]．上海交通大学学报（哲学社会科学版），2011(3)．

② 顾海峰．公民社会背景下优化治安管理模式探讨[J]．山东审判，2005(2)．

③ 公丕祥．法制现代化的理论逻辑[M]．北京：中国政法大学出版社，1999：384.

④ 李建国．对外警务交涉研究[J]．北京警察学院学报，2013(3)：76.

重视，而且已经逐渐并一定程度地渗透到集体意识中……引起发展变化的重要条件之一便是当代的发展态势，这一发展态势与某些大力宣传并越来越为公众所知的国际警务焦点问题有关，特别是与跨国贩卖毒品、非法移民、边界限制以及随着计算机技术的不断发展而引起的犯罪问题有关，最主要的是与9·11事件之后国际恐怖主义的方式和发展态势有关。这些犯罪和打击犯罪的国际趋势使得人们更为清楚而普遍地认识到，已经迫切需要重新审视一些传统的区域界限问题，如犯罪场所和警察采取管控措施行使恰当的司法管辖权以及执行司法程序等。随着犯罪和警务越来越全球化和跨区域化，这些界限不像从前那么固定和界定清晰了。此外，正当国际犯罪和全球安全处于不可预断的发展过程中时，无论国际还是国内，我们的时代也在经历一次前所未有的权力扩张和自由度的增强”。①

全球化带来的各种物质技术条件以及全球一体化的思维方式，有利于我国与世界各国更为紧密地开展警务领域的合作。我国公安机关与世界各国警察机构的交流和合作也在进一步加强，涉外治安管理和涉外刑事管辖进一步国际化。自1987年，中国已经和37个国家缔结了刑事司法协助协议。至2000年，公安部已经与43个国家的内务部门签订了警务合作协议，建立了双边业务合作机制和交流机制。有关警务公约或条约的规定以及目前涉外执法实践来看，主要涉及查询与确认公民的国籍身份，通知对外籍违法人采取强制措施及处置情况，安排对外籍违法人的探视和遣送事宜，协调对外籍死者及遗物遗产的处置，通报与传递警务信息情报，商讨国际警务联合执法活动以及双方(或多方)所关心的警务事宜等。随着国际交往与警务外交的不断深入，交涉的范围也会不断扩大，我国参与国际警务合作的途径和方式也得以极大的拓展。

从目前国际警务合作的发展趋势来看，呈现出以下几个特点：合作范围不断扩大，合作的领域涉及各类犯罪案件的协查及联合办案、通缉追捕和跨境追缉，以及联合开展专项犯罪防治和打击活动等方面；合作途径不断增多，一些跨地区的专门化国际合作机构不断出现。为了协调各国联合打击跨国犯罪活动的需要，开展双边、地区和国际性合作等多种层级的合作已经成为一种新的模式。在欧洲、东南亚和拉美等地域逐渐兴起的区域性警务合作体系的建立，开辟了新时期警务合作的新途径。其他区域的国家间也纷纷仿效积极构建区域合作体系；警务一体化进程加快，一些地理位置接近、社会制度相似和文化渊源紧密的国家之间，纷纷建立了一体化经济组织和社会治理组织，并且签订了相对应的警务合作领域的双边或多边协议。

因此我们必须要进一步扩大国际警务的宽度和深度：

一是举办国际警务论坛。以论坛的形式加强各国间警察学术交流，增进相互间关于警察制度、警察法律、警务理论以及警察文化的了解，提高应对非传统安全挑战的警务合作理论研究能力和水平。

二是建立警务会晤制度。为了进一步强化国际警务合作，特别是加强区域警务合作组织间的警务合作，可以在成员国间每年定期举行会晤，召开各成员国警务部门领导会议，围绕跨国犯罪的态势等内容确定一个热点议题，进行重点讨论，也可以就某一特定地区、某一特定类型的跨国犯罪防控与打击召开专门会议，予以有针对性地解决，提高打击跨国犯罪会晤机制的成效。近年来，中国与东盟地区建立了“东亚次区域禁毒合作谅解备忘录(MOU)”高

---

① [美]马修·戴弗雷姆．警务全球化——国际警务合作的历史基础[M]．薛丹云等译．南京：南京出版社，2013：6.

官会议机制，已经成为我国开展次区域禁毒合作的典范。

三是联合培训。由于国际警务合作各方在执法水平、警务技能等方面存在差异性，不利于警务合作事项的开展，联合培训越来越受到各国警方的高度关注。欧盟成员国之间的这种联合培训十分频仍，成效颇为显著，为其他区域警务培训提供了可资参考的模式。我国近年来也充分认识到联合培训的重要性，并积极派出警员参与培训或举办跨国警务培训班。①

① 汪小林、陈合权．多层面国际警务合作方式的框架构筑[J]．四川警察学院学报，2013(5).

# 第七章　战略确立及运行

## 第一节　治安战略的确立

战略(strategy)一词源于希腊语"strategos"，意为军事将领、地方行政长官，后来演变成军事术语，其意思是："对战争全局的筹划和指导。"①它是依据敌我双方军事、政治、经济、地理、文化、心理等因素，全面考虑战争全局与各个方面、各个阶段和各种不确定的因素之间的关系，确定军事力量的准备与运用，如战争准备、战争动员、基本作战方针原则与方向、武斗力量的建设等。它与战役、战术、战斗等相对而言成为军事斗争的最高层次的宏观对策，即根据战争全局的规律所提出的整体性对策。正如毛泽东同志所说："战略问题是研究战争全局的规律性的东西。"②后来，战略的概念被广泛地应用到政治、经济、文化、教育等各个方面上来，即泛指国家、政党对全局性问题的谋划。③ 并在一定历史时期内具有相对稳定性，通过策略手段逐步实现。战略与策略的区分是相对的，一定范围内的战略问题，在更大的范围内可以是策略问题。

### 一、治安战略的含义与特点

#### (一)治安战略的含义

对治安战略的含义，不同学者有不同的解读。金其高认为，"社会治安战略是从宏观上筹划、控制和协调社会治安工作的治安思想和治安政策系统"。④ 也有学者结合社会主义市场经济的特点，认为治安战略"一是治安之道在于安民富民；二是治安的根本途径靠综合治理，靠加强社会主义精神文明建设；三是治安必须严打、严管、严防、严治一体，快速反应；四是治安先治警，努力建设高素质的公安民警队伍"。⑤

我们认为，治安战略即治安防控战略，是为了保障党与国家的总任务和战略目标实现，在保障国家安全、维护社会治安秩序方面实施的全局性的控制和长远性发展的宏观对策。它主要涉及全国、地方、部门社会治安防控工作的战略态势、战略目的、战略方针、战略措施、战略行动和战略决战等。⑥

1. 治安战略的总目的是为了保障党与国家的总任务和战略目标实现

---

① 杨庆旺，哈铧主编．中国军事知识辞典[M]．北京：华夏出版社，1987：614.

② 毛泽东．毛泽东选集(四卷合订本)[M]．北京：人民出版社，1978：159.

③ 辞海[M]．上海：辞书出版社，1989：1523.

④ 金其高．论中国社会治安战略[M]．犯罪学论丛，2004(9).

⑤ 万学斌．论社会主义市场经济条件下的治安战略[J]．公安大学学报，1997(2).

⑥ 王彩元．治安学基础理论专论[M]．北京：中国人民公安大学出版社，2005：183-184.

治安战略总是为党与国家的总任务和战略目标服务。每一个治安战略的出现，就是为了保障党与国家的总任务和战略目标实现。如社会治安综合治理战略，就是为了保障党的十一届三中全会以后，我们党和国家工作着重点已经转移到“四化”经济建设上来，并为“四化”经济建设创造良好的社会治安环境；社区警务战略的实施，就是为了构建社会主义和谐社会的需要而提出来的；① 而社会治安防控体系建设则是为了推动社会治理创新，改进社会治理方式，激发治理主体活力，创新解决社会矛盾体制，健全公共安全体系，提升国家治理能力，推进国家治理现代化而确立的治安战略。②

2. 治安战略属于保障国家安全、维护社会治安秩序的全局性的控制和长远性发展的宏观对策

国家安全，是指国家独立、国家领土完整和安全、国家团结统一、国家政权基本制度以及国家其他根本利益安全的总和。而社会治安秩序则是人们遵守的、由刑事法律和治安管理法律法规所规定的有关国家和公共安全、社会管理和公民人身、公私财产权利或民主权利并予以维护的一种社会现象或社会行为。虽然保障国家安全、维护社会治安秩序，可以由国家和社会各个层面进行实施，但作为国家层面必须要有全面的、长远的和全局性的宏观思路和对策，以指导保障国家安全、维护社会治安秩序，而这种宏观思路与对策就是治安战略。

3. 治安战略的形式有战略态势、战略目的、战略任务、战略思维、战略方针、战略手段、战略措施、战略行动和战略决战等

任何战略都具有战略态势、战略目的、战略任务、战略方针、战略思维、战略手段、战略措施、战略行动和战略决战等形式，治安战略也不例外。治安战略态势是指治安战略部署和战略行动所造成的状态，是战略领导者、决策者和指导者在客观物质条件的基础上主观运筹的结果，又是后面进行战略决策的依据；治安战略目标和任务是战略实现的总体目标，是实施某一战略要达到的最终结果，它既是制定战略的出发点，又是落脚点；治安战略思维是对治安实践活动的全局性、长远性重大问题进行筹划和指导的一种思维，其思维的高度直接决定着战略方针、战略手段、战略措施、战略行动和战略决战的高度。

**（二）治安战略特点**

1. 纲领性

纲领表示总的方面，是政府、政党、社团根据自己在一定时期内的任务而规定的奋斗目标和行动步骤。治安战略是从国家安全、社会安定、人民安宁的最高、最广泛、最长久的利益出发，调动和统率一切治安积极因素，综合地运用一切必要手段，确保既定的全局性目标实现，对全国的治安工作有指导作用。

2. 全局性

治安战略涉及范围的全局，包括各部分、各方面、各环节的整体，涵盖全局的方针、路线、政策。总路线、总方针、大政策，治安防控战略要考虑社会治安形势的发展趋势，做到既要争取全面的胜利，又要争取持久的稳定，能在治安形势全局上有扭转局势的关键作用。

3. 长远性

治安战略是一个长期的过程，其对策在实施的过程中稳定地发挥指导作用，有长远的指导意义。治安战略不仅仅要解决已经发生的问题，还要发现问题、堵塞漏洞，善于分析问

---

① 尹伟中，张满生．和谐社会理论视野下的社区警务[M]．北京：中国人民公安大学出版社，2007.

② 江必新．国家治理现代化[M]．北京：中国法制出版社，2014：218-222.

题、估计形势、预测未来。

4. 前瞻性

揭示规律，为实践的实施提供指导理论和方法。这就要求治安战略运用现代的预测理论和技术，要考虑到对可能发生的状况结构及发展作预测，分析判断，就是要对未来的治安势态作出科学的预测，采取应有的措施，争取主动，凡事“预则立”，能够把握发展规律和未来，摆脱被动的局面。

**(三)治安战略的意义**

1. 保证国家治安战略目标顺利实现

党和国家所制定的历史性战略目标或提出的某些重要的战略任务、战略部署，必然要求治安防控工作从战略上提供安全保障，为战略目标的实现创造良好的治安环境和安全保障。社会和治安职能部门就要从这一需要出发，提出战略性对策并成功地加以实施，以保证党和国家的战略目标和战略任务顺利实现。

2. 强化各类治安主体整体战斗力

治安战略是高瞻远瞩、统筹全局、驾驭形势的总对策，它可以使所有的治安防控组织和人员围绕统一目标，执行统一部署，形成整体作战，能够最大限度地调动和组织整个治安防控人员的积极性，集中优势力量，完成具有全局意义的重大工作任务。无论是在全国还是在一个地区，治安防控战略可以使所有的治安参战主体胸怀全局，立足专责，做好岗位工作，不囿于狭窄的专业目标、具体任务和日常工作，它是全盘治安防控工作的总纲。

3. 谋求决定性的转折

治安战略集中力量解决对全局有突出影响、最大决定作用的重大问题，使社会治安问题起决定性转折。如我国20世纪80年代初以来实施社会治安综合治理战略，突出“严打”斗争，就起到了扭转严重刑事犯罪苗头日益嚣张、治安形势日益恶化局面的作用，基本上稳住了形势。

## 二、治安战略的形成过程

从我国治安战略发展演进规律来看，治安战略的发展变化是与社会及经济的发展密切相关的，每次治安战略发生重大转变都是社会形势、经济技术重大发展变革息息相关，在不同社会发展时期有相应的治安战略规划，在规划中制定了包括整体目标、阶段性目标、实现方法、具体操作方式、主要负责部门、相关单位等具体而详尽的各项规定，不断完成规划所制定的目标。而且，治安战略的形成，经历了一个由单一到多个层面的过程。

**(一)新中国成立初期至20世纪90年代——社会治安综合治理方针的形成**

我们党在新中国成立初，一方面抓紧经济建设，一方面在加强政权建设的同时，充分发挥政权的力量，坚定不移地依靠广大人民群众，向敌对阶级、刑事犯罪分子展开了一系列的伟大斗争，创造和积累了一些经验。我们党在不断的斗争中总结经验，将一些行之有效的经验上升为方针、政策，在维护社会治安中加以推广和运用。如人民民主专政的理论，正确处理两类不同性质矛盾的理论，无产阶级改造人、改造社会的理论，惩办与宽大相结合的政策，“改造第一，生产第二”的劳改方针，党委领导下政法专门机关与广大群众相结合的群众路线等。

我国公安机关长期坚持的党委领导下的群众路线的工作原则和专门机关与广大人民群众相结合的工作的方针，形成了独具特色的公安工作优良传统。其中就包含依靠社会力量解决社会治安问题的精神。早在1951年5月，党中央在镇压反革命运动的工作路线中，就强调要党委领导，全党动手，动员了全社会的一切力量，肃清了成百上万计的残余反革命分子，一举扫除了旧社会的各种丑恶现象，荡涤了污泥浊水，达到了天下大治，在全国范围进入了社会治安的最好时期。以后，党中央提出了依靠人民群众实行专政的方针，依靠社会力量改造反革命分子和犯罪分子成为新人。这些各方面依靠社会力量解决社会治安问题的成功实践，为我国综合地依靠社会力量解决治安问题积累了宝贵的经验。

十年动乱结束后，特别是党的十一届三中全会以后，我国进入了一个新的历史发展时期，党和国家工作着重点已经转移到“四化”经济建设上来，大规模急风暴雨式的阶级斗争已经基本结束。在新的历史条件下，犯罪的主体、预防犯罪的措施、犯罪形成的主客观原因等都出现了明显的变化。刑事犯罪尤其是青少年犯罪以至整个社会治安问题形成的原因，是极其复杂的，既有历史的、现实的、社会的原因，也有政治、经济、文化教育的原因，而且这些问题也不是哪一个部门或哪几个部门在短期内所能完全解决的。在这些新形势下，违法犯罪的新情况以及带来的一系列新问题，需要有新的观念、新的方针去认识和处理。社会治安综合治理，就是为了解决这些问题而被提出来的。

1979年6月，中央宣传部等八个单位联合向党中央写了《关于提请全党重视解决青少年违法犯罪问题的报告》，并于同年8月中共中央批转了这个报告。在这个报告中，虽然还未正式使用社会治安综合治理的概念，但是通篇贯穿了社会治安综合治理思想，全面阐述了社会治安综合治理的基本内容。可以说，1979年8月中共中央转发中央宣传部等八个单位《关于提请全党重视解决青少年违法犯罪问题的报告》的通知，标志着我国社会治安综合治理方针思想的形成。

1981年5月，中央召开了北京、天津、上海、广州、武汉五大城市治安座谈会。会议讨论了当时整顿治安的任务、政策和措施，会后中央转发了《会议纪要》。《会议纪要》第一次明确提出了“综合治理”是解决社会治安问题、实现长治久安的方针。这样就把综合治理的方针推进到全面确定的新阶段。1982年1月，《中共中央关于加强政法工作的指示》再次强调：“为了争取治安情况根本好转，必须加强党的领导，全党动手，认真落实综合治理方针。”从此，综合治理的方针在党中央的文件里进一步明确地规定下来了。

1991年1月，经党中央批准，全国社会治安综合治理工作会议在山东省烟台市召开，确定了治安综合治理的工作方针、指导原则、工作范围、领导体制和工作体制，解决了社会治安综合治理工作的一系列重大问题，“烟台会议”是我国社会治安综合治理的一个重要里程碑。

1991年2月19日，中共中央、国务院作出《关于加强社会治安综合治理的决定》。决定指出，社会治安综合治理是党中央总结历史经验提出的正确方针，它是解决我国社会治安问题的根本出路，是加强社会主义法制建设的重要措施，是新形势下坚持专门机关和群众路线相结合原则的发展，是具有中国特色解决社会治安的新路子。同年3月2日，七届全国人大常委会第十八次会议通过了《关于加强社会治安综合治理的决定》。这两个决定被普遍认为是“我国搞好社会治安、维护社会稳定，确保长治久安的纲领性文件”。

1991年3月21日，中共中央决定成立中央社会治安综合治理委员会，协助党中央、国务院领导全国社会治安综合治理工作，下设办公室，与中央政法委联合办公。

1992年10月，党的十四大把“加强社会治安综合治理，保持社会长期稳定”写入了新修改的《党章》总纲。社会治安综合治理成为我国共产党领导下的治安工作一项战略工作。从此，社会治安综合治理已经成为我国治安战略的重要方针并被固定下来。

**（二）20世纪90年代至21世纪初——社区警务战略的形成**

社区警务的产生既是20世纪60、70年代西方发达国家社会政治经济发展的产物，也是西方国家经历了现代都市警察建立、警察专业化建设、警务现代化建设三次警务革命之后的反思，与时俱进、不断演化的必然结果，旨在更好地适应治安形势变化发展和满足公众公共安全期待的需求。

第四次警务改革兴起于20世纪60、70年代的美国，英国全面推行标志着其进入高潮。第四次警务改革是对以警务现代化、大幅度增加警力、快速反应警务风格为标志的第三次警务改革的全面反思、辩证否定与革命性发展。它提出并建立了新的现代警察哲学和警察思维的理论，诸如无增长改善论、社区警务、再造社会凝聚力、实现社会的和谐发展等都是其理论范畴。在警务实践中，强调以全社会的力量预防和控制犯罪为工作重点，具体以推行社区警务为主要内容，通过建立科学的社区警务的运行机制，使警务工作立足社区，依靠社区，重视并努力实现与社区其他部门的相互理解和相互合作，协调发展与社区群众的伙伴式关系，共同承担社区治安防范的责任和义务，实现有效预防和控制犯罪的目的。①

第四次警务改革是以推行社区警务为主要内容，它特别强调警察与社区群众的关系，强调要充分地挖掘和利用社区资源和社区力量，彻底改变过去警察是“打击犯罪的战士”的形象，重新塑造良好的警察形象——警察要做“社会的服务员”，逐渐形成一种崭新的先发型的、强调预防犯罪为主的主动性警务风格。

社区警务作为第四次警务革命的潮流，20世纪90年代初期经传播进入中国，在一批学者介绍西方社区警务起源、思想基础、历史渊源、实质与现实背景，并开始探讨西方社区警务与我国治安基层基础工作、群防群治等警务传统相融合的可能性之后，引起了极为广泛的关注并获得了政府、警察机关、警务研究人员越来越广泛的认同，并为社区警务成为中国治安战略作了舆论和思想准备。

2002年3月，公安部在杭州召开全国公安派出所工作会议上，明确要求全国大中城市公安机关在2004年之前全面实施社区警务战略，进一步明确公安派出所是“集管理、防范、打击、服务等多种职能于一体的基层综合性战斗实体”，提出加强以人口管理为重点的基础工作，实施社区警务战略，推进公安派出所规范化建设，努力实现社区警务应达到的目标，这是继1997年“苏州会议”后，我国警务战略的又一重大调整。

2006年10月，公安部又专门下发《关于实施社区和农村警务战略的决定》，部署在全国实施社区和农村警务战略，要求在城市原则上以社区为单位划分警务区、配置社区民警，逐步建立与新型社区管理体制、社会主义新农村建设相适应的社区、农村警务工作新机制，为全面建设小康社会、构建社会主义和谐社会创造良好的治安环境。

至此，社区警务作为我国治安战略已经完全形成，并在以后的历次公安工作中予以强化和强调。

应当说，西方社区警务与我国公安工作的群众路线和我国的社会治安综合治理工作有许多共同的理念和思想。英国德文郡前警察局长、警察科学理论家约翰·安德逊曾说过，“当我于1980年第一次来中国时，就在这里发现了有关社区警务的思想和原则。如公安部1952

---

① 杨瑞清，王淑荣，社区警务[M]，北京：中国人民公安大学出版社，2015：17.

年的文件中就有'在所有地区，人人都有责任协助政府维护治安'这样的内容。"①"中国人向我请教社区警务，其实中国早有人民公社。社区即公社，社区警务中包含着中国社会治理犯罪的内容。中国警务现代化，千万不要走追求高编制数、高度装备现代化的美国模式。""中国有工人民兵小分队、街道委员会、小脚侦缉队。我们的社区警务，就是向你们中国人学习的。"②而且，我国许多学者也对西方社区警务与我国公安工作的群众路线和我国的社会治安综合治理工作进行了比较研究，并提出了"社区警务仅是社会治安综合治理中的最基层的环节"，"体现了公安专门机关与广大群众相结合的群众路线思想"；③"社区警务的本质是在维护社区治安中警方与社区组织协作、社区警察与社区居民的共同参与和互动过程。没有社区内各单位、团体和居民群众的广泛参与，就不是真正的社区警务工作，就难以实现社区治安的目标"。④

**(三)21世纪以来——社会治安防控体系战略的提出与形成**

进入新世纪，特别是2010年我国国内生产总值超过日本，成为世界第二大经济体后，我国社会处在全面转型期。随着我国全方位、更深地融入世界，人民内部矛盾凸显、刑事犯罪高发、对敌斗争复杂的治安形势日趋严重，境内因素与境外因素、传统安全因素和非传统安全因素、虚拟社会与现实社会、敌我矛盾与人民内部矛盾相互交织的特点更加明显，对敌斗争的复杂性、国际因素影响的风险、社会管理的难度、执法环境的变化、互联网"双刃剑"效应以及警察执法工作的压力，可以说前所未有；而人民群众随着生活水平的提高和"小康水平"的全面实现，对社会安全感的需求不断增加，维权意识不断增强。⑤ 这些均为我国保障国家安全、维护社会治安秩序工作提出了更高的要求，社会治安防控体系建设随即提出。

2001年7月，公安部召开"加强社会治安防控体系建设座谈会"。会议就社会治安防控体系的概念、防控体系建设的总体目标、基本框架和运行机制，以及各地在开展防控体系建设中遇到的问题进行了研讨。同年9月，中共中央、国务院《关于进一步加强社会治安综合治理的意见》指出，"要进一步加强群防群治工作，建立和完善全社会的防控体系"。同年11月全国公安厅局长会议进一步提出把防范和管理置于突出的位置，大力推进社会治安防控体系建设，进一步提高对社会治安的防控能力。

2002年《中央社会治安综合治理委员会关于加强社会治安防范工作的意见》明确指出："公安机关要大力推进社会治安防控体系建设，切实加强治安防范工作。"以回应人民群众的新期待，完成党赋予公安机关的重大职责是必须解决的问题。

在2003年第二十次全国公安工作会议上，会议明确将建设完善的社会治安防控体系，提高公安机关预防和打击犯罪的水平作为未来五年公安工作的首要奋斗目标，并在《中共中央关于进一步加强和改进公安工作的决定》指出，社会治安问题是各种消极因素的综合反映，必须坚持党的十六大提出的打防结合、预防为主的方针，大力加强治安防范和管理，积极发动和组织群众参与社会治安工作，推进社会治安防控体系建设，增强社会治安防控能

① 李忠信．中国社区警务研究[M]．北京：群众出版社，1999：5.

② 王大伟．龙的盾牌——中国警察在英国[M]．北京：农村读物出版社，1999：9，144.

③ 朱启禄，王大伟．西方社区警务与中国的社会治安综合治理之比较[J]．公安大学学报，1995(5).

④ 张兆端．关于社区警务的几个基本理论问题[J]．理论学刊，2004(2).

⑤ 王彩元．我国治安学本科教育面临的基本问题与思考[J]．湖南警察学院学报，2012(6).

力。至此，社会治安防控体系构建已经上升为国家社会治安战略。

2006年中国共产党第十六届六中全会通过的《中共中央关于构建社会主义和谐社会若干重大问题的决定》明确指出，坚持打防结合、预防为主、专群结合、依靠群众的方针，完善社会治安防控体系，广泛开展平安创建活动，把社会治安综合治理措施落实到基层，确保社会治安大局稳定。

2007年12月24日，全国政法工作会议要求公安机关，以平安建设为载体，构建社会治安防控体系的新平台。要从源头上解决影响社会治安的突出问题，并把思想认识、工作重点、力量配置、考核奖惩等落实到构筑治安防控体系上来，推动社会治安综合治理各项措施的落实。治安防控体系要在社会化、网络化、科技化上取得突破，构筑全方位的治安防控网络。

2008年12月9日，孟建柱同志在全国公安厅局长会议上指出，人民群众的安全感和满意度是检验和衡量社会治安工作的根本标准。要坚持专群结合、打防结合，着力构建点线面结合、人防物防技防措施完善的社会治安防控网络，最大限度地减少防范管理盲区，最大限度地挤压违法犯罪活动的空间。

2011年2月19日，时任中共中央总书记的胡锦涛同志，在省部级主要领导干部社会管理及其创新专题研讨班开班式上发表重要讲话，就"加强和创新社会管理"的重大意义、指导思想、基本任务、重点工作作了系统的阐述。2011年7月，《中共中央国务院关于加强和创新社会管理的意见》出台，要求要紧紧围绕全面建设小康社会的总目标，牢牢把握最大限度激发社会活力、最大限度增加和谐因素、最大限度减少不和谐因素的总要求，积极推进社会管理理念、体制、机制、制度、方法创新，完善党委领导、政府负责、社会协同、公众参与的社会管理格局，加强社会管理法律、能力建设，完善基层社会管理服务，建设中国特色社会主义社会管理体系；要加强和完善社会管理格局，加强社会管理制度建设，加强基层社会管理和服务，完善党和政府主导的维护群众权益机制，加强流动人口和特殊人群服务管理，加强非公有制经济组织、社会组织服务管理，加强公共安全体系建设，完善信息网络服务管理，营造良好社会环境。

2012年党的十八大在《坚定不移沿着中国特色社会主义道路前进，为全面建成小康社会而奋斗》报告中，明确提出要深化平安建设，完善立体化社会治安防控体系，强化司法基本保障，依法防范和惩治违法犯罪活动，保障人民生命财产安全；完善国家安全战略和工作机制，高度警惕和坚决防范敌对势力的分裂、渗透、颠覆活动，确保国家安全。立体化治安防控体系建设已经成为新的历史时期公安机关的一项重大任务和重大治安战略。

2013年11月12日中国共产党第十八届三中全会通过的《中共中央关于全面深化改革若干重大问题的决定》，提出全面深化改革的总目标是完善和发展中国特色社会主义制度，推进国家治理体系和治理能力现代化。要加强社会治安综合治理，创新立体化社会治安防控体系，依法严密防范和惩治各类违法犯罪活动。

由此可见，社会治安防控体系建设不仅是加强社会治安防范工作需要，也是构建社会主义和谐社会，更是推进国家治理体系和治理能力现代化的需要。

## 三、治安战略的主要内容

### (一)社会治安综合治理

1. 社会治安综合治理方针的含义与目标

社会治安综合治理，是指在各级党委和政府的统一领导下，依靠国家政权、社会团体和广大人民群众的力量，各部门协调一致，齐抓共管，运用政治、经济、行政、法律、文化、教育等多种手段，整治社会治安，打击犯罪和预防犯罪，保障社会稳定。

社会治安综合治理方针是我国在长期与犯罪作斗争的经验基础上经过理论概括而形成的。其重要的理论依据是，犯罪是一种社会现象，是社会经济、政治、文化、法律消极因素同其他社会消极因素相互作用、相互影响的结果。犯罪动机、犯罪的原因和条件不是单一的，而是综合性的，即犯罪是各种产生犯罪的原因与条件相互作用的综合反映。因此，控制、减少和消除社会中的犯罪现象，也必须采取经济的、政治的、文化的、道德的、法律的以及其他社会措施，而且必须运用综合性手段和措施进行治理，才能有效。

社会治安综合治理的目标，分为长期目标和阶段性目标两种。长期目标是最终目标和战略性目标，它的要求是从根本上预防和控制犯罪，以达到国家的政治安定、经济发展、社会稳定、长治久安、人民有安全感的目的。其时间无底线，只有上述要求全部实现，社会治安综合治理的任务才算完成。社会治安综合治理的阶段性目标是短期目标、战术性目标。它是根据一定时期经济和社会发展的需要，从社会治安综合治理状况要求的实际出发，提出的所要达到的目标。这种目标具有一定的阶段性、重点性、专门性的特点，解决社会生活中突出的问题，以达到一定阶段社会秩序比较稳定的要求。

2. 社会治安综合治理的基本内容

社会治安综合治理的基本内容包括打、防、教、管、建、改六项。

(1)打即打击。打击是社会治安综合治理的首要环节，是落实社会治安综合治理的首要环节，是落实社会治安综合治理和其他几项内容的前提条件和战术性措施。

(2)防即防范。防范是维护社会治安秩序、减少违法犯罪活动。

(3)教即教育。教育是维护社会治安的战略性措施和治本措施。

(4)管即管理。管理是堵塞犯罪空隙和防止网络漏洞建立良好的社会秩序的重要手段。

(5)建即建设。建设是加强社会基层组织和制度建设，落实社会治安综合治理的关键和依靠的基础。

(6)改即改造。改造是教育、挽救、防止犯罪人重新犯罪的特殊预防工作。

打击、防范、教育、管理、建设、改造，这六个方面也称之为社会治安综合治理的工作范围，它们具体解决治理什么和怎么治理的问题，是社会治安综合治理的核心内容，这六个方面环环紧扣，相辅相成，每一个方面又包括若干内容，缺一不可，全部的工作综合在一起，发挥对策系统的整体效能。

3. 社会治安综合治理的基本原则

(1)打防并举，标本兼治，重在治本。“打防并举，标本兼治”，就是要求将打击与预防有机地结合起来，要两手抓两手都要硬，而不是一手软、一手硬。既要严厉惩处各种严重刑事犯罪分子又要注意控制和消除犯罪赖以生存的土壤和条件，从根本上控制和减少犯罪。两者相辅相成，不可偏废。“重在治本”，就是要人们深入探究犯罪的原因之所在，注重从“病因”、“源头”入手来治理犯罪，不能就事论事。

(2)谁主管，谁负责。这一原则旨在明确社会治安综合治理的工作职责，确保综合治理各项措施的落实。它适用于所有党、政、军各部门和各人民团体。这一原则要求各部门根据社会治安综合治理的任务、要求和工作范围，主动找准自己的位置，明确本部门、本系统的职责，切实承担起共同维护社会治安的责任。它要求各机关、厂矿、学校、企事业单位和人民团体，必须“管好自己的人，看好自己的门，办好自己的事”，切实加强内部人员的思想教育和各项安全防范工作。一旦发生问题，应酌情追究有关部门、单位直接领导的责任。

(3)属地管理。这是“谁主管，谁负责”原则的补充，旨在明确社会治安综合治理的领导责任及职责协调关系。属地管理原则要求社会治安综合治理应把“抓系统，系统抓”同“条块结合，以块为主”有机地结合起来。有关部门下属的企事业单位，应当服从所在地党委和政府的统一领导，主管部门要积极配合地方党政组织，督促所属单位做好综合治理工作，消除条块分割、各自为政、无人负责的现象。

**(二)社区警务**

1. 社区警务的含义

社区警务是当今西方第四次警务革命的组成部分，也是我国实施的一项重要的警务战略。尽管学者们对社区警务的含义有不同的认识，① 但基本含义可以归纳为：警方以社区为范围，以警民联手作为手段，通过立足社区与建立长期合作关系，动员和鼓励社区群众以多种形式参与治安防控工作，共同研究、解决社会治安问题，形成以社区为主体的预防控制网络，并辅以多种矫正和疏导措施，有效维护治安和社会稳定的预防型、主动型的思想模式和方法体系。

2. 社区警务的特征

社区警务作为一种警务方式和规范的理论，具有深厚的警务理论基础。社区警务理论具有以下基本特征：

(1)以减少犯罪为警察工作的最终目标。社区警务理论认为，警察工作的优劣虽然不是决定违法犯罪的根本原因，但警察在违法犯罪面前绝不是消极无为的，只要选择正确的警务战略，真正调动起公众参与的积极性，那么对于违法犯罪，警察就不仅能够治标，而且能够发挥治本的功能，在此基础上，总体上控制和减少违法犯罪是可能的。

(2)依靠公众力量抑制犯罪。社区警务理论认为，违法犯罪是一种社会现象，其发展、变化受到一定时空范围内政治、经济、社会、文化等要素综合作用的影响和制约。警察是遏制违法犯罪的重要力量，但不是唯一力量，甚至不是主要力量。在遏制违法犯罪的实践中，不可过分强调警察工作的专业性而夸大其作用。警察工作的成效在于发动社会公众力量来抑制违法犯罪才是最重要的。

(3)以防为主，先发制敌。社区警务战略理论认为，传统的“专业化警务”方式，将快速反应和抓捕违法犯罪嫌疑人作为警察的全部工作。这种被称为“后发式，反应型警务”，即警察被动地跟在案件后面疲于应付的警务方式有很多的弊端，是造成警察工作被动、造成警察在违法犯罪面前无能为力的主要原因。社区警务要求把警察工作的重心转移到案发前，及早发现问题，解决问题。通过对违法犯罪主体及客体目标的防范，最大限度地减少违法犯

---

① 朱启禄，王大伟认为，社区警务是欧美各国警察自20世纪30年代所兴起的一种警务改革方式。它的核心是理性化，即在警务装备现代化之后，面对日益增长的犯罪进行的返璞归真，追求传统的改革。参见朱启禄，王大伟．西方社区警务与中国的社会治安综合治理之比较[J]．公安大学学报，1995(5)；李健和认为，社区警务即：警方与社区(社会、群众)密切结合，共同努力，通过防范和解决诱发、导致违法犯罪的“问题”，预防和减少违法犯罪，从而建设安全的社区环境和良好的邻里关系。参见李健和．关于社区警务几个问题的思考[J]．公安大学学报，2002(1)；张兆端认为，社区警务既是一种新型的警务理念，又是一种新型的警务改革探索方式。作为一种警务理念，社区警务是关于在社区发展与建设中，如何以社区为阵地，警、政、民有序合作互动，共同解决社区治安问题，维护社区治安的社会化治安警务思想。参见张兆端，关于社区警务的几个基本理论问题[J]．理论学刊，2004(2)．

罪。社区警务理论强调，在广泛发动公众参与的基础上，以预防为主，先发制敌。

(4)以小治积累大治。社区警务战略理论认为，要减少犯罪，维护良好的社会治安秩序，必须从大社会着眼，从小社区着手。以社区为单位，从维护社区秩序与安全做起，逐步实现小治到大治，以小气候影响大气候，以小区的治安秩序累积到大区乃至全社会的治安秩序，最终引导社会治安整体逐步进入良性循环的轨道。

**(三)社会治安防控体系**

1. 社会治安防控体系的含义及其总体目标

构建社会治安防控体系是一个全新的课题，对于什么是社会治安防控体系，无论是理论界还是实战部门，目前尚未作出明确的界定。

根据近些年来的实践和探索，一般认为社会治安防控体系，是指公安机关在党委、政府统一领导下，从维护社会稳定的需要出发，充分发挥职能作用，运用各种手段，科学整合现有的各种警力和资源，运用科学的工作机制，把防范、控制、管理、服务等多种措施有机结合，实现统一指挥、整体联动、快速反应，对社会治安实施全方位动态防控的一项系统工程。社会治安防控体系是在现代警务理念的指导下，以控制发案、打击现行为重点的积极防范警务工作系统。① 社会治安防控体系，可分为立体化治安防控体系和平面式治安防控体系。②

社会治安防控体系是适应社会治安环境的变化而建立的，构建社会治安防控体系必须科学。社会治安防控体系的总体目标概括起来，是在各级党委、政府的统一领导下，建立以公安机关为主体，各级群众参与，以社区防控、单位内部防控和阵地防控为基础，全时空巡逻防控为主要形式的责任明确、指挥高效、反应灵敏、警令畅通、组织健全、整体联动、运作规范、体系严密的社会治安防控体系，实现“发案少、秩序好、社会稳定、群众满意”的社会状况。③ 具体是要能有效地预防违法犯罪行为和治安事件、治安灾害事故的发生，降低盗窃、抢劫、爆炸等可防性案件、治安灾害事故发生率，能及时制止现行违法犯罪活动，抓获违法犯罪分子，社会治安状况持续保持良好状态，群众安全感较强，人民群众安居乐业。这是构建社会防控体系的目的，也是社会治安防控体系运行的总体目标，更是评价社会治安防控体系成败的标准。

2. 社会治安防控体系的构建要素与原则

预防和控制违法犯罪的社会治安防控体系规模大、涉及面广、结构复杂是前所未有的，它涉及政治、经济、文化、管理、法律、教育等领域，建立社会治安防控体系必须注重建立系统的良好结构，最大限度地发挥结构功能和整体功能。当前社会治安防控体系还在不断探

---

① 熊一新．论社会治安防控体系建设[J]．公安大学学报，2004(4)．也有学者认为，社会治安防控体系是在党委、政府领导下，以公安机关为主体，以维护治安秩序和公众安全感为目标，科学整合和利用警力与社会资源，综合运用各种措施和手段，对危害治安秩序的行为进行有组织的系统化控制工程。参见：宫志刚，李小波．社会治安防控体系若干基本问题研究[J]．中国人民公安大学学报(社会科学版)，2014(2)．

② 王在山，王精忠认为，治安立体防控战略是指公安机关从维护社会稳定的需要出发，充分发挥职能作用，科学整合警力和社会资源，综合运用打击、防范、管理和控制措施，实现统一指挥、快速反应、整体联动、协同作战，进而对社会治安实现全时空动态防控的全局性警务战略。参见：王在山，王精忠．治安立体防控战略论纲[J]．山东警察学院学报，2006(5)．

③ 熊一新．论社会治安防控体系建设[J]．公安大学学报，2004(4)．

讨和实践当中，因此，对治安防控体系的构建，应当把握好它的构成要素和构建原则。

(1)社会治安防控体系的构成要素。构建社会治安防控体系，旨在发挥预防、控制、管理、处置、服务等整体功能，而整体功能是否得以发挥，则取决于防控体系的构成要素是否合理及要素的运转是否协调。因此，应在防控力量、指挥系统、信息网络、技术装备、预警预案等方面进行科学组织，使社会治安防控体系成效运转。①

一是防控力量，防控力量是构成社会治安防控体系的首要因素，是能否发挥防控体系功能的关键所在。因此，应根据有关地区的经济发展、社会文化、自然条件等实际情况，按照治安问题的规律特点，科学进行配置。包括公安专业力量、群众性治安防范力量、秘密力量和110联动力量等。

二指挥系统，指挥系统是社会治安防控体系中的中枢神经，是对各种治安力量、专业手段和管理措施进行统一指挥、协调和部署的指挥部，是保证防控体系高效运转的关键部位。因此，应按照不同职能和要求，建立各级指挥系统。就公安机关而言，一是在城市建立市局、分局、派出所(基层队、站)三级指挥系统。在市局建立指挥中心，下设若干职能部门，负责统一指挥、协调、组织和检查督促等工作，在派出所(基层队、站)建立三级指挥点，主要发挥现场组织、处置与实战作用。二是在乡村应建立县(市)局、派出所(基层队、站)两级指挥系统。在县(市)局建立指挥中心，发挥统一指挥、协调、组织与检查督促作用，在派出所(基层队、站)建立二级指挥点，发挥现场组织、处置与实战作用。

三是信息网络。构建社会治安防控体系，要求对大量的信息进行传递、处理与反馈，需要建立具有多条渠道、及时准确、上下贯通、左右联系功能的信息网络，并形成以市局为中枢、分局为节点、实战单位为信息源的信息传递、处理与反馈系统。通过信息网络，把防控体系中的各种力量、专业手段和管理措施，纵横联结起来，发挥各个要素的功能，形成整体优势。其中纵向信息网络能够实现上级公安机关通过信息传递，把国家有关法律、政策、指令、工作部署、具体要求等层层传递到基层实战单位，使下级能及时，准确了解情况，作出科学决策；横向信息网络能实现治安防控体系内部各实战单位之间的互相沟通、协调和支持，形成整体优势。同时防控体系与社会有关部门加强联系，互通信息，实现齐抓共管和治安管理社会化。

四是技术装备。技术装备是公安机关及其人民警察为维护治安秩序，预防和查处治安问题，完成各项治安管理任务，依法配备和使用武器、警械、安检、监控、交通、通讯等装备器材和总称。它是人民警察在与敌对分子、违法犯罪嫌疑人及各种灾害事故作斗争，提高反应速度和战斗力，加大治安防控覆盖面，查处各种治安问题等过程所必不可少的物质条件，是治安防控体系发挥功能基础和重要保障。技术装备包括技术型装备器材、攻击型装备器材、防护型装备器材、处置型装备器材和服务型装备器材等。

五是预警预案。预警预案是公安机关为有效地实施治安防范与社会面控制，根据本地区的治安动态和治安问题的规律特点而制定的，对有关治安防控过程中治安力量配置、专业手段运用、治安问题处理等方面的预先构想和行动计划。它是实现治安防控体系科学化、规范化建设的重要内容，是使治安防范与控制工作争取主动，从容应对各种复杂、突变情况和

① 也有学者认为，社会治安防控体系由防控力量(主体)、运行体系、防控目标三大要素构成参见：宫志刚，李小波．社会治安防控体系若干基本问题研究[J]．中国人民公安大学学报(社会科学版)，2014(2)．

局面。

(2)社会治安防控体系构建原则。

①快速反应原则。社会化大发展促使社会大流动，在人际交往增多、互动频繁、经济发展的同时，流窜犯罪高发。据研究，警察如果不能在10分钟到达现场并采取相应的控制措施，抓获犯罪嫌疑人的希望几乎是零。这个问题是动态社会治安环境下社会治安防控体系应正视并要解决的几个问题之一，快速反应是构建社会治安防控体系的目的之一，也是构建社会治安防控体系必须遵循的一个重要原则。

②以动制动原则。随着我国社会的发展，违法犯罪形式呈现多样化、复杂化和动态化。新的治安形势对传统的静态式的治安防控机制、方式提出了挑战，以静制动在时间、空间、地域上受到了一定限制。受治安形势的要求，我们必须建立以动制动、动静结合的社会治安管理模式。以动制动的原则并非否定过去的防控经验，而是改变过去被动反应式的思维观念和后发制人的防控机制。以动制动是一种空间换时间的概念，通过指挥中心、巡警、交警、户籍警等警种配合，组成一种快速反应的机制，共同承担对所发生的案件、突发事件和治安问题的快速处置任务。

③超前部署原则。社会治安体系着眼于预防和控制，治安防控分为被动防控和主动防控。当社会治安问题已经发生或造成一定后果时，采取措施去打击、治理，可称之为被动防控，防控工作置于社会治安问题发生之前，最大限度地防止社会治安问题的发生或减少其造成的损失，可称之为主动防控。工作实践证明，提前防控和主动防控即超前部署是能够做到且必须做到的，这是因为任何事物都有其规律性，只要正确认识规律、掌握规律、利用规律，就可以做到对事物的有效控制。

④实效性原则。任何系统工程的建立，都将花费大量的人力、物力、财力和时间，建立的目的是为能通过系统的运作而完成任务，达到既定目标。

## 第二节　治安战略的运行

治安战略运行是治安战略的发动、计划、运作、控制与评估的实施过程。治安战略实施是一个自上而下的动态管理过程。所谓“自上而下”主要是指，治安战略目标在决策高层达成一致后，再向全国各省市自治区、各地市州、各市区县层层传达，并在各项工作中得以分解、落实。所谓“动态”主要是指治安战略实施的过程中，常常需要在“分析—决策—执行—反馈—再分析—再决策—再执行”的不断循环中达成治安战略目标。

### 一、治安战略运行的特点与条件

**(一)治安战略的运行特点**

1. 复杂性

治安战略运行经过治安战略的发动、计划、运作、控制与评估等阶段或过程，而且每一个阶段都涉及国家的政治、经济、文化、教育等因素，涉及各级政府的各个部门和社会的方方面面，并且对每一个运行环节和实施过程都要“分析—决策—执行—反馈—再分析—再决策—再执行”，这就决定了治安战略运行的复杂性。

2. 长期性

治安战略一经确认并实施，就会在一定时期内长期实行和运行，以确保治安战略目标的实现，具有“不达目标决不罢休”的态势，而且即使是达到了治安战略目标，也要继续推行并不断完善治安战略以保持“胜利果实”，除非社会治安形势和国家政策发生重大变化，否则治安战略一经确认就会长期实施。

3. 方向性

治安战略是以党和国家名义决定的，代表着国家和全体人民的意志和利益。治安战略态势、战略目的、战略方针、战略措施、战略行动和战略决战等都是在对未来进行正确的估计和推测，对未来的发展趋势和状况作出科学的预测后实施，体现了党和国家治安战略的发展方向。

4. 层次性

党和国家的治安战略一经形成并实施，从中央到地方，从政府到单位，甚至从政府组织到非政府组织，各部门、各层次，大至国家小到具体单位都要结合各自的情况制定各具特色的治安战略方案，以保证党和国家治安战略落实到每一个组织和每个组织的工作之中。因而，治安战略具有层次性。

**(二)治安战略运行的条件**

条件包括目的明确、认识统一、资源整合、政策或法律保障四个方面。

1. 战略目标明确

治安战略决策的意义在于要付诸施行。治安战略实施的整个过程和一切活动都是在实现某个治安战略决策。因而治安战略实施和运行是一种目的性很强的活动，必须严格服从治安战略目标和任务。治安战略的实施就是实现治安战略目标、完成治安战略任务的主要步骤，因此，明确治安战略的目标和任务，是治安战略实施和运行的基础和前提。

由于治安战略具有层次性，在不同层次明确治安战略目标和任务，必须注意三方面的问题：一是目标和任务的优先次序清晰；二是实现目标和任务的时限明确；三是目标结构和任务到位，即给予治安战略不同层次、具体部门以明确的目标责任和具体任务，并从总体上使各方面应实现的目标和任务协调、平衡。

2. 思想认识统一

治安战略目标和任务明确后，各级党委和政府、各部门、各层次统一对治安战略目标和任务的认识就成为实施和运行治安战略的关键，只有思想认识统一才有统一行动。因此，各级党委和政府、各部门、各层次的所有参与治安战略实施和运行的人员，特别是党政干部要组织学习每一项治安战略目标、任务和实施治安战略的意义以及各级党委和政府、各部门、各层次的治安战略实施方案，做到思想认识统一，必要时做好所在单位、部门的宣传动员工作，争取全体工作人员和人民群众的理解、配合和支持，确保治安战略的实施和运行。

3. 战略资源整合

治安战略资源包括治安战略人力资源、治安战略装备资源和治安战略信息资源等。其中，治安战略人力资源主要是指公安专业力量、治安社会防范力量以及和各类联动力量；治安战略装备资源是指维护社会治安、实施治安防控战略必须具备的各类武器、警械、安检、监控、交通、通讯等装备器材；治安战略信息资源是治安战略实施过程中所涉及的一切文件、资料、图表和数据等信息的总称，它涉及治安战略实施过程中所产生、获取、处理、存储、传输和使用的一切信息资源，贯穿于治安战略实施的全过程。只有实行治安战略资源的有效整合，才能对治安战略进行统一指挥、协调和部署，做到警民结合，动静结合，点、线、面结合，人防、物防、技防结合，发挥治安战略的整体优势，高效地实现治安战略目标和任务。

4. 政策法律保障

治安战略决策是治安战略实施的先导。治安战略实施无论推行的是高层决策、中层决策、基层决策，还是集体决策或个人决策，都必然涉及决策是否符合法律和政策的问题。如果决策不符合法律和政策规定，那么治安战略的实施是无效的，也是违法的，整个治安战略实施工作就是失败的。因此，在治安战略实施前，必须考量治安战略决策是否与有关法律法规和政策相抵触。如果发现有与法律法规和政策相抵触的情形，治安战略的各种措施必须停止实施，并及时向决策者或上级报告；如果一时拿不准或存有疑虑，要写出可行性论证报告并提请审批；如果是基层自行决策的事项，要向上级领导机关申报以取得批准，一般不应先实施再报告或者边实施边报告。

## 二、治安战略运行(实施)的基本步骤

**(一)酝酿**

任何治安战略的运行的和实施，都有一个长期的酝酿过程。它往往是治安战略实施的前奏，这种前奏包括学术讨论和舆论造势。如2002年公安部在杭州召开全国公安派出所工作会议确定全面实施社区警务战略之前的10年间，我国学术界分别在国内学术期刊上发表数以千计的文章，就西方社区警务起源、思想基础、历史渊源、实质与现实背景进行介绍；2001年全国公安厅局长会议正式提出“大力推进社会治安防控体系建设，进一步提高对社会治安的防控能力”之前后，我国学术界分别在国内学术期刊上发表数以百计的文章，探讨社会治安防控体系建设的目标、任务、原则、要素、模式等，或在《人民公安报》或党报上撰写评论员文章，为全面实施社区警务战略、推进社会治安防控体系建设进行舆论造势。

**(二)准备**

通过学术讨论和舆论造势之后或学术讨论和舆论造势期间，实施治安战略的决策部门或智囊机构就治安战略目标设定的科学性与合理性、参与单位的职责分工、组织实施的步骤和要求以及可能的风险评估等进行调查研究，或召开座谈会征求相关部门、专家学者的意见(如2001年7月，公安部主持召开专门“加强社会治安防控体系建设座谈会”)，然后编制战略草案，再征求相关单位或部门的意见，做好各方面的综合平衡。

**(三)发布**

治安战略草案编制定稿后，按照规定的审批手续批准后，即可作为正式的战略，发布实施。治安战略发布和形式多样，依据战略性质和名称，可称之为“方案”、“决议”、“意见”、“决定”等。如果将治安战略上升为国家法律或地方性法律法规，必须按相关的法律程序通过后，由各级人大或政府公开发布实施。

**(四)执行**

治安战略发布后，各级政府的各个部门和社会的方方面面都必须按照要求将总体的治安战略自上而下地层层分解，把总体计划分解为整体目标、中间目标和个人目标，把要求分解为政府、部门、单位、社会组织和个人的职责，层层推进，责任到位，并要与奖惩有效地结合起来，做到有奖有罚，赏罚分明。

**(五)评估**

评估，有评价、评测之意。治安战略评估的着眼点在治安战略效果，其主要目的是在鉴定治安战略执行后在达成目标、完成任务上的效果，确认治安战略对问题解决的程度和影响

的程度。通过对治安战略效果的透视和分析，辨识治安战略效果的成因，分析某种效果是治安战略本身的作用还是其他因素所致，以求通过优化治安战略运行机制的方式来强化和扩大治安战略的效果。治安战略评估是战略决策科学化、民主化的主要路径，也是决定战略修正、调整、继续或终结的重要依据，更是重新确定治安战略目标、制定新的治安战略的必要前提。

## 三、治安战略运行的机制

机制一词，源于希腊文 mechane，意指机器的构造和动作，其本意是指机器的构造及机器运转过程中各个零部件之间的相互连接和运转方式。运用到社会科学中，机制泛指一个工作系统的组织或部分之间相互作用的过程和方式。机制主要包含以下几个方面：第一，机制是结构的运行轨道，结构是机制的载体。结构改革必然伴随着机制改革。而机制改革如果不与结构改革紧密结合将会是无皮之毛。实际上，机制改革与结构改革总是同步进行的。第二，机制要以制度为依托，机制是制度的连通。离开具体的制度，机制将无从谈起。机制可以说是制度的链条。第三，流程是机制的核心，程序化是机制的显著特征。所以，流程再造必然导致机制的转换。第四，机制是规律的外显，规律是机制的内核。

建立规范、科学、高效的运行机制，是使治安战略顺利实施的重要保证。治安战略运行的机制是一个多维的、综合的统一体系，主要包括目标责任、资源保障、组织协调、检查监督、激励引导等。①

### （一）目标责任机制

治安战略具有层次性，治安战略目标和任务也具有层次性。因此，从中央到地方，从政府到单位，甚至从政府组织到非政府组织，各部门、各层次，特别是各级领导，要依据治安战略目标和任务，规定在治安战略力量、指挥系统、信息网络、技术装备、预警预案等方面的要求，实行严格的单位、部门和领导干部综合绩效责任制，并在制定考核标准时，能量化的要尽可能量化，难以量化的，则应尽可能规范化、具体化，为定性分析提供基础。同时遵循全面考评和重点考评相结合、考评工作量和考评实际效果相结合、定性分析和定量分析相结合的原则实施考评，为效绩考评和表彰激励提供基础和依据。

### （二）资源保障机制

治安战略资源包括治安战略人力资源、治安战略装备资源和治安战略信息资源等。它们是治安战略顺利实施和运行的基础和保证。因此，在治安战略实施和运行过程中，从中央到地方，从政府到单位，甚至从政府组织到非政府组织，各部门、各层次，要科学合理配置人力资源特别是警力资源，确保警力在治安战略实施中的主力军位置，为广大公安民警和政法干警改善环境，政策倾斜，提高待遇，稳定队伍；要建立良好的物质保障机制，确保治安战略的经费足额到位，装备配足，信息资源共享，并纳入政府和单位的年度预算，为治安战略

---

① 不同的治安战略有不同运行或工作机制。如社区警务战略有社区警务实施机制（社区警务工作机制、多警联勤的警务运行机制、群防群治的社会防控机制），社区警务的保障机制（法制保障机制、制度保障机制、警力保障机制、物质保障机制），社区警务评估机制等；社会治安防控体系的运行机制主要包括指挥机制、信息整合与共享机制、大警务协作与联动机制、应急机制、社会力量动员机制、考核激励机制和保障机制等。参见：杨瑞清，王淑荣．社区警务［M］．北京：中国人民公安大学出版社，2015：92-112；参见：宫志刚，李小波．社会治安防控体系若干基本问题研究［J］．中国人民公安大学学报（社会科学版），2014(2)．

的实施提供基础条件。当然，也要坚持实事求是，一切从实际出发，因地制宜、量力而行的原则，防止和克服资金、设施投入中的盲目性和盲从性。

**（三）组织协调机制**

组织协调，是指为消除治安战略实施过程中各环节、各要素之间的不和谐现象，加强相互间的配合，使组织中各有具体目标的相对独立的单位或部门结合成一个有机整体的活动。它贯穿于治安战略实施的全过程和各个方面。实践中，治安战略实施通常会遇到上下左右、内部外部、工作内容与警力等相互交织的多种矛盾关系，也常常涉及公安机关不同职能部门和政府其他部门，需要经常协调，以便沟通信息，互相配合。因此，组织协调有上下关系协调、地区关系协调、各具体职能部门和单位之间的协调；有思想协调、目标协调、利益协调、职权协调和具体工作的协调；也有警力的协调、物力的协调、财力的协调、信息的协调（沟通）等。

组织协调应当坚持：一是整体性原则，即协调必须从治安战略计划的整体目标出发，强调局部服从整体；二是关键性原则，即协调尤其要重视内部、重要关系部位或主要环节；三是预见性原则，即要充分考虑到各部门、各项业务活动之间的相互联系和依存关系，以及实施中的不确定性因素，采取相应的措施；四是全员性原则，即为了有效地进行协调，必要时领导者应当力争使涉及计划的各个部门和每个成员都积极参与，协调完成。

**（四）监督检查机制**

治安战略实施或运行时需要特别注意监督机制的构建，以保证治安战略的规范制定与有效实施。从时间上来讲，监督检查主要分为两个部分即治安战略制定中的监督与实施中的监督。制定中的监督是指在规划草案提出过程中提供多种监督渠道，以保证战略草案能够经过充分论证与讨论，并保证草案的全面性与完整性；治安战略实施中的监督是指在实施执行过程中由专门监督部门与群众共同对执行各个部门进行监督，保证治安战略的顺利实施。从主体上来讲，监督机制主要包括两大部分，一是专门的国家机关负责监督，代表国家权力；一是社会公众、媒体等社会力量进行的监督。治安战略运行或实施中要为两种监督方式提供相应的监督方式与意见反映渠道，以便保证两种监督都能有效进行，都能充分发挥监督效用。

**（五）激励引导机制**

激励引导是指通过唤起激励对象的内在需求而改变原有的旧观念，形成新观念的过程。这一过程的关键，在于激发起激励对象的内在动力，即在于如何激励。在治安战略实施或运行中，由于治安战略运行时间长、参与人员多、各自的需求也不尽相同，随着时间的推移，参与治安战略实施的相关人员工作积极性会大打折扣，因此恰当地运用激励可以调动广大参与人员的积极性。

激励引导机制包含着多种方法，既有物质的，也有精神的。激励引导的方式方法是多种多样的，根据激励理论产生的激励引导的方法主要有需要激励、目标激励、奖励激励以及惩罚激励、考评激励、榜样激励以及尊重激励等。① 通过上述激励方法，满足参与人员的主导需要，设置适当的目标激发人的动机，或积极肯定人的某种良好行为，否定或批评人的某种行为，或通过榜样的暗示、模仿等心理机制激发动机，激发人的内在动力，调动人们的工作积极性。

---

① 杨立新．文化建设的战略运行机制及其策略选择[J]．中共天津市委党校学报，2006(3)．

# 第八章 模式研判及创新

## 第一节 社会治安治理模式概述

### 一、社会治安治理模式的基本概念

**(一)"治理"理论简介①**

"治理"的概念本身是引进来的，遵循的是社会中心主义和公民个人本位。国外治理研究分为很多研究领域，包括：地方(local)、城市(urban)、区域(regional)、社会(societal)、次国家(sub-national)、国家(national)、国际(international)、全球(global)、公司(corporate)、网络(internet)、多层次(multi-level)等多种治理，各个领域的研究路径、理论取向也存在些许差别。在很多关键性问题上(如治理与民主的关系、治理失败的缘由、治理的构成要件、治理的不同形式、"新自由主义"解释地方治理的有效性等)，西方学界还在激烈讨论。受学术话语权的影响，目前"治理"的概念已经被指定为"多主体、多中心共同管理"的意涵，但实际上，治理理论并不是一套完整的理论体系，"治理"的意涵也在不断改变。在治理理论本土化的基础上，我国本土治理理论在完善之后所形成的新型治理理论应该有几个方面的考察标准：一是必须保留了本土治理的精髓(如治理结果对人民负责、国家与人民利益一致、攻坚问题解决上的有效性等)；二是克服了本土治理的困境(如国家责任的缺少底线、参与主体的矛盾人格、国家治理的无限放大等)；三是形成了新的绝对优势与比较优势。达到这三个标准，我国本土治理理论也就实现了进一步完善。

党的十八届三中全会对"创新社会治理体制"作了一系列重要指示，虽然没有直言国家治理与社会治理之间的矛盾如何化解，但《中共中央关于全面深化改革若干重大问题的决定》中指出，"创新社会治理，必须着眼于维护最广大人民根本利益，最大限度增加和谐因素，增强社会发展活力，提高社会治理水平，全面推进平安中国建设，维护国家安全，确保人民安居乐业、社会安定有序"。这意味着，单纯强调激发社会组织活力、发展社会治理不是深化改革的目的，衡量社会治理发展好坏的底线是"和谐、稳定、安全"(即国家治理的基本目标)，反过来说，社会治理的兴起如果危及国家治理则是不允许的。虽然说，每个社会上"好的政治治理"都影响到治理的其他面向，因此可以说它是其他治理的先决条件。但中西在社会治理中，还是呈现出明显的差异，中国的社会治理更加依附于国家治理，而西方在新自由主义思潮作用下，社会治理则居于主导地位。

党的十八届三中全会提出了推进国家治理体系与治理能力的现代化，虽然这里还是在强调国家治理，但却是在全面深化改革的攻坚意义上来谈的，国家在创新社会治理体制方面有

---

① 郑杭生，邵占鹏．治理理论的适用性、本土化与国际化[J]．社会学评论，2015(2)．

很多举措，包括改进治理方式、激发社会组织活力、创新有效预防和化解社会矛盾体制等。虽然创新社会治理体制的改革主体还是国家，但是社会治理的地位在提升。国家治理在其中扮演的是改革者与守门人的角色，这说明中国正在调整国家治理与社会治理的关系，国家治理虽然没有改变其主导地位，但却为社会治理赋予了更多的权限。

党的十八届三中全会提出的“系统治理”更直接地概括了国家治理与社会治理结合的形式，即党委领导、政府主导、社会各方力量参与。当然，政策的初衷与效果之间还有很大差距，国家治理与社会治理的结合也暴露出了一些问题，但矛盾的化解正在及时跟进，在国家治理主导下国家治理与社会治理相结合是主流。

**(二)社会治安治理模式的概念**

1. 社会治安的概念。社会治安是指一个社会在一定的法律法规及规章制度的约束下呈现的一种安定有序的状态或状况，而社会治安问题则是指影响社会安定有序的各种矛盾与因素。①

2. 社会治安治理的概念。如何维护治安？党中央早在20世纪80年代就提出了综合治理方针；1991年，党中央、国务院发布了《关于加强社会治安综合治理的决定》。应当说，在社会治安领域，我们国家较早确立了治理理念，并且经过30余年实践，社会治安治理工作已经积累了丰富的经验。② 社会治安治理是治理理论在治安领域的实际运用，根据治理的含义和基本特点，结合治安事务的特殊性，社会治安治理是警察机关、政府的相关部门和社区中的各种组织和力量，在法律和共同形成的规章制度的约束下，以社会治安建设为目的，互相合作，上下互动，对社会中的各种治安事务共同管理，科学合理地共同促进社会治安的良性发展。社会治安治理是运用国家正式力量和社会非正式力量解决治安问题的诸多方式的总和，是各方针对治安问题采取联合行动的过程。社会治安治理是一个多方互动的过程，强调多中心，注重国家正式力量和社会非正式力量的共同参与，注重方法的多元化。③

3. 社会治安治理模式的概念。每个模式都描述了一个在我们的环境中不断出现的问题，然后描述了该问题的解决方案的核心。通过这种方式，你可以无数次地使用那些已有的解决方案，无需再重复相同的工作。模式是一种参照性指导方略。在一个良好的方略的指导下，有助于高效完成任务，有助于按照既定思路快速作出一个优良的设计方案，达到事半功倍的效果。④ 一个东西如果可以称之为“模式”，至少应达到以下几个方面的标准：①模式应有一种制度化的稳定性；②模式应跟其他模式不同，具备独特性或称差异性；③模式一旦确立后能够被他人所模仿，学术的语言叫做有扩散性；④模式应不仅自己承认，还被他人认可。

社会治安治理模式是具备独特性或称差异性的社会治安治理解决方案，具有制度化的稳定性，是一种对社会治安治理参照性指导方略。此种社会治安治理方案式一旦确立后能够被他人所模仿，即具有扩散性。在其良好的指导下，有助于高效完成治安治理任务，有助于按照既定思路快速作出一个优良的治安治理设计方案，达到事半功倍的效果。

---

① 王芳．当代农村社会治安问题研究[D]．吉林大学，2012.

② 谭和平．社会治安治理现代化的内涵及推进路径[J]．铁道警察学院学报，2015(1)：19-23.

③ 焦俊峰．论治安治理理念及其实现途径[J]．中国人民公安大学学报，2010(1)：18-23.

④ 百度百科.

## 二、社会治安治理的特征及架构

### （一）社会治安治理的特征①

社会治安治理既避免了政府治理力度和深度不足的问题，又有效地解决了“市民参与”的问题，为社会治安形势趋于平稳作出了贡献。习近平总书记指出：“治理和管理一字之差，体现的是系统治理、依法治理、源头治理、综合施策。”社会治安治理亦具有如是特征：

1. 法治化

治安工作的终极目的就是使社会安定有序，实现途径是社会成员都遵循一定的行为规则，为此可以采取权力约束、道德约束、法律约束等手段。其中，权力约束缺乏民意基础，道德约束缺乏强制执行力；唯有法律约束，特别是我国社会主义法律，既代表了人民的意志，又有国家强制力保证实施，才是维护社会秩序最有效、最稳固的方式。正如美国思想家尼布尔所说：“无论怎样受限制，法律的统治也比超越法律或没有法律的统治，不知安全多少倍。”因此，民主与法治，被公认是社会进步的方向，是现代化的基本特质。法治语境下治安工作的过程，实质上就是执行治安相关法律法规的过程。推进治安治理，要求我们进一步强化法治思维，运用法治方式，提升法治水平。

（1）完善相关立法。新中国成立以来特别是改革开放以来，我国社会主义法律体系不断完善，为社会治安工作提供了可靠的依据。但是，一方面，我国真正走上法治道路的时间还不长，立法能力有待提高，法律仍不够完善，法律空白仍然存在；另一方面，法律作为上层建筑，相对于经济基础具有天然的滞后性。随着经济社会的发展，会产生新的立法需求，许多已订立的法律也需要修订完善。从治安工作实践来看，用行政命令和强制要求填补法律法规空白的现象大量存在。比如，对社会组织活动的规范，对小区物业安防责任的落实，对网络行为的规制，对物流快递业的管控，等等。公安机关要在日常工作中注重发现法律法规的盲区和现行法律法规不完善、不适应的地方，通过人大代表议案等途径，积极向有关部门提出相应的立改废建议；要及时总结工作中成熟的经验、做法，为相关立法工作提供参考；要重点推进公共安全、公民权益保护、社会信用体系建设、安全生产等方面的立法，为社会治安治理提供更完备、更有力的法律支撑。

（2）推进全民守法。法治的内涵主要有两个层面，即完备的法律和法律得到良好的遵循。全民学法、懂法、守法，是社会治安有序的基础。公安机关既要做法律的执行者，也要做法律的宣传者。要积极推进法制宣传教育进单位、进社区、进校园活动，落实公安民警兼任学校法制副校长制度，加强对学生的法制教育，帮助他们从小培养法治精神；在执法办案过程中，要对当事人、相关群众做好以案说法和释法工作，强化他们的法律责任意识和守法观念；要将法律宣传作为社区警务的重要内容，结合社区治安实际和群众关注点，有针对性地开展法制宣传工作，引导群众办事依法、遇事找法、解决问题用法。

（3）严格规范执法。英国哲学家培根说过：“一次不公正的裁判，其恶果甚至超过十次犯罪。因为犯罪虽是无视法律，好比污染了水流；而不公正的执法则毁坏了法律，好比污染了水源。”执法者规范执法，既是程序公正的要求，也是实体公正的保证，同时对民众守法具有强烈的示范效应。公安机关在治安工作中，要按照执法规范化的要求，切实强化证据、

① 谭和平．社会治安治理现代化的内涵及推进路径［J］．铁道警察学院学报，2015（1）：19-23.

时限、程序和自觉接受监督的意识，切实保障公民和执法相对人的合法权益。要建立健全执法制度，完善监督机制，严格过错责任追究，坚决防止随意执法、选择执法、钓鱼执法等行为发生，坚决杜绝利益驱动、徇私枉法等现象，努力让人民群众在我们的每一个治安管理行为、每一起案件办理中都感受到公平正义。

2. 系统化

系统化，是从管理到治理的最关键转变。对社会治安的系统化治理，要实现三个层面的转变。其一，在治理主体上，要由过去的以政府和公安等职能部门为主，转变为党政机关、企事业单位、社会组织、家庭、公民等方方面面力量共同参与。其二，在治理理念上，要从偏重治标，转变为标本兼治、重在治本；从偏重查处打击，转变为打防结合、防范为主。其三，在治理手段上，要从偏重政策法律规范，转变为政策法律规范、道德约束、教育疏导、舆论引导等多重手段综合运用；从偏重传统方法，转变为传统方法与科技信息化手段相结合。公安机关落实治安治理系统化的要求，当前之关键是要处理好三个关系。

(1)正确处理打击与防范的关系。打击与防范，在不同的工作层面有不同的关系定位。在社会治安综合治理工作中，应当突出源头治理，坚持打防结合、防范为主；在公安治安工作中，应当突出标本兼治，坚持打防结合、打防并重；在公安内部各警种工作中，应当突出分工明确，坚持打防结合、各有侧重。比如，刑侦、经侦、技侦、禁毒等专业警种，必须做强侦破打击的主业；巡逻民警、派出所特别是社区民警，必须以巡逻防控、信息收集、矛盾化解等为主业。要克服片面的“主业观”，公安机关的主业不单是侦破打击，也不单是防控管理，而是打防并重。既要加强侦破打击专业队伍、专业手段、专业技术和专业装备建设，提升侦查破案和打击犯罪的能力，又要以实施社区农村警务战略为基础，以派出所勤务改革为突破口，以科技信息化为支撑，以扁平化指挥体系为龙头，以织密织牢“六张网”为重点，积极推进打防管控一体化治安防控体系建设，全面提升动态化、信息化条件下的社会治安治理能力。

(2)正确处理现实斗争与基础工作的关系。当前公安机关反恐处突、打黑除恶、维稳保安的现实斗争任务十分艰巨，往往容易陷入头痛医头、脚痛医脚，被动应付的境地。面对这一形势，各级公安机关决策者一定要保持头脑清醒，用大局观和长远战略眼光谋划工作，在抓好现实斗争的同时，搞好基础工作的规划、部署、落实，夯实技术手段、特情队伍、阵地控制等侦破打击基础，夯实人、地、物、事、组织的信息采集掌握等防控管理基础，夯实公安队伍、警民关系、群防群治组织建设等工作力量基础，用扎实的基础工作支撑现实斗争，在现实斗争中发现基础工作的薄弱环节，不断改进加强。要善于处理现实斗争与基础工作的矛盾，为了扎实推进基础工作，在分清主次、轻重前提下，有时要敢于舍弃一些现实斗争的效益。这种舍弃，最能体现决策者的智慧和担当，可能短期不合算，但长期合算；可能会招致一时的不理解，但日久见功、民心自有评定。

(3)正确处理专门工作与群众路线的关系。公安工作有专门手段，但更多的是群众工作。一方面，公安工作自身的发展进步必须接受群众监督、依靠群众支持、赢得群众满意；另一方面，公安机关是社会治安工作的主力军，不但要积极履行自身职责，而且要积极推动整个社会的治安综合治理工作，充当好“公关”的角色。因此，公安工作必须打破神秘与封闭，更加开放、更加透明，更加注重与其他社会管理工作良性互动，更加重视与群众的沟通联系，赢得社会各界和人民群众的理解和支持。只有这样，才能推动落实治安工作力量的多元化、手段的多样化、途径的多维化，形成社会治安系统化治理的格局。

3. 社会化

社会治安关乎每个公民的利益，牵涉到社会生活的方方面面，必须走社会化治理之路。推进社会治安治理社会化，公安机关肩负重要责任。

(1)把平安建设作为推进治安治理社会化的重大契机。从平安中国到平安乡镇、村组、家庭，平安建设凝聚了全社会共识。在平安建设的大环境下，相关领导机构、保障机制、工作方案、责任体系、考核评价手段等逐步建立完善，为推进社会治安治理社会化提供了前所未有的机遇。各级公安机关要善于“借题发挥”，积极参与平安建设的方案制定、责任分工、工作督办、考核评价等各个环节，争取主导权和话语权。要通过平安建设，运用平安创建、综治考核这些抓手，更广泛地凝聚各级党政机关、企事业单位、社会组织、家庭、公民等方方面面力量在维护治安重要性方面的共识，吸引这些力量通过不同方式参与治安治理。要利用这一良好契机，解决一批公安机关多年想解决而又无力解决的问题。比如，积极推动落实重大决策社会稳定风险评估机制，有效减轻公安机关维稳特别是处置群体性事件的压力；积极推动“110”社会应急联动机制建设，解决公安机关承担大量非警务求助出警任务的问题；积极推动乡镇(街道)矛盾纠纷调解中心建设，将基层民警从大量非治安纠纷调解工作中解脱出来，等等。

(2)把市场化作为推进治安治理社会化的重要手段。过去的治安工作主要是政府力量在起作用，近年来，市场力量的作用虽然逐步显现，但仍然比较薄弱。治安环境主要是公共产品，但在很多领域、区域，更应当成为市场产品。在市场经济环境下，充分发挥市场的作用，让众多社会力量以市场主体的身份参与到治安工作中来，无疑能有效地推进治安治理社会化。各级公安机关要积极改革保安监管工作，促进保安企业良性发展，有序推动保安服务进入大型活动保卫、单位内部保卫以及居民小区、商铺、物流仓库、私人住宅等安全防范领域；大力推广安防企业与保险公司联营运作模式，由安防企业向购买服务者提供人防、物防、技防服务，由保险公司负责侵害赔偿，安防企业与保险公司利益均沾、责任共担，共同保障服务对象的利益。对政府应当提供公共安全产品的领域，比如街道、公共场所的治安视频防控网建设等，也可以采取政府购买服务的方式，引入安防企业参与。总之，要不断拓展治安防范市场化的深度与广度，只要法律法规无禁止、市场有需求、有利于推进社会的稳定和谐，就应当鼓励大胆探索、尝试。这样，不仅有助于减轻公安机关治安防控、保卫工作的压力，而且有利于推动产业发展、扩大就业。

(3)把社区警务作为推进治安治理社会化的重要平台。推进治安治理社会化，重心在城乡社区。社区警务的精髓就在于组织和发动群众共同维护治安。社区和农村警务室要向社区(农村)基层组织借力，向党委政府推进城乡社区网格化管理借势，充分发挥基层群众自治组织和社区社会组织联系群众、组织群众、发动群众的作用，宣传发动、指导支持社会各方面力量积极参与治安治理。社区(农村)警务室民警要通过警务公开栏、微信、微博、QQ群、警民恳谈会、上门入户等方式，加强与社区群众的沟通交流，及时通报治安状况，指导安全防范；要充分发挥网格长、楼栋长、治安积极分子、人民调解员等核心力量在城乡社区治安治理中的示范带动作用，采取义务巡防、联户联防、邻里守望、矛盾联调、重点帮扶等形式，全面整合社区治安资源，形成社区治安治理的强大合力。

4. 信息化

在动态化、大数据条件下开展治安工作，必须靠快速、精准反应，以动制动；必须靠信息大归集、大研判、云计算来驾驭大数据。只有依靠科技信息化，才能解决许多传统手段难以解决甚至无法解决的问题，不断提升治安工作水平。可以说，科技信息化，已经成为现代社会治安治理工作不可或缺的、强有力的支撑。

(1)以信息化支撑基础工作。公安基础工作涵盖面很广，但其最终呈现形式主要是一条条的信息，比如人、地、物、事、组织的信息，以及日常管理的信息等。这些信息如果储存在脑海里、纸面上，不但难以查阅、检索、关联、比对，而且容易"人走事失"，信息难以延续。只有通过信息化，基础工作才有强力支撑和广阔空间。要大力推动基础工作与信息化有机融合，把基础工作的过程变为采集录入情报信息的过程。要按照"前台人性化、后台智能化"和"一点采集，全警应用"的要求，优化、整合公安各警种信息系统，全力推进信息流、业务流和管理流的高度融合，进一步拓宽基础信息采集和检查核对、应用比对渠道。对旅店、网吧、典当行、印章印制店、废旧回收站、涉危涉爆企业、加油站等行业场所，要采取政府免费提供软件、社会采集录入、公安监督归集的方式，确保信息全面、准确、鲜活。要建立公安机关与相关部门之间的信息共享机制，建立"部门信息共享与服务平台"，实现政府部门和企事业单位数据的统一接入、共享应用，不断拓宽基础信息社会化采集途径。

(2)以信息化支撑警务决策。全面准确的情报信息、及时有效的研判，是正确决策的前提，而大情报、大研判正是信息化的优势所在。各级公安机关要积极运用信息化手段支撑警务决策，实现警务从"经验决策"向"科学决策"转变。要及时对各类犯罪信息、管理信息和社会信息进行系统归集梳理、分析研判，掌握社会治安动态，掌握违法犯罪主体和案件高发区域、时段、地点的规律特点，切实提高预知、预警能力。在此基础上，最大限度地把警力部署到案件高发、防范薄弱、群众需要的重点时段和部位，把打击整治的重点放在对群众安全危害最大的治安问题上，增强警务决策的科学性、针对性、有效性。

(3)以信息化支撑警务实战。一是支撑警务指挥。以情报平台、三台合一、卫星定位、治安电子视频监控、警用电子地理信息系统等科技信息化手段为支撑，努力打造集警务指挥、"110"接处警、情报研判、社会面管控于一体的综合警务扁平化指挥体系，实现科学布警、动态用警、可视调警、快速处警，创新完善警务指挥机制。二是支撑打击防范。依托扎实的基础信息和各类警务系统、实战应用软件，建立"云搜索""云视频""云侦查"等深度应用模式，开展案事件研判、重点人员轨迹分析等实战应用，切实做到准确预警、有效防控、精确打击，最大限度地发挥信息主导实战作用。以智能指挥平台、视频监控、智能交通卡口、治安卡口为支撑，构建治安防控圈，提高围堵抓捕现行犯罪的能力。充分发挥派出所综合信息研判室的作用，建立完善警情定期分析发布、指挥与警情实时统一的工作机制，实现分色预警与等级巡防相结合，提升派出所防控工作效能。三是支撑管理服务。不断深化信息化手段应用，加强对旅馆、娱乐场所、二手手机市场、涉危涉爆单位等行业场所的管理控制。依托数据警务云的强力支撑，拓展民生警务平台、"一网通"、移动互联网警务 APP、阳光警务执法办案查询系统、人像识别等功能，使公安信息化建设成果更好地惠及百姓、服务民生。

**(二)社会治安治理的架构①**

1. 社会治安治理主体架构及其职责

(1)政权机关及其职责。社会治安治理需要由一个掌握公共权力具有广泛影响力和高度权威的主体来引领大局，组织协调各社会治安治理主体充分发挥各自优势，减少相互间摩

---

① 朱伟芳．城市社区治安合作治理研究[D]．宁波大学，2014. 6.

擦，降低治理成本。毫无疑问国家政府机关需在社会治安治理中扮演治理角色。国家政权机关凭借拥有公共权力的优势而应自觉主动地协调各治安治理主体间的关系，协调各种资源，维护社会的公平公正，使其适应现实社会的需要。在社会治安治理中政府机关在行使公共权威的同时，还要约束自身行政权力的超规运行，还要让渡部分职能，积极培育社会组织力量在社会治安治理中的生长空间，推动社会治安治理健康持续发展。

在多元主体社会治安治理结构中，国家政权机关不仅要发挥其领导的作用又要与其他主体保持平等的合作关系，其承担的主要职责是：第一，从宏观层面总体规划社会治安治理，增进社会全局利益、为多元主体共存创造良好的法律环境，促进社会稳定健康发展；第二，设立社会治安治理组织机构，设计社会治安治理的制度规章，制定相应行为规则，监督社会治安治理行为，指导其他治理主体设立共同目标，并在需要时提供必要的支持，确保社会治安治理顺利运行；第三，转变政府职能，约束自身行为，增强公民民主意识，努力促进社会组织的发展，提升社会自治能力，促进社会治理多元主体的合作；第四，密切配合其他社会治安治理主体工作，不越权，不越位，共同解决社会治安治理问题。

(2)企业主体及其职责。社会治安管理工作涉及民生的方方面面，关系到每个人的切身利益，大部分工作属于服务性质的任务，需要投入大量的人力、物力、财力。相对于低效率、高成本、充满官僚习气等特点的政府机关，企业以其效率与优质服务见长在直接服务领域脱颖而出。在市场经济环境下，企业通过生产产品或提供服务来满足社会需求获取经济利润，具有专业性、规范性、竞争性等特点，是创新社会治安治理方法的中坚力量。社会治安治理一些事务可以交给企业按照市场运作机制来实现其相关职能，既有利于减轻政府的负担、提高工作效率，也有利于给企业的成长提供发展的空间。

企业作为营利性组织一般是通过订立合同契约或与居民产生生产消费关系参与社会治安治理，也不排除企业主动承担社会责任。在社会治安治理活动中企业的责任主要有：第一，遵循市场运作机制，合法经营，营造良好的环境。第二，按照有关合同要求履行社会治安治理内容，为社会提供高效优质的服务。第三，将企业效益与社会管理效益紧密结合，这样主动回报社会成为企业走向与社会合作的一个新价值观。

(3)社会组织及事业单位主体及其职责。随着改革开放的不断深入，现代社会的转型升级，社会治安治理形势日益严峻。虽然政权机关与市场主体积极发挥各自优势治理社会治安，但政府与市场不是万能的，在某些领域还是会出现不同程度的同时失灵现象，这就需要社会公益性组织的加入发挥其灵活、贴近居民生活的优势，弥补政府和市场主体在社会治安治理中的不足。在我国社会组织即非营利组织，包括政府与企业外的所有组织、民间团体。如：居委会、调委会、社会治保组织、义务巡逻队等。相对于政权机关与企业而言，社会组织具有非营利性、互益性、民间性、自发性等特点，在处理社会治安问题时具有较强的社会责任感，是社会实现自治的主要力量，也是社会治安治理主体之一。

社会组织种类多，覆盖面广，通常是自愿或自发的针对某一社会问题或某个领域为社会内的某一类人服务，解决或参与解决那些既不适合政权机关又无法由企业处理的社会治安问题。社会组织和事业单位的职责是：第一，按照组织章程成立的宗旨，不以营利为目的，为服务对象提供服务。第二，宣传教育居民，提升居民的安全防范意识，增强法制观念。组织社会志愿者参与社会治安治理活动。第三，扶持或帮助社会内的特殊群体，化解人民内部矛盾，消除治安隐患。第四，发挥创造力，推动社会治安管理机制创新。

(4)社会居民及其职责义务。社会治安治理工作涉及社会每个居民的切身利益，作为社会治安治理的重要参与主体需要社会每个居民的积极参与。社会居民作为社会治安治理的直接受益者既有权利也有义务参与社会治安治理问题的解决，维护自身利益和社会利益。努力培养社会居民的主体意识，增强归属感，推动社会治安治理的民主化发展。社会居民既可以个人的名义参与社会治安治理活动，利用座谈会、听证会等形式为社会治安治理工作建言献策，汇聚民意，也可以通过加入义务巡逻队、群防群治组织等组织化的途径，把居民个人的力量整合成群体力量，发挥社会组织的治安治理主体作用。

2. 社会治安治理的原则架构

(1)民主平等原则。民主即公民主张权利，也就是说按照平等原则来参与社会治安治理的工作。民主平等原则是社会治安治理各方实现合作的基础条件。社会治安治理主体因各自资源和能力的不同产生优势互补，切实整合多方资源使合作实现整体利益达到最大化。如果社会治安治理主体结构中存在不平等，那么按照希罗多德的观点，在社会治安治理决策过程和行动过程就不会存在民主，合作就会流于形式，最终难以实现真正意义上的合作。相反，各主体间的民主平等可以充分展开相互沟通，约束自身一些不合理的要求，共同制定并遵循社会治安合作的相关行为准则，共同参与社会治安治理。

(2)相互信任原则。由于社会治安治理多元主体各自具有不同的资源和优势，大家都希望各方在社会治安治理过程中建立一种长期稳定的普惠关系。这种关系就是一种信任。只有社会治安治理各主体间存在高度的信任，才会愿意自觉主动承担并履行社会治安治理中各自的责任。这种信任不是一蹴而就的，而是要培育人类个体理性诱因回馈机制和人类互助的本能，超越了法律、法规的强制力与契约的惩罚力度，对社会治安治理合作行为更具有约束作用。

(3)适当竞争原则。在社会治安治理领域中，多元主体通过科学合理的制度引入适当的竞争，可以激发各主体的潜力，不断注入新鲜血液，提升组织的活力。缺乏竞争则容易僵化，同样过度竞争又会削弱合作，在社会治安治理过程中应当引入市场竞争机制遵守适当竞争原则。社会资源的稀缺，特别是政府提供的资源，不是活跃在社会治安治理领域中的组织、团体与个人，都可以获得相关的资源支持，社会组织与居民个人只有通过提升自身能力才有机会获得社会资源的支持，更好地服务于社会。同时这种竞争又要与市场机制下的自由竞争区别开，主要有两种关系：一是以维护社会的公正和增进公共利益为目的各治理主体成员间为了争取合作的参与而展开的竞争；二是促进合作更好的实现为前提的治理主体之间围绕资源与职权的分配、方案的选择等展开的竞争。最终都是有利于各治理主体提高社会治安治理能力，从根本上提升合作质量。

3. 社会治安治理的机制架构

(1)政府主导机制。政府作为社会治安治理的治理主体，因拥有公权力和社会资源，对社会治安合作治理的组织安排负主要责任，政府的主导作用主要表现在站在全局角度统筹协调不同运作逻辑的管理方式。要实现政府主导，首先要转变观念，明确自己在社会治安治理中的角色主要不是控制者身份，而是扮演组织、协调、支持和监督者的角色。确保治安治理实现社会整体利益的最终共同目标，其次，主要通过政策输出实现政府主导作用，为多元主体合作实现提供有利的法律环境与制度安排，如通过公共决策的选择重新调整社会利益格局、倡导权力下移或分权、将部分职能转移给社会并确认其社会治安治理主体地位的合法性，同时减少行政干预。再次，政府通过公平公开公正方式选择社会治安合作对象，共同研究分析有关社会治安合作治理的问题，主动实现社会治安治理的合作；运用公权力分配社会资源。最后，要注意区分政府主导机制的运行和社会治安治理合作的执行两种行为，以免破坏政府机关与其他主体间的民主平等合作关系。

(2)平等协商机制。只有建立在主体间的民主平等基础之上，才能真正实现社会治安治理，主体间地位是否平等直接影响社会治安治理目标的取向、各治理主体角色功能的定位及其利益目标的实现、社会资源的分配以及解决问题方案的选择等，因此有必要建立既能体现又能维持这种平等关系的协商机制。

平等协商机制主要运用于确立治理主体间的关系和治理社会治安问题的具体过程当中。首先确立治安治理主体的关系，政府、市场以及相关的社会组织、团体在经过竞争确定参与社会治安治理主体后，由政府主导、社会参与，市场运作共同讨论解决相关社会治安问题。在互相协调配合的前提下明确各自的职责。其次在具体的治理过程中，通过平等协商机制相互尊重、协调沟通，了解在行动过程中各主体遇到的困难，纠正不利于合作的行为减少冲突，及时反馈社会治安问题的处理进程及效果，减少内耗，对遇到的难题集思广益做最优决策。此外，由于政府部门特有的资源和权力优势要适度指导和协助其他治安治理主体的行动。但要注意把握分寸，避免过度的行政干涉。

(3)利益制衡机制。社会治安治理的最终目的是促进社会秩序安定有序，保障人民群众的生命财产安全。多样化的社会治安治理主体自身利益与社会整体利益既有一致性又有差异性，资源的欠缺会造成不同利益追求者之间的冲突，而参与社会治安治理的各主体主要目的就是通过合作实现自身利益。为了平衡各方利益，保证实现社会治安治理目标，必需建立利益制衡机制。

利益制衡机制主要保障实现两个平衡。一是各治安治理主体自身利益与社会整体利益之间的平衡，各主体在实现社会整体利益的同时获得自身利益，然而现实情况必然会存在一定的差异，一般情况下各主体都有强烈追求自身利益的意愿，甚至出现借名义谋己之私从而损害整体利益。为了实现利益平衡须借助政府的公权力制定法律法规实施监督和志愿者的榜样作用适度倡导社会责任感和社会正能量的传递，同时也要避免伤害个人正当利益；整体利益和个人利益必须统筹兼顾。二是各主体间的利益平衡，各社会治安治理主体利益的差异容易引起强势主体强迫弱势主体服从，造成管理模式主体单一化，瓦解合作关系。为了保障各自的合理利益，各主体之间的相互牵制，除了制定有关制度规章外还要培养各主体的合作精神，约束一些不合理的要求。

(4)资源共享机制。各社会治安治理主体间存在能力和资源等方面的差异以及角色功能的不同导致获取的信息不一样，为了取长补短必须要相互间合作，而为了实现社会治安治理目标必须建立资源共享机制。资源共享机制要使社会治安治理各主体间畅通信息传递，首先建立畅通的信息系统，一是畅通渠道让居民反映真实诉求，二是主动收集社会治安治理信息，形成纵横交错的网格化信息传递系统；其次组建专业人员科学的甄别收集到的信息，并及时反馈，为社会治安治理主体决策提供依据；最后信息公开，尽量将有关社会发展与社会治安治理的信息向社会居民公开，不适合大范围公开的也要在治理主体间公开。信息公开除了依靠传统的手段如文件传递、会议讨论等方式，还要利用现代信息技术搭建共享平台如互联网，微信等方式，减少因信息不对称带来的不良后果，提高各治理主体间的协调，推动社会治安治理转向事前预防为主。

(5)监督评估机制。任何缺乏监督和约束的权力就会滋生寻租行为，就会出现不作为等现象，绩效缺乏考核也容易导致资源的浪费，社会治安治理没有监督评估机制即使各主体间有高度的信任和利益制衡，还是会出现搭便车、职责履行不到位等问题，影响主体之间的关系。在这一机制中，监督分为内外两种监督，内部监督包括政府对合作网络行为的监督与合作网络内部成员间的相互监督，前者从维护社会整体利益出发，依靠法律、法规等政策性手段实施监督，后者则是有合法的监督约束权责的主体在行为过程中彼此监督，既保护好自身的利益也维护了合作效果，效果好于前者；外部监督是指社会治安治理信息在一定范围内公开透明，设立专门的监督队伍，畅通社会居民参与监督的渠道，确保社会治安治理主体的合作行为合情、合理、合法。组建专业的评估队伍设计一套科学切合实际的绩效水平考核体系，对合作主体开展的社会治安治理活动进行绩效评估，对于一些无法量化指标采用定性描述，必要时也可设立独立的第三方评估机制。

## 三、社会治安治理理念及模式选择

### (一)社会治安治理理念①

进入21世纪，西方国家出现的管理危机、“市场失灵”和社会组织的兴起，为治理理论与实践提供了充足的准备。可以说，人类对社会治理的历史正经历着从“统治”到“管理”再到“治理”的变化过程。治安治理从管理向治理的变化，其本质是从单一的治理手段向协同、合作的治理模式转变。公安机关不再是治安治理的唯一主体，在由政府组成部门、安保企业、社区、非政府组织等多元化主体之间构成的相互依赖、相互合作的关系中，不再以强制手段来实现目的，而是通过协商、合作、互助等方式来实现社会治安秩序的稳定和社会的协调发展。可以说，治安治理建立在以人为本的价值追求上，目的是通过构建一套公安机关、公民、社区、安保企业的合作机制、凝聚非市场力量实现公共安全利益的最大化。

1. 治理目标

治理目标回答为何治理和要达到的治理效果等问题。社会治安治理目标简单地说就是以政治稳定、生活安定、公共安全、群众满意为治理目标。目前对待治理目标有不同的看法，最通常是把包括效率、责任、法治等内容的“善治”视为治安治理目标。善治的本质特征就是解决政府与公民对公共生活的合作管理。把治安治理定位为国家的职能和责任，治安治理划归国家强制制度，治安治理因此被理解为纯粹的政治统治问题，从而不予考虑治安的社会维度。这种看法有其历史渊源也有其现实依据，它强调国家的职能、责任和权威及其治理资源和治理手段，符合当下社会中大多数人的看法。治安善治则是充分利用和发挥社会其他治理主体和资源的作用，更好地服务治理的需要，实现国家层面的战略目标。治安善治是政府和公民合作管理社会治安的过程，是政治国家与市民社会间的一种新型关系。

2. 治理主体

治理模式下的治安是以社会多元力量参与管理，其主体可以是公安机关，也可以是社会组织、企业等非政府部门，或者是公安机关与这些部门的临时合作形态。一是公安机关。在治理体系的建设中，公安机关由于性质和职能，其承担保障良好的社会治安秩序、维护社会稳定的使命。公安机关的管理以行政命令、规范性文件发布等为手段，突出从上至下“一条线”的模式，决定了其在治安治理体系中仍然处于规划、组织、指挥的地位，具有不可替代性。二是社会组织。社会组织的一个价值取向就是公共性。在治安治理中以多元的、整合的

---

① 章春明，张家忠．治安主体多元化：一种构建治安治理体系的逻辑[J]．北京警察学院学报，2015(1)：28-31.

治理目标为行动方向，多元的目标就要求打破统治者与被统治者、管理者与被管理者的界限，将参与公共事务管理的各方置于平等的交往平台。在参与到治安治理体系的过程中，社会组织通过提供治安服务和治安治理“产品”来实现其价值取向，兑现社会责任。社会组织社会责任的落实又反过来促进了公安机关职能的提升。三是企业等非政府组织。市场经济下，获取最大的经济利益是企业的第一要务。处于风险社会中，企业的产生、经营也是存在诸多风险，需要企业在其活动过程中有必要的风险管控的安全要素投入。通过这些要素来发挥作用以保障企业的利益或者为其他企事业单位提供服务，形成利益驱动型的合作。四是其他临时合作形态的组织。其他组织虽然对公共安全或者治安治理没有太多的联系，但是对安全的共性需求形成可以合作的可能。

3. 治理方法

治理方法回答怎样治理的问题。它包括治理采用的路径、技术路线、工具、措施等。计划经济时代，人、财、物的流动处于静止状态，公安机关占有绝大多数社会治安资源，能够为社会提供所需的基本安全保障，社会无需过多参与或者承担过多的治安治理责任。但是，在市场经济条件下，社会流动由静止状态向高速状态转变，在基本的治安资源未变化的情况下，公安机关除了外在各种因素的制约，还要面对自身警力缺乏的事实。整个社会的预防犯罪、安全保障几乎都是公安机关的事，公安机关能够采取的手段、措施较为有限，也只能通过单向维度、自上而下的命令式治理模式来实现对社会的管控。随着公共治理理论兴起、法治观念深入、安全意识凸显、公民社会出现，群众和公安机关都认识到保障公共安全不仅仅是公安部门一家的事。一些地方采取的治安承包、情报信息奖励等尝试，正是运用经济的力量，依靠市场的要求来进行治安资源的调节和资源配置。

**（二）社会治安治理模式选择①**

社会治安治理是民生工程，是民心工程。要完成这一伟大工程，创建良好的社会治安环境，必须坚持正确的原则，制定适合于社会治安治理的对策，举全社会之力，共同维护会的稳定与和谐，为建设社会主义和谐社会作出贡献。以政治稳定、生活安定、公共安全、群众满意为目标，以平安社会建设为载体，加强社会治安治理，必须坚持综合治理、因地制宜、专群结合、促进发展的原则，全力维护治安稳定。因此，积极探索切合于不同治安生态系统的治理对策，尽可能降低治安问题给社会带来的风险和危害，减少治理治安问题的成本与周期，使治安治理的效果达到最佳程度。不断汲取各地在社会治安治理过程中的典型经验，不断摸索总结社会治安治理新模式，构建一个结构合理、层次分明、覆盖面宽、有机衔接、高效运行的社会治安治理机制，使之能够形成一种经验与启示的迁移，在相同类型与相似条件下得到借鉴和推广，保证和谐新社会建设安定有序的治安环境。

社会治安治理模式是立足于社会具体的实际状况，在充分分析当地资源、经济、技术、制度等因素的基础上，对具有典型代表性的社会治安治理进行集中反映和高度概括，使之能形成经验与启示的迁移，在相同类型与条件下得到扩散和推广。我国地区地域辽阔，分布广泛，各地在生态类型、区位分布、资源禀赋、人力资源状况等方面各不相同，导致各地的政治、经济、文化、社会发展水平差距较大，各地社会治安治理会有不同的模式，不可能去寻找什么可资普遍借鉴的治安治理模式。因此，我们必须因地制宜，统筹兼顾，实行分类指导。首先，要充分考虑在本地区是否一定要构建社会治安治理体系或模式，要因地制宜，要

① 王芳．当代农村社会治安问题研究[D]．吉林大学，2012.

从本地区的实际出发，量力而行，量体裁衣。其次，构建哪种形式的社会治安治理体系也要因地制宜，不能千篇一律，搞一刀切。要考虑当地的实际情况，挖掘出当地社会治安的优势资源，充分利用，合理整合当地可动员的群众性可控资源，调动其积极性、主动性，共同打造一方平安。近些年来，为了保障和谐社会建设的稳步推进，提供稳定的经济社会环境，各地加大了对社会治安治理的力度。在社会治安治理过程中，结合自身区域发展，根据本地实际情况，积极进行实践探索，逐渐摸索出许多适合于自身的社会治安治理的途径与模式。我国东部、中部、西部各个区域均具有典型代表意义的社会治安治理模式。

### 四、社会治安治理的基本模式

学术界主要是基于政权建设的视角、治理理论的视角和公民社会的视角研究社区管理体制改革问题，相应的社区治理模式对应为行政主导型模式、合作型或混合型模式和自治型模式。主张行政主导型模式的学者认为中国社区管理体制的变革是国家政权建设工程的有机组成部分，社区组织的发展是基层政权建设的有限“副产品”，社会组织仅仅是国家制度变革过程中被动的加工材料；主张合作型或混合型模式的学者借用社会网络理论的分析框架，重新解释了社区管理体制和权力结构的变革。持这种观点的学者认为政府应转变职能，把原先由政府组织承担的社会职能交给社区内社会组织承担，并强化社区组织的自我管理、自我服务和自我教育的职能；主张自治型模式的学者认为政府越少干预社区事务越好，社区自治组织和社会组织应在社区治理过程中发挥着根本性的作用，政府仅负责提供博弈规则和基础性、普适性的公共产品。相应的在社会治安治理领域从主体及主体间权力构建这一角度来说，社会治安治理的基本模式也可相应的划分为行政主导型的社会治安治理模式、合作型或混合型模式社会治安治理模式和自治型社会治安治理模式。

我国地域辽阔，各地在生态类型、区位分布、资源禀赋、人力资源状况等方面各不相同，导致各地的政治、经济、文化、社会发展水平差距较大，各地社会治安治理模式也需统筹兼顾、因地制宜。根据地域特征或社区类型特点来进行治安治理模式划分，我国社会治安治理的基本模式主要有：城市社会治安治理模式、农村社会治安治理模式、城郊结合地区治安治理模式等。

## 第二节　城市社会治安治理模式研判及创新①

当前，中国的城市化进程日益加快，城市规模不断扩大，城市成为吸纳大量人口的巨大“容器”并逐渐成为中国经济社会生活的重心。在这一背景下，城市的社会治安问题日益突出。社会治安是社会建设和社会管理的重要内容。如果一个城市的社会治安状况良好，所有的人都会从中受益，因为市民的安全需求能得以满足，生活质量能得以提升，市民可以在此安居乐业。随着我国城市化进程的不断推进，大量的人口向城市转移，城市的社会治安状况对城市的发展至关重要。②

① 此节主要参照：朱伟芳．城市社区治安合作治理研究［D］．宁波大学，2014.6.

② 袁振龙，袁正加．首都社会治安的治理变革研究［J］．江西公安公安专科学校学报，2009(3)：54-58.

## 一、城市社会治安治理的基本概念

城市是以从事工商业及其他非农社会活动的居民所组成的，以非农业产业和非农业人口集聚为主要的居民点，包括按国家行政建制设立的市镇。一般而言，城市地区人口较稠密的，一般包括住宅区、工业区和商业区并且具备行政管辖功能。通常是周围地区的政治、经济、文化交流中心。

城市社会治安治理，是指在城市这一地域范围内政府治安部门和其他相关的社区部门和组织及社区居民、协同政府对涉及城市社会的治安问题依法进行治理，维护城市社会治安的稳定。具体来说城市社会治安治理的主体是政府相关职能部门和社区内有关组织及居民群众，由它们共同承担维护社会治安治理的责任；城市社会治安治理的依托力量是社区内各方面的力量，包括社区内各组织单位和广大社区居民；城市社区治安治理运用多种手段。

## 二、城市社会治安治理的基本特征

城市社会治安治理是整个社会治安治理的一部分，其具有自身的一些特征。

**(一)区域性**

区域性是指城市社区治安治理是一定地域范围内的治安治理活动。不同的区域有其不同特点，所表现的形态也有所差异。城市社区的主要特点是：人口集中，密度大，经济活动复杂，商品经济发达，社会结构复杂，社会流动大，社会生活设施完备，精神文化生活丰富，社会生活的节奏快，社会文化的变迁速度快。因此城市社会治安治理亦要根据城市社会的区域特点选择适合自身的社会治安治理模式。

**(二)主体广泛性**

一方面，社区内组织单位和居民需要社区的治安治理。另一方面，社区治安治理需要社区内每个单位和个人的共同参与。按照马斯洛的需要层次论，对于个人而言，安全的需要仅次于人的生理需要。对组织单位而言，城市社区治安治理可以起到维持经济秩序、保障组织单位的财产安全、生命安全等作用。无论是居民还是单位组织，他们的安全都与社会治安治理息息相关，都需要良好的社区治安环境，也都有义务参加社区治安治理。

**(三)回应性**

社会治安治理具有回应性，即政府在公共管理中，对公众的需求和提出的问题作出积极反应和回复的过程。城市社会治安治理就是要求政府相关职能部门和管理主体积极回应社会单位和居民的安全需要，关注并有效解决城市社会治安问题，主动征询居民治安治理意见并引导他们积极参与。

**(四)持续性**

社会治安是一个治安治理的过程。只要社会上还存在着各种影响社会的不稳定因素，就有社区治安治理发挥作用的空间。因此，城市社会治安治理不是一个短暂的过程，也不可能一劳永逸。

## 三、城市社会治安治理体系建设的现实问题

我国的社会治安治理是随着治理理论的引入和发展及社区建设逐渐发展起来，目前还处于探索阶段，在具体实践中也出现了一些问题，并影响到实施的效果。当前城市社会治安治理存在以下几个方面的问题：

**（一）政府垄断的状况依然存在**

城市社会治安涉及城市社会上的所有组织单位和与居民群众的人身及财产安全，这些主体都希望参与社会的治安治理活动，也有义务、有必要协助警察共同治理城市社会治安。但是，由于城市社会本身的特征，以及传统治安管理过分强调和依赖警察以强制方式实施治安管理的影响，治安政府垄断的状况依然存在，导致城市社会治安治理面临一系列问题。

警察部门在治安治理上实施的垄断管理，把理应是政府机关、社会组织、企事业单位和居民群众的“共舞”，变成了警察机关的“独舞”，挤压其他治理主体的生长空间，不利于其健康发展。首先，会弱化政府机关对社会力量的关注。如法律法规的滞后性都说明这一点。其次，抑制社会组织的市场化运作。保安公司等非政府组织想在现有的警察社会治安治理方式下占有市场份额，只有按照政府的行政指令来处理事情，而不是按照市场化的方式运作。最后，为了实现社会治安持续健康发展，政府部门依靠自身力量在社区实行自上而下，由外向内，重构“纵向到底、横向到边”的警察治安管理，加上警察部门对社区实施垄断管理，加剧了基层警力不足。在基层警力严重不足的前提下，警察机关要实施垄断管理就要利用行政权威把社会治安治理的任务转嫁给社会自治组织如居委会、治保会等，利用“帽子和票子”管住他们，自己却很少有精力认真负责社会治安治理工作，导致社会治安治理主体之一的社会自治组织名存实亡，变成了政府机关的延伸。

**（二）考核制度不科学、监督机制不健全**

考核工作不但是对前一阶段工作做总结，也是今后努力的方向。考核制度不科学，直接影响对社会治安治理主体工作评价的公正性，也因此直接挫伤他们工作的积极性。我国社会治安治理的考核制度有以下几方面不科学的地方：第一，考核主体单一。长期的上级对下级的考核，虽有其优点但没有同级之间和社区居民的考核，可能因为上级的主观因素或了解不够有失公正。第二，考核指标和内容单一。以往的考核，发案数和破案率等量化的指标成为立功受奖的标准。虽然平时要求打防并举，由于防范工作不能量化，最后造成了对防范工作没有具体的考核要求。由于社区群众防控组织归属于不同的部门，如何考核及其怎样确定考核指标成为一个难题。没有考核社会治安治理也就很难有成效。

单一的考核主体产生单一的监督主体。我国的社会治安治理监督机制不健全主要表现在：一方面监督困难。原因在于上级主管部门不可能经常深入社区检查其下属工作，社会自防组织的负责人也不可能跟踪下属监督他们工作。另一方面社会居民对社会治安治理组织及其人员的监督缺乏主动性。往往会出现直接受益者甚至是治安管理的出资者，最有治安监督发言权的社会群众为什么对社会治安治理监督乏力？究其原因主要是：多数缺少接受群众监督的平台。有的社区即使有这样的监督设施和机构，也流于形式，他们没有从思想上意识到群众监督的重要性。加上目前社会治安治理的经费很少来源于社会群众，群众监督得不到重视，不仅挫伤了居民监督的主动性、积极性，而且一旦受挫就不再坚持，从而社会治安治理组织及其人员在工作时思想上放松了警惕。此外，一些监督内容没有形成制度，也造成了监督工作的消极和被动。

**（三）治安保障存在问题**

保障的有无直接影响到社会治安工作的好坏。社会治安保障在我国由于种种原因有许多不尽如人意的地方。城市治安保障亦存在诸多问题：其一，治安经费不足。由于大多数社会治安经费都是由政府和单位出资，财力不足。经费没有保障，工作就缺少动力。警务运行的机制不尽合理，警务工作进展缓慢，规范化程度较低，导致社会治安治理效果不佳。其二，社会治安人员综合素质不高，各种治安手段运用不熟，不会做群众工作。俗话说："警力有限，民力无穷。"官本位价值取向，认识不到群众强大的防范力量；或认识到了，由于能力不够，无法做好群众工作等，影响群众参与到社会治安工作的积极性。城市社会治安治理工作由此会陷入到恶性循环之中。因此，在当前异常严峻的治安形势下，城市警务资源紧缺，治安防范基础脆弱，面对群众越来越高的治安需求与期望，有关职能部门往往显得力不从心，很难构建起较为有效的治安治理体系。

**(四)社会力量参与意识不高，防范力量分散**

有不少人误认为社会治安是警察机关和安保组织的事情，与己无关，尤其是在城市社会，持这种观点的居民占主体，如果社会治安不好，就认为是专兼职的安保组织没有做好治安工作，甚至对这些组织或单位采取的行动、措施不予配合。很多单位和个人在社区治安问题上都是怀着"各人自扫门前雪，不管他人瓦上霜"的态度。另外，由于街道综治办、居委会和综治室等平时忙于行政事务，只会组建队伍，而疏于引导；派出所民警也是无暇顾及并开展专业性的培训。因而社会治安力量处于一盘散沙状态，没有凝聚力。

**(五)城市环境需进一步优化**

1982年，美国犯罪学家乔治·凯令和政治学家詹姆斯·威尔逊提出了一个"破窗"理论。破窗理论说明良好的外部环境可以消除潜在的治安隐患，有利于社会治安治理。目前，我国部分城市社会环境不太理想，尤其是一些中小城市，主要表现在：一是晚上光亮不够。不少社区不仅许多道路没有路灯或被树木遮挡；而且很多居民楼也没有感应灯。黑暗不仅给犯罪分子创造条件，也给治安管理带来诸多不便。二是社区环境脏乱。社区脏乱印象给人造成一种好像无人管理的社区一样，这也会增加社区的不安全因素。三是出租房的无序管理，可能为犯罪分子提供了窝藏地点。

## 四、城市社会治安治理体系建设的理论构想①

城市社会治安治理的构建是一个系统工程，它涉及我国城市治安治理体制、民主政治建设、公共产品和服务的供给模式，更涉及政府与社会二元结构的调整等，因此必须通盘考虑，整体规划。

**(一)转变治安职能的垄断**

治安职能垄断转变的首要问题是理清治安行政事务和社会自治事务、政府委托事务和社会自治事务的边界。其次要本着职、责、权、利统一的原则，该由社会行使的职能转移给社会自治组织、第三部门等社会组织。政府及公安机关对城市社会治安治理的建设的主导作用则体现在组织建设、责任机制和政策扶持上，更重要的是体现在资金、设施支持和财政预算上，各级政府应将社会治安治理所需费用列入财政预算。加强政府及公安机关对社区治安治理的支持力度这不仅是政府的职能所决定的，而且也是社会经济发展、居民群众日益增长的物质文化和精神文化生活的现实需要所决定的。

**(二)落实社会自治组织及居民的自治权**

理顺政府、公安机关与社会居民自治组织的关系，坚持政府、公安机关与社区居民自治组织之间的指导与被指导关系，另一方面居民自治组织也有责任接受政府、公安机关的指

① 胡祥．城市社区治理模式的理想型构：合作网络治理[J]．中南民族大学学报(人文社会科学版)，2010(9)：101-105.

导，有义务协助政府做好与居民利益相关的社会治安治理工作。理顺社区党组织与社区居民自治组织的关系，在社区建设与治理中，必须坚持党组织的领导核心地位，但党的领导并不意味着党来包办社区事务，更不是包办社区自治，党应充分支持和保证社区居民自治组织依法行使自治权。在法律的框架下，切实落实社区居委会对社区内社会治安治理等公共事务和公益事业的决策权和管理权，对不合理的行政事务摊派的拒绝权，对政府及公安机关社会治安治理事务决策和执行的监督权等。

社会治安治理工作涉及社会每个居民的切身利益，作为社会治安治理的重要参与主体需要社会每个居民的积极参与。社会居民作为社会治安治理的直接受益者既有权利也有义务参与社会治安治理问题的解决，维护自身利益和社会利益。努力培养社会居民的主体意识，增强归属感，推动社会治安治理的民主化发展。社会居民既可以以个人的名义参与社会治安治理活动，利用座谈会、听证会等形式为社会治安治理工作建言献策，汇聚民意，也可以通过加入义务巡逻队、群防群治组织等组织化的途径，把居民个人的力量整合成群体力量，发挥社会组织的治安治理主体作用。

**(三)实现社会公共产品供给的多样化**

政府仍然是提供公共产品的主要机制，但不是唯一机制，在某些方面，也不一定是最佳机制。在现实中，城市社会众多的第三部门、社会自治组织等非政府组织也在从事公益性活动，提供大量公共产品与公共服务，甚至私营企业和个人也有可能通过政府的授权委托而从事公共产品的提供。社会公共产品的提供者可以是政府与非政府组织(包括社会自治组织、第三部门、私营企业等)共同参与的有机组合。当前，要改革政府包办社会公共产品的模式，政府在一些领域可以采取非直接提供的方式，通过购买或竞标的形式交由第三方来提供，由民间组织、企业或个人来提供，政府对社会公共产品与服务的责任主要体现在制定社会公共产品政策和规划，提供资金和设施资助，指导社会公共产品的发展，制定公共产品标准，对社会公共产品的生产、提供进行监督等。

**(四)创新治理方法**

城市社会治安治理通过治理主体行使各自的功能来促进和保证治理目标的实现，城市社会治安治理功能的行使，以及城市社会治安治理目标的实现，必须借助一系列行之有效的治理手段和方式。由于治理的手段方法在城市社会治安治理中的重要地位，为了改进城市社会治安治理水平，借用新的管理方法已经成为城市社会治安治理创新的重要内容，将现代公共管理的最新方法(如企业化政府、顾客导向基础上的绩效管理、分权与公众参与、公共服务的民营化等)引入城市社会治安治理中，无疑是为社区合作网络治理提供了手段保证和新的前景。

## 五、城市社会治安治理的基本模式分析及创新

**(一)东柳街道城市社区治安合作治理模式探析**

1. 东柳街道城市社区治安概况

东柳街道建于 1997 年 1 月，是宁波市新兴的居住区，地处宁波市东部新城开发的前沿，驱车向东 30 分钟即可到达我国深水良港北仑港，向南 15 分钟即可抵达浙东第一大湖泊东钱湖，西面滨临宁波最繁华的三江口，往北约 30 公里便是正在建设中的杭州湾跨海大桥。街道区域面积约为 13 平方公里，约占江东区总面积的 1/3，常住人口约 6 万，约占江东区总人口的 1/5。街道下辖 11 个社区。共有社区专职工作人员 95 人。

东柳街道地处宁波城东，交通便捷，辖区有火车东站，流动人口多，属于治安管理重点区域。辖区11个社区全部实现物业化管理，从2007年以来，由政府宣传组织发动、财政补贴，居民共同承担安装防盗门，安装率达60%以上，2009年由江东区政法委出资补助物业配备监控探头共4000多只。有些老小区物业整体管理水平偏低，基础薄弱，物业费收缴率较低，门卫、保安因工资低，责任心不强，安全隐患也多；有些社区楼宇、市场等商业网点多，流动人口比较集中；有些社区拆迁安置户多、贫困户多、老年人多、下岗失业人多；有些社区辖区面积大，分布广。各社区面临治安形势严峻。公安治安警力并不进入小区仅在主街道上巡逻，小区内虽基本装了防盗门和布控了监控探头，但由于防盗门质量问题及设备监控的疏于管理，传统的治安管理方式存在一些盲点难以满足社区治安要求。据统计，发生在东柳街道某社区治安案件数量占整个治安刑事案件的75%，社区的治安压力较大。

2. 东柳街道城市社区治安合作治理模式

面对严峻的治安形势，东柳街道各社区在不断的实践中探索出一套合作治理的模式，主要由下面几部分组成：一是物业公司实施的社会治安治理，或社区治安服务外包管理；二是由辖区内企事业单位对企业内部及周边环境的治安管理；三是由社区义务巡逻队实施的治安管理。社区义务巡逻队分为日间和夜间巡逻两种，以夜间巡逻为主，由财政给予一定的补贴。

(1)城市社区治安合作治理模式的发展。

社区治安关系到社区每一位居民的生活，除了政府不断改善技防、人防、物防条件外，各治理主体也都在积极探索研究如何改善社区的治安状况确保社区和谐发展。早在2009年，江东区成立综管员队伍，主要负责对出租房和外来人员进行检查登记，从源头上消除不安定因素；对社区内出租房进行安全检查，对乱拉电线的及时指出并要求当场改正，消除不安全因素；经过几年的运作，社区治安状况有了明显的改善。随后，锦苑社区组织了一支“护苗队”，主要由社区内的小学生志愿者参加，夜间在社区内通过小喇叭提醒居民注意防范。其他社区也都组织了类似由社区热心居民或党员志愿者组成的治安巡逻队伍。社区安全感得到提升。

义务巡逻队在一定程度上维护了社区治安，取得了一些成果。同时，也存在一些难题：义务巡逻队成员不固定，巡逻工作难以常态化；巡逻队员往往是年龄大的老头老太，巡逻装备不齐全，加上缺乏专业知识和处置经验，易出现巡逻的“盲点”，巡逻效果不理想；有的社区地域广，仅仅依靠义务巡逻队不能满足治安安全需求。由于存在这些问题，义务巡逻队在规范化和效果等方面仍处于原始水平。近些年结合政府财政支持、市场化运作和志愿者服务等组织把社区内的社会力量如物业公司、辖区单位、志愿者队伍、社区居民组合在一起，形成社区治安合作治理模式。

(2)城市社区治安合作治理主体责任。

东柳街道社区治安合作治理各主体包括行政职能部门、社区居委会、物业公司、社会中介组织、辖区内企业以及社区居民，尽职尽责，共同维护社区治安安全。

行政职能部门的责任主要是：通过分配社会资源财政拨款保障社区综管员队伍所需经费，做到专款专用，同时对物业公司给予适当的资金进行补助；制定相关管理办法和实施细则如：社区综管员队伍考核管理办法，监督评估社区治安工作。街道综治办负责协调解决重大的社会治安管理事项，并指导社区做好治安管理；公安部门通过社区民警对社会治安治理工作进行业务指导，定期召开治安联席会分析探讨社区治安工作并总结经验，并联合社区义务巡防形成点面结合网格化的联动机制；社区居民委员会责任主要是：组建社区治安义务巡逻队，并根据管理细则指导和监督其工作；对物业公司或治安服务外包公司社会治安治理工作进行监督指导；定期参加治安联席会反映社区内的治安情况；定期维护社区内的治安设施。

企业可根据单位实际情况考虑是否设立保安、门卫等岗位，维护好企业内部(包括职工宿舍)及周边的治安环境，条件允许也可自愿资助本社区做好治安防范工作。物业公司则要不断规范和完善物业治安管理，对整个小区的治安负责。

社区居民通过出钱、出力等形式自愿参与社会治安治理工作。社区综管员队伍及义务巡逻队是社区治安合作治理的重要载体，其主要责任为巡防，如有发现安全隐患及时制止或报告公安机关，做好巡防记录志；通过上述主体责任的描述，东柳街道各社区治安合作治理模式发动社区治安合作四大主体的参与。其中，社区居委会既是群众性自治组织又是政府机关的延伸，地位比较特殊，扮演上通下达的中心枢纽角色。总之，各主体发挥自身特点，取长补短，实现了社区治安合作治理整体利益的最优化。

3. 城市社区治安合作治理分析

东柳街道社区治安合作治理是基于以下原则条件和运作机制实现合作。

(1)城市社区治安合作治理所需的条件。存在自愿参与的愿望强烈的社会力量。东柳街道成立较晚，但在整个社会结构变化的大环境下，公民个人主体意识的觉醒，社会主体的分化，社区内的社会力量增多，大家参与社区事务的愿望越来越高。东柳街道社区治安合作治理的重要载体有社区义务巡逻队和综管员队伍。社区义务巡逻队最初是由社区居委会倡导组建的志愿性组织，由热心居民、低保户组成，开展社区的治安日常巡逻活动。而综管员队伍是由江东区政府投入资金于2009年成立的一支年轻队伍，由原来的街道综治办管理转交派出所管理。在整个社区治安维护中通过市场运作机制的物业公司、企业和社区义务巡逻队、综管员队伍等的合作，消除了治安盲点，取长补短，为实现社区治安合作治理奠定了良好的基础。治安合作现实需求。东柳街道辖区流动人口多，人口密集度高，基层警力有限，仅靠行政职能部门公安民民警的力量难以保证社区的治安安全。

(2)城市社区治安合作治理体现的原则。民主平等是社会多方力量参与合作实现的一项基本原则。东柳街道社区治安合作治理把多方力量集聚在一起共同处理社区治安问题。社会力量自愿参与而非强制出席治安联席会议，一起讨论实际操作中遇到的问题，商量处理方案。各参与主体间是民主平等的。同时互相依赖形成信任。义务巡逻队、综管员队伍依赖政府财政补贴和职能部门的业务指导；政府部门又需要居民、志愿者等社会力量的加入来具体实施社会治安治理；社区依赖物业公司的治安管理，社会组织及居民的参与需要社区居委会提供平台。这些依赖最后变成了彼此的信任。

(3)社区治安合作治理存在竞争关系。江东区城市社区比较成熟、小区都实施封闭式的物业管理，居民可选择将小区治安管理工作通过缴纳合乎标准的物业费委托给物业公司(物业公司可由小区业主通过集体意见自行选择)，也可以通过大家集资自行聘请保安或承包给保安公司。如园丁社区原锦城物业由于各种原因被迫退出管理，现由雅高物业取代管理；社区综管员队伍，由于是政府财政出资设立了准入机制和淘汰制。这种竞争关系的存在对于城市社会治安治理与服务质量的提高具有积极推进作用。

(4)城市社区治安合作治理的运作机制——政府主导机制。东柳街道联合派出所成立领导小组负责组建各式队伍，把握各方利益间的平衡，协调解决工作中遇到一些重大问题。市场运作机制。11个全物业化的封闭式小区，居民可自行选择物业公司或通过集资服务外包给保安公司；社区综管员队伍因由政府提供财政支持设置了准入要求，并需通过考试竞争上岗。适当的竞争有利于提高社会治安治理和服务质量。不同的主体利益也可以起到相互间的利益制衡作用。治安联席会机制。治安联席会定期由社区民警负责、社区居委会、业主委员会以及物业公司、企业单位等相关人员和义务巡逻队成员共同参与。由社区民警作社区内治安状况汇报，大家讨论分析当前治安形势，实现信息的传递与共享，确定下一步工作重点。并在一定程度上体现了城市社区治安合作治理的平等协商。

(5)监督评估和绩效考核机制。东柳街道社区治安合作治理中具有监督责任的有东柳街道办事处、各社区居委会和居民群众。街道办事处通过与社区居委会、小区物业公司和辖区企业单位签订目标考核责任书，对其工作的开展实施监督；社区居委会规范和监督社区物业公司的治安管理或外包治安管理行为；居民群众可向社区居委会及时反映日常治安管理违规现象，具有监督权利和义务。

在以上运作机制中，政府主导机制为社区治安合作治理的持续运转提供保障；治安联席会机制为社区治安各方力量参与提供平台，通过会议实现了社会资源的共享；建立健全绩效考核机制明确各治理主体各自的职责，按照规章制度开展工作，稳定合作关系的，并通过奖惩制度提升了治安合作治理的活力。

4. 东柳街道城市社区治安合作治理模式的成效与问题

在人口众多，人员流动频繁、治安形势严峻的状况下东柳街道社区治安合作治理模式取得了一定的成效，同时也存在一些问题。

(1)东柳街道城市社区治安合作治理模式取得的成效明显改善了社区治安状况，充分调动了社区内各方社会力量的参与，填补了行政职能部门治安管理的空白，清除了公安警力治安巡逻的盲点，及时发现并消除治安隐患，社区治安案件明显下降。促进了行政部门思想观念的转变。社区治安合作治理模式利用社会力量参与取得低成本高效益的收获，使东柳街道认识到扶持社会组织发展、发展社区复合治理成为创新工作计划的重点项目。提高了社会组织的参与意识和能力。社区治安合作治理模式给社会多方力量提供参与社会治安治理的主体资格和地位，在具体实践过程中经过培训和指导，处事能力得到了培养，主体意识得到了强化并开始觉醒。推广社区治安合作治理模式意义深远。东柳街道地理位置、经济状况以及社区发展情况，具有普遍性和代表性，社区治安合作模式以低成本获得高效率的运作，对我国大多数城市社区有借鉴意义。

(2)东柳街道城市社区治安合作治理模式存在的问题。政府介入过多，导致治安合作治理带上了浓厚的行政色彩，主要表现在：社区居委会成了政府的延伸，综管员队伍由行政部门以文件形式制定考核办法并实施监督，与政府部门形成一种聘用合同关系，主体参与意识弱化；治安联席会议，重在汇报与部署工作，各成员间互动交流不多；政府的独大严重影响社会力量参与社会治安治理的积极性，只能被动接受使得合作更倾向于附从。过多的行政干预弱化了合作主体间的平等协商，蒙上了等级关系色彩。一系列问题制约了东柳街道城市社区治安合作治理模式合作效力的发挥，其中政府机关没有把握好自身的地位，过多的干预产生负面效应，各主体间缺少制约，社会力量的主体精神的培养受阻碍，合作缺乏价值理念的支撑，长此以往，社区治安合作治理创新模式极易被演化为政府社区管理体制的一部分。

可以看出，东柳街道社区治安合作治理模式在主体构成、责任界定、实现机制等方面证明了社区治安合作治理实现的可能性，取得了实际的效果，在具体操作中出现的问题也说明了这一理论与现实之间的差异，反过来也会推动社会治安治理理论的进一步完善。

**(二)山东青岛的信息化动态治安治理模式**

地处改革开放前沿的青岛市面对动态性、复杂性、敏感性“三个突出”的挑战，以山东省公安厅的“一制一圈七网”打防控工程为指导思想，坚持用民意、信息和警情主导警务，以“源头治理、组织架构、实战运行、管理保障”为抓手构建具有青岛特色的社会治安治理模式。

1. 从源头抓起，优化社会治安环境

一是全警动员“打黑除恶”，全方位清除“黑恶霸痞”、“黄赌毒枪”等社会治安的隐患和违法犯罪，全力净化社会治安源头。二是坚持严打方针，深化小案侦防机制，提升对多发性侵财案件的打击效能，全力稳定社会治安源头。三是创新“平安商圈”建设、“社区分级分类管控”等社区警务推进治安打防控体系建设，落实主体责任，实行警民联动，全力控制社会治安源头。

2. 创新组织架构，建立覆盖全市的治安防控网络

根据自身的地理条件和治安特点，青岛统筹整合各方面资源，架构起全面覆盖、点线面结合、人防物防技防结合的全方位、全天候、立体化的社会治安动态防控体系。

一是构建全域设防的三道治安防线。三道防线从中心城区到环青岛边界梯次展开，线内设置了 90 多个治安查缉卡口以及视频监控摄像头，同时配备了超过 500 人的应急处突力量，把整个青岛市全部纳入无缝隙的治安管控网络之中，有效提升了堵控能力和快速反应能力。

二是创建全时巡防的治安防控新平台。整合派出所、警务室、移动治安检查站、警车、巡逻车、校园保安队伍等警务资源构建动静结合、人防物防结合的街面防控实体，在市内各个重点部位和多发案区域设立了将近 90 个流动警务室，并组建了城区治安专职特勤队伍和专职校园保安队伍，把警力最大限度地投向街面，实现多警种联勤联动。

三是实现虚拟社会动态管控。将全市超过 14 万个视频监控探头接入市局的视频总监控室，把视频监控与街面巡逻有机结合，由专门的视频监控员实行值守，实现对社会面的全时空动态控制。①

3. 以信息化建设引导警务工作转型

构建一个纵向贯通、横向集成、互联互通、高度共享的公安信息化网络平台，通过在公安信息化系统获取公安内部各类信息资源并加以归纳和研判，找寻出治安热点问题的规律和发展趋势，由此制定切实可行的防范打击方案，从而将信息化转化为战斗力，引导精确打击、整体防控，主动打击犯罪，实现警务工作从被动、消极的运动型、行政型警务向主动、积极的规律型、需求型警务转变。

4. 以常态长效为目标，创新管理保障体系

一是利用社会资源提升聚合力。积极打造公安服务在线，加强对公众的宣传教育。深化“大走访”、“警民恳谈”和“三包一创”等活动，全面规范“路面执勤”、“窗口服务”、“小案办理”等行为。建立交通事故处理、治安案件办理“三调联动”机制。成立专业的群防群治队伍，组建了 30 万人的治安辅助力量，通过培训使之成为实实在在的战斗力，有效遏制了街面的违法犯罪活动。二是加大投入，实施科技强警。大力推进多功能执法办案中心和 350 兆数字集群系统等先进科技工程的建设应用，公安机关侦查办案、防控犯罪、治安管理等方面

① 青岛建设信息化动态治安打防控体系[N]. 人民公安报，2011(11).

的能力得到了大大提升。三是把警务规范化和正规化建设作为治警之道，坚持制度创新，进一步完善以高效指挥调度系统为依托的现代警务机制，以适应经济社会和城市建设发展的需要。

## 第三节　农村社会治安治理模式研判及创新①

当代中国农村社会治安问题，攸关农村社会的稳定和发展，只有从实际出发，科学分析与判断新形势下农村社会治安形势，对影响农村社会治安的突出问题进行归纳梳理，努力把握其规律特点，研究治理对策，坚持正确的治理原则，充分发挥一整套治安治理机制的作用，并考虑农村自有的生态体系布局，以及农村发展非均衡的特点，对不同发展区域的农村推广适用有效的治安治理模式，及时化解矛盾冲突，协调好农村各个利益阶层的关系，繁荣和发展农村精神文明生活，树立起农村社会精神文明新风尚，才能标本兼治，真正促进农村和谐，保证社会主义新农村建设的健康有序推进。

### 一、农村社会治安治理的基本概念

治理理论改变了人们对国家与社会公共事务管理中自上而下的传统观念，也给农村地区的治安事务管理理论注入了新的血液———农村社会治安治理理论。农村社会治安治理，是指在农村地域范围内，公安机关和其他相关的部门和组织及居民，协同政府对涉及农村社会的治安问题，综合运用多种手段和方法，依法进行治理，维护农村社会治安的稳定。

要创建良好的农村社会治安环境，必须坚持正确的原则，制定适合于农村社会治安治理的对策，举全社会之力，共同维护农村社会的稳定与和谐。以农村政治稳定、生活安定、公共安全、群众满意为目标，以平安农村建设为载体，加强农村社会治安治理，必须坚持综合治理、因地制宜、专群结合、促进发展的原则，全力维护农村治安稳定。因此，必积极探索切合于农村社会治安生态系统的治理对策，尽可能降低治安问题给社会带来的风险和危害，减少治理治安问题的成本与周期，使治安治理的效果达到最佳程度。不断汲取各地在农村社会治安治理过程中的典型经验，不断摸索总结农村社会治安治理新模式，使之能够形成一种经验与启示的迁移，在相同类型与相似条件下得到借鉴和推广，保证和谐新农村建设安定有序的治安环境。

### 二、农村社会治安治理的基本特征②

农村社会治安治理理论的内涵主要包括治理的主体、治理权力配置的方式、治理的目的、治理的过程四个方面。

**(一)治理主体多元化**

治理主体多元化是治理理论的首要内容，治理理论特别强调治理主体的多元化，除政府外，治理主体还包括其他民间组织和公民个人。在农村社会治安治理中，治理主体不仅仅是正式的权力机构———政府，还包括村庄内部各种得到村民认可的权威组织机构，而且农村

---

①　此节内容主要参照：王芳．当代中国社会农村治安问题研究[D]．吉林大学，2012.6.

②　苏敬媛．从治理到乡村治理：乡村治理理论的提出、内涵及模式[J]．经济与社会发展，2010(9)：73-76.

社会治安治理倾向于更多地关注政府以外的农村权威机构。在农村社会治安治理体系中，多种主体相互依存，通过“参与”、“谈判”和“协调”等合作的方式来解决冲突，实现一种良好和谐的秩序。郭正林教授则更详细地进行了叙述，他明确提出：“农村治理，就是性质不同的各种组织，包括乡镇的党委政府、七站八所、扶贫队、工青妇等政府及其附属机构，村里的党支部、村委会、团支部、妇女会、各种协会等村级组织，民间的红白理事会、慈善救济会、宗亲会等民间团体及组织，通过一定的制度机制共同把乡下的事务管理好。”从以上可见，在农村社会治安治理中，并非只有政府部门独占，还有公民社会、民间组织及私人机构参与其中。从某种意义上讲，农村社会治安治理的成败在于是否能形成多元化的农村治理主体并存的局面。

**(二)权力配置多元化**

在传统的农村管理理念中，人们习惯性认为只有政府掌握着管理公共事务的权力，公共权力的运用呈现出自上而下的单向性运行，但是治理理论却打破了这一定向思维，提出了权力依赖与权力的多元化配置。事实上，在农村社会中，存在着丰富的相对于国家权力而言属于私权力范畴的社会公共权力。农村治理理论的权力配置多元化承认了农村社会的私权力在公共事务的治理过程中发挥着国家权力不可取代的作用。不仅仅是政府能行使农村社会的公共权力，而且，只要得到公众的认可，各种农村民间组织甚至是村民个人也可以有效行使农村治理的公共权力，公共权力的运行在政府和社会之间呈现出上下互动的双向运行过程，同时也在民间社会中呈现平行互动的关系。权力配置多元化也承认了各种公共权力在农村社会治安治理过程中不可避免地存在着“权力依赖”的特性，这种依赖性一方面表现在由于国家能力有限，必须对草根社会授权分权，另一方面表现在农村草根社会为了得到更大的发展自由和更高的管理效率必须向国家索取权力。农村社会治安治理必须实现治理农村治安的社会公共权力的多元化配置，正如一些学者所指出的那样：农村治理的含义包含着国家权力和农村社区公共权力在农村地域中的配置、运作、互动及其变化。事实上，农村社会治安治理是一个由国家和社会共同作用而形成的公共权威实现对农村社会治安调控和治理的动态过程。

**(三)以安全和秩序的公共利益为目标导向**

农村社会治安治理的目标非常明确，就是实现对农村社会治安公共事务的管理，实现农村社会治安公共利益的最大化。因此，农村社会治安治理以安全和秩序的公共利益的最大化为目标导向。农村公共利益是政府与农村民间组织、私人机构，甚至是村民个人合作的前提。治理理论打破了政府活动代表公益、私人和其他社会组织代表私益的狭隘观念，而是认为两者的目标可以统一，二者能够进行有效的合作，从而能够追求公共利益最大化。在农村社会治安治理理论下，农村社会治安治理的一切行动都以安全和秩序这一公共利益为导向，只要是有益于增进农村社会治安公共利益的，都应该纳入农村社会治安治理活动中，只要是无益于或是有害于农村社会治安公共利益的，都在农村社会治安治理范围之外。总之，不管过程如何，其目的都是为了最大限度地实现农村社会治安治理公共利益。

**(四)治理过程自主化**

农村社会治安治理是一个极其复杂而又不确定的过程，其所涉及的一切事务都围绕着互相之间联系日益紧密的农村社会物质文化生活需要中所存在的问题，而这些问题处于社会的最基层，加上农村社会面积广阔，人口分散，政府部门不可能把所管辖的所有区域置其掌心之中，也不可能对其实现完全的控制。因此，农村社会治安治理理论要求村民基本上是在宏观层面接受国家的方针政策，而在微观层面上应该实行自主自治为上策，即发展自治组织进行自主管理。通过自主管理，农村社会治安治理将会成为一个极具自主性、组织性的社会体系。自主组织理论认为：一个自治组织的产生、维持需要解决三个问题：第一是制度供给问题，即由谁来设计组织制度；第二是惩罚问题，即该如何惩罚以及惩罚的程度；第三是主体之间的相互监督问题。农村社会是一个“熟人社会”，能满足这三个条件的要求。显然，农村的很多非正式组织、团体或是自然村等，都能组成自治组织，实现管理过程自主化。

## 三、农村社会治安治理体系建设的现实问题

农村社会治安工作存在不足的原因有两个方面：从内部微观环境来看，农村地区经济发展的滞后是制约农村社会治安的根本原因，同时村级组织软弱涣散及功能缺失、农村青壮年大规模进城务工导致农村地区人口空心化也是严重影响农村治安工作的重要因素。从外部宏观环境看，城乡发展的不平衡导致我国开始进入农村地区矛盾凸显期和治安形势复杂化阶段，农村地区管理主体单一、管理机制落后、非政府组织缺失等也是导致农村地区治安工作面临困难的原因。①

### （一）农村基层政权组织控制力弱化

农村政治结构的变化，带来农村基层政权组织向村民自治方向转变，在各种社会矛盾纵横交错、社会管理任务加重的情况下，农村基层政权组织控制力弱化，农村社会治安出现了新情况，主要表现在以下两个方面：

1. 为提高农村行政效率，近年来国家针对农村的基层组织建设提出并实施了一系列改革措施，精简机构、核编定员，农村基层组织建设取得了一定预期成效。但由于我国村民自治在大部分农村地区尚未成功，国家公权力的减弱或撤离必然带来农村基层管理的“断层”。基层政权组织权威的削弱，必然会伴生新权威。事实上，目前中国农村已经出现了正式组织势微、非正式组织勃兴的现象，一些农村基层组织处于半瘫痪状态，邪教组织、非法宗教组织、宗族势力等趁势粉墨登场，试图填补基层权力的“真空”，有的组织发展迅速，成为同基层政权组织相抗衡的政治势力，甚至架空基层政权组织，掌握基层政权。这种状况，极易激化因利益分配不均而引发的矛盾和冲突，威胁基层政权，影响农村社会稳定。

2. 由于乡镇基层组织的改制、村民自治程度的增大，农村基层组织尚不能适应新形势的需要，组织结构功能出现弱化，社会公共权力逐渐衰退。农村治安的好坏，同当地基层组织在群众中的威信高低有着直接的关系。农村社会管理仍大多沿袭着传统的静态的纵式管理方式，缺乏弹性手段，致使基层组织应承担的公共服务责任无法体现出来；农村经济基础薄弱，基层组织不够健全，缺少必要的资金保障，农村党团组织、群众治保会、调解委员会大多名存实亡，处于瘫痪、半瘫痪状态，致使农村治安预防和控制违法犯罪能力下降。一些基层干部责任感缺失，能力低下，工作热情不高，公仆意识淡薄，利欲熏心，不关心农民群众疾苦。除此之外，一些乡村尚未建立或缺少健全的利益实现、分配、整合、补偿与保障等调节机制，农民权益不能得到有效的保护，屡屡发生因侵权引发的治安事件，直接影响农村社会的稳定。有些农村基层党委政府对抓社会治安工作认识不够、重视不够、投入匮乏，对治安工作还停留在表面上，贯彻落实在会议文件上，工作流于形式，社会治安综合治理制度、措施未能充分落实到位。还有些由于行政区划分开，干部职数减少，农村工作采取“抓大放小”的方针，农村社会治安得不到基层政权组织的足够重视，常常处于无人问津状态。这种

① 祝天智．论农村社会治安面临的难题与对策[J]．云南行政学院学报，2011(6)．

状况一方面容易导致一些治安问题，另一方面会使已然产生的治安问题得不到有效解决，使矛盾与冲突容易激化升级。

**（二）农村治安职能部门的治理乏力**

农村基层公安机关，特别是农村派出所是农村社会治安治理的主要职能部门，一直是维护农村治安稳定的专业力量和主力军。由于种种原因，农村治安职能部门在治理方面存在着许多方面的缺陷，导致对农村社会治安治理乏力。

1. 国家在警务资源配置上倾向于城市，侧重于相对复杂的城区、城关镇、城乡结合部等地的社会治安防控，往往无暇顾及或者忽视了对农村违法犯罪活动的打击，尤其是民警深入辖区做联系群众的基础工作不易向深层次延伸，无法适应农村地域广阔，居住分散的治安形态。农村公安机关与派出所对农村社会治安形势的紧迫性、严峻性认识不足，重视不够，工作指导上有所偏颇，缺少科学而长效的工作规划，忽视农村警务的发展。我国目前警察占总人口的比例为万分之十三，而在农村一般还不到万分之九，一个乡派出所包括所长、副所长在内一般只有四五名民警甚至更少，他们要担负整个乡里的刑事案件、治安案件和民间纠纷调处以及户口管理甚至非主干线的交通管理等大量工作，可想而知，这样庞杂的任务是他们力所难及的。

2. 农村警务人财物投入得不到全额保障，人员配置偏少，治安经费不足，造成警力资源配置结构的严重失衡，导致农村社会治安治理的力量不足，警务制度安排缺失。农村基层公安机关建设的缓慢滞后与农村治安治理日趋复杂性与艰巨性的矛盾充分显示出来，并且越来越尖锐。主要表现在：一是农村派出所管辖面积广，警用装备落后，民警素质较低，警力严重不足；二是地方财政对治安防范投入不够，后勤保障不强；三是公安机关普遍存在“重打轻防”意识，治安防范职能得不到有效发挥；四是基层基础工作不扎实，尚未建立严密的情报信息网络，深层次、预警性的情报信息往往不能及时收集、反馈、上报，防范工作陷入被动状态。

在这种情况下，一旦出现较为突出的治安问题，公安机关往往力不从心，综合运用政治、经济、行政、教育、文化等各种手段不够到位，广泛利用与整合社会资源维护社会治安的能力不强，习惯于传统打击处理的单一手段，重治标轻治本的工作方式仍很突出，导致防范、治理和减少农村社会治安问题的水平不高，造成大量可防性案件不断增多，使公安机关在农村社会治安的防控上尚未走上良性循环的轨道，难以发挥治安防控主体的作用。这种状况的存在，既给农村社会治安工作带来不利影响，也使公安机关在农村社会治安中的治理任务越来越繁重。

**（三）农村法律体系不完善**

中国农村人口数量多，但国家有关农村管理的法律和法规却寥寥无几。随着农村外出劳动人口的增加，公安、劳动、工商、民政等部门都加强了对外来民工的管理，但各部门之间缺乏职能的有机衔接，管理的有机联系，存在多头管理、重复管理、分工不明确的种种弊端。一些部门精于收费疏于管理，而有的部门因人力有限管理不过来，致使措施不到位，导致管理形同虚设。因此，当前我国有关农村管理尤其是农民管理的立法，已经远远不能满足不断变化的农村新情况，各个职能部门缺乏预防农民犯罪的联动机制，在现实农村生活中，很难真正实现立法、懂法、执法和守法相统一。农村法律体系不完善与农业立法相对滞后，使农村远未真正形成崇尚法治的社会风气，法治在农村治安防控体系中难以富有实效地发挥着调节机制的作用。在这种氛围下，我们经常看到一些农民在面对生产生活中出现的一系列矛盾与纠纷时，不能够自觉地依法维护自身的权益，不善于运用法律解决涉及权利、义务的问题和可以诉诸法律的纠纷。

**（四）农村思想文化宣传教育落后**

农村经济的贫困导致其教育的贫困，其中包括思想政治教育和法制教育的落后。近些年来，随着“希望工程”、“文化下乡”、“科技下乡”、“法律下乡”等众多工程项目以及国家对农村教育的扶持政策相继出台，农民的思想文化素质有了较大的提高，但从总体上来看，农村思想文化教育工作相对薄弱，警示作用不强，农村居民受教育的程度相对城市居民而言较低，他们受到的基础文化知识教育、科技知识教育和法制教育还是较少，由此决定了农民的综合素质较低，不足以抵制负面文化的影响，造成部分农村群众沉溺于低俗的社会活动中不能自拔。普法教育是治安防控的重要一环。由于在城郊农村务农收入低、缺少社会认同感，因而导致大量本地青壮年去附近城镇生活工作，留在农村的大部分是上了年纪的村民，他们文化程度普遍较低。加之目前农村普法教育手段单一、工作不够深入，因而效果较差。普法效果差带来的直接后果就是村民的法律意识相对淡薄，违法犯罪的可能性增大。

**（五）农村社会关系变迁带来诸多挑战**

1. 市场经济的发展和现代意识的渗透，农村社会人与人之间的关系发生了质的变化，人们之间的信任出现了危机。农村社会原本单纯的社会交往方式和社会关系网络发生裂变，人与人之间的隔阂加深，中国农村社会出现了各种“失范”现象，主要表现为网络关系淡化、道德水平滑坡、传统规范失效、互信水平降低、合作能力趋弱等，因缺乏强有力的道德约束产生了种种农村社会治安问题。

2. 数千年来在农村社会形成的乡规民约和村内权威的信任根深蒂固，传统中国农村解决村民之间的纠纷往往依靠村落内部形成的乡规民约和有威望的族人主持公道，而在现代法治社会的强烈冲击之下，部分农民开始拿起法律武器。当代农民虽已具备一定的法律意识，但是司法的介入未必能改变农民心中固有的“善有善报、恶有恶报”报应信念，这又往往造成其对司法的不信任。合法的未必是农民心中认为合理的，农民心中认为合理的却又未必为现代法治精神所容，这是传统社会资本消逝后，新的社会资本尚未培养起来情况下的一种必然的阵痛。

3. 从农村社会人们的价值观念上看，市场经济大潮裹挟而来的多元价值观和对传统农村道德价值的冲击给农村社会治安带来一系列问题。如伴随着国家权力从农村的收缩，农村组织几近消亡，一些非法的宗教组织乘虚而入，农村宗族势力抬头，地痞恶霸和带有黑社会性质的犯罪团伙也趁火打劫，严重影响了党和国家在农村的群众基础和农民的切身利益安全，使很多善良的农民深受非法组织之害。另外，受经济市场化的影响，农民价值观念多元化，他们不再看重未来的长远收益，行为严重短期化，亲人、邻里之间的合作互助行为大大减少，社区的凝聚力急剧下降。在新的农村社会规范尚未形成的条件下，就导致了现代中国农村道德评判标准的模糊、社会规范的无力、失范行为增多、人与人之间沟通合作减少，以至社会治安状况的严峻情势。

除此以外，农村社会的网络关系由稳定趋向流动，农民阶层出现了分化，农村贫富差距进一步拉大，其所造成的社会影响确实是难以估量的。

**（六）农村社会治安的可控资源不断减少**

随着城镇化进程的加快，乡镇吸纳农村劳动力的能力逐步下降，造成许多农民工人“下岗”，只能外出打工；城乡贫富差距的拉大，受比较利益的驱动，农村人口流动日益频繁。

“农民工潮”在一定程度上缓解了农村剩余劳动力的压力，但劳动力的外流与回流也给农村社会治安带来重大影响，如农业劳动力不足、土地撂荒、留守老人与儿童等问题引发的社会治安不稳定，已经引起了社会的极大关注。

1. 大量农村劳动力的外流，带走了素质较好的青壮年农民，农村治理的可控优质资源锐减。而滞留在农村的都是对社会治安状况变化的应变反应能力比较差的，被人戏称为“613899”部队的老弱病残妇幼人员（所谓的“61”是指儿童，“38”是指妇女，“99”是指老人）。这种状况带来两个结果，一方面是农村外流人员减少了农村社会治安的可控制资源，使农村治理生态脆弱，给农村治安治理工作带来很大的困难，一些治安措施无法落实；另一方面农村留守人员的存在，不可避免地减弱了农村地区的自然防护能力，形成了社会治安的“空心村”，容易诱发导致种种农村社会治安问题。一些农村群众因外出打工，忽视了对子女的教育，造成子女辍学。这些孩子年龄小，文化水平低，自制能力差，法制观念淡薄，由于长期得不到父母的关爱与教育管理，其身心健康与教育成长必然受到影响，不同程度地出现生活问题、心理问题与安全问题。少数青少年成为“问题少年”甚至开始走上违法、犯罪的道路，在一些地方的案卷中，涉及留守儿童的案件比例比较高，犯罪呈现低龄化、暴力性、团伙作案等特点。近年来屡屡发生农村留守妇女性骚扰、性侵害案件，其人身安全难以保证。农村治安的“真空”状态，让一些不法分子看到农村治安没保障，从事犯罪活动容易得手，所以敢于大胆地作案，致使留守家庭的财产安全受到严重威胁，盗窃、抢劫财物等活动十分猖獗，这些都日益成为影响农村社会治安的突出问题。

2. 受金融危机及城市就业形势的影响，外出就业者和回流者数量不断增加，一方面为城市违法犯罪的流入与传播提供了便利条件；另一方面，农村劳动力回流，也使城乡之间的违法犯罪和社会治安问题的相互影响进一步加强，农村社会治安因此更加复杂化，治安治理的难度进一步加大。除此以外，农村政治结构发生变化后，农民群众对农村基层组织的依赖性减少，运用传统行政手段来进行社会控制的领域越来越少。而市场经济的负面影响，促使人们更多地关注个人利益，忽视对农村公共事务与公共服务产品的关心和投入，由此导致农村社会治安治理可控资源不断减少，客观上为农村社会治安问题的产生提供了有利条件。

**（七）农民流动与社会分层加剧了农村社会矛盾冲突**

在社会学上，“社会流动是指社会成员从某一种社会地位转移到另一种社会地位的现象”。社会分层则是“社会成员、社会群体因社会资源占有不同而产生的层化或差异现象”。改革开放以来，随着经济社会的发展，中国农村社会的开放性逐渐增强，农民的社会流动日益增多，特别是20世纪80年代中期以后，出现了农民大规模急剧流动的趋势，并呈现多元化、非充分等流动特点，从而打破了中国农村社会成员结构原有的均质同构性，导致了农民的经济分层。当今中国社会，生产关系和社会关系都发生了重大变化，单位与单位之间、人与人之间的利益差异在不断地拉大。社会上出现了新的社会分层，弱势群体和亚弱势群体成为我国最大群体。弱势群体在追逐自己的利益上，显然处于无力状态。

在这种情况下，极易导致人们的思维方式发生改变，心理失衡，社会矛盾日益凸显、复杂与激化。社会的大调整与大变革给农村社会结构造成了极大的冲击，使中国农村从过去“去阶层化”的社会，变成了一个社会群体资源分配和享受差异化的社会。劳动阶层中的农业劳动者与农民工社会地位低下，劳动强度大，收入低廉，家庭负担沉重，心理承受能力较弱，是被边缘于社会主导制度的弱势群体，成为农村社会治安中的不稳定因素。

## 四、农村社会治安治理体系建设的理论构想

中国是一个农业大国，保持农村社会稳定成为发展农村经济和深化改革的前提条件，是整个国家经济发展和社会稳定的基础，而当前农村社会治安问题已经成为影响农村社会稳定的最严峻问题之一。实践证明，单一的、模式化的治安治理思路并不能有效破解日益复杂而严峻的农村社会治安形势。必须从实际出发，科学分析与预测新形势下农村社会治安发展态势，对突出的治安问题进行归纳梳理，努力把握其规律特点，不断创新农村社会治安治理机制，推广农村社会治安治理新模式。坚持正确的治理原则，以积极的态度和正确的方法，切实做好农村社会治安治理工作。

### (一) 夯实基础，建立、健全农村基层治安治理防控队伍建设

农村基层组织承担着贯彻落实党和国家有关法律法规、各项方针政策的职责，在社会治安治理、社会秩序维护方面起着举足轻重的作用。加强农村治安基层组织建设至关重要，要做到组织到位，关键在于领导到位、观念到位和措施到位；而不在于分工过细。按照“宁缺机关、勿缺基层”的原则，精简机关，充实基层，投入到位，从人力、物力、财力上向农村派出所倾斜，改善工作条件，提高工作待遇。改善工作条件是提高工作效果的重要前提，而提高工作人员待遇是增强工作责任心的重要保证。

在农村地区，要充分调动广大农村居民积极参与治安工作，组织群防、群治的治安治理防控队伍，各农村可以根据当地治安的实际情况，有条件的农村可以组建专职的治安巡逻队伍，或者组建治安巡逻志愿者队伍，开展经常性的治安巡逻，合理划分巡区，在村民居住比较集中的村落要建立固定治安岗亭或治安值班办公室，严格落实治安巡逻全天运转制度，轮流值班；在村民居住比较分散的村落可选择适宜地点设计治安卡点，安排好专人进行治安巡逻；在容易诱发季节性治安问题的季节，自发组织志愿者治安巡逻队伍，轮流执勤，进一步提高农村治安治理区域的覆盖率。农村基层组织要建立、健全治保会，充分发挥安全保卫的职能，加强对所辖区内矛盾纠纷排查与治安防范工作，逐步推行“警铃入户”的防范措施，实现一家有警，全村出动的治安治理网络，及时将影响农村社会稳定的各类矛盾纠纷问题解决在基层，化解在萌芽状态，共同维护农村社会治安。

### (二) 强化治安治理中的重点防控，加大打击农村治安突出问题的力度

农村治安治理的工作内容十分广泛，但进行有针对性的防控从来都是治安治理坚持的策略原则。在当今农村治安出现新情况、新问题的形势下，研究和掌握农村治安问题的规律和特点，加大对农村治安中突出问题的重点防控就显得尤为重要。目前强化农村治安治理中重点防控，主要表现在以下四个方面：

1. 强化对农村治安治理中的重点案件的防控，加大对严重扰乱农村治安秩序的、让村民深恶痛绝的、影响村民安全感的各种侵财性、暴力性案件惩处的力度，威慑违法犯罪；对横行乡里、欺压百姓、滥施暴力的农村黑恶势力要严厉打击，多管齐下，坚持露头就打，打击其嚣张气焰，为民除害；对在农村蔓延且猖獗的卖淫嫖娼、色情表演、赌博活动、封建迷信与邪教活动，要加强基础防范工作，加大查禁取缔工作力度，各有关部门协同作战，予以及时有效地打击，遏制其产生与发展；加强对因矛盾纠纷激化而引发的各种群体性治安案件的排查与调处工作，及时、依法、有效地控制事态发展，化解矛盾与冲突，把影响和危害降到最低程度。

2. 强化对农村治安治理中的重点地区的防控。重点地区是指导致农村社会治安问题高

发、频发的地点，对于直接影响到农村治安秩序，如农村的公路、水路、铁路交通沿线；人群聚集的农贸市场、商店超市；农村采石场、小煤窑、小矿山、鱼塘果园；珍贵自然资源区；城乡结合部等，要严格社会面控制，加大治安巡逻防控力度，弱化这一些地区诱发社会治安问题的可能性。

3. 强化对农村治安治理中的重点时间的防控，要通过对农村治安预警与监控工作，掌握大量的农村治安治理情报信息资源，分析农村治安案件的诱因，掌握农村违法犯罪的时间规律，找出违法犯罪的时间高发点，如农忙时节、春节期间频发的侵财性案件、农闲时节多发的赌博、色情活动导致的治安案件、春耕、清明时节易发的森林火灾案件等，要针对易发治安案件的重点时间进行加大治安防范力度，号召村民提高治安防控意识，组织村民开展自防和群防，成立村民志愿者治安巡逻队，驻村民警要深入群众，通过警民联合防控，能够预防、发现、制止在重点时间里的各类治安案件。

4. 强化对农村治安治理中的重点人员的防控与管理，减少和遏制农村社会治安问题的发生。重点人员多指治安治理的需要重点监控的对象，也包括治安治理需要保护的弱势对象，比如农村的黑恶势力；有引发群体性事件的人员，从事参与色情、赌博、封建迷信、邪教活动的人；农村外来流动人口；农村移民安置中的人口；农村留守人员等。

**（三）健全农村社会特殊人群的防控机制，消除不安定因素**

农村特殊人群包括刑释解教人员、违法青少年、外出就业的流动人口、“留守人群”等。我们要会同司法部门、治保会等机构，加强对刑满释放人员、解除劳教人员及违法青少年的帮教工作，把这类对象的防控工作落到实处，防止其再度犯罪。及时掌握外出就业的富余劳动力、农民工的流动情况，积极为其提供便利条件，强化与劳动力流出地和流入地公安机关的配合，加强对农村流动人口的防控工作，打击流动人口违法犯罪。协同农村基层政权承担起“留守人群”防控的重任，预防和减少其违法犯罪。

**（四）创新农村社会治安治理调解机制**

农村社会治安治理调解机制，是灵活运用人民调解与治安调解、司法调解与信访工作有机结合起来，基层调解组织在明确农村调解目标任务的基础上，以国家法律法规、规章制度、社会公德及乡约民俗为依据，对矛盾纠纷各方进行调节工作，使双方当事人互谅互让，自愿达成协议，缓解或消除矛盾纠纷与冲突的工作机制。

1. 不断加强对农村调解组织的管理，要结合农村基层组织建设，适应新形势下化解民间纠纷及维护社会稳定的需要，积极推动建立和完善乡镇、街道人民调解组织，各级都要有人管事，建立相应的责任人制度。要结合农村特点，切实加强村组调解队伍建设，注重对这些人员进行培训管理，不断提高他们的法治素质与调解技能。要将乡镇司法调解中心逐步规范到人民调解的工作范畴，充分发挥乡镇司法调节的作用，便民利民，及时化解民间纠纷。

2. 形成司法、派出所、法庭和基层调解组织的联动机制，多方位做好治安治理的调解工作，加大矛盾纠纷排查调处力度。各司法所、村派出所要全面了解并掌握当地农村矛盾纠纷情况，实施分类管理，落实责任人。各个法庭要实施服务前移，及时受理各类小纠纷诉讼，并尽可能地通过巡回开庭、在田间地头和院落开庭等方式调解判决各类纠纷案，达到办理一件纠纷案，教育一方村民的作用。在此基础上，要充分发挥县、乡、村三级调委会（调解中心）基层组织人民调解的作用，对涉及家庭纠纷、劳动争议、集市贸易、行业欺诈等社会生活、生产等方面的各种纠纷和矛盾，坚持抓源头、抓苗头。对矛盾纠纷排查调处实行分级负责、归口督察，灵活运用法律、行政与教育等手段，调适群众不良情绪，找到解决纠纷的突破口，最大限度地减少矛盾的发生，避免冲突激化，尽量做到小纠纷不出村、大矛盾不出乡、重大疑难纠纷调处在本乡镇的矛盾调节格局，采取各种措施，防止矛盾激化转化为打架斗殴等案件，形成党政挂帅、部门联动、各方参与的大调解格局，并使之制度化、规范化。

**（五）重视农村社会保障机制建设**

社会保障机制是社会稳定的“安全阀”，避免突发性治安事件的关键在于建立健全制度化和法律化的农村社会保障机制。因此，要建立不断扩大覆盖率的失业、养老、医疗等社会保障机制；畅通各种治安问题信息反馈渠道，利用多种信息交互手段，建立健全治安信息的上下沟通机制；适当设立避免政府直接担当调停人的、中立的“第三方”机构或组织进行调停；注意发挥政府在进行二次分配时的主导作用，遏制贫富两极分化不断拉大的现象。

**（六）创新农村社会治安治理监督机制**

搞好农村社会治安治理工作，还必须不断地建立、健全社会治安治理的监督机制。创新我国社会治安治理的监督机制，现阶段应采取以下具体措施：第一，切实加强对农村社会治安治理工作的领导，明确各有关部门的职能和职责，协调各职能部门与执法机构的工作责任，分级负责，进一步落实“谁决策，谁负责”和属地管理责任制度，真正做到事事有人问，时时有人管，形成大家都负责，齐抓共管求稳定的局面。第二，针对农村社会治安具体情况，以科学发展观和正确政绩观为指导，建立科学的农村社会治安治理的绩效考核指标与方法体系，进行科学准确的评价和考核。运用各种现代科学技术方法，能够客观、全面评价和考核治理绩效。第三，对农村社会治安治理要进行全过程的实时监控，充分保障信息来源的多元化和客观性，并根据社会治安的性质、特点和演变发展情况，及时发现治理过程中存在的弊病和不足，对治理行为适时进行调整。第四，健全政府有关职能部门或有别于政府和民众的“第三方”独立调查机制，强化农村社会治安治理后的调查分析，认真总结经验教训，剖析导致治安事件发生的性质、造成的危害情况、具体责任以及深层次原因，从技术、管理、组织结构和运作程序上提出一系列行之有效的预防此类事件的具体措施，查找治理工作中存在的失误和不足，有针对性地做好补救工作。并以此为鉴，举一反三，从根本上防止此类治安事件的再次发生，为今后更好地进行社会治安治理工作提供宝贵的指导意见，逐步使治安治理工作走向科学化和制度化。

## 五、农村社会治安治理的基本模式分析及创新

农村社会治安治理新模式是指立足于农村的实际状况，在充分分析当地资源、经济、技术、制度等因素的基础上，对具有典型代表性的社会治安治理进行集中反映和高度概括，使之能形成经验与启示的迁移，在相同类型与条件下得到扩散和推广。为进一步推动各地的治安治理与经济社会稳定提供经验借鉴与模式推广。下面通过理论分析与实践经验总结对具有典型代表意义的社会治安治理模式进行归纳和总结。

**（一）浙江省诸暨市枫桥镇的“枫桥经验”社会治安治理模式**

枫桥镇是一个农业大镇，总人口达10万余人，其中外来流动人口有近3万人，在党的领导下，紧紧依靠基层民兵组织与群众，于20世纪60年代初，创新性地开创农村社会治安治理的新模式——“枫桥经验”。这一模式是在毛泽东的倡导下，在全国推广的新形势下正确处理人民内部矛盾和防控民间纠纷的一大法宝，也是推进我国社会治安综合治理的成功经验，对维护社会稳定、创建平安乡镇、构建和谐社会起到了积极有效的先锋示范作用。

“枫桥经验”，主要表现在以下三个做法：

做法一：护村卫民保一方平安——“要戴致富帽，先戴平安帽”。枫桥自古即是婺越通衢上一个重要的贸易集散地。改革开放后，枫桥商业经济吸引了成千上万外地人员前来务工、经商，鱼龙混杂的流动人口导致劳资纠纷、债权债务纠纷层出不穷，打架斗殴、小偷小摸、流氓滋事时有发生，直接影响到人民群众的生命财产安全和生活的安居乐业。面对突如其来的新情况，为确保枫桥的稳定和发展，枫桥镇党委、政府号召广大干部、群众“要戴致富帽，先戴平安帽”，多年来，枫桥民兵坚持义务护村，昼夜巡逻，不仅有效预防和解决了社会生活中的违法乱纪事件、民间纠纷，确保当地的安全稳定，还有力地配合当地公安部门打击刑事犯罪。

做法二：真情化解人民内部矛盾——“小纠纷不出村，大矛盾不出镇”。现阶段影响农村稳定的突出问题是人民内部矛盾。多年来，枫桥基层民兵组织经过长期的实践和探索，逐步形成了卓有成效的治调工作机制，即在枫桥镇普遍实施的预防和化解矛盾“四前工作法”：组织工作走在预测前，预测工作走在预防前，预防工作走在调解前，调解工作走在激化前。预防矛盾和纠纷，将触角伸向每个角落，及时反馈各类治安和纠纷隐患，做到调解一事和睦一方，大量矛盾被消灭在萌芽状态或矛盾激化前。

做法三：净化风气建设文明新村——“安民富民，更要乐民”。枫桥民兵采取多种形式，努力推进农村的精神文明建设。他们在镇村和企业中广泛开展争创“文明村镇”、“文明企业”活动，投入了大量的人力参与村镇文化设施建设，在村庄和企业中相继建立了村级民间艺术团体和歌舞协会，在节假日、双休日组织村民开展文体活动，充实村民的闲暇生活。众多青年民兵在广大群众中刮起文明风，展开禁赌、禁酒行动，组建村篮球队、足球队，开展体育竞赛。在枫桥，村村设法制宣传亭，户户有普法教育书。每年，都由武装部牵头举办大型法律知识竞赛，民兵连出资购买普法读本送到家，民兵上街张贴普法标语，提高农民法制意识，减少纠纷，避免矛盾激化。与有轻微违法犯罪人员、“两劳”回籍人员结成互助对子，做好挽救人、转化人的工作。

近年来，枫桥民兵时刻牢记“守一方土地，保一方平安”的光荣职责，继承和发扬“枫桥经验”的基本精神，积极参与农村社会治安综合治理，创造了社会综合治理的佳绩：20年来，这里没有发生一起凶杀案；没有发生一起群众上访事件；没有发生一起因民事纠纷调解处理不当而激化的刑事案件；刑事案件发案率一直控制在0.1%以下；78%的纠纷都在村一级得到解决，使枫桥出现了“矛盾少、治安好、发展快、社会文明进步”的良好局面，被中央社会治安综合治理委员会授予“全国社会治安综合治理先进单位”称号。被省委、省政府命名为“浙江省社会主义新农村建设示范镇”。

浙江省诸暨市枫桥镇的农村社会治安实践给我们许多有益的启示，主要体现在如下几个方面：

启示一：以人为本，综合治理，是农村社会治安治理的灵魂与核心

以人为本，综合治理成为枫桥模式的灵魂与核心，贯穿于农村社会治安治理的整个过程之中。以人为本，综合治理，就是以广大人民群众的根本利益为本，始终把维护、满足、实现最广大农民的根本利益放在第一位，作为农村社会治安治理工作的出发点和落脚点，通过社会的综合治理，正确处理和有效防控民间矛盾纠纷与治安案件，保障人民各项权益，调整人与人之间的利益关系，和缓人与人之间的心理隔阂，维护和推进农村社会的稳定与平安。枫桥模式注重以人为本，切实关注弱势群体，能够全方位地掌握情况，了解思想，及时开展

一系列社会治理工作，灵活有效地运用多种手段，调适某些群体以及个人不平衡心态，矫正某些误入歧途的心灵，合情、合理、合法地化解各方面的利益冲突，平抑氛围，化解矛盾，防控激化。

启示二：善于利用治安调解机制，化干戈为玉帛

面对新形势下复杂多变的农村社会治安形势，“枫桥经验”指引下的人民调解方式，运用日益完善和强化的民间化解矛盾的组织——人民调解组织，正确处理并化解社会上形形色色的人民内部矛盾，解决了诸多疑难矛盾纠纷案。实践早已证明，在农村社会治安治理中，治安调解机制是“枫桥经验”的准确运用、深化发展，它发挥着其他治理方式不可替代的功能和效果。

启示三：真实地走进群众、深入基层，走进矛盾、破解难题

围绕“抓平安、保稳定、促发展”的总体思路，社会治安综合治理工作要力求做到组织到位、宣传到位、制度到位、投入到位，落实“预警在先，苗头问题早消化；教育在先，重点对象早转化；控制在先，敏感时期早防范；调解在先，矛盾纠纷早处理”，使“小事不出村，大事不出镇，矛盾不上交”，正是在这面旗帜下，各级政府根据枫桥经验具体提出了“走进群众、深入基层，走进矛盾、破解难题”工作措施，这是枫桥经验在社会综合治理工作中，解决和化解各类人民内部矛盾的一种最温和、最人性、最直面、最便捷以及最传统的工作方法。

**（二）湖北省恩施土家苗族自治州“治安中心户”社会治安治理模式**

恩施土家苗族自治州位于湖北省西南部，水资源丰富，86%以上的人口居住在农村，山广人稀，交通不便，基础设施建设落后，信息相对闭塞，是一个以农业为经济支柱的“老、少、边、穷”少数民族地区，也是中国最年轻的自治州。恩施土家苗族自治州治安治理基础薄弱，警力资源严重不足，治安经费紧张，形成了很多治安治理的“真空地带”和“死角”，涉农纠纷与案件多，治安形势异常严峻。针对当地的治安治理形势，恩施土家苗族自治州从2004年开始，积极探索推行以建立治安中心户为主要内容的社会治安综合治理改革。农村治安中心户是以村民自然聚居地为基础，由村民自主选择一名群众基础好、威信高、有一定的法律政策水平、热爱治安工作的村民当户长，在责任区民警和治保主任的指导下，开展治安防范、纠纷调解等工作，从而形成的一种自我管理、自我防范、自我服务的一种最基层的治安防控体系。

“治安中心户”治安治理模式是一项系统工程，它的突出特点是“三级防控”与“一个结合”。“三级防控”是建立派出所、治保会和治安中心户三级防控平台，“一个结合”是指专门工作与群众工作相结合，形成的是以派出所为龙头、治保会为桥梁、治安中心户为载体的、专群结合的治安治理机制。

做法一：以地缘管理为依托，建立治安片区

设立治安片区的原则是在村以下划块而治，即按照群众地理居住环境，把相对毗邻的农户划分为同一个治安片区，每一个治安片区推选一个治安中心户，户长在派出所和治保会领导下，协助处理片区的社会治安问题。治安片区的确定不受村民小组的限定，不受人口和户数的限制，因地制宜，少的5至10户，多的30至50户。按地缘划分治安片区，使相对聚居较近的农户成为一个小的治理单元，有利于各项治安管理措施的落实，也便于户长组织开展工作。

做法二：以群众意愿为依据，推选中心户长

中心户长的要求是“五有”，即有较好的家庭条件、有通讯工具、有较强的正义感、有一定的群众基础、有一定的法律知识，由片区群众推选和组织推荐相结合产生。先由派出所和治保会进行调查，根据群众意愿意，从片区推荐有影响和有威信的村民为户长人选。再由责任区民警和治保干部组织召开片区农户大会，推选产生户长。然后派出所与治保会共同为中心户挂牌。由于户长的产生充分尊重了群众意愿，选出的户长普遍得到了群众的拥护。

做法三：以村民自治为范畴，明确户长职责

户长来自于农民，生活在农村，处理农民身边的事务，属于村民自治的范畴。据此，我们将治安中心户的作用定位为上传民情、下达政意和协管治安，并明确了治安中心户长的职责：一是警民联系，群众的需要通过户长与派出所或村治会联系；二是法制宣传，利用红白喜事聚会、召开群众大会、调处民事纠纷等机会，向群众宣讲政策法规；三是治安防范，组织开展夜间巡逻、邻里关照、邻里守望等，维护农村生产、生活秩序；四是交通协管，登记掌握辖区机动车辆和机动车驾驶员底数，督促办齐各种证照；五是帮教转化，掌握辖区劳释人员底数，关注其思想动向和生活表现；六是权益维护，依法维护片区群众的合法权益。

做法四：以三级防控为手段，规范运作模式

为了确保治安中心户的工作井然有序，各乡镇办初步建立了一套行之有效的运作模式。一是规范运行程序。治安中心户的工作在综治办协调下，由责任区民警和村治保会进行管理指导，户长掌握的情况向治保会或派出所报告，一般纠纷由户长处理，较大纠纷由治保会与户长共同处理，案件交派出所处理。二是统一运作形式。全市治安中心户建设，均做到了“十个一”，即乡镇办有一张辖区治安中心户分布图、一个治安中心户奖励办法，治安中心户长有一张中心户长公示牌、一张片区村民分布图、一本户长工作台账、一本户长实用手册、一张户长联系卡；责任区民警有一本工作记录本；治保主任每月召开一次户长例会；村民人手一封公开信。

做法五：以精神奖励为主，建立激励机制

户长的工作是尽义务的。我们要求各乡镇提高户长的荣誉，加大感情投人，充分保障户长的基本权利。如崔坝镇明确征兵初审、“三材”物资购买，必须先由户长签字；户长因联系工作开支的交通、通讯费用，因公受到伤害，其医疗费用，由派出所支付。该镇还拿出一笔资金，对年终被评为优秀“治安中心户”的、对提供重要线索破获重大刑事案件的、对提供线索抓捕重大刑事犯罪分子或逃犯的，分别给予钱数不等的奖励。这些奖励措施，营造了和户长高尚、户长光荣的社会氛围。为胜任工作，一些户长主动在家里装电话，一些户长主动学习各种政策法律，绝大部分户长在调解纠纷时刚直不阿，一身正气，发挥了较好的作用。

“治安中心户”治安治理模式的特点是“三级防控”与“一个结合”。“三级防控”是建立派出所、治保会和治安中心户三级防控平台，“一个结合”是指专门工作与群众工作相结合。这种治安治理模式是党的群众路线在治安治理工作中的具体运用与发展，调动一切可以利用的力量，把警务工作的触角延伸到千家万户，实现了农村治安可控资源多元化，情报信息渠道多样化、防控效果显性化的治安治理机制。“农村治安中心户”的实践表明，这种治安治理模式极大地缓解了警力紧缺的压力，提高了对农村社会的防控能力，激活了公安机关，实现了基层警力与农村群众治安治理的互动，预防和减少了因纠纷引发的民转刑案件，对于强化农村治安治理起到了重要的作用。湖北省恩施市的农村社会治安实践给我们许多有益的启示，主要体现在如下几个方面：

启示一：开发农村社会治安资源，充实并发展社区警务，实现警务工作下沉

当前由于我国农村基层警力资源严重不足，社区警务工作难以实现其应有的功能，“治安中心户”很好地弥补了基层社区警务的缺陷，做到了调动群众中的积极分子起来自己管理自己，在节约大量警力的同时，实现了治安的动态预防与打击。在这种模式中，群众既是社会治安治理的客体，现时也是社会治安治理的主体，警民之间达到了亲密无间的合作伙伴关系，不再单纯是治理者与被治理者的关系，成功地把农民群众对社会公共安全的需求转化为一种资源，化作一种力量。

启示二：增强党和政府与基层干部、民警、村民之间的沟通互动，夯实农村基层政权组织建设

“治安中心户”治安治理模式充分体现了“以人为本”价值理念，它从维护广大村民的切身利益出发，尊重村民意愿，起到了治安治理双重的角色功能。一方面，政府利用“治安中心户”宣传党的方针政策与法律法规，倡导社会主义核心价值观，鼓励、引导村民提高治安防范意识，治安治理，人人有责，参与治安治理的义务巡逻与矛盾纠纷调解工作，形成强大的治安凝聚力，增强基层政权组织对社会公共服务产品的管理与控制能力。另一方面“治安中心户”的治安治理模式，能够利用其灵敏而无处不在的“触角”，收集农村治安情报信息，及时反馈民众社会安全感及对政府的政策的满意度，搭建起政府和民众之间相互沟通的桥梁，减缓了彼此之间的摩擦与冲突。这种治安治理模式的互动性，既能够有效缓解党群之间、干群之间、警民之间、村民之间的矛盾与冲突，协调利益关系，避免矛盾激化与升级，降低治安治理成本，优化治安生态，而且也有利于增强党和政府的凝聚力，加强村民之间的团结，巩固农村基层政权组织建设，形成了一种富有特色的有利于社会稳定的自我防范、自我保护、自我服务的工作机制。

启示三：畅通信息收集渠道，提高信息的客观性和时效性

由于农村基层警力资源紧缺，农户居住得相对分散，难免会有工作疏忽或者遭遇村民不配合，故意隐瞒相关治安情况，因此，公安机关对辖区的社会治安信息难以保证其及时性与准确性。而“治安中心户”能够很好地弥补这一不足，他们遍布在各个村民居住地，身处在广大群众之中，时刻记录着农村的治安状况，并在第一时间将各种影响农村社会稳定的信息，及时送达给所在辖区的公安机关，进而保证农村治安事件得到及时有效处理。恩施市“治安中心户”能够紧紧抓住群众是有关违法犯罪问题最广泛、最直接、最敏感的信息来源这个渠道，为健全农村社会治安治理的信息收集和处理机制提供了很好的启示与借鉴作用。

**（三）云南省昭通市火德红乡农村社会治安治理模式**

火德红乡位于云南省昭通市鲁甸县城西南部，管辖火德红、鹊落等6个行政村，107个村民小组，现有农户4786户，有农村人口19242人，其中农业人口19242人，劳动力10437人，该乡属于贫困乡，农民收入主要以种养业、工资为主。乡党委、政府，采取有力措施，加强社会治安综合治理工作，建立和完善维护社会治安长效机制，其主要做法：

做法一：建立治安联动体系，层层明确职责

实行乡各驻村工作组组长、派出所长、司法所长对乡党委、政府负责，村“两委”、片区民警对驻村工作组组长负责，治保主任、村民小组组长对村“两委”负责，逐级签订社会治安目标管理责任书。整顿执法干警的工作作风，实行片区民警责任制，各村设立治安联防点，坚持“预防为主、打防结合”的指导思想，充分发挥各类基层调节保卫作用，层层建立防范网络，加大各种违法、犯罪活动的打击力度。紧密结合、协调联动、增强社会防控能

力，形成“专群结合，群防群治、综合整治”的工作格局。

做法二：健全排查调解“五个机制”，确保农村稳定

第一，建立运作机制。乡党委政府领导根据全乡工作实际，研究制定了分期带班制度，即每逢赶集日由1名领导带班办公，接待群众来信来访，受理各类矛盾纠纷。提供法律政策咨询，宣传政策法规，对受理的矛盾纠纷进行调查化解，对交办的矛盾纠纷处理情况进行督查，对已解决的重点、难点矛盾纠纷进行回访复查。第二，是建立集中排查机制。对影响和谐稳定的问题进行梳理排查，对全乡存在的疑难问题进行集中“会诊”。根据“会诊”结果，及时制定措施，在最短的时间内化解。第三，是建立挂牌督办机制。对全乡存在的热点、难点问题实行统一协调调解，由带班的领导带领司法所的干警进行备案，挂牌督办。第四，是建立上下联动机制。按照“属地管理、分级调处”的原则，派出所、司法所深入各村调解中心，带领专职调解员，及时化解辖区内的矛盾纠纷。第五，是建立案件移送机制。村级调解中心负责调解各村范围内存在的矛盾纠纷，调处不成功的，报请乡司法所、派出所进行调处，派出所、司法所调处无效，需进入法律程序的案件，引导当事人通过法律手段解决。健全社会矛盾调处机制，对涉及群众的热点、难点矛盾纠纷做好排查调解工作，掌握思想动态，不把矛盾上交。做到“小事不出组、大事不出村”，重大问题及时上报、及时解决，及时把各类矛盾、问题消灭在萌芽状态。

做法三：加大管理力度，不留盲点、盲区

加大管理力度，做好特种行业和流动人口、外来人口、出生、死亡的登记查处管理工作，形成乡、村、组和农户，主动工作、主动调查、主动申报的户籍式管理。对辖区内房屋出租做好清理登记，并与承租人员签订《租赁房屋治安管理责任书》。做好民用爆炸物品、危险物品的管理，加强道路安全管理。做到不留盲点、盲区，确保社会生活的正常秩序，为全乡经济和社会的全面发展，提供一个安定、团结、健康的人文环境。

做法四：治安工作实行一票否决制，把社会治安工作与政绩、晋级、评优相结合，纳入年终考核

火德红乡以其特有的社会治安治理模式，取得了可喜的成效，曾经多次被省、市、县评选为“社会治安综合治理先进单位”、“安全文明乡”、“无毒乡”、“省级文明单位”等光荣称号。全乡民族风情浓厚，社会治安状况良好，据调查，当地人民群众对社会治安的满意率达95%以上。

火德红乡的农村社会治安实践给我们许多有益的启示，主要体现在如下几个方面：

启示一：落实领导责任，健全治安治理机制，确保农村社会政治稳定

火德红乡乡党委、政府始终把稳定工作纳入重要议事日程，建立健全了维稳领导小组，成立了办事机构，把维稳责任落实到了具体部门和人员，确保了稳定工作有人抓、有人管；完善了矛盾纠纷排查调处制度，乡、村、社都成立了人民调解委员会，对本辖区的矛盾纠纷进行排查和调处，使矛盾纠纷得到及时化解，减少群体上访闹事事件发生。坚持每季度一次定期排查和敏感时期的排查制度，运用各种手段通过各种渠道及时掌握热点社会动态，为正确决策和超前做好稳定工作提供了可靠依据；建立维护稳定工作议事制度，从实际出发，分析社会稳定情况，研究工作措施，提出解决方案；健全稳定工作协调督办制度和领导责任查究制度，对有可能发生影响稳定的重大信息和重大不安定隐患进行跟踪督查办理，认真查究相关部门领导的责任；完善和健全稳定信息报送制度，有效地防止漏报、迟报、误报、瞒报，对重要信息的报告既坚持了及时准确、又坚持了有处置结果。

启示二：全面推进社会治安整体联动防范工程建设，农村结合，强基固本建立健全整体联动防范工程的领导机制

火德红乡的党委、政府坚持“打防结合，预防为主”的方针，把“严打、严防、严管、严治”紧密结合，强化防范机制，以预防犯罪为重点，形成了以县公安局火德红乡派出所为中心，以公安为主体，以群防群治组织为依托，以治安防范承包责任制为途径的体系；建立健全了整体联动防范的工作机制，各村、各站所综治机构健全，制定了处理突发事件的预案，在乡内发生重大事件，都能在最短、最快的时间内赶到现场，控制事态，把损失降为最小；健全和完善单位内部治安防范体系；建立健全整体联动防范工程的保障机制，乡党委、政府把群防群治所需经费列入财政预算，保证了整体防范工程各项工作的落实。

启示三：不断加强社会治安综合治理工作，全面落实综合治理各项措施

在进一步完善综合治理领导责任制、部门责任制、单位责任制、岗位治安责任制的同时，加大了对基层单位领导责任查究制和一票否决的力度；抓好综治宣传，营造了浓厚的宣传氛围，收到了良好的社会效果；建立健全见义勇为保护和奖励机制，使见义勇为表彰奖励工作制度化、程序化、法制化；强化基层综治组织建设，抓好农村社会治安综合治理维稳办的建设，配齐配强基层办事人员，提供必要的工作环境和条件，认真研究本辖区的治安形势，完善预案，把矛盾消化在基层；认真做好其他工作，乡综治办在党委、政府的统一领导下充分发挥综合治理工作网络化和齐抓共管的优势，切实保证了全乡人民的生命财产安全，密切注意社会动态，切实维护了社会稳定。

启示四：加强基层建设，提升基层司法行政工作水平，为社会治安综合治理奠定基层基础

切实加强规范化调委会建设，深入开展以“防激化”为重点的人民调解工作。加强对人民调解员的培训工作力度；不断加强基层调委会规范化建设工作，积极开展了县规范化调解委员会示范点创建活动，在全乡起到了标杆示范作用；加强了调解业务档案管理工作，根据上级要求和我乡基层实际情况，对调解业务档案从书写、装订、内容、归类等方面进行了规范，促使调委会工作向专业化、规范化方向发展；指导基层调解组织开展以“防激化”为重点的矛盾纠纷排查调处工作，通过抓人民调解和弱势群体法律援助工作，密切了党群、干群关系，各种违法犯罪活动得到了有效遏制；为推动基层司法所整体工作水平，以干警队伍规范化、基础设施规范化、内部管理规范化和业务工作规范化，继续推进了基层司法所规范化建设。

# 第九章　方法结构及范式①

## 第一节　治安学研究方法概述

### 一、治安学研究方法的发展缘由

治安学的学科属性是应用型的交叉学科，其学科领域归属于社会科学，治安学的研究方法和社会科学的研究方法在研究范式和研究过程基本是一致的。两者都是一种科学的研究方法，遵循科学的研究程序。我们利用科学的研究方式来研究治安现象和治安问题，如同我们认知和研究社会的过程是一样的。

我们认识世界的途径也是获取知识的途径，可以先考虑一下我们是如何认识世界的，如"地球是圆的"、"月亮有阴晴圆缺"。这些问题是我们平常都了解的常识，这种约定俗成就是知识的基础，我们的社会也是通过这些知识建构起来的。这些知识基础的获取我们可以直接感知，如水是冷的还是热的，失恋是痛苦的等。除此以外，部分知识来源于传统，部分知识来源于"权威"，如专家学者、电视传媒等。通常来说我们知识的来源有这样六种方式：

**(一)常识**

常识是人们在长期的社会生活中所积累的经验、所形成的认识的一种聚合体。往往存在偏误和自相矛盾，并不是知识的可靠来源。

**(二)传统**

每个社会和文化都有其传统，其中不乏正确反映客观事实的认识，但时代特征十分明显，不一定是事物所具有的客观规律的正确反映。

**(三)权威**

古代——圣贤、智者、巫师、宗教领袖；现代——专家学者、教授、政府首脑、媒介。权威知识可作为研究的出发点，但要注意其中也存在错误的成分。

**(四)经验**

经验是个人的经历和感受。经验来自于现实，但有较大的局限性，会出现以偏概全、主观武断等推理错误。

**(五)思辨**

依靠直觉、洞察和逻辑推理来获取知识，如哲学家的"顿悟"。缺陷在于它无法证明"公理"是真实的，因为"公理"是超验的，无法被经验证实。

**(六)科学**

科学是一种更可靠、更客观的获取知识的方式。

---

① 作者：浙江警察学院治安系主任金诚教授，李树礼讲师。

如同认识社会一样，我们也可以选取其中一种或几种方式来认识和研究治安。在认识和研究治安的过程中，人们往往会质疑这些研究毫无用处，要么都是制造一些费解的术语，或是把任何人都知晓的尝试进行不必要的阐述，以至于人们对治安方面研究不太信任。为了更好地说明这一问题，我们通过西方的同行的研究来看待这一问题，下面就有一则研究结果①呈现一下：

1. 女性与老年人害怕犯罪，因他们是最容易受到伤害的群体。

2. 受害者很是认识伤害他们的罪犯。

3. 目前犯罪率正呈跳跃式的增长，而且达到最高水平。

4. 城市越大，它的居民越可能成为犯罪的受害者。

5. 总体来说，大城市的居民认为他们的警察做得很不好。

6. 大城市的绝大多数居民认为他们的邻居并不安全可靠。

7. 管理结构可以有效阻止白领犯罪。

8. 精神病方面的辩护使得很多危险的罪犯被免于定罪。

这些结果看起来都是显而易见的，但是有时候常识是没有价值的，真实的研究结果是怎样的呢？

1. 男性受害者比女性多，受害者中年轻人比老年人多。

2. 在大部分暴力案件中，尤其是家庭暴力，受害者认识侵犯他们的人。

3. 自 20 世纪 90 年代初开始，美国的犯罪率就已开始下降。

4. 小城市的居民比大城市的居民更易受到人身攻击、个人或家庭更容易被盗。

5. 对全国 26 个大城市的民意调查表明：绝大多数居民对警察的工作表示满意，80%的居民给出的评价是“好”或“一般”。

6. 90%的居民感觉在社区白天单独外出很安全或者比较安全，54%认为在社区晚上单独外出很安全或比较安全。

7. 管理机构因缺乏人手、经费而无力控制白领犯罪。

8. 精神病方面的辩护和鉴定会引起媒体的关注，但这种案件很少；尤其是得到成功辩护的案例更少。

我们如何知道什么才是“真的”——科学就是需求解答的过程中发展来的一种答案，同样治安学领域需要科学和科学的研究方法，这就是为什么治安学需要自己的研究方法。

## 二、掌握治安学研究方法的重要性

研究方法之于学科的重要性前文已述，通过学习掌握了科学的研究方法，就可以完全读懂分析研究中的数据，对学术概念和研究结果不会有任何局促。同样，研究方法开发了研究的思维能力，这是长期受用的。在治安学的研究中，要像一名导演和评论家，看完一部电影不是简单说“好看，你要去看！”，而是要对技术层面给以更多的关注，有什么样的情节？故事从哪个视角来讲述的，第一人称还是第三人称等。对于治安学研究亦然，要了解它研究的设计与假设是什么关系？采用了哪些方法收集数据？自变量和因变量是什么？得出了哪些结论？

不仅仅是作为高校学习治安的学生需要掌握研究方法，在基层实践的民警也需要掌握一

① 参见[美]哈根．犯罪行为研究方法[M]．北京：中国轻工业出版社，2009：2-5.

定的科学方法，来提升自身的治安调查研究能力，以便更好更科学合理的来服务于社区。社区民警承担社区情报信息收集、人口管理、治安管理、安全防范及其宣传教育、协助破案、为民服务等广泛多样的警务职能，因而与群众接触最多、与社会接触最广泛，这就在客观上要求社区民警具有较强的社会工作能力，尤其是治安调查研究的能力。所谓治安调查研究能力，即对治安现象进行有目的、有计划的全面考察、深入了解、客观分析，以便更全面、系统地认识治安现象的本质及其发展规律，并科学、高效地运用于警务决策的能力。

不单单是治安调查研究能力，另外一些访谈等科学范式也利于工作的开展。如求同接近，即注重事前准备，努力寻找同乡、同学、共同经历、共同爱好等共同点；友好接近，即从关怀帮助对方出主意、想办法、提建议、解决问题等入手；自然接近，即在共同参与的社区服务、社区娱乐等活动过程中巧妙接近。与人交流沟通的能力，需要日常磨炼，更需要系统学习。当前，要特别强调民警服务群众能力的培养，如帮助群众开展安全防范、为群众提供政策法律咨询、为特殊人群提供帮教的知识、技能与能力的培养等。

我们把研究方法描述为了解社会治安的强有力的工具，知识是人们创造的、用来表征世界的符号，我们现在到达了科学阶段，通过科学来预测社会治安状况的变化，但同样不能陷入方法上的自恋和谬误。科学的研究方法也为日后我们的工作开展奠定了良好的治安调查研究基础。

## 三、治安学研究的基本类型

治安学的学科归属具有一定的应用性，故治安学研究方法主要通过调查研究、实地研究和实验法来进行(如图1)，调查研究需要设计与调查，在数据处理方面需要一定的统计学基础。实地研究是人类学开展研究的最主要的方式，后被广泛应用于社会科学领域，对于治安的田野研究来说非常重要。实验法在心理学研究领域应用广泛，在治安研究中，需要通过一定的试点和实验来验证不同警务战略和警务机制的差异。

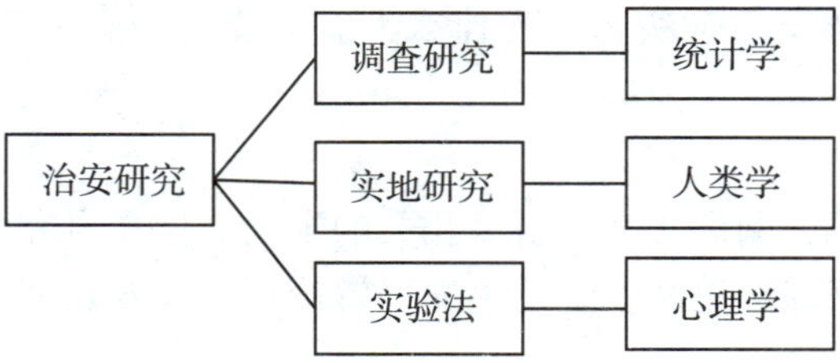


图1

对于治安学的研究，应该归属于哪种类型，显然这不能一概而论，很难直接定义是单一型的还是综合型的？我们这里讨论的研究主要指的是社会科学的研究，治安学研究归属于社会科学研究范畴，我们先通过社会科学研究不同的分类标准来分析治安学研究的类型。依据研究性质分为基础性研究和应用性研究；依据研究目的分为探索性研究、描述性研究和解释性研究；依据调查对象分为普查、抽样调查和个案调查；依据研究方法分为定性研究和定量研究；依据研究时间尺度分为横向研究和纵向研究。

在这里我们的讨论主要集中在研究性质和研究方法上。我们在第一节举的国外案例中，基础性和应用性的研究都存在，可以看出治安学研究中的基础研究是知晓有关治安的基本知识为基本目的的研究，主要是探索治安现象之间的因果关系和增强对治安本身内在规律的认识。应用性研究是针对治安现实问题，旨在提出解决问题的方法的经验研究，了解实地治安问题，尽可能描述地方治安的状况和特征，从而有针对性地提供各种政策建议。目前来看，我们研究更多的偏向于应用性的研究，这也与治安本身的特性和本质属性息息相关。在进行治安研究时，我们常常讨论研究方法有哪些？其中最常见最重要的就是定性研究和定量研究。定性研究就是通过参与观察，深入访谈，文献分析等方法进行深入的调查，并采用分类，比较，归纳、矛盾分析等方法对调查资料进行加工分析，从而获得对该社会现象的总体有较深入认识的一种研究类型。定量研究是运用统计原理和概率论对社会现象的数量特征，数量关系和事物发展过程中的数量变化等方面进行的研究。根据治安学的研究主体和研究对象，寻找以及适合当前国情下的研究方法，无疑是要把定性研究与定量研究统筹在一起。

## 第二节　治安学研究设计

尽管研究设计在研究计划开始时就已经有了，但在研究实施中，每一步都包含着对研究设计的进一步推敲。接下来要讨论的就是：提供着手研究计划的指导并提供后面章节的概况，并最终使你们把研究过程当成整体进行设计。

图 2 就是社会科学研究过程的一种图示。尽管我们并不愿意采用这样的图示，因为容易产生误导，即研究工作一定要按部就班，进而脱离实际情形；但是，无论如何，正如我所说过的，在进入具体细节之前，应该对整个治安学的研究过程有一个概念，如图 2 所示。

根据图 2，如何结合实例开展一个研究计划呢？有以下步骤：

**(一)设计研究计划**

假设你对卖淫话题很有兴趣，你想要了解为什么在很多人反对的情况下，还有一些人支持卖淫合法化，进一步说，假设你认为男性比女性更加支持卖淫合法化。

从上面讲过的各种方法上来看，这是一项探索性的研究。也许你对描述和解释都有兴趣：有多大比例的人支持卖淫合法化？为什么人有人支持，有人反对？这里，分析单位是个体。

**(二)着手实施计划**

选择相关的资料查找，阅读文献，访谈相关的个人。但在研究之处要了解自己的研究目的：解释、描述、探索？课程论文？学位论文？辩论稿？校友新闻还是学术杂志？考虑先做一个大纲。

**(三)概念化**

一旦你有了界定得很清楚的目的，并对你要达到的结果有了清楚的描述，你就可以进入研究设计的下一个阶段了——概念化。我们常会在无意间谈论一些治安学的概念，如秩序、安全、犯罪等；但是，为了使结论明确，我们必须厘清概念的含义。现在，让我们看看哪些概念和卖淫相关。

什么是卖淫合法化，说明什么是你所谓的“卖淫合法化”(同性之间算不算?)具体地说，你必须注意人们接受或反对卖淫的不同情形，主动卖淫和被迫卖淫作出区分等。我们进行一项调查或实验，必须事先定义概念。

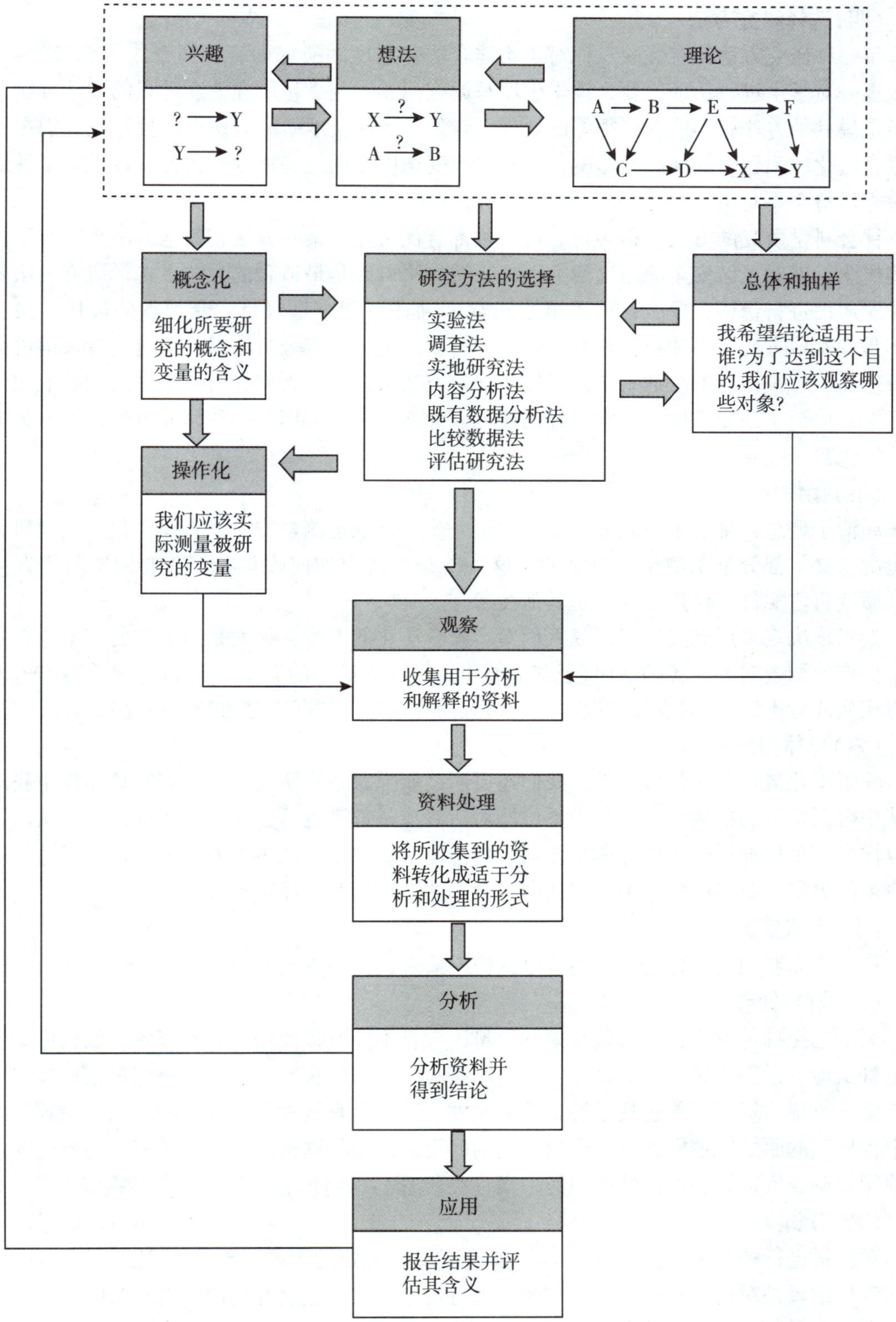


图 2①

① 参见艾尔·巴比．社会学研究方法基础[M]．邱泽奇译．北京：华夏出版社，2010：73-74.

**(四)选择研究方法**

每一种研究方法都有优缺点，对于卖淫合法化态度的研究而言，调查法可能最为合适：要么逐一对学生进行访谈，要么请学生填写调查问卷。调查是研究大众观点的最佳方法，但并不是说其他方法就不能获得很好的效果。譬如，运用实地研究方法可以揭示在人们在对待卖淫合法化的问题上如何相互影响，以至于改变态度。通过一种好的研究设计是集多种研究方法之优势于一身。

社会科学研究的方法有很多种。每一种都有优缺点，某些方法较其他方法更适合于研究某些概念。就对社区安全的态度研究而言，调查法可能是最适合的方法：选择研究方法要么逐一对居民进行访谈，要么请居民填写问卷。(抽样)调查是研究大众观点的最佳方法，但并不是说其他方法就不能获得很好的效果。譬如，运用内容分析法对每一封读者来信进行分析，进而了解来信对安全的看法。运用实地研究法可以揭示人们在对待安全的问题上如何相互影响，以至于改变态度。通常最好的研究设计往往不是采用某一种研究方法，而是集多种方法之优势于一身。

**(五)操作化**

厘清了概念、确定了研究方法之后，下一步就是确定测量方法或者操作化。一项研究中变量的意义，部分是由测量所决定的。这一节是要决定如何收集我们所要的资料：直接观察、阅读官方文件、使用问卷或是其他技术。

如果你决定采用调查法来研究人们对卖淫合法化的态度，你就是对主要的变量进行操作化。如询问调查对象在各种情况(已经概念化)下对待卖淫的态度：譬如遭到诱骗被迫、有生理疾病或者不满 14 周岁等情况，让受访者回答在每个情况下是否赞成或反对卖淫。

**(六)总体与抽样**

除了细化概念和测量方法外，我们还要明确研究对象和研究重点。研究总体就是我们必须从中得到结论的群体。不过我们不可能对所有成员都进行研究和观察访谈，可以从总体中抽取样本。怎样抽样？比如总体是流动人口全体，要抽出有代表性的样本，就要对总体进行更清晰的界定。要搞清楚是不是包括所有的群体，白领和农民工都包括么？

**(七)调查实施**

接下来印制问卷，你还可以通过电话访问或者访谈的方式获得调查。

**(八)资料处理**

无论选择哪种方法，你可能收集到数量庞大且不能直接使用的观察资料。如果你花费了一个月实地观察街头帮派，那么你就有了足够写一本书的资料。如果是研究学校种族多样性的历史，收集的资料可能包括了许多官方文件、对政府官员和其他人员的访问记录等。在问卷中，典型的原始观察资料就是回顾收到的问卷，无论是圈选的答案还是书写的想法等。典型的问卷调查资料处理包括将书写的答案分类(编码)，将所有获得的信息转换成电脑编码。

**(九)分析**

对资料进行整理之后，这时可以用来验证调查之处的兴趣、想法和理论。需要注意的是，分析结果是对初始兴趣、想法和理论进行反馈。有可能这种反馈会引起新的研究。

在关于学生对卖淫合法化看法的研究中，分析的层面包括了描述和解释两个方面。首先，计算在不同的情况下学生支持和反对的百分比，然后再把百分比整合，提供一个完整的图示。研究过程的最后阶段是如何使用从研究中得到的结论。首先是和其他人交流你的研究结果，让别人知道你获得了什么。因此，最好要准备一份书面报告或发表研究报告。也许，你应该做一个学术报告，让其他有兴趣的人了解你的研究成果。

**(十)应用**

考虑研究结论对同类议题的未来研究有什么意义。

**(十一)修订研究设计**

总体上看，研究设计包括了一系列的决定：研究题目、研究总体、研究方法、研究目的。尽管本章前半部分讨论了研究目的、分析单位和关注点，都是为了扩大你们关于这些方面的视野。然而，研究设计却要收缩视野，专注于具体的研究项目。

如果更为简洁直观的来看待治安学研究方法，图 3 是基本的步骤。

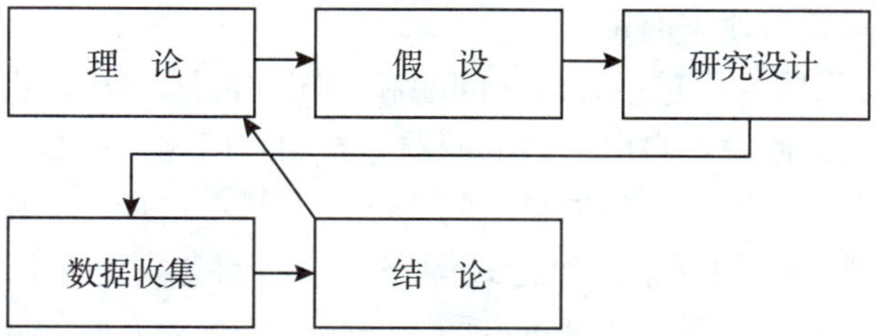


图 3

# 第三节　治安学研究方法

## 一、调查研究

如前文所述，治安学的研究中最为常用的是调查研究，调查研究易开展，耗时较短，信效度也容易保障。在调查研究中，我们最为常用的就是问卷调查和访谈方法，下文主要介绍这样两种方法。

**(一)问卷法**

1. 问卷的概念、类型与设计原则①

问卷是研究者按照一定目的的编制的，对于被调查的回答，研究者可以不提供任何答案，也可以提供备选的答案，还可以对答案的选择规定某种要求。研究者根据被调查者对问题的回答进行统计分析，就可以作出某种心理学的结论。问卷法已广泛应用于青年研究、教育心理学研究和社会调查等领域。故治安学研究中的问卷法与其保持一致。

问卷调查是社会调查的一种数据收集手段。当一个研究者想通过社会调查来研究一个现象时(比如什么因素影响顾客满意度)，他可以用问卷调查收集数据，也可以用访谈或其他方式收集数据。问卷调查假定研究者已经确定所要问的问题。这些问题被打印在问卷上，编制成书面的问题表格交由调查对象填写，然后收回整理分析，从而得出结论。

问卷的类型主要分为自填式问卷和结构式问卷，我们常用到的多是自填式问卷。问卷的

① 治安学研究方法遵从于社会科学研究方法，文中的问卷的类型、基本结构和设计步骤与原则参考社会研究方法．参见袁方，王汉生．社会研究方法教程(第八章)[M]．北京：北京大学出版社，2004. 风笑天社会研究方法(第四版. 第七章)[M]．北京：中国人民大学出版社，2013.

基本结构主要包括四个方面：

(1)封面信：一般需要说明以下内容：调查的主办单位或个人的身份，调查的内容和范围，调查的目的，调查对象的选取方法。

(2)指导语：即用来教会被调查者如何正确填答问卷，教访谈员如何正确完成问卷调查工作的一组陈述。例如：

①请在每一问题后适合你自己情况的答案序号上画圈，或在________处填上适当的内容。

②问卷每页右边的数码及短横线_是上计算机用的，你不必填写。

③如无特殊说明，每一问题只能选择一个答案。

④填答问卷时请不要与他人商量。

(3)问题和答案：问题主要包括开放式问题和封闭式问题。开放式问题，就是不为回答者提供具体的答案，而由回答者自由回答的问题。封闭式问题，就是在提出问题的同时，还给出若干个可能的答案，供回答者根据自己的实际情况从中选择一个作为回答。开放式问题常常用于探索性调查所用的问卷中，而正式调查所用的问卷则主要是封闭式问题。一般来说，问卷中问题的内容主要包括三个基本方面，一是有关行为方面的问题，二是有关态度或看法方面的问题，三是有关回答者个人背景的问题。

(4)其他资料：其他要在问卷中说明的内容。

问卷设计的基本原则方面要把握以下几点：一是把为被调查者着想作为问卷设计的出发点。通常不为被调查者考虑的错误主要问卷设计得很长，问题太多，需要填答的量太大，还有就是问卷中要求被调查者进行难度较大的回忆和计算。二是对阻碍问卷调查的因素有明确的认识，包括受访者主观和客观上存在的障碍，如主观上会表现出顾虑重重、漫不经心、缺乏兴致，客观上表现在识字、阅读和理解障碍、表达障碍、记忆和计算上的障碍等。三是从多个不同的角度来考虑问卷的设计工作，主要包括调查目的的影响，调查内容的影响，样本性质的影响：指样本的构成情况，即被调查者是一些什么样的人，资料处理分析方法的影响，问卷使用方式的影响，调查经费和时间的影响等。

2. 问卷设计的主要步骤

(1)探索性工作——问卷设计的第一步。

探索性工作最常见的方式，是问卷设计者亲自进行一定时间的非结构访谈。即围绕着所要研究的问题，以十分随便、十分自然、十分融洽的方式，同各种类型的回答者交谈。把研究的各种设想、各种问题、各个方面的内容，在不同类型的回答者中进行尝试和比较。

探索性工作对于我们把自由回答的开放式问题转变成多项选择的封闭式问题具有十分重要的作用。

(2)设计问卷初稿。

①卡片法：

第一步是根据设计者在探索性工作中的记录、印象或认识，把每一个问题及答案单独写在一张卡片上，如果有5个问题，就有50张卡片。

第二步是按照卡片上问题的主要内容，把问题卡片分成若干堆。即属于询问同一类事物或事件的问题放在一堆。

第三步是在每一堆中，按日常询问的习惯与逻辑，排出问题的先后顺序。

第四步是根据问卷的逻辑结构排出各堆的前后顺序，使全部卡片连成一份完整的问卷。

第五步是从回答者阅读和填答问卷是否方便，是否会造成对回答者心理的影响等不同角度，反复检查问题的前后连贯性及逻辑性，对不当之处逐一调整，并可补充一些新的问题卡片。最后把调整好的问题依次写到纸上，形成问卷初稿。

②框图法：

第一步是根据研究假设和所需资料的逻辑结构，在纸上画出整个问卷的各个部分及前后顺序框图；

第二步是从回答者回答是否方便，是否会形成心理压力，问题内容前后是否符合逻辑等方面反复考虑这些部分的前后顺序；

第三步是具体地写出每部分中的问题和答案，并安排好它们在该部分中的顺序和形式；

第四步对全部问题的形式、前后顺序等方面从总体上进行修订和调整，然后将结果抄写在另一纸上，形成问卷初稿。

③最好是将两种方法结合使用，按照下列步骤进行：

第一，根据研究假设和所测变量的逻辑结构，列出问卷各个大部分的内容，并安排好它们的前后顺序；

第二，将探索性工作中得到的问题及答案写在一张张卡片上；

第三，在每一部分中，安排并调整卡片间的结构和顺序；

第四，从总体上对各部分的卡片进行反复检查和调整；

最后将满意的结果抄在纸上，并附上封面信等有关内容，形成问卷初稿。

(3)试用和修改。

问卷初稿出来后，必须先将它用于一次试调查，而不能直接将它用于正式调查。

①客观检验法。将设计好的问卷初稿打印几十份，然后在正式调查的总体中选择一个小样本来进行试用。主要对回收率、有效回收率、填答错误的分析、未回答的问题的分析进行检查和分析。

②主观评价法。在实际社会研究中，除了某些小型问卷调查仅仅采用主观评价方法外，大部分问卷调查都往往采用客观检验法，还有一些调查同时采用两种方法进行试用的。

3. 问卷设计具体方法及特点

(1)问题的形式。

开放式问题不需要列出答案，只需在问题下面留出一块空白即可。唯一要考虑的是这块空白留多大比较合适。封闭式问题的形式：

①填空式。

例：您家有几口人？ ________人

②是否式。

例：您是否打算调动公安工作？是□　否□

③多项选择式。

例：您的婚姻状况(请在合适的答案号码上划圈)：

A. 未婚　　B. 已婚　　C. 离婚　　D. 丧偶　　E. 其他

④矩阵式。

例：您觉得下列安全问题在您居住的社区里是否严重？(在每一行的适当方框中打√)

| | 很严重 | 比较严重 | 不太严重 | 不严重 | 不知道 |
|---|---|---|---|---|---|
| A. 盗窃 | □ | □ | □ | □ | □ |
| B. 抢劫 | □ | □ | □ | □ | □ |
| C. 抢夺 | □ | □ | □ | □ | □ |
| D. 凶杀 | □ | □ | □ | □ | □ |
| E. 打架斗殴 | □ | □ | □ | □ | □ |

(2)答案的设计要求。

首先要保证答案具有穷尽性和互斥性。其次，要根据研究的需要来确定变量的测量层次。最后，在实际问卷设计中，设计者常常遇到这样的情况：有些问题的答案如果要将它们全部列出，即使不是不可能也是十分困难的。可以采取列几个主要答案，然后加上一项“其他”。

(3)问题的语言和提问方式。

①尽量用简单的语言

②问题要尽量简短

③避免双重含义问题

④问题不要带倾向性

⑤不用否定形式提问

⑥不问回答者不知道的问题

⑦不直接问敏感性问题

⑧问题的参考框架要明确

(4)问题的数目和顺序。

总的来说，问卷不宜太长，问题不宜太多，一般以回答者能在20分钟时间内完成为宜。安排问题顺序的常用规则：一是被调查者熟悉的、简单易懂的问题放在前面，比较生疏、较难回答的问题放在后面。二是把能引起被调查者兴趣的问题放在前面，把容易引起被调查者紧张和顾虑的问题放在后面。三是把开放式问题放在问卷的结尾部分。四是先问行为方面的问题，再问态度方面的问题，最后问有关个人的背景资料。

(5)问卷法的优缺点。

优点：

①节省时间、经费和人力

②具有很好的匿名性

③可以避免偏见、减少调查误差

④问卷资料便于定量处理和分析

缺点：

①对被调查者的文化水平有一定要求

②回答率往往难以保证

③不能保证填答问卷的环境和填答的质量

**(二)访谈方法①**

访谈法是指通过访员和受访人面对面地交谈来了解受访人的行为特征的基本研究方法。

① 参见艾尔·巴比．社会学研究方法基础[M]．邱泽奇译．北京：华夏出版社，2010：158-160. 风笑天．社会研究方法(第四版．第七章)[M]．北京：中国人民大学出版社，2013.

因研究问题的性质、目的或对象的不同，访谈法具有不同的形式。

1. 访谈的类型

根据访谈进程的标准化程度，可将它分为结构型访谈和非结构型访谈。

结构式访谈又称标准化访谈，它是一种对访谈过程高度控制的访谈。它最大的优点就是访谈结果便于量化，可作统计分析，是统计调查的一种。与另一种统计调查——自填问卷相比，结构式访谈的最大特点就是能够控制调查过程，从而可以最大限度地降低来自被调查者方面的误差，提高调查结果的可靠程度。与自填问卷相比，结构式访谈的另一大特点是回收率高，一般能达到80%以上，应答率也高。结构式访谈能获得自填问卷无法获得的有关访谈对象的许多非语言信息。但是，与自填问卷相比，结构式访谈费用高，时间长，因而往往使调查的规模受到限制。对于敏感性、尖锐性或有关个人隐私的问题，它的效度也不及前者。

由于结构式访谈是由访谈员进行的，因此，访谈员的态度、素质、经验等对访谈结果有决定性的影响，访谈员往往自觉不自觉地将自己的主观意见或偏见带到访谈过程中，从而使调查结果产生偏差。所以，在进行结构式访谈时，应当严格挑选访谈员。并且必须事先对访谈员进行训练，通过训练使访谈员在访谈前做好心理、技术、物质以及相关知识的准备。

无结构式访谈又称非标准化访谈，它是一种半控制或无控制的访谈。与结构式访谈相比，它事先不预定问卷、表格和提问的标准程序，只给调查者一个题目，由调查者与被调查者就这个题目自由交谈，调查对象可以随便地谈出自己的意见和感受，而无需顾及调查者的需要，调查者事先虽有一个粗线条的问题大纲或几个要点，但所提问题是在访谈过程中边谈边形成，随时提出的。与结构式访谈相比，无结构是访谈最大的特点就是弹性大，能充分发挥访谈者与被访谈者的积极性。

2. 访谈者的角色

随着调查对象和研究的变化，访谈也有所不同。然而，对大多数的访问而言，还是适用的，仍然有一些具有普适性、一般性的知道原则。访谈者要注意几点事项。

一是外观与举止。一般的规则是，访谈者的穿着应与受访对象风格相似。一位身着华贵服饰的访者，有可能较难取得穷困受访者的良好合作和反应。而一位穿着穷酸的访谈者，同样也会较难取得富有受访者的合作。如果访谈者的衣着与外观款式在某种程度上确实与受访者不同，那么应该是整齐清洁、衣着得体。

二是调查的问卷。假如访谈者不熟悉调查的问卷和访谈提纲，将使研究遭受损失并让受访者承受不公平的负担。访谈可能会多花时间或进行得不愉快。此外，访谈者仅仅浏览两三遍问卷是不能真正熟悉问卷的。访谈者应仔细研读问卷，逐条地而且应大声朗读这份问卷。访谈者要能够对受访者清晰无误地逐字逐句念出整份问卷。一个理想的访员，就要像演员在戏剧或电影中念台词一般，尽力像自然对话一样念出问题，必须完全遵循问卷中所使用的语言。

三是调查问卷中的遣词造句。前面曾谈到问卷的遣词造句对于收集答案的重要性。问题措辞上的些微改变，就有可能使受访者倾向回答“是”而不回答“否”。即使你们非常小心地处理问卷项目上的措辞希望能用以获得想要的资料，而且还确保受访者的理解与你们的完全一致，可是当访谈者用自己的措辞来翻新问题时，你们所有的努力其实都是白费。

四是准确地记录答案。一旦问卷包含了需要受访者用自己的语言回答的开放式问题，那么逐字逐句确切无疑地记录受访者所给予的答案是相当重要的。千万不要试图总结、解释或修改受访者粗糙的文法。

五是深入追问受访者。有时候，受访者会给出些不适合问卷问题的回答。在这种情况下，就需要追问或者说要求更详细的回答。例如我们的问题给出一个态度陈述，并询问受访者是非常同意、同意不同意或是非常不同意。而受访者可能会回答："我想这是事实。"这时访谈者就必须要接着这个回答来追问："你们的意思是非常同意或只是同意而已了。"假如必要的话，访谈者可以向受访者解释，要求他必须选择所列举的答案中的某一项。如果受访者坚持不愿选择其中之一，访员就得准确地记录受访者所回答的答案。

3. 访谈的程序与技巧

(1)访谈的准备。

对于无结构式访谈，要准备详细的访谈提纲，将其具体化为一系列访谈问题，同时充分准备与调查内容有关的各种知识。对于结构式访谈，首先是弄懂统一设计的问卷及访谈手册，了解访谈目的、要求、步骤，可能出现的问题及解决的办法等。为了访谈的成功，在准备工作中还要对被访人的社区特征有所了解，包括社区人文环境和社会文化传统。确定适当的访谈对象，并对他们进行初步了解。拟定实施访谈的程序表，对要做的工作和时间进行安排。准备工具。

(2)进入访谈。

在实地访谈之前，有必要与调查对象所属的省、市、区、乡等政府机关或派出所、街道这样的地方机构取得联系，在获得对方的允许后，才能着手进行访谈。

接近被访者时，首先要进行自我介绍，说明来访目的，请求他的支持与合作。正式谈话前可先谈谈调查对象具备或熟悉的方面，从而消除拘束感，比如他的住房、家庭、爱好等。

开始切忌提出一些大而复杂的问题。经验证明，开始问题回答顺利能使被访者信心增强，双方互动协调到这时才可以深入进行访谈。

(3)访谈的控制。

提问和表情(动作)是控制访谈的两个主要手段。

一是提问的控制。主要包括题目转化、对问题的提问和提问的注意事项。题目转换上转换应不露痕迹，为此通常使用一些功能性问题。所谓功能性问题，是指在访谈过程中为了对被访谈者发生某种作用而提的问题。对问题的追问方面，追问特别是正面追问是一种比较尖锐的访谈方式，容易引起被访谈者的反感，因此追问一般放在访谈后期进行，而且应当采取中立的追问。提问的注意的事项包括：第一，始终保持中立态度；第二，把握方向及主题焦点，尽量减少题外话，以便集中注意力讨论重点问题；第三，注意时间上的顺序；第四，使用语言越简单越好，以能达意为原则，不要用带有情感的字眼；第五，根据访谈对象特点，灵活掌握问题的提法与口气。

二是表情与动作控制。在访谈中，访谈员自始至终都要使自己的表情有礼貌，谦虚，诚恳，耐心。在运用表情时要注意防止：一是毫无表情；二是用表情控制人。调查者的表情要突出表现在看和听上；调查者还应当是一个好的听众，应表现出对对方的回答感兴趣。

(4)访谈结束。

访谈结束应掌握两个原则：一是适可而止；一般1~2个小时为宜。二是要把握住结束谈话的时机，最后要对被访谈者表示感谢。

(5)访谈记录。

结构式访谈的记录比较简单，只需按规定的记录方式，把被访者的答案记录在事先设计好的表格、问卷上就可以了。

## 二、实地研究①

### (一)适于实地研究的议题

实地研究的主要长处在于它能给研究者提供系统的观点。通过尽可能完全直接地观察与思考一种社会现象也可以对其了解得比较深入和周全。这种类型的观察特别适合，但不是只适合那些不宜简单定量的社会研究或研究议题。实地研究者应该承认，使用其他研究方法可能会忽略一些在态度和行为上的微小差异。实地研究尤其适合在自然情境下的研究态度和行为，相反，实验和问卷调查多在人为的情境下测量态度和行为。例如，实地研究就为在信仰复兴的聚会中对宗教信仰转变的动态过程研究提供了具有优势的方法。实地研究特别适合跨越时间的社会过程研究。实地研究使研究者可以现场了解暴动事件的酝酿与发生，而胜过事后对其重新建构。这样看来，实地研究还是非常适合治安事件的研究。

### (二)实地研究分类和方式

1. 定性实地研究

上文我们已经讨论了适合做定性实地研究的议题、需要注意的事项和一些决定了不同的研究类型的范式。同时，我们还学习了一些相关的实地研究案例。现在我们就要来看看进行实地研究所需要的具体技巧下面我们从研究者如何为实地研究做准备开始。

实地研究的准备工作假设现在你决定对一个个校园政治组织进行实地研究，再假设你并不是这个群体的成员，对这个群体也不很了解，而且将对其中的参与者表明你们的研究身份。这一节将讨论在对这个群体进行直接观察之前，你应该做的几项准备。建议你在开始时先搜寻相关的文献，就像其他的研究方法一样，先增加你对研究对象的了解以及别人对于这个议题的看法。

下一步可能希望运用知情人，你可以先和已经研究过这个学生政治群体或和对它比较熟悉的人进行讨论，特别是你会发现和一个或是多个知情人进行讨论相当有帮助。也许你有朋友就是成员，不然就去认识一个。假如和知情人的关系发展超越你的研究角色，对于你的准备工作就会更有助益，在和群体成员这样的线人协商时，注意不要妥协或限制了日后的研究发展。要知道你给他所造成的印象以及你所建立的角色，都会影响你日后的努力。例如，在最初的印象中把自己塑造成联邦调查局的秘密探员，会不利于日后对这个群体的观察。

2. 定性访谈

从某个角度来说，实地研究是到行为发生的地点单纯地观察和聆听。如棒球传奇贝拉(Yogi Berra)所言：“仅仅通过观察，你就能看到很多”——假若你足够专心。但诚如我提过的，与此同时，实地研究可以加入更主动的研究行为。有时候提出问题并记录人们的答案也是很合适的做法。现场观察一场全面爆发的暴动，一定会少了些什么，如果你不知道为什么会发生暴动，就去问问别人吧。

定性访谈(Qualitative Interview)是根据大致的研究计划在访问者和受访者之间的互动，而不是一组特定的、必须使用一定的字眼和顺序来询问的问题。与此同时不管是定性访谈者还是调查访谈者，都必须相当熟悉访谈的问题。因为只有这样，访谈才可能顺利、自然地进行。定性访谈就是在本质上由访问者确立对话的方向，再针对受访者提出的若干特殊议题加

① 参见艾尔·巴比．社会学研究方法基础[M]．邱泽奇译．北京：华夏出版社，2010：180-199.

以追问。理想的情况是由受访者负责大部分的谈话。如果你说话的时间超过了5%的访谈时间，是不是太健谈了。

3. 专题小组

虽然到目前为止，我们所讨论的实地研究都专注于研究现实生活中的人们，但是，研究者有时候也会将研究对象带到实验室进行定性访谈和观察。专题小组方法，也称为专题小组访谈法，就是一种定性方法。它基于结构化的或者半结构化、非结构化的访谈。它允许研究对访谈人系统地提问并同时对几个人提问。专题小组这种技术通常用在市场调研中，肯定不是只用在市场研究中了。专题小组通常由12~15人组成，他们坐在个房间里参加一些主题讨论。在这个案例中，就是讨论电热壶的可接受性和销售前景，通常都是根据主题来选择相关的对象，比如，既然电热壶的成本比较高，那么专题小组的参与者就应该是那些收入较高的群体，其他相似的因素也影响到对象的挑选。

4. 观察的记录

实地研究方法最大的长处，就是研究者能够在行为现场观察并思考。即使是录音机和相机，都不能完全捕捉这个社会过程的所有相关方面。在直接观察和访谈中把一切过程完整而真实地记录下来是很重要的。如果可能的话，你应该在观察的时候记录你们的观察。若不可行也应该在事后尽快地记下笔记。

**(三)实地研究及其起源、特征和方法论基础**

实地研究是一种研究者以不带理论预设的方式，深入到研究现象的生活背景中，以观察和访谈等方法收集资料，并通过对这些资料的分析达到对研究对象的理解和阐释的研究方式。实地研究这一方法的现代运用主要是受到人类学的影响。在人类学理论发展史上，一直存在着普遍主义和历史特殊主义之争。

历史特殊主义强调“地方性知识”和“田野工作”，不注重将研究结论推及到所深入的研究对象的范围之外，并且研究所针对的对象往往是一个人、一个群体、一个事件、一个社会集团或一个社区所进行的深入全面的研究。从研究的技术、手段上来看，实地研究主要采用的是参与观察、无结构式访谈等定性研究方法，它具有定性研究的许多优点。定量研究依赖于对社会事物的测量和计算，用数字来描述社会事实，往往十分精确，但也容易犯下不够全面、不够系统、偏离社会实际或者无法涵盖事物的全部内涵的错误，而定性研究结论的含义要更丰富、全面得多，虽然这样也许并不精确。

实地研究以其对所研究的个案的深入探究，在放弃对普适性因果律的追求的同时，提供了有关特定对象的全面、系统的观点。而对特定个案进行深入的观察和理解，正是迎合了人文主义方法论对人类行为及文化现象的差异性和特殊性的强调。

**(四)实地研究的一般程序**

1. 确定研究对象，选择研究“实地”

研究对象是指个人、群体、社会组织、社区、甚至社会产品、社会事件等。研究对象的选择，或者说个案的确定，其实是与所谓的“实地”的选择相关联的。

另一方面，实地的选择还要考虑可行性，而可行性又同时体现为技术层面和方法论层面。一般的观点认为，最好选择研究者熟悉或易于进入的“实地”，因为这样做可以使研究者方便接近观察和访谈的对象，易于接近、理解和分析研究对象。但是，技术层面的便利性可能会遭到来自方法论层面的质疑。

2. 进入现场

有效地进入现场涉及两个方面的问题：一是能否顺利进入？二是如何不破坏现场？

3. 建立关系

进入现场之后，研究者所面临的问题是如何取得人们的信任，如何跟人们建立友善的关系。而取得信任，建立友善的关系又通常是实地研究中最困难、最费时间的任务。首先面临的困难来自于当地的语言、风俗和习惯，研究者可以有意识地去创造和发现一些契机，去取得当地人的信任，从而建立起友善的关系。

4. 资料的收集、记录、整理与分析

在记录的过程中要把握三个原则：真实性、完备性、无破坏性。

## 三、实验法①

### (一)适用于实验法的议题

实验法特别适合于范围有限，界定明确的概念与假设。科学家传统形象与"实验模式"关系密切，因而实验法特别适用于假设检验。由于实验法侧重于了解决定性因素，因而更适合于解释，而不适用于描述。例如，假定我们试图对研究对农民工的偏见，并想找出解决的办法。我们假设了解农民工对城市建设的贡献会减少对于他们的偏见，我们就能通过实验来验证。首先，我们可以测出一组实验对象对农民工偏见的程度。然后，我们可以放映一部描述农民工对城市社会发展作出的卓越贡献的纪录片。最后，我们重新测量他们的偏见水平，看看这部影片是否有效果。

我们总是认为，典型的实验法就是在实验室内进行的。本章所举的大部分实例的确涉及这种情景，然而不是所有的实验都是需要实验室，稍后我们会了解社会科学家经常研究所谓的"自然实验"，即在日常社会事件中进行的实验。本章后面的部分将探讨这类研究。

### (二)实验法的研究要素

1. 古典实验

在自然科学以及社会科学中，最传统的实验涉及三对主要成分：(1)自变量与因变量；(2)前测与后测；(3)实验组与控制组。本节将分别讨论这三对成分和这些成分在实验中的组合方式。

2. 自变量与因变量

基本上，实验是考察自变量对因变量的影响。通常自变量是实验中的刺激因素，它或有或无，是具有两种属性的"二分变量"。在典型的实验模型中，实验者就是要比较不刺激和出现刺激所导致的结果的差异。一般而言，在实验方法中，在实验开始之前，必须对自变量和因变量进行操作化定义。然而，和调查研究方法以及其他方法一样，在收集资料时应该多方观察，然后在做分析时再确定最有用的操作化定义。无论如何，实验法也和其他定量方法一样，需要具体与标准化的测量和观察。

3. 前测与后测

在最简单的实验设计中，受试者首先作为因变量接受测量(前测，Pre-testing)，然后接受自变量的刺激，之后作为因变量再接受测量(后测，Post-testing)。因变量前后测之间的差异，被视为自变量的影响力。这是更为一般性的问题，即研究行为本身可能改变研究对象的例子，他们困扰着多种社会研究技巧。关于在实验环境中如何解决这个问题的技巧，我们将

① 参见艾尔·巴比．社会学研究方法基础[M]．邱泽奇译．北京：华夏出版社，2010：118-121.

会在本章讨论。第一种技巧就是利用控制组。

4. 实验组和控制组

消除实验本身影响的首要方法是采用控制组。实验室实验法很少只观察接受刺激的实验组(experimental group)，研究者往往也观察未接受实验刺激的控制组(control group)。

5. 双盲实验

就像患者认为自己服用了新药就能使病情好转一样，有时候实验者也倾向于观察实验组的效果，而忽视控制组的效果(对发明出这种新药的研究者而言更可能如此)。双盲实验(double-blind experiment)则可以排除这种影响，因为，不论受试者或者实验主持者都不知道谁属于实验组或控制组。以医学实验为例，负责发送药物并记录患者治疗效果的研究者不知道哪些在服用药剂。反之，那些了解受试者分组的研究者则不参与实验的实施。

正如医学实验一样，进行社会科学实验时，实验主持人对实验结果的影响会随着因变量的操作化定义的明确化而降低。医学研究者也许会错误地认为病人嗜睡，但却不会有意识地误读病人的体温；同理，小群体研究者也许会错误地判断受试者的合作性或竞争性，但却不会对受试者再说什么或与谁说话判断不清。

## 第四节　治安学研究资料的分析

### 一、定性资料分析①

#### (一)定性资料的整理

所谓定性资料是指用文本、书面文字、词句或象征符号等，来描述或呈现社会生活中人的行为、态度和事件的资料。定性资料的来源有二：一是“实地源”，包括无结构式访问和观察的记录；二是“文献源”，即以文字形式叙述的文献资料，如公私机关的档案、文件、会议记录、个人的日记、传记、信件等。

资料整理的第一步就是资料的审查。对定性资料的审查主要集中在真实性、准确性和适用性上。真实性审查，也称信度审查，即看资料是否真实可靠地反映了调查对象的客观情况。准确性审查也就是效度检查。适用性审查就是考察资料是否适合分析与解释。一般来说，“实地源”的资料较“文献源”的资料更可靠。

资料整理的第二步就是资料的分类。首先确定分类标准，通常分为品质-数量标准，现象-本质标准，品质标准主要是反映事物属性差异的标准，如性别。数量标准则是反映事物的数量差异的标准，如派出所类别取决于案件数量。现象标准反映事物的外部特征与外在联系的标准，如地域。本质标准则反映事物的本质特征或内部联系的标准，如社会层级划分。

资料整理的第三部就是资料的汇总和编辑。汇总和编辑资料的基本要求一是完整和系统，大小类要井井有条，层次分明，能系统完整地反映研究对象的面貌。二是简明集中，要使用尽可能简洁、清晰的语言，集中说明研究对象的客观情况，并注明资料的来源和出处。

#### (二)定性资料分析

对于定性资料可以采用定量或定性两种不同的方式进行分析，其中定量分析主要是指内容分析方法，而定性分析则是对观察进行非数字化的考察和解释的过程，其目的是要发现内

---

①　风笑天．社会研究方法(第四版．第十二章)[M]．北京：中国人民大学出版社，2013.

在的意义和关系模式。定性资料分析的过程是一个对资料进行分类、描述、综合、归纳的过程，它遵循归纳逻辑，即从一个个具体的个别经验事件，概括和抽象到普遍理论认识的过程。定性与定量资料分析的比较资料分析的起点不同，资料分析技术的标准化程度不同，资料分析与社会理论的关系不同，资料分析中对经验事实的抽象程度不同。

**（三）定性分析策略**

1. 实例说明

实例说明是用经验证据来说明某种理论，而这些理论所采用的形式既可以是一般模型，也可以是某种类比或一连串的研究步骤。这些理论就好像是一些事先准备好的“空盒子”，研究者的任务就是从收集到的资料中，寻找出相关证据去填满这些空盒子。在具体操作上，有两种不同的方法，一种是对理论的单一说明，仅显示理论是如何说明或解释某个特定的个案或单一的情境。另一种是对理论的并列说明，即通过列举多个个案，例如多个不同单位或时间周期等，显示理论是如何说明或解释多个个案或多个情境的；或者反过来，显示研究者如何利用取自多个个案的资料来共同说明某种理论的。

2. 比较分析

一种是一致性比较。例如：研究者考察四个个案，他们可能是某种小群体或组织。假设它们都具有某种共同结果（特征 A），但其他特征并不相同。研究者从有关这些个案的资料中，找到了多个可能成为原因的特征（特征 B \ C \ D \ E）。通过逐一比较，发现除了特征 D，其他三个并不为所有四个个案所共同具有。于是研究者最终将特征 B \ C \ E 从可能的原因中剔除掉，确定特征 D 为结果 A 的原因。另外一种是差异性比较。差异性比较中，受到关注的是两组个案之间因果关系特征的差异性。

**（四）内容分析**

内容分析是这样一种技术，它对各种信息交流形式的明显内容进行客观的、系统的和定量的描述。所谓“各种信息交流形式”指的是诸如书籍、杂志、报纸、诗歌、歌曲、绘画、电视节目、演说、信件、照片、广告等各种书面材料、宣传品和艺术品。所谓“明显的”内容，是指这些形式外在的东西，比如它们的文字，颜色和实物的含义。研究者所分析的只是这些外在的、表面的内容，而不是内容的深层解释。“定量的”描述则说明内容分析方法的基本性质。它意味着，在内容分析中，其主要目标通常是决定内容中某一项目的频数，或者决定某一类别在整个内容中所占的比例等。

1. 内容分析的程序

①抽样：常常从杂志、报纸、电视节目、广告或其他类似的标题或期号中进行。还有一些则是在作者、书籍、章节、段落、句子、短语、词汇等层次上进行的。内容分析中，分层随机抽样、多阶段随机抽样用得较为普遍。

②编录：即根据特定的概念框架，对信息无论是口头的、文字的、画面的或是其他形式的，做好分类记录。选择编录单位，即选择具体的观察和点算单位。要注意把它同分析单位加以区别。分析单位即研究所描述或解释的对象，既可以是内容分析中的编录单位，也可以不是编录单位。制定编录单，是对文献材料进行观察和记录的工具，在某种程度上，它同结构式观察所用的记录单位十分相似。

2. 内容分析的类型

①计词法。首先确定与研究问题有关的关键词（记录单位），然后统计这些关键词在各个样本（分析单位）中出现的频数和百分比，最后进行比较。

②概念组分析。将与研究内容有关的关键词分成小组，每组代表一个概念，同时也是理论假设中的一个变量。这种方法的记录单位仍是单词，但分析时的变量却是概念组。概念组分析的第一步是：搜集上述两个时期内五年间登载在主要报刊上的有关文章，以文章为分析单位计算单词的出现次数。如概念组：犯罪。因为分析时的变量是概念组，所以当某个词出现时就算其概念组出现了一次，分析时只看出现次数总计就行了。如果理论假设是正确的，则应该看到，在犯罪下降时期，多数文章把犯罪行为与法制相联系；在犯罪上升时期，多数文章把犯罪行为与道德相联系。如果可以得到下表这种统计结果，那么可以说原假设是正确的。

③语义强度分析。语义强度分析，首先是给出词汇的“强度权”，以显示它们在使用时的差别。强度权是由词汇的语义所决定的，如“爱”比“喜欢”的加权数高。

## 二、定量资料处理①

这一部分内容我们将探讨定量分析，或者说研究者将资料转化成数值形式并进行统计分析的技术。我们会先来看看定量化——将资料转化成数值格式的过程。这个过程就是将社会科学资料转化成机读形式的电脑和定量分析中所使用的其他机器所能够识别和处理的形式。

### （一）资料的定量化

定量分析基本上都是电脑操作了，比如 SPSS 和 micro case，而这些程序要想发挥其威力，就必须能够阅读你在研究中所收集的资料。比如，你进行了调查，你的部分资料天生就是数值形式的：比如年龄或者收入，对问卷的回答本质上却是定性的，不过大部分都很容易转化成定量资料，如乱写的年龄。其他资料也同样很容易定量化：将男性和女性转化成“1”和“2”，这在社会科学中是司空见惯的了。研究者还可以轻易地将数值指派给这些变量，如宗教从属关系、政治党派和国家地区。

### （二）设计编码

类别编码有两种基本方法。第一种你们可根据研究需要，设计出一种相对容易的编码方案。如前面所提到的和平事业研究者就属此例，他只要看哪些职业与国防建设有关系就可以了。或者，你还想利用既有的编码方案，这样你就可以将你的研究和先前的研究进行比较。第二种编码方式来自你的资料。数据录入除了将资料转化成定量形式之外，想进行定量分析的研究还需要将资料转化成机读格式，这样，电脑才能够读取并处理资料。有很多方法都可以完成这个步骤，而究竟采用什么方法则取决于资料的原始形式和你所采用的电脑程序。在此，我将简单地向你介绍这个过程。如果你正在做这种工作，那你就要能够保证你的工作和你特定的资料来源以及你所使用的程序相适应了。

### （三）简单常用的分析

1. 单变量分析。定量数据最简单的分析就是单变量分析（univariate analysis）就是一次只检验一个变量的分布情形——尤其是其属性分布。比如测量了性别之后，我们就想看看研究对象中有多少是男性，多少是女性。

分布表示单变量资料最基本的形式是将所有的单个样本都报告出来，也就是按照问题中的变量列出研究每一样本的属性。让我们以全国社会调查资料中参加礼拜活动，即“参加”变量为例。

---

① 参见艾尔·巴比．社会学研究方法基础[M]．邱泽奇译．北京：华夏出版社，2010：235-253.

2. 频次分布。频次分布就是对一个样本中变量的不同属性出现次数的描述。

3. 集中趋势。除了简单报告属性的总体分布——有时也称为边缘分布，或者简单地说边缘——以外，你们还可用平均数或“集中趋势”方式来呈现资料。

4. 离散趋势：均值的优点就是将原始数据简化成最易操作的形式：用单一数字(或属性)来表示某变量的详尽资料。当然，要得到这样的优点也得付出代价，因为读者无法从平均值来重新得知原始资料。但是这个缺点多少可以用“离散趋势”来弥补。

5. 双变量分析。和单变量分析比起来，子群比较构成了一种包含两个变量的双变量分析。正如我们前面所看到的，单变量分析纯粹是为了描述。比较子群的目的主要也是描述。大多数社会研究中的双变量分析还加入了另外一项：变量之间的关系因此单变量分析和子群比较集中在描述研究中的人(或其他分析单位)，而双变量分析则是集中在变量及其相互关系上。

6. 多变量分析——介绍多变量分析者说同时对超过两个的变量进行分析——的逻辑，可以看做是双变量分析的扩展。明确地说，我们可以在对子群进行较复杂的描述基础上建立多变量表格。其步骤基本上与前述双变量表格的建立是相同的。不过，我们将会有不止一个自变量而不是一个因变量和一个自变量。在解释上也不再是用一个自变量来解释一个因变量，而是运用多个自变量来解释。

## 第五节　治安学研究范例及应用

### 一、定量研究范例：社区环境与社区治安关系的实证研究①

**(一)研究概况**

本项目以环境预防犯罪(CPTED)理论为基础，对杭州市×区×社区(城乡结合部社区)开展关于社区环境与治安之间关系的实证研究，利用发放调查问卷、访谈的方式收集社区环境数据，采用SPSS软件进行数据分析，得出的结论表明社区环境与治安之间呈正相关关系，社区环境状况越好，社区治安状况越好，并提出了改善社区环境以达到社区治安稳定的相关建议。

**(二)文献综述**

收集有关环境预防犯罪(CPTED)的理论和实践应用文献资料。如西方国家运用环境预防犯罪(CPTED)的实践状况，我国运用环境预防犯罪的实践状况，城乡结合部社区成因及现状分析情况。同时，收集调查地的详细信息。如×区×街道简介及治安环境现状分析。

**(三)理论假设**

本项目所研究的“社区环境”包括社区的卫生环境以及社区治安环境，主要包括社区整洁度、邻里关系、社区物业管理以及居民安全防范意识、社区治安防范设施、治安防范宣传教育、治安巡逻管控等方面。本文需验证的假设为：社区环境与治安之间存在相关性。一是如果社区的卫生环境越整洁，社区物业管理越精细，则社区治安状况越好；二是如果社区的治安防范措施越齐备，治安管控越到位，则社区治安状况越好；三是如果社区的社区安全管

---

① 项目来源：浙江警察学院治安学专业2015届毕业论文。赵信：浅析基于数据统计的社区环境与治安之间的关系——以余杭区星桥街道为例，指导老师：李树礼。

理越严格，派出所与物业针对社区管理强度越大，则社区治安状况越好。

**(四)研究设计**

1. 样本

本文主要针对杭州市×区×街道 15 个社区的社区居民进行问卷调查，并抽取部分小区居民及派出所民警进行电话访谈，本次调查还将结合×派出所近 3 年(2012—2014 年)的接处警数据分析，通过横向对比验证调查问卷结果的真实有效性。

2. 问卷

本次问卷调查采用抽样调查的方式，通过×街道 15 个社区居民随机发放调查问卷，调查事项主要设计：个人基本情况、个人居住情况、所在小区卫生环境情况、所在小区宣传活动及邻里关系、所在小区治安防范设施情况以及对所在小区治安状况满意度等方面。本次调查问卷共计发放 120 份，回收 111 份，问卷回收率为 92.5%。

3. 度量

根据项目得出的三个假设，本研究也从社区卫生环境、社区治安防范及社区安全管理三个相关性角度入手，对社区治安状况进行测量。其中，社区卫生环境主要测量 5 个指标，社区治安防范主要测量 7 个指标，具体如下：

| 维度 | 指标 | 问题选项 |
| --- | --- | --- |
| 社区卫生环境 | 您对社区整体卫生状况的满意度 | A. 满意　B. 一般　C. 不满意 |
| | 您所在的社区楼道卫生是否整洁 | A. 整洁　B. 一般　C. 不整洁 |
| | 您所在社区楼道、电梯及其他公共部位墙面是否存在小广告张贴现象 | A. 存在且数量众多　B. 存在但数量不多　C. 不存在 |
| | 您所在社区的垃圾处理有无专人负责管理 | A. 有　B. 没有 |
| | 您认为社区的邻里关系是否融洽 | A. 融洽　B. 一般　C. 不融洽 |
| 社区治安防范 | 您所在社区居民是否重视防盗门窗的安装 | A. 重视　B. 一般　C. 不重视 |
| | 您对社区道路的灯光照明情况是否满意 | A. 满意　B. 一般　C. 不满意 |
| | 您对社区居民日常安全防范知识的了解情况 | A. 非常了解　B. 简单了解　C. 不太了解　D. 从未了解 |
| | 您所在社区的主要通道口是否安装监控摄像头 | A. 安装　B. 未安装　C. 不清楚 |
| | 您所在社区的围墙及周边是否安装红外线报警器 | A. 安装　B. 未安装　C. 不清楚 |
| | 您所在社区居民楼是否安装了楼宇对讲器(可视门铃系统) | A. 安装　B. 未安装 |
| | 您认为社区治安管理最需要加强的方面 | A. 社区居民自律意识　B. 治安防范设施建设　C. 治安防范宣传教育　D. 治安案件查处力度　E. 外来人口管理　F. 物业及物业保安　G. 警民关系 |

续表

| 维度 | 指标 | 问题选项 |
|---|---|---|
| 社区安全管理 | 您所在的社区是 | A. 全封闭社区(人车进出都要登记)<br>B. 半封闭社区(车辆进出需要登记)<br>C. 开放式社区(人车进出不需登记) |
| | 您所在的社区有几个出入口 | A. 一个 B. 两个 C. 三个<br>D. 四个 E. 五个及以上 |
| | 您对所在社区物业的工作是否满意 | A. 非常满意 B. 满意 C. 一般<br>D. 不满意 E. 非常不满意 |
| | 您所在的社区是否有专门的巡防组织 | A. 有 B. 没有 |
| | 在您所在社区看到治安巡逻人员的次数 | A. 每天都见到 B. 一周两三次 C. 一个月两三次 D. 很少见到 E. 从未见到 |
| 后果 | 您对目前居住社区的治安状况是否满意 | A. 非常满意 B. 满意 C. 一般<br>D. 不满意 E. 非常不满意 |

**(五)分析与结论**

经过本次调查问卷的初步统计分析发现：一是社区卫生环境与治安之间存在相关性，社区卫生环境越好，社区居民对社区治安满意度越高，社区的治安状况也越好。突出体现为社区小广告张贴现象越少的社区，居民对社区治安满意度越高；社区垃圾存在专人管理的社区，居民对社区治安满意度更高；二是社区治安防范情况与治安之间存在相关性，社区治安防范设置配置越到位，社区居民对社区治安满意度越高，社区的治安状况也越好。突出体现为社区居民防盗门窗安装重视度越高的社区，居民对社区治安满意度更高；社区道路灯光照明情况越好的社区，居民对社区治安满意度更高；社区居民楼楼宇对讲器(可视门铃系统)安装完备的社区，居民对社区治安满意度更高。三是社区安全管理与治安之间存在相关性。社区安全管理越严格，社区居民对社区治安满意度越高，社区的治安状况也越好。突出体现为社区人车进出管理越到位的社区，居民对社区治安状况满意度越高；社区出入口数量越少的社区，居民对社区治安状况满意度越高；社区居民对社区物业满意度越高的社区，其社区治安状况满意度也越高；社区治安巡逻越频繁的社区，居民对社区治安状况满意度也越高。

**(六)对策与建议**

首先要加强小区安全管理，在平时控制小区正常的出入口数量在 2~3 个出入口为宜，对未在社区登记的车辆和非社区居民进行进出登记，防止无关人员进入社区，并且提高小区物业巡逻人员的巡逻次数；其次要加强社区卫生环境建设，包括提高小区路面卫生清洁度，确保社区垃圾定时清理，清除小区小广告“牛皮癣”等；再次要加强社区治安防范设施的建立健全，包括社区主要道路的监控(并在社区周边树立监控指示牌)，社区围墙的防攀爬网及红外线报警器，社区居民楼楼宇对讲器(可视门铃系统)、社区防盗门窗安装完备，对社区主要道路实行 24 小时亮化工程，尤其确保晚上在社区居民行走道路上的灯光保障，防止犯罪分子趁夜色进行违法犯罪活动；最后，根据问卷社区居民提出的几点建议，建议加强社区物业保安的责任意识和专业意识，确实起到保社区平安的作用，加强对街道和社区外来人口的管理，进行严格的外来人口租住登记制度，加强社区安全防范知识的宣讲，让群众有意识地进行安全防范，民警日常巡逻(尤其是夜间巡逻)进社区，从而增加社区巡逻力量等。

**(七)研究局限**

在本次研究社区环境与治安之间的关系过程中，随着对环境预防犯罪理论和社区治安防范的不断了解，也发现存在着诸多的不足，主要存在两点不足：一是本文在结合被调查派出所三年接处警数据分析方面不够紧密；二是在研究社区环境与治安之间关系时，重点分析社区环境与治安之间的联系性，没有把社区的建筑布局，邻里守望等对治安的关系进行讨论，仅以调查问卷的数据分析作为依据，支撑薄弱，因此本项目在讨论社区环境与治安之间的关系问题上，仅作为一次针对社区治安环境调查问卷的浅析。

## 二、定性研究范例：关于110“接处警满意度”评价机制的若干思考①

**(一)研究概况**

在构建以民意为导向的服务型警务模式的背景下，“顾客导向”的公众满意度测评被逐渐引入警务绩效考核之中。110接处警作为一个与群众直接接触的平台，承担着执法与服务的双重职能，成为调查群众对公安工作满意与否的重要环节。拟将以一个市局为调查对象，通过深入访谈的方式，采用定性分析的方法，探析110接处警满意度评价机制发展过程中存在的优点与不足，并在此基础上提出具体的对策和建议，为推进公安工作服务群众建设寻找科学、适用的路径。

**(二)文献综述**

顾客导向理论的起源与发展。顾客满意是指顾客通过对一个产品与服务的感知效果(或结果)与其期望值相比较后，所形成的愉悦或失望的感觉状态，顾客满意的水平量化就是顾客满意度。随着西方新公共管理模式的兴起，各国学者逐渐认识到“顾客驱动理论”对于公共服务部门建设的重要性，并提出要舍弃与传统公共行政紧密相连的陈规旧俗，并建立起满足顾客需要而非官僚政治需要的顾客驱动型政府。

“满意决定警务论”在110接处警中的应用近年来，关于公众对警察工作的满意度评价方面的研究越来越多。这可能是因为社区警务运动加强了公民与警察之间的联系。目前，我国对于公众参与警务绩效考核的研究大多集中在如何提高满意度的理论研究上，基于实地考察探寻110接处警满意度评价机制之优劣的研究并不多。

**(三)研究设计**

本次调查以浙江省某市公安局为研究对象，考虑到主观评价的差异性，研究者在采访对象上进行分层设计，具体包括1名110指挥中心主任，3名110指挥中心值班长，2名接警员，3名派出所领导，8名出警民警，3名协辅警。同时为突破传统采访模式的局限性，在征得被采访人员同意的前提下，笔者采用录音方式进行深度访谈，并在此基础上对访谈记录进行真实还原、梳理整合、定性分析，以求获取各基层公安工作人员对该机制的真实评价，全面、客观地反映出该机制的实际运行情况。此外，本次调查数据均来源于该市公安局的信息主页或市局统计台账，兼具科学性与真实性。

---

① 项目来源：浙江警察学院治安学专业2015届毕业论文。陈彦君：关于110接处警满意度评价机制的若干思考，指导老师：金诚。

### (四)分析与讨论

1. 110接处警满意度评价机制的现实意义

(1)提高民警服务意识，缩小警民心理距离。

问：满意度评价机制出来后，对这项工作重视么？

教导员G：那么作为我们派出所，对这项工作还是比较重视的……这项工作为什么要抓哦？

问：还是有必要的咯？

教导员G：非常有必要。抓这项工作能够让我们民警心中装着老百姓，这是非常重要的。

(2)监督民警执法行为，推进队伍规范建设。

指挥长Y：好的方面嘛，就是对我们的从接警到出警到最后处理，整个一个过程，包括我们的工作人员、部门，从自身形象方面，这种说话的口气方面，态度方面，包括法律知识的运用方面，可能是越来越正规。整体机制来说，对我们的公安工作还是有促进作用的。

(3)畅通警民沟通渠道，及时化解干群矛盾。

问：(如果是不满意警情)，要继续去？

教导员G：是啊，他报了警，有的呢，可能是结果已经出来了，那么我们这个，这个当然做好解释工作。可能在沟通上，有的民警，特别是年轻民警，在和老百姓打交道、交流上存在缺陷，对不对？不善于做群众工作，讲的跟老百姓理解的不相吻合，那我们把事情给讲清楚，对吧？

(4)了解基本警情现状，促进警务机制改革。

指挥长S：交通事故的话，高峰期的话，确实是来不及。就是说满意度作用肯定有的，能够发现公安机关的某些不足。你如果不统计的话，上面领导肯定不知道的。××市交警出警这么慢，如果××市领导下面没有经历过的话，肯定不知道的。不可能啊，2个小时还没有到现场。但是你回访就知道了。

问：便于上面了解下面的警情咯？

指挥长S：对啊，然后，出台相应的政策。

2. 110接处警满意度评价机制的典型弊端

(1)评估主体存在选择错误倾向与认识障碍，信息采集片面化、随意化。

民警Z：我上次碰到一个双方吵架，吵架之后嘛根本不属于(公安管)，是摆地摊有矛盾了，就是我不让你在这摆，你不让我在这摆喽，那这个么也不属于公安管的咯，完全属于城管管的咯，那我这个嘛就是给他们调解咯，调解了之后嘛，报案人双方调解好了，不吵了，(当时)人家给我(记录本上)签的是满意的，那到第二天回访，什么都不满意。

(2)评价内容设置缺乏科学性，“服务困境”打击民警工作积极性。

民警L：不满意主要不是我们公安业务范围之内的，我们到了现场也最多给他们一个咨询或者是一个告知义务……或者说有的时候我们警情比较多的时候，稍微去得慢一点，他们就会觉得速度上不满意。这些警情的话，虽然不是属于我们公安机关管辖的，但是涉及老百姓的切身利益，他们是比较急的，理解是能理解的。但是真正作为我们公安工作来讲，我们有的时候也很无奈，发不出力。过去能够做个娘舅做好了那是最好，做不好呢也没办法。做不好的情况下，至少双方当事人有一方肯定是不满意的。

(3)评估过程唯数据论，存在弄虚作假现象，导致“数字腐败”。

副所长 C：当时，我跟你说，最厉害的时候把要求提高到 97%。那时候每个派出所绞尽脑汁在弄这个，那时候其他工作都是次要的，这块工作是最主要的……你说这个考核？我们派出所的警力配置和实有人口和暂住人口，再加 110 警情是挂钩的，对吧？真的，这个东西没办法操作的，真的我现在警情正常的，20 多个警情……假如有一起不满意的话，那么接警量要达到 34 起，才能 97%。那么 34 什么意思呢？本来我们接警只有 20 起呢，你要自己再报 10 起，对吧？你自己报的咯，你自己报的明天再回个满意，你要想一想这个 34 中 14 是假的，掺了多少水分，那你下一步我们真正的警情分析，这个警力的配置你怎么弄？完全假的呀，在虚假的东西上怎么研判？而且，这个不光是警力，还有很多东西都会受影响……

**(五)对策与建议**

尽管 110 接处警满意度评价机制尚存在许多不足，但总体来说，引入公众参与公安机关评价可以从根本上克服公安机关“既当运动员，又当裁判员”的执法漏洞，促使公安机关广开言路，广纳建议，在倡导民意导向警务的现代警务体制下仍有着不可替代的存在价值。如何完善现有的 110 接处警满意度评价机制，充分发挥公众参与满意度测评的第三方监督作用，增加评估机制的可操作性和可信度，成为当前公安机关面临的共同难题。笔者基于访谈调查结果，结合基层公安机关的 110 接处警现状，现提出以下对策建议：推进制度建设，规范绩效评估程序；加强思想教育，杜绝弄虚作假现象；加大宣传力度，克服公众认识障碍；应用评估结果，建立评价回应机制；正视服务困境，设置科学评估内容。

**(六)研究局限**

在搜集资料时，深觉对该评价机制的实证研究匮乏。本项目选择运用访谈法对某市公安局展开实证调研，了解到基层公安机关的工作实际和 110 接处警满意度评价机制的发展历程，获取了最原始的资料并对此进行分析，提出了完善现行 110 接处警满意度评价机制的对策建议。尽管本研究力图通过实证研究的方式来反映基层公安机关实施 110 接处警满意度回访调查的真实情况，但见由于调查访谈的区域和样本数量有限，难以得出更准确的研究结论。期望通过本研究引起更多学者对该问题的关注和研究。

## 三、资料研究范例：基于语义分析的网络新闻跟帖信息特征研究①

**(一)研究概况**

自媒体时代的到来，也使公安工作逐渐在往信息化和网络化的方向转变。这不仅体现在公安工作更为透明地出现在公众视野中，更体现在越来越多基于网络发生的事件、案件急需由公安工作来解决和处理，这其中就包括了网络群体性事件和网络舆情的预防和管控。研究网络群体性事件和网络舆情的相关文献中均有提到，在网络群体性事件演变或网络舆情发展的不同阶段，网络新闻跟帖的语言存在较为明显的区别。因此，笔者设想若是从网络新闻跟帖语言入手，找出其随时间推移而变化的信息特征，或许对于消极型网络群体性事件的预防和网络舆情的管控有所帮助。

**(二)理论依据**

结合所收集到的有关网络新闻跟帖语言分析的相关文献，本研究将从网络新闻跟帖的三个信息特征：功能特征、表面特征和语义特征进行定量研究。

---

① 项目来源：浙江警察学院治安学专业(国际警务合作方向)2015 届毕业论文。姚瑶：基于语义分析的网络新闻跟帖信息特征研究，指导老师：丁靖艳。

1. 功能特征，指的是网络新闻跟帖评论表现出的网民的发帖意图及心理期待。结合任志萍教授的论文及社会心理学中社会影响的定义，笔者在本文中将网络新闻跟帖的功能特征分为以下几个类目：单一的自我表达、期待得到认同或引领观点、引发争议以求得到关注、单一的跟风评论。其中，本文研究的单一的跟风评论指的是网络新闻跟帖评论中那些除了单纯的赞同他人观点外，没有发表任何个人看法的评论，主要的表达形式包括如“X 楼顶”、“同意 X 楼”之类的简单语句。

2. 表面特征，指的是网络新闻跟帖语言表面上的特征，包括语码类型、词语类型和句子类型。其中语码类型在本文研究中分为三类：英文、表情图片或表情符号、符号(除必要的标点符号外)。词语类型分为：口语词或网络词、语气词。句子类型包括：短句、标准句、结构松散句和特殊句式(打油诗、诗句、词)。

3. 语义特征，区别与表面特征，指的是网络新闻跟帖语言含义上的特征，其主要包括分为言语行为句特征和与新闻事件的相关度。其中，言语行为句特征又细分为肯定性评论句、否定性评论句和无关肯否的评论句。

综上，本项目的主要研究网络新闻跟帖评论功能特征、表面特征和语义特征各类条目的主要表现形式。并针对其中关注度最高的且与公安工作最为相关的一则热点新闻事件的研究，本文将该具体研究的自变量定义为评论出现的时间，并细分为初期、中期和终期这三个分自变量，因变量方面只关注功能特征的变化、表面特征中的符号(除必要标点符号外)使用的变化以及语义特征中言语行为句特征的变化。

**(三)研究方法**

1. 数据

本研究在确定主要数据来源网站时发现，各大数据统计平台对于新闻类网站的排名各不相同。这主要是因为有些平台只对新闻媒体类门户网站进行了统计，有些网站则相反地包罗了如有关电视电影影评等的其他网站。因此，笔者比对了包括 Alexa、iReaserch 艾瑞咨询、chinaz 站长之家以及 hao123 网址推荐等平台中的排行情况之后，拟将以下十个日均覆盖人数较多、有效浏览时间较长、知名度较高、受众群体无针对性的新闻网站作为本文的主要数据来源：人民网、新华网、光明网、网易新闻、新浪新闻、凤凰资讯、搜狐新闻、腾讯新闻、央视网和环球网；并将 2014 年 2 月至 2015 年 2 月跟帖排名前十的新闻报道跟帖评论作为研究样本，并在综合分析人民网和网易新闻自 2014 年 2 月至 2015 年 2 月每月跟帖排名前十的并且针对同一新闻事件的跟帖评论数量后，选取其中关注度(主要看点击数和评论数)最高的且与公安工作最为相关的一则新闻事件作为重点研究对象，进行分阶段研究。

2. 分类

首先，全体新闻跟帖评论样本归类。根据现有的研究和资料，结合理论依据，运用 Excel 软件，本研究将选定的研究样本，即自 2014 年 2 月至 2015 年 2 月的跟帖排名前十新闻报道的 3591989 条跟帖评论按照信息特征各类条目的表现形式进行归类及数据统计。其次，重点新闻事件跟帖评论归类。根据十大新闻媒体类门户网站上筛选并下载作为重点研究对象的热点新闻事件的相关报道，并按照时间先后顺序排列。最后，对资料进行语义分析。以初期、中期和终期为自变量，功能特征、符号使用和言语行为句特征为因变量，通过图表分析研究三个因变量随舆情发展时期的变化。

**(四)分析与讨论**

通过对各舆情发展时期的评论数，功能特征的变化，表面特征中符号使用变化以及言语行为句特征的变化展开分析。结果发现，在舆情发展的初期，否定性言语行为句，即表达反对、批评、指责、讽刺、辱骂等态度的评论语句占据压倒性的比重；中期，否定性言语行为句的比重显著下降的同时，肯定性言语行为句，即表达同情、赞同、支持、鼓励等态度的评论语句和无关肯否的言语行为句的比重明显上升；在终期，无关肯否的言语行为句，即大多表达陈述、感叹、推测、建议、评价、请求等的评论语句继续上升并超过半数，而肯定性言语行为句和否定性言语行为句的比重则呈下降的趋势，特别是否定性言语行为句，仅占据不到五分之一的比重。结合有关“茂名 PX 游行”事件的新闻报道内容上的变化可以发现：在初期，新闻报道一般都仅是对该事件情节的描述，因此，网民很有可能会因为新闻报道中的个别与自身利益相关的词语而产生偏激的想法，发表过激的负面的言论；到了中期，茂名地方政府以及相关领域的专家学者站出来以或官方或权威的身份说明事实真相，反驳不实言论，这就在很大程度上带动了网民的理性思考；而在事件发展的终期，大部分谣言都已澄清，政府也作出了相应的让民众满意的措施，这就使得网民得以全面地辩证地思考这一事件，甚至为政府出谋划策来预防类似事件的再次发生。

**(五)对策与建议**

根据上文对于网络新闻跟帖评论信息特征的数据分析和原因讨论，结合本文所选取的“茂名 PX 游行”这一热点事件，本研究就公安工作在消极型网络群体性事件的预防和网络舆情管控的方面提出以下几条建议：

1. 联合新闻媒体类门户网站完善网络舆情监管平台建设。新闻媒体类门户网站不仅是新闻报道的最先发声者，更是网民跟帖评论的第一接收者和直接管理者。相较于公安部门的事后调查管控，门户网站可以在第一时间掌握网络舆情的最新发展动态。与门户网站的联合有助于公安部门及时掌握网络舆情，知晓网民最新的态度动向，及时制定或调整相应的工作政策。

2. 借助软件开发设计专业人才的力量，建立以信息特征监测为基础的评论管理系统。从本文的研究结果可以看出，网民的跟帖评论的语体在表达其情感和观点有较多有迹可循的信息特征。通过软件开发设计专业人才的协助，参考新闻机构对于某新闻报道的“价值预估手段”，建立以信息特征为监测基础的评论管理系统可以使公安部门在网络舆情的预测上占有先机，这也是与当下大数据时代的潮流相吻合。大数据海量、时效和精确的特性可以使走向现代化、信息化的公安工作更高效。

3. 充分发挥公安官媒的力量，使警民间信息得以畅通交流。网络的日渐发达，用户量的日渐攀升都在说明网络已在逐渐成为普通民众生活的必需品，公安部门在这种形式下压力与机遇应是并存的。抓住这一机遇的方式就是更好地利用网络，建立公安部门自己的网站、官媒，及时发布最新动态，让民众更加熟知，更加了解公安工作。

4. 突发事件发生后，做到及时发声，成为事件的“第一定义者”。如果在突发事件之后，有正确的官方的声音及时满足媒体的信息“饥渴”，就如“茂名 PX 游行”事件发生后当地政府的做法一样，那么带有否定性言语行为句特征的信息就可得到很好的抑制。官方声音及时地对接上民意，就可以在很大程度上减少质疑声。

**(六)研究局限**

此研究运用质性研究的方法，运用定性和定量分析的方法，调查分析网络新闻跟帖评论语言的信息特征，希望可以为此类课题提供些许的数据支持，并且对公安工作中消极型网络群体性事件的预防和网络舆情的管控有所帮助。但是本研究在研究过程中仍存在许多不足。

首先，选取的新闻报道数以及跟帖评论数还相对有限。网络新闻跟帖平台自建成以来便吸引了众多网民的参与，因此跟帖评论数量之巨大是无法在短时间内进行完整统计和分析的重要原因之一。其次，选取的网络新闻来源主体有限。由于部分网站没有开放往期跟帖排行榜查询平台，因此本文只选取了人民网及网易新闻两个网站的评论信息。再次，相关概念急需精确的理论支撑。本项研究中涉及的信息特征分类标准并无统一且精准的定义，因此本文在数据归类和统计的过程中存在一定的主观性。因此未来相关理论的发展可以为研究者在变量范围的界定上提供指导性的帮助。这些研究的不足在今后的深入研究中应给予考虑并加以改进。

# 第十章　治安资源匹配及评估

## 第一节　治安资源匹配的理论和模式

治安资源是进行治安防控的重要基础和保障，治安资源的形式多样，存在于社会生活的不同领域。高效的治安防控有赖于对治安资源的匹配和科学评估，使其适用于社会治安的发展需求。

### 一、治安资源的概念

资源是一切可被人类开发和利用的物质、能量和信息的总称，它广泛地存在于自然界和人类社会之中，是一种自然存在物或能够给人类带来财富的财富。治安资源是治安防控的重要物质基础，具有重要的价值。

《辞海》将“资源”解释为：“资财的来源，一般指天然的财源。”联合国环境规划署对资源的定义是：“所谓资源，特别是自然资源是指在一定时期、地点条件下能够产生经济价值，以提高人类当前和将来福利的自然因素和条件。”上述两种定义只限于对自然资源的解释。在经济学中，“资源”被定义为“生产过程中所使用的投入”，这一定义很好地反映了“资源”一词的经济学内涵。资源从本质上讲就是生产要素的代名词，是一个国家或一个地区内拥有的物力、财力、人力等各种物质要素的总称。资源可分为自然资源和社会资源两大类。前者如阳光、空气、水、土地、森林、草原、动物、矿藏等；后者包括人力资源、信息资源以及经过劳动创造的各种物质财富。

马克思在《资本论》中说：“劳动和土地，是财富两个原始的形成要素。”恩格斯认为，“劳动和自然界在一起它才是一切财富的源泉，自然界为劳动提供材料，劳动把材料转变为财富”。① 马克思、恩格斯的经典论述，既指出了自然资源的客观存在，又把人(包括劳动力和技术)的因素视为财富的另一不可或缺的来源。可见，资源的来源及组成，不仅是自然资源，而且还包括人类劳动的社会、经济、技术等因素，还包括人力、人才、智力(信息、知识)等资源。因此，所谓资源，是指一切可被人类开发和利用的物质、能量和信息的总称，是自然界和人类社会中一种可以用以创造物质财富和精神财富的具有一定量的积累的客观存在形态，如土地资源、矿产资源、森林资源、海洋资源、石油资源、人力资源、信息资源等。按照资源的用途可将资源分为农业资源、工业资源等。“治安资源”一词也是基于对资源用途的分类。所谓治安资源，就是能够用于治安工作，解决治安问题，保障公共安全和社会秩序的各种物质、技术、人力、能源、信息等因素和条件。简单地说，就是指一切可用于社会治安的有形资源和无形资源，包括人力、物力、财力、信息、技术、社会关系等。由

① 马克思恩格斯选集[M]. 人民出版社，1995：373.

于安全不仅是一种客观状态，也是一种主观感受，治安资源不仅包括各类客观存在，还包括安全文化、社会认同、法治意识等主观认知。

从经济学的角度看，治安资源是为了满足治安需求而进行的投入。社会本身存在着一种聚合为有机整体的自发动力。治安需求是治安资源的价值所在，体现为社会与公民个体对社会治安与秩序的需求。在一定的时间和区域，居民对社会治安的需求是相对固定的。随着社会经济的发展和变迁，特别是在社会转型时期，由于政治、经济、文化、社会生活发生显著变化，容易发生道德失衡、价值失范等现象，促使公众更加重视自身和社会的安全水平，也就意味着治安需求的增加。保障公共安全，维护社会秩序是各国政府的首要责任，为履行这一责任，必须组织国家机器，进行人力、物力、财力的投入。公民个体为了维护自身及共同体的安全，也会自觉或被动地参与维护治安，如个人的见义勇为和群防群治、群众参与对犯罪分子的管制。各类社会团体、社会中介组织等社会自治组织也会参与到社会治安管理之中，共同形成适合于治安需求水平的治安资源。

治安资源开发利用的效果需要通过社会治安状况来体现。治安投入的目的，是为了产生治安效益。所谓治安效益，是指警察等治安力量通过保卫公共安全、维护社会治安秩序的工作所取得的保障性效益。治安效益是衡量治安工作作用大小的价值尺度。任何社会发展都离不开两个基本功能：建设性功能和保障性功能，并随之带来建设性效益和保障性效益。公安机关及其他社会治安组织在公共安全保障方面所产生的治安效益，属于保障性效益。换而言之，治安效益一般不像建设性效益那样创造新价值，而是保障已有的成果不受损失。治安效益具有潜在性，有些治安效益无法直接用数值来计算。因此，对治安资源的价值衡量需要颠覆传统的投入—产出模型，尽量将治安资源的潜在效益反映出来。

## 二、治安资源的特性

公共安全的广泛性、复杂性决定了治安资源不仅具有一般资源的普遍特性，同时也存在若干不同于一般资源的独特性质。

**(一)多样性**

保障公共安全，维护社会秩序的治安需求不仅是政府部门的首要职责，也是社会组织和公民个人的生存和发展的基础。治安需求的复杂性决定了治安资源的多样性。要享受社会治安，公民个人必须向国家和社会尽一定的义务。因此，治安资源既有国家资源，也有社会资源；既有有形资源，也有无形资源；既有物质资源，也有精神资源。同时，社会治安属于开放的“公共物品”，人们认为维护社会治安是国家和政府的责任。任何公民即使不进行投入，也可“搭便车”享受政府和别人进行投入而带来的社会治安便利。但是，由于国家资源的有限性，国家只能向公民个体提供一定的、平均的治安保护，即国家和社会仅负责提供一般的总体性保障。在对治安资源进行管理是必须充分认识其多样性，充分挖掘以不同形式存在于不同领域的治安资源并对其进行整合，提升治安资源的使用效率。

**(二)分散性**

治安资源的分散性是与其多样性密切联系的一个特性。由于治安资源的多样性，治安资源以不同的形式存在于不同的领域，并由不同的部门、组织或个人所掌握。资源是可超越国界、超越种族关系的，谁都可以掌握和利用它创造社会财富。治安资源的分散性增加了资源整合和利用的难度。

**（三）累积性**

治安资源的累积性是指治安资源的形成不是一蹴而就的，而是随着人类社会的发展而不断积累、扩充、发展的。治安资源的累积性，使每一项治安工作的投入，都不是从零开始，而是在前人创造的基础上迈步的。在治安管理实践中，作为治安投入的主体一方面把前人创造的财富继承下来，另一方面又创造了新的财富。也正因为这样，对公共安全的认知和实践不断发展，治安人力资源的素质也不断提高，治安防控体系建设不断完善。

## 三、治安资源的分类

治安资源是国家和社会在解决社会治安问题时拥有的物质要素的总称。治安资源的多样性决定了治安资源有不同形式和表现。根据不同的分类标准可以将治安资源分为不同的类别。

**（一）根据治安资源的性质分类**

人类本身的生存、劳动、发展都是在一定的社会形态、社会交往、社会活动中实现的。根据治安资源的性质，可将治安资源分为：治安人力资源、治安物质资源、治安经济资源、治安信息资源等类型。

1. 治安人力资源

治安人力资源主要包括：政府人力资源、社会治安力量和社会公众。

公安机关的人民警察在维护社会秩序，保障公共安全方面负有不可替代的职责，是政府人力资源的关键力量。除专门负责社会治安管理的公安机关人民警察外，在社会面开展行政管理和执法的还有工商、税务、卫生、城管、文化稽查、劳动监察等部门。这些行政管理或执法机构依法行使职能的行为都与社会治安有密切关联，对社会治安秩序的稳定有重要作用。

社会治安力量是治安人力资源的重要组成部分。这部分力量分布范围广，形式多样。目前，主要有四方面来源：一是政府出资，由公安机关实际管理使用，但实行市场化操作方式的半专业化队伍。二是专业化的保安公司。保安公司接受公安机关的业务指导，为政府机关、大中型企事业单位提供派驻保安服务。三是企事业单位自建保安组织。主要有物业公司、金融系统、部分娱乐服务场所、大型宾馆旅馆和大专院校等。四是由基层社区组织动员的业余治安自治力量，主要是社区志愿者和治安积极分子，如退休人员“看家网”、职工志愿巡逻队、社工团体、交通协管员组织、街道治安服务队等。在信息社会中，可进一步动员和组织社区低保人员和其他治安志愿者加入，开展多种形式的自防、互防和守望相助活动。公安机关、基层社区组织要承担起组织、协调、指导群防群治队伍的责任，激励更多公众关心、参与社会治安。

公众是社会治安防控最广泛意义上的主体，公众治安素质的提高，是社会治安保持良好秩序的基础之一。治安素质是公众自我防范意识、防范知识和防范能力的总和。大多数情况下，公众治安素质的提高必须通过外力的推动，有赖于政府、公安机关及传媒一定强度、密度的宣传指导和防范服务，使治安防范的参与和措施家喻户晓、深入人心。

治安人力资源就是一个国家或一个地区所拥有的治安人才队伍及其人才。治安人力资源的多少和人力资源与治安需求匹配程度的高低，将在很大程度上影响社会治安的总体水平。

2. 治安物质资源

治安物质资源是治安防控工作中的保障性资源，如人力的必要开支（工资）、硬件的投入、技防设备的购置等。治安资源的作用和价值在于防范违法犯罪，提高治安防控能力。防范工作是离不开硬件的投入的，如社区警务室与治安调解室的建立，必要的办公设施、通讯设备、交通工具，平安社区建设，重点、要害部位安装安全门、安全窗等物防设施，安装报警器，在重要路口、通道区域安装技防设施等。

3. 治安经济资源

社会治理的开展离不开经济上的投入。政府每年财政预算时适度增加治安费用是必要的，但因受到经济与社会发展的限制，依赖政府财力全额投入则难以为继。社会治安经费构成主要有几个方面：

一是各级政府用于维持社会治安的费用，其中包括常规经费和突击性、临时性的追加经费，是社会治安投入的主要来源。

二是企事业单位在安全方面的经费开支，这部分费用列入单位行政开支。但由于单位内部保安业务与社会治安的交叉关系，其内保组织也接受公安机关的业务指导，所以其中一部分经费如培训、保安器械等费用，会流向专业治安机构，转为专用经费。

三是市政、商业建设项目中用于治安设施建设项目的费用。政府部门在规划市政建设项目或商业建设项目时，会列入治安经费预算，主要是根据治安需要，安装技防设备以及在建设、管理过程中保持一定的安保力量。

四是企事业单位、居民向社区管理部门或治安管理职能部门缴纳的安保费用，一般由社会治安职能部门统一管理和使用。

此外，公民个人为保护自己的生命财产安全，也会自觉投入一定的费用。

治安经济资源是特定区域在社会治安防控方面所拥有的资金，未来可预期的治安效益，等等。治安经济资源一般用于社会治安防控的技术改造投入，增加流动资金或者用于其他方面的现金支出。治安经济资源是支撑社会治安发展的关键的资源。

4. 治安信息资源

人类社会已迈入了以信息技术为核心的知识经济时代，信息资源已成为重要的战略资源，在维护社会稳定、强化社会管理、提高政府执政能力等方面有着重要的作用。美国著名未来学家托尔勒称，"谁掌握了信息，谁就将拥有整个世界"。在社会治安防控中，没有足够的信息，就没有及时而准确的决策。政府有关职能部门在社会管理中都建立了各自的信息系统，掌握着大量的社会信息。这些信息对于治安工作的开展都有很大的帮助，充分利用这些信息资源，可以节省大量的人力、物力，增强公安机关与社会的互动，提高执法效率，更好地服务于经济发展和社会进步。

银行、小区、娱乐场所、商场等地方设置的监控信息，旅馆、车站、民航、金融、通讯等机构的实名制信息，工商、车管、交运等部门的定期审核检验信息等都能为社会治安工作提供决策指导。

一些专门提供社会服务行业的从业人员接触社会面广，行业延伸至社会各个角落，是潜在的情报信息源。对于公安工作而言，社会公共信息资源的再利用是提高公民享受治安服务的重要基础和加快我国信息化警务模式建设的必然选择。

**(二)根据治安资源的所有权分类**

治安资源一般掌控在不同的政府部门、社会组织或个人手中，因此根据治安资源的所有权可将治安资源分为国家治安资源和社会治安资源。

1. 国家治安资源

国家治安资源主要分为执政党权力体系的政治资源和以政府为代表的组织资源。在中国，执政党在国家治理中占据极为突出和重要的地位，具有极强的资源整合能力，是治安治理中最重要的“轴心力量”。其中，最主要的国家力量是政府内部的警察组织。现代警察的诞生，意味着犯罪控制专门化组织的形成。按照“国家—社会”的分析框架，警察代表国家行使治安治理的权力。公安机关是社会治安防控体系法定的专业力量，不仅要履行打击、破案、防范和管理的职能，还应承担社会治安力量的组织、指导及社会治安防控体系稳步运作的责任。

2. 社会治安资源

社会治安资源包括基层社区的自治资源和以保安组织为代表的市场资源。在当前治安治理中，国家正式的治理资源与现实需要相比较为匮乏，完全由国家完成治安治理不符合中国的治理传统，也不符合社会现实。通过制度安排吸纳社会资源，是治安治理的合理选择。

在传统中国社会，由于宗族的凝聚作用，基层社会在治安治理中起到了决定性的作用。在国家行政权力难以触及的偏远地区，治安维护甚至主要依靠基层社会。新中国成立之后，治安治理主要是靠强大的、等级严密的行政权力系统来完成的。随着改革的深入，我国正在通过自上而下的制度安排和政治引导，逐步建立自我控制、自我服务、自我组织的一套体系，探索由国家力量与基层社会力量共同参与地方治理。在治安领域也形成了一套特殊的体系，基层社会参与社会治安治理的形式主要有基层自治组织村民委员会、居民委员会及其内部的治保委员会、社区物业的保安组织、企事业单位的保卫组织、其他自治性的治安组织如联防队等。

随着市场经济的确立，市场化的保安组织通过市场竞争为公共安全提供有偿化的差别服务，既可以弥补国家治安资源的不足，又可以满足特殊群体的不同的安全需求。在治安领域还有大量的社区治安自治组织和志愿组织，这些组织同样不借助政府的正式资源而在各自的领域内参与治安治理。对于这些组织，应当通过相应的立法确定其法律地位和具体的事务范围，以避免责任划分出现障碍。

**（三）根据治安资源的存在形态分类**

治安资源一般有两种存在形态：一是与社会治安有直接关系，或以潜在能量状态间接联系的人、财、物等客观存在；二是公众对社会治安的认同、参与、社会法治意识等精神存在。精神资源对构建社会治安防控体系有重大意义。

治安资源具有客观实在性和广泛性，对其进行合理的激活、整合与应用，既是公安工作可持续发展的动力，也是社会治安防控体系建设取之不尽、用之不竭的源泉。

实践中，我们常常注重的是客观存在有形资源，如基层基础资源、警务资源、政策资源和以群众为主的社会资源等，而对于精神存在的无形资源则没有予以应有的重视。社会学的研究表明，在治安防控中，无形资源构成社会稳定的软环境，为社会稳定及社会发展提供源源不断的软驱动力，不仅能促进治安信息在防控机制间的有序流动，最大幅度减少物质资本的投入，而且还能有效弥补治安防控体系中有关法律、规范、契约等正式制度的不足与缺陷，把微观层面上的个体防控与宏观层面上的社会防控有机地统一起来，把被动防控与主动防控、超前防控有机统一起来。从整个社会角度讲，一个拥有丰富社会资本存量的社会意味着和谐稳定的秩序和良好的社会治理。

## 第二节　治安资源匹配

对治安资源的有效利用是实现治安目标，满足治安需求的重要途径。由于公共安全涉及社会生活的诸多因素，保障公共安全，维护社会秩序需要合理配置资源，使资源达到最佳匹配，因此，治安资源匹配不仅关系着某项治安工作的成败，而且会对社会治安的总体水平有很显著的影响。

### 一、治安资源匹配的相关概念

匹配一般是指配合或搭配，反映了两种要素的均衡状态。从经济学的角度看，资源具有稀缺性，需要根据任务目标对资源进行合理配置，才能实现资源与目标的匹配。与资源匹配较接近的有两个概念：资源配置、资源整合。

**（一）资源匹配**

资源匹配是根据给定的任务要求从所有可用资源中找出合适资源的过程。具体而言，资源匹配就是将数量一定的一种或者几种资源（例如原材料、资金、设备、设施、劳力等），恰当地分配给若干使用者，从而使目标函数为最优。在治安管理过程中，需要动用的治安资源包括有形资源和无形资源，在资源配置方面存在不同的特点。有形实体资源如材料、设备、资金等，完成某项治安工作的实物资源的数量、规格等需要详细的确定和计划，也就是说，有形资源一般被固定和限制在特定的范围内，具有有限性，在治安管理过程中只能有限地使用。此外，时间、空间、信息、技术等无形资源对治安工作产生的社会效益也有不可忽视的作用。一定条件下，无形资源可多次充分利用而不会过多增加工程建设成本，在一定条件和时间范围内具有无形性和无限性。

治安资源匹配是将有限的治安资源分配到给定的治理行动方案，在满足任务执行约束的前提下，确定每个任务的执行资源和开始时间。随着经济的发展和社会的转型，人类社会已经进入了风险无所不在，后果不可预测的风险社会，公共安全不仅面临着传统的来自于自然界的风险因素的威胁，人为制造的风险不论在种类、数量上，还是在危害后果上都呈现迅速增长的态势。治安工作的实现需要动用的资源种类和数量繁多，资源管理的难度增大。为了避免因资源利用导致各类并发问题的产生，迫切需要关注和重视资源配置的合理性和高效性。合理匹配各项治安资源，是实现治安需求的必要手段和必然要求。

在治安资源匹配中，需要同时考虑两方面的问题：一是使用尽可能少的资源执行给定的行动方案，二是以尽量少的时间完成给定的行动方案。通过增加执行资源减少治安行动的执行时间，是以占用更多的执行资源作为代价的。对于某项具体的治安任务，往往需要治安资源匹配方案能够以尽量小的执行代价换取尽量少的任务完成时间。可见，治安资源匹配问题是一类典型的多目标优化问题。多目标最优化是在一定约束下，希望使得多个目标都能达到最优。在现实生活中，很多问题都要求多个目标最好，或者是妥协最好。一般来说，多个目标同时达到最优的情况是不存在的。多目标优化问题的本质在于，在很多情况下各个子目标有可能是相互冲突的，一个子目标的改善有可能会引起另一子目标性能的降低。因此，在治安资源匹配中，要使问题的所有子目标同时达到最优值是不可能的，只能在它们中间进行协调和折中处理，使各个子目标都尽可能地达到最优。

### (二)资源配置

人类社会所面临的基本问题是人类需要的无限性和用来满足人类需要的各种资源的稀缺性之间的矛盾。人类的需要无论是物质上的还是精神上的，都要依托一定的资源来实现。但是，在社会经济发展的一定阶段上，相对于人们的需求而言，用来满足人类需要的资源却是有限的，即有稀缺性。从而要求人们对有限的、相对稀缺的资源进行合理配置，以便用最少的资源耗费，生产出最适用的商品和劳务，获取最佳的效益。资源配置合理与否，很大程度地制约了资源效能的充分发挥，实现资源最优匹配的根本目的在于以最小的成本保证生产活动并实现利益的最大化。

“配置”(Allocation)的含义为“分配、分派、配给、调拨、把(物资、资金等)划归等”。而资源合理配置问题是资源经济学研究的核心问题，也是经济科学的永恒主题。我国著名的经济学家厉以宁在他所编的《市场经济学大辞典》中将资源配置解释为：“经济中的各种资源，包括人力、物力、财力在各种不同的使用方向之间的分配”，并指出均衡发展与有效增长是对资源配置进行宏观调节的目标体系中的两个最基本的成分。

经济学中把资源配置分为两个层次：较高的层次是指资源如何分配于不同部门、不同地区、不同生产单位，其合理性反映于如何使每一种资源能够有效地配置于最适宜的使用方向；较低的层次是指在资源分配为既定的条件下，一个生产单位、一个地区、一个部门如何组织并利用这些资源，其合理性反映于如何有效地利用它们，使之发挥尽可能大的作用。

一般来说，资源配置表现为一种时间上、空间上和数量上的要求。一种资源的配置状态，一般要给出三个基本要素：数量、时间、空间。资源配置在数量上的要求，具体包括总量要求和增量要求。资源配置在时间上的要求，可以区分为过去时、现在时和将来时。资源具有时间价值，不同时间使用等量资源，具有不同的价值。资源配置在空间上的要求包含两层意思：一是同种资源在不同使用方向的配置，二是资源在不同地区的配置。

资源配置是根据组织目标和产出物内在结构要求，在量、质等方面进行不同的配比，并使之在产出过程中始终保持相应的比例从而使产出物成功产出。简而言之，就是对相对稀缺的资源在各种不同用途上加以比较作出的选择。资源配置既包括对物、科技、信息等资源的使用和安排的优化，也包括社会范围内人、财、物等资源配置的优化，经常所说的“劳动优化组织”，“改善企业经营管理”，“下岗分流，减员增效”等都是属于资源优化配置的范畴。治安资源配置是否优化，其标准主要是看资源的使用是否带来了治安效率的提升和治安效益的大幅度提高。

系统原理认为，系统的组成要素或组织结构的重组都可以引起系统功能及目标发生变化。这一过程就体现为资源配置。美国著名经济学家萨缪尔森认为，如果资源是无限的，没有任何相对稀缺的物品，那么，研究经济学或寻求经济的办法就会没有什么必要。经济学与之斗争的关键，即是物品是稀缺的。由此可见，确定资源配置高效益的目标，也是资源稀缺规律的要求。资源经济学对资源配置有两种描述：一是使有限的资源产生最大的效益，二是为取得预定的效益尽可能小地消耗资源。

治安资源配置是指政府及相关社会治理主体通过一定的方式把有限的治安资源合理分配到治安防控的各个领域中去，以实现资源的最佳利用，即用最少的资源耗费，获取最佳的效益。资源配置的实质就是社会总劳动时间在各个部门之间的分配。资源配置合理与否，对一个国家经济发展的成败有着极其重要的影响。资源如果能够得到相对合理的配置，治安效益就显著提高；否则，治安效益就明显低下，社会发展就会受到阻碍。

资源配置是通过动力机制、信息机制、决策机制来实现的。资源配置的目标是实现最佳效益，在资源配置是通过不同层次的主体实现的条件下，实现不同主体的利益，就成为它们配置资源的动力，从而形成资源配置的动力机制。为了选择合理配置资源的方案，需要及时、全面地获取相关的信息作为依据，而信息的收集、传递、分析和利用是通过一定的渠道和机制实现的，如信息的传递可以是横向的或者是纵向的。资源配置的决策权可以是集中的或分散的，集中的权力体系和分散的权力体系，有着不同的权力制约关系，因而形成不同的资源配置决策机制。

**(三)资源整合**

资源整合的概念是随着现代经济理论、系统理论和现代科学技术，尤其是信息技术的不断发展而由资源配置、资源集成到资源整合逐步演进的，这几个概念之间既有区别，更具有其内在的关联性。

目前广为使用的“整合”一词对应于英文术语“integration”，港台通常习惯使用“统整”或“统合”来表达。在权威性的汉语辞典并无“整合”、“统整”或“统合”这些条目。1980 年版的《辞海》将“整合”解释为：“两套地层的走向和倾斜都一致，在沉积上没有明显间断的接触关系。”这是一个地质学名词。1999 年版《辞海》将“整合”的释义从地质学专业用语扩展到日常的生活领域，解释为：“整理、组合，如：整合各方力量。”由此可见，“整合”是一个新的词汇。从整合的基本词义来看，整合最直接的词意是做“合”的事，即“整而合之”。

从经济学角度分析，资源整合是通过整合实现资源成本最低化和资源效益最大化，对系统内部，资源整合是利益的调整，对系统外部，资源整合是价值的交换。古典经济学理论定义的最早的资源整合概念就是“分工理论”。例如，原来一个人又种田又织布。后来他跟其他人商量，有专人耕田，有专人织布，这样，大家付出的还是那么多，但是吃的，穿的反而更多了。这就是分工带来的效果。地域之间，国家之间，社会各个层面之间需要通过分工进行资源整合。精细化分工和联合协作是资源整合的核心所在。

从系统工程角度看，整合是一项系统工程。资源整合是系统论的思维方式。资源整合需要根据客观需要，通过组织和协调，采用系统工程的理论与方法和现代分析技术对资源进行调整决策与优化选择。

从管理运作的角度看，整合是一门管理艺术。资源整合以系统的观点，分别对系统内外资源进行整合。系统内部的资源整合就是对系统已有资源以提高资源效率和系统核心能力为目的的资源整治与提升，取得 1+1 大于 2 的效果。系统外部的资源整合就是根据需求，对系统内外资源进行组织和协调。因此，资源整合问题既是一个经济学问题，也是一个管理学问题，更是一个复杂的系统工程问题。

治安资源整合，就是通过有效牵动和整合各种社会力量，形成疏导、清理、管理源头的无缝衔接，以及对需解决的问题实施全方位、立体化综合管理的工作格局，最终形成“大治安”的合力。“资源整合”是由治安管理工作的特点决定的，不论从治安秩序与其他社会秩序的关系看，还是从社会治安问题产生的根源看，维护社会治安绝不仅仅是公安机关更不是治安管理部门一家的责任，更不是单单靠治安管理部门就能做好的。治安管理的许多工作都需要既立足系统，又要跳出系统，协调多个职能部门，整合各类社会资源，形成合力，为“大治安”所用。

## 二、资源匹配基本理论

相关研究表明，人的决策过程主要有两个阶段，第一个阶段，人在“是”和“否”之间做抉择。这要求参与人根据自身偏好和利益成本核算，依据最大化原则做抉择。第二阶段参与人根据自身时间安排、偏好或其他约束条件决定分别投入多少时间精力以及成本在各个具体活动上，即根据边际效用做决定，使得每一活动达到最优。然而在这两个阶段之间存在一个断层，称之为“匹配黑匣子”。

### （一）经济学视角下的匹配理论

经济学就是研究稀缺资源分配的最优化。传统经济学理论主要研究稀缺资源配置的静态均衡，但这不能高效地解决配置资源过程中遇到的实际问题。现实中，资源的不断流转是社会各个部门不断地决策和选择的过程，流转过程中的效率由流转次数和流转速率决定。因此为了提高效率，学者们更加关注资源配置过程达到的动态均衡的研究，即研究可以减少资源流转次数或提高资源流转速率的匹配机制。匹配理论的研究最早起源于经济学对某些实际应用问题的解决，研究集合中参与人和不同集合中参与人之间的匹配机制理论。

匹配理论作为经济学的新兴分支，吸引了不同领域的学者对匹配理论作进一步研究。匹配理论的发展历程可以通过三条主线划分描述，分别是无货币因素的双边匹配、带货币因素的双边匹配理论以及匹配理论动态化。随着研究的不断深入，它不但自身发展成为图论的一个内容丰富的基础分支，而且对于一些新的组合方法及分支的产生与发展起到催化作用，如组合优化，化学图论等。

匹配理论中被运用最广泛的是双边匹配理论。双边匹配理论创立于 1962 年，主要研究如何根据两个完全不重叠的参与主体的偏好，对参与主体进行匹配的问题。它首先是由大学招生和美国劳动力市场设计等需求而提出的，并经过几十年的发展不断完善。2012 年，Roth 和 Shapley 由于稳定配置理论和市场设计实践中所作出的贡献而获得了诺贝尔经济学奖。

学者们对双边匹配进行研究的角度主要有两个：一是根据古典双边匹配理论解决现实问题，例如关于人力资源管理、金融经济以及电子商务等各个领域中的匹配决策问题。经典的双边匹配理论有征婚模型、大学生招生模型、公司和工人匹配模型等。二是针对双边匹配理论作深入研究，对匹配算法以及适用模型进行扩展和改进。

关于匹配理论的研究不仅仅局限在经济活动领域，人力资源分配、男女婚配、人口分布等实际问题也可以通过匹配理论得到很好解决，匹配理论在现实活动中具有很广泛的应用前景。

### （二）西方经济学的资源配置理论

西方经济学对资源配置问题的理论研究集中体现在厂商理论和福利经济学两个领域，主要采用生产函数和社会福利函数在最大产出、最小成本或最大社会效用假定下进行资源配置的理论描述。根据这一理论，人都有利己的本性，消费者和生产者都追求自身的利益。社会资源的配置和财富的生产是在“经济人”逐利过程中不断变动，最终趋于稳定的自发过程。

### （三）马歇尔的局部均衡理论

在完全竞争的市场中，在生产者追求利润最大化目标和消费者追求有限收入的最大效用的条件下，每一种产品的需求和供给决定于其价格和边际效用。

**（四）瓦尔拉斯的一般均衡分析**

仅凭市场自发作用可以使资源配置达到这样一种状态，即所有产品的生产量与需求量相等，消费者的需求可以得到满足。当不减少其他人的效用，一个人或更多个人的效用便不能再通过生产和分配的调整而增加的时候，此时的资源配置即是最优的，即对所有消费者来说，任何一组商品的边际替代率都必须相等；任一组资源对于所有生产者具有相同的边际替代率；生产的边际转换率等于消费边际替代率。

**（五）马克思资源配置理论**

马克思经济学对资本主义生产方式、生产关系和交换关系的研究包含着资源配置问题。

1. 资源配置的调节机制理论

马克思对价值、价格、供求、竞争相互之间的关系的分析，揭示了社会化商品经济条件下社会资源配置的调节机制。马克思深刻地分析和阐述了价值、价格、供求、竞争的各自相对独立的作用机理和特点，指出价值规律是实质的、内在的起决定作用的机制。价值、价格、供求、竞争的相互作用构成市场机制，促进资源配置的效率，调节资源配置的流向和均衡。

2. 资源配置的方式或形式的理论

马克思有关对产权、信用、股份制度、虚拟资本等问题的论述，都关系到资源配置的方式或形式问题。在商品经济既定情况下，资源表现为产权，资源的配置表现为产权的有偿转让，包括产权的全部转让和部分转让。普通的商品买卖属于全部转让，劳动力商品的买卖、土地经营权的买卖等则属于产权的部分转让。

3. 生产要素构成理论

生产要素构成理论，体现在马克思的资本构成理论之中。马克思在资本形态下，从物质资料生产关系、商品生产关系、资本关系三个层面上考察了这个问题，从而形成了马克思的资本构成理论。生产要素的构成，即指不同生产要素在生产过程中的组合比例，主要是指生产资料和劳动力的构成比例。马克思从物质技术上的技术构成和商品关系上的价值构成以及两者之间的相互关系上考察了这个问题。

**（六）社会资本理论**

社会资本理论作为社会科学领域的一种新理论范式，在社会学、经济学和政治学等学术领域中得到越来越广泛的运用。社会资本理论主要来源于社会学和经济学两方面。在社会学方面，以格兰诺维特为代表的关于强关系、弱关系在个人求职中的作用的探索性研究对社会资本理论产生了重要影响。在经济学中，主要是洛瑞、波拉思以及以威廉姆森为代表的新制度经济学。

“社会资本”作为一个专属名词，首次出现在公开研究文献中是在1916年，社区改革倡导者利达·汉尼范在《美国政治社会科学学术年鉴》上发表了题为“乡村学校社区中心”的文章，首次用“社会资本”这一概念来分析社区参与和社会纽带的重要性。他认为，在使用社会资本这个专有称谓时，除了比喻的意义外，它并不是指资本原有的含义，如房产、现金或其他财产等，而是指在人们日常生活中占据重要位置且可被感受到的资源：在人们的生活中，这些实在的物质（这种资源与物质资源有着同等重要的价值），比如，组成作为社会结构基本单位的个体和家庭中的社会交往过程所产生的良好愿景、伙伴关系、同情怜悯、往来互动……这些东西能在个体和家庭之间产生社会纽带；如果个体和邻里之间的相互接触和交往增多，社会资本就会产生并不断积累；社会资本不仅能够满足社会的需要，而且还能激发潜在的动力来改善整个社区大众的生活条件。

法国社会学家皮埃尔·布迪厄从社会关系网络的视角来理解社会资本，认为社会资本是实际或潜在的资源集合，这些资源与拥有相互熟识和认可的、或多或少制度化的关系的持久网络相联系，并把资本区分为经济资本、文化资本和社会资本三种形式。其中，经济资本是以金钱为媒介，以产权为制度化形式；文化资本是以文凭、学历、证书等为符号，以学位为制度化形式；社会资本是以社会声望、名誉、权威和头衔等为符号，以社会契约为制度化形式。所谓社会资本，是指实际的或潜在的资源集合体，那些资源是同对某种持久的网络的占有密不可分的；这一网络是大家共同熟悉的，得到公认的，而且是一种制度化的关系网络。普特南认为，社会资本是一种组织特点，如信任、规范和网络等。像其他资本一样，社会资本是生产性的。它使得实现某种无它就不可能实现的目的成为可能，并能够通过推动协调的行动来提高社会的效率。

社会资本理论的主要观点可归纳为三个范式：社会网络、民众参与和普遍信任。美国学者林南认为，社会资本的理论发展应以社会网络和其嵌入资源为基础，以个人与人际关系的联系之中观层次为分析的取向。民众参与和普遍信任是社会网络和嵌入资源的派生概念，其在理论和实证上的贡献取决于它们与社会网络和嵌入资源的联系，以及能有效地反映社会资本方面。

## 三、治安资源匹配的模式

对治安资源的管理、整合和匹配的实践活动一直贯穿于治安防控的发展历史中。但是，这种实践大多处于一种无意识的潜在状态。治安资源匹配涉及经济学、管理学、社会学、系统论等诸多学科。根据对治安资源的系统分析和对治安资源匹配的研究，需要将以往的治安资源匹配实践进行理论总结和梳理，结合资源匹配的理论构建适合当前治安需求的治安资源匹配模式。

### (一)治安需求分析

根据马斯洛需求层次理论，人的需求分为生理需求、安全需求、归属需求、尊重需求以及自我实现的需要。安全需求为需求的初级阶段和低层次阶段。但在此需求层次理论中，只有较低层次的需求得以满足，高层次需求才能发挥激励作用，严格地说，公共需求是这样的一种需求：即当社会或者众多个人作为一个整体时所产生的需求。这种需求一般是通过预算来提供公共产品和公共服务使使用者得以满足。

公共需求又分为两类：一类是社会性公共需求，即根据众多个人的偏好(或私人需求)确定的公共需求；另一类是有益性公共需求，这主要是反映统治者个人或阶级偏好标准并强加给个人消费者的公共需求。公共安全需求应属于第一类。

治安需求是治安资源匹配的终极目标。从宏观层面看，治安需求是一个国家或一个地区的政府和民众对公共安全和社会秩序的基本要求和期望值。纵观历史，安全与秩序作为人类社会最基本的需求，始终是人类发展和进步的基础，也始终是人类最难以企及的梦想。处于矛盾错综复杂且易于激化的转型期的中国社会，安全与秩序无疑是最普遍、最强烈和最持久的社会需求。

作为公共物品的公共治安，其需求是因人而异的，不同的人对公共治安的需求是不完全一样的。特别是随着市场经济的发展，财富日益增加，对公共安全的需求不断增长，人与人之间的收入差距拉大，人们对公共治安的需求呈现多样化的趋势。严峻的治安形势使部分先富起来的人自愿去安装防盗设施、雇用保镖，以加强个人保护。

由于公共安全属于纯公共品，即同时具有非竞争性和非排他性的公共品，这一特性使公众有足够的“搭便车”激励，即不真实地表达需求意愿的激励，而纯公共品的有效定价规则，是个人价格的总和等于边际价格，但每个人愿意为公共品的任意产出水平支付的价格却各不相同。

由此可见，了解公民对公共安全的个性化需求是政府对公共安全服务有效定价的基础，进而也是有效提供公共安全服务的基础。同时，由于公共资源是有限的，公共资源在不同支出项目之间的配置便存在竞争关系，如果配置到某一类公共品上的资源过多，则用于其他项目的公共资源势必受到影响，由此可能会导致政府内部公共资源配置的无效率状态。

公共服务的有效供给是由有效需求决定的。不同城市因城市规模、发展水平不同，城市居民构成及其社会经济特征不同，公共服务供给规模、结构、质量等也应不同。

对治安需求分析的方法有两种。第一种是采用官方公布的犯罪以及犯罪案件造成的人员和财产损失间接地衡量公共安全需求。这种方法的缺陷是不能衡量社会福利的总损失，因为犯罪事件不仅仅会对当事人造成伤害，也会对其他人造成心理的恐慌。第二种方法是采用问卷的方式对公共安全的需求作出主观评估，包括定性的问题以及需求的程度。这种方法能更真实地反映居民的主观需求，因为他们更了解自己居住地点的公共安全情况。

**(二)治安资源开发**

治安资源开发是对所有能够作为治安投入的人力、物力、财力、信息等多种资源形式进行识别，确定各种资源的所有权、基本特性及其对治安的影响机制，并通过一系列的教育培训、制度构建、行政强制，提升治安资源在治安防控中的使用价值。

1. 治安人力资源开发

宏观上的治安人力资源开发是一个国家或一个组织通过一系列有目的和有计划的规划实践，并与一定范围内人力资源的开发对象结合，充分发掘人力资源能力，提升人力资源智能资本、技能资本和健康资本存量，达到人力资源合理配置和利用，从而产生高效率的投资行为。微观上的治安人力资源开发是指人力资源的个体，为提高其收入水平而参加的自我教育活动，目的是提升个体人力资源的质量。

人力资源开发的目的是提高人力资源的质量，改善其结构，充分挖掘劳动者个体的潜能，促进人力资源在社会经济活动中的合理流动与配置，从而推动经济社会持续、健康发展。治安人力资源开发是一个复杂的社会系统工程，是特殊性的开发、投资性的开发、系统性的开发、动态性的开发。治安人力资源开发包括公安机关内部的人力资源开发和外部人力资源开发。

2. 治安物质资源开发

治安物质资源开发是通过制度规划，不断扩大不同治安主体在治安方面的物质投入的规模和数量，提升治安物质资源的利用效率。治安物质资源的开发不仅需要公安机关内部的制度建设和投入，还需要政府其他部门和企事业单位、社会组织以及公民个人的参与。

3. 治安信息资源开发

从广义上说，治安信息资源开发包括信息本体开发、信息技术研究、信息系统建设、信息设备的制造以及信息机构建立、信息规则设定、信息环境维护、信息人员培养等活动。广义的治安信息资源开发系统考虑了与以信息资源为核心的开发活动及其联系紧密的其他社会行为，能够揭示信息资源开发过程的系统性、复杂性和交叉性。

从狭义上说，治安信息资源开发仅仅是指对信息本体的开发，主要包括信息的生产、表示、搜集、整序、组织、存储、检索、重组、转化、传播、评估、应用等。通过这些环节不仅可以增加信息资源数量和类型，更重要的是可以提升信息资源的质量、完善信息服务、方便信息资源利用。治安信息资源开发挖掘信息资源的潜在价值和显在价值。在实现信息资源自身的经济价值(信息服务和信息商品的价值)的同时，也通过信息资源的开发而降低其他资源的消耗，进而实现其他资源的升值，增加社会总收益。

4. 治安无形资源开发

治安无形资源广泛地存在于社会网络的不同层面。根据社会资本理论，作为一种镶嵌于社会网络的资源，社会资本从表面看与社会治安两不相干，但实际上社会资本是社会秩序良性发展不可或缺的"内源性动力"，它本身包含着规范与惩罚功能，能够通过推动协调的行动来提高社会的效率。社会资本的存量是治安防控的重要资源，社区的信任水平与社区治安的状况存在着较显著的相关性，社区的信任水平越高，社区的治安状况越好……反之，社区的信任水平越低，社区的治安状况越差。

我国是一个历史悠久的文明古国，社会资本存量丰富，并十分重视其对社会治理的功效，自古就有"明德慎罚"的治国理念，既有"德礼为政教之本，刑罚为政教之用"的经验总结，也有"一诺千金"、"匡扶正义"、"见义勇为"等行为教导。这些元素以及传统的信仰、宗教、习俗等都是社会有序发展的"正能量"，在控制社会行为方面起着十分重要的作用，具有整合、引导和约束人们行为的功能，利于维护社会治安稳定，都是可以开发的无形治安资源。

**(三)公安机关内部的资源整合**

公安机关是治安防控的主导力量，如何把有限警力用足用好，走内涵式警力增长道路，是发挥公安机关作为社会治安防控体系主力军和中坚力量的关键，直接影响着警察队伍整体功能的发挥，事关社会治安大局。公安机关内部资源整合不仅是推进社会治安治理的战略选择，更是提高警务运行效能的必要路径，也是克服当前警力和财力不足困难的现实需要。因此，必须要最大限度地优化警力资源配置，调动积极性，促进公平竞争，推动公安改革向纵深发展，实现警务管理效率、效益的最大化。

为以最少的有形资源投入产出最大化的治安效益，公安部相继推出了"警力下沉"、"社区警务"、"农村警务"、"基层基础建设年"等系列措施，各地公安机关也根据自己的实际情况实施了各具特色的改革。公安机关内部资源的整合需要进一步对警务机制、警务管理、警务保障等问题进行深入的研究和改革。

现代管理科学认为，在政府组织部门的设置、运作等环节中，尤其以如何设置为关键且处于决定性地位，组织结构合理，组织内部的资源配置就会形成条理化、有序化的状态，资源要素就会形成互补机制，从而带来"1+1>2"的效应。反之就会出现相互联系和协调的障碍，组织整体效能的发挥就会受到影响。例如，要优化警力配置，不能仅局限于警力数量的增加与调配上，更应在组织设置与运行机制上作出努力。要淡化警种界限，创建高效的警务运行机制，走一警多能、综合执法之路，积极尝试交巡警综合执法和"网络化"布警，实行交警、巡警、武警和社区民警四警联勤制，注重内部挖潜，盘活现有警力资源，提高警力资源的使用效益。

**(四)社会治安资源整合**

社会治安资源整合旨在使社会治安力量最大限度地高效运转，它不是一种具体的警务模式，更不是一项执法活动，而是一种依靠各种机制调动社会力量，运用社会手段，协调打击和预防违法犯罪，以期维护社会治安和社会稳定效果最大化的一种工作方式。为防止出现“表面”或“运动”式整合现象，确保治安资源整合健康运行，走向规范化和制度化，既需要完善的制度来保障，也需要成功的运行机制来维护和推进。倘若相关制度或机制缺失，则难以规范各种治安资源凝聚与发力。

社会治安资源的整合需要依靠科学的规划和完善的制度来实现，通过加强治安防控责任、整体联动、情报信息收集与公开、治安预警通报、利益引导、矛盾纠纷化解等机制建设，调动和激发各种治安资源的活力，优化系统的整体功能。

我国的治安资源是在政府制定的市场规则的约束下，用市场的调节机制进行配置的。1991 年，《中共中央、国务院关于加强社会治安综合治理的决定》中明确指出：“加强社会综合治理是解决我国社会治安问题的根本出路”，“加强社会综合治理要运用政治的、经济的、行政的、法律的、文化的、教育的等多种手段”，在肯定治安资源多样性的同时，要求必须运用包括经济手段在内的多种手段合理配置治安资源。1997 年，根据中央有关政策规定，各地政法机关纷纷与所属的保安公司、技防公司脱钩，使治安防范资源彻底进入了市场。实践证明，这种配置方式是符合客观实际，行之有效的。

治安资源的配置必须市场化，即在市场规则确定的环境下，以市场为基础手段配置治安资源。一是有利于平衡供求总量。社会治安差，治安资源供不应求，市场就会通过价格上涨引导社会加大对治安防范的投入，从而改变供求关系。反之，则促使社会减少投入，防止治安资源生产过剩。二是有利于调节分配比例，提高资源产出效益。人们总是根据效益最大化原则，选择符合自身实际的治安资源。三是有利于提高质量。竞争是市场经济的内在属性和固有规律，竞争的结果就是优胜劣汰。治安资源的生产者在竞争机制的作用下，总是努力提高劳动生产率，降低价格，改进产品性能，提高服务质量。

在治安资源配置中，政府的职责是负责社会治安防范机制的建立、组织和管理，即负责治安防范资源中“公共物品”部分的供给。如制定有关治安防控的法律、政策和行业标准，提高社会治安防控意识、检查督促治安防控制度的落实等。

## 第三节　治安资源评估

治安资源的多样性和分散性对治安资源的管理和利用造成了不同程度的阻碍，资源评估是政府、团体、机构及个人自主或受托对一定时空范围内的资源，进行数量、质量、价值等方面进行评估的过程或行为。治安资源评估是全面掌控治安资源，高效整合和使用治安资源的基础。

### 一、治安资源评估的概念

所谓评估，是指依据某种目标、标准、技术或手段，对收到的信息，按照一定的程序，进行分析、研究，判断其效果和价值的一种活动，其评估报告则是在此基础上形成的书面材料。评估通常对某一事物的价值或状态进行定性定量的分析说明和评价的过程。从这个意义上来讲，评估结论是对评估对象的价值或所处状态的一种意见和判断。而这种意见和判断，则是建立在对评估对象的技术可能性、经济合理性的充分地、客观地和科学地分析过程基础上的，因而能给相关部门或单位提供可靠的参考依据。

治安资源评估包括宏观和微观两个层面的内容，宏观治安资源评估是政府相关部门或社会组织对特定区域的治安资源的数量、质量、价值等方面进行评价的过程。微观治安资源评估是对某一类具体的治安资源的价值和特性进行评估。

## 二、治安资源评估的方法

治安资源评估作为资源评估的一种，可使用资源评估的基本方法，这些方法可分为定性评估方法和定量评估方法两类。

**(一)定性评估**

定性评估方法是目前使用较多的资源评估方法。定性评估方法一般都基于一定的评估准则与要求，根据评估的目的和用户对象的需求，确定相关评估准则或指标体系，建立评估准则及各赋值标准，通过对评估对象的大致评定，给出评估结果。评估结果有等级制、百分制或其他能指示评估对象质量综合水平的标示等。评估准则和指标以定性为主，大多未设置相关的权重及进行无量纲化处理，有些只是评估准则，并不涉及有关的数量关系。

1. 专家会议法

专家会议法是最古老、最简单的评估方法。在进行评估时，首先要确定并邀请一定数量的专家参加评估会议，请每一位专家就评估对象的类型、范围、作用过程等发表自己的看法，最后通过讨论形成较为一致的评估结论。

2. 德尔菲法

德尔菲法是专家会议法的发展，其实质是多次反复无记名的咨询。通过中间机构以匿名的方式征求专家的意见，最后取得专家们一致的评估结论，参加评估的成员相互并不了解，可以消除成员间的影响；成员可以改变自己的意见而无需作公开说明。

德尔菲法一般要经过多次反馈，其步骤如下：

第一，由评估主管部门提供背景材料，并列出资源一览表，由咨询对象填写具体意见；

第二，整理与归纳咨询意见，将结果作为反馈信息告诉咨询对象，再由咨询对象发表意见；

第三，上述过程重复三至五轮，再对咨询的结果进行统计处理，最后得出预测结果。

3. 头脑风暴法

头脑风暴法是吸收专家参加积极的创造性思维过程。这种方法鼓励创新，鼓励参与者大胆提出自己的看法，禁止对别人的想法提出批评，通过相互启发、相互影响、相互刺激，产生并征集创造性设想的连锁反应，达到集体评估的目的。为提供一个创造性思维的环境，参加会议人员以5~15人为宜，如人数较多，应予以分组。

在典型的头脑风暴会议中，被邀请者围桌而坐，由主持人说明评估对象的基本情况，限定讨论的范围。然后在一定时间内参与者尽可能地提出自己的看法，不允许与会人员按照事先准备的发言稿照本宣科。鼓励与会人员减少思想顾虑，创造一种自由的气氛，激发与会人员的积极性，避免少数人支配整个局面，鼓励对已提出的设想进行改进和综合，为准备修改自己设想的人提供优先发言权。所有的发言结束后再对其进行讨论整理形成评估结论。

**(二)定量分析法**

1. 层次分析法

20世纪70年代，美国匹茨堡大学萨蒂教授提出了层次分析法，简称AHP法，是一种实用的多准则决策方法，属于运筹学中的一个新分支。它能把一个复杂问题表示为有序的递阶层次结构，通过人们的判断，对决策方案的优劣进行排序，供决策参考。这一方法能够统一处理决策中定量与定性因素，具有实用性、系统性、简洁性等优点，特别适合在社会经济系统的决策分析中使用。

层次分析法把复杂的问题分解为若干部分(或称要素)，将这些要素按属性分为若干组，形成不同层次。一个具体的评估指标体系可按目标层、准则层、要素层分解，或分解为目标层、准则层、自准则层、要素层等更多的递阶层次结构。目标层表示分析问题的目的，准则层表示实现目标的评估标准(可分为若干子层次)，要素层表示实现目标备选的方案。同一层次的要素作为准则，对下一层次的某些要素起支配作用，同时又受上一层次要素的支配。

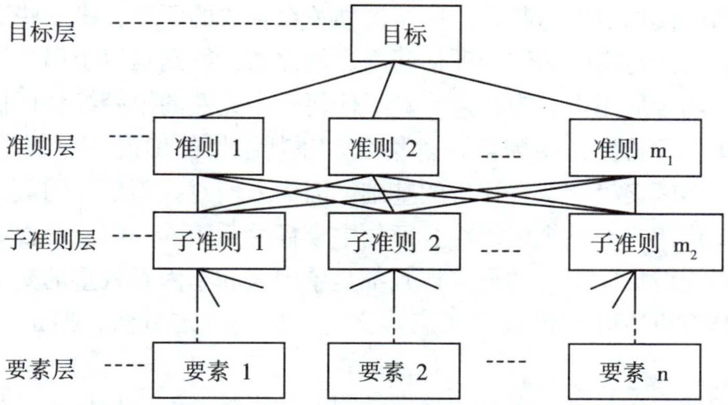


图 1　层次分析的递阶层次结构

建立递阶层次结构后，根据上下层次之间要素的隶属关系。以上一层次的要素 C 作为准则，所支配的下一层要素为 u1，u2，…，un，我们的目标是按它们对于准则 C 相对重要性赋予 u1，u2，…，un 相应的权重。通过两两比较下一层次诸要素对上一层某因素的相对重要性，并赋予一定的分值，构造比较判断矩阵。比较标度 $\alpha_{ij}$ 表示下一层次第 i 个因素与第 j 个因素的相对重要性。$\alpha_{ij}$ 的取值一般取正整数 1—9 及其倒数，由构成的矩阵称为比较判断矩阵 $A=(\alpha_{ij})$。

表 1　　**元素 $\alpha_{ij}$ 取值的规则**

| 元素 | 标度 | 定义 | 说　明 |
|---|---|---|---|
| $\alpha_{ij}$ | 1 | 同等重要 | 因素 i 与因素 j 相比，具有同样的重要性 |
| | 3 | 稍微重要 | 因素 i 与因素 j 相比，i 比 j 稍微重要 |
| | 5 | 明显重要 | 因素 i 与因素 j 相比，i 比 j 明显重要 |
| | 7 | 非常重要 | 因素 i 与因素 j 相比，i 比 j 非常重要 |
| | 9 | 绝对重要 | 因素 i 与因素 j 相比，i 比 j 绝对重要 |
| | 2，4，6，8 | | 介于上述相邻情况的中间值 |

涉及社会、经济、人文等因素的决策问题往往面临着无法进行准确定量的问题，通过采取两两比较的方法，既可以适应各种属性测度，又能充分利用专家经验和判断，从而提高准

确度。

2. 模糊综合评估法

1965年，美国加利福尼亚大学的控制论专家扎德教授首次提出了用隶属函数来刻画模糊集的方法。在各国学者的共同努力和不断探索下，模糊数学迅速发展，模糊集理论及其应用的研究成果非常丰富，不仅发展和扩充了经典数学的研究领域，而且能有效地解决经典数学难以解决的大系统的复杂性问题以及自然界和日常生活中普遍存在的无法解决的模糊性问题。模糊数学被广泛地应用于农业、气象、环境、医学、军事、社会治安等方面。模糊评估是运用模糊数学的理论和方法，针对统计资料的缺乏及影响因素的不确定性，将影响因素进行模糊化处理。目前应用较多的模糊评估方法有模糊综合评估方法和模糊聚类分析法。

模糊综合评估以模糊数学为基础，应用模糊关系合成的原理，将一些边界不清，不易定量的因素定量化，从而对实际的综合评估问题进行评估，特别是对于那些评估参数较多，评估结论比较模糊的场合应用得更为普遍。对于任何一个完整的模糊综合评估，必须具备三个基本要素：因素集，评价集，单因素评价集合。评判结果的确定一般都采用最大隶属度原则。单因素评价是多因素模糊综合评价的基础。因为人们对模糊事件的最终评价是单因素和单因素权重的交叉作用。在整个模糊综合评估中模糊关系矩阵和因素的权重分配矩阵占有相当重要的位置。因为对模糊事件的最终评判都是单因素和单因素权重的交叉作用，所以针对不同的评估对象其权重矩阵和模糊关系矩阵会有不同的确定方法，但是总的评估方法是不变的。

在实践中，评估对象往往受各种不确定性因素的影响，其中模糊性是最主要的，将模糊技术同经典的综合评判理论相结合就显得非常重要。模糊数学擅长于解决定性问题的定量表示和分析，它将人的主观因素和事物中的许多客观规律的东西进行有机的结合，并通过合理的推理，得出在一定程度上使人们可信的结论，在处理复杂的工程问题时显得十分有效。许多较新的评判决策研究都以模糊数学作为基本的数学工具。模糊综合评估并不像经典的综合评判能够用一些简单的数值来表示，然后用总分法(求和)或加权平均的方法来得出一个总分而进行排序择优来完成。它是运用模糊数学理论，统计学规律。使得方案选优和决策建立在量的比较基础上，并使以其为基础开发的计算机辅助论证系统更具科学性。

3. 回归分析法

回归分析法是数理统计学中的方法，比较常用。它是处理变量之间相互关系的一种统计方法。这种方法中，最简单的是一元线性回归分析，也可以是多元线性回归分析和非线性回归分析。一般而言，人力资源需求量变化起因于多种因素，故可考虑用多元线性回归分析。

## 三、治安资源评估的步骤

治安资源的评估过程由于评估要求、评估对象、评估方法的不同而各有侧重，一般应按照如下步骤展开。

**(一)成立治安资源评估小组**

治安资源评估的主体可能是政府相关部门、组织或受委托的中介机构，但具体的评估工作需要由熟悉治安资源评估的专门人员组成评估小组来实施。评估小组应广泛吸收来自治安部门、社会管理部门、人力资源管理部门等相关部门的不同层级的管理人员和评估专家参与评估过程。在评估方案的制定和优化中，要多方征求与治安资源存在不同程度连接关系的部门或组织的意见和建议。

治安资源评估的对象取决于治安资源评估的要求。一般来说，宏观的治安资源评估对象是某地区治安资源的总体状况。微观治安资源评估的对象则可能是某社区、某单位某一类治安资源的状况，如治安人力资源。评估对象和评估要求决定了在评估方法选择时需要考虑的要素是不同的。

**(二)收集评估对象的相关资料**

不论是宏观评估还是微观评估，都需要收集评估对象的相关资料，如治安资源的数量、规模、发展历史和趋势、影响治安资源的各种因素等。这些资料是进行评估的数据基础。不同治安资源在资料的完整度上可能存在很大差别，从而形成对评估方法选择方面的限定条件。

**(三)选择适当的评估方法进行评估**

治安资源评估方法的种类很多，但在实际评估过程中，一般只会选择一到两种方法开展评估。评估方法的选择标准主要考虑三个方面的因素：评估的精度要求、评估对象的特征和可用的评估资料数据。目前，在治安资源评估方面使用的方法大多是定性方法或半定量方法，定量的方法虽然在理论上能够达到更高的精度，但是在数据资料方面的要求也相对较高，当前对治安资源的掌握程度大多不足以满足这种要求。

在一些评估中，可能需要以一种评估方法为主线，综合使用多种评估方法，才能实现评估的目标。例如，在层次分析法中，确定评估指标可能使用德尔菲法或专家会议法对指标进行选择和修正。

定性的治安资源评估方法主要依靠评估者的主观判断，这类方法相对直观。但是，定性方法需要建立不同的评估指标体系，评估指标反映了人们对治安资源多方面属性的认识，是定性评估方法的基础。定性评估结果是否能真实反映治安资源的质量，评估指标和方法过程选择的客观性、合理性、科学性和公正性是一个基础性的关键因素。但评估指标体系的选择、建立、相关指标赋值、评估方法与过程往往具有不可克服的主观性，从而会影响到评估的客观性。因此，在得到评估结果后需要根据评估方法的特点进行可靠度检验或一致性检验，如果不能满足检验标准，还需对评估模型或评估过程进行改进，以修正评估结果，直至符合要求。

**(四)形成治安资源评估结论**

治安资源评估结论应包括评估目标、评估对象、评估方法、评估过程和评估结果。治安资源评估结论不仅可以为治安资源的管理和使用提供依据，而且可以为进一步的评估奠定基础。

# 第十一章　治 安 职 权

## 第一节　治安职权的内涵

### 一、治安职权的含义

治安职权是治安治理主体依法管理社会事务、治理社会治安问题时，履行国家赋予的责任而具有的职能，是依法定位到具体的行使权力主体上的以国家行政权为主要表现的行政权力。治安职权包含以下几层含义：

**(一)治安职权是具体化的国家行政权**

恩格斯说："国家的本质特征，是和人民大众分离的公共权力……对于公民，这种公共权力起初只不过当作警察来使用，警察是和国家一样古老的……"①国家权力通常以宪法、法律等加以颁布，是由政权机关运用国家机器来实现其意志、巩固政权、管理公共事务的支配力量。国家权力的形成来自于国家各机构，因此也可以叫做治权或政府权力。警察权和外交权、军事权一样属于国家权力，是国家权力的一种重要形式，是一国主权的组成部分，它是由国家赋予专门机关和特定人员实施的，是警察职业的构成要素。政府权力来自于国家主权通过法律的合法授予。在西方实行"三权分立"的资本主义国家中，国家权力被划分为立法权、司法权和行政权三个部分，分别由不同的国家机关掌握。在权力行使过程中，三个机关相互制约、相互独立、相互配合。在我国实行的是人民民主专政下的民主集中制，人民是国家的主人，国家权力由人民通过选举的人民代表组成全国人民代表大会和地方各级人民代表大会，行使国家权力。人民代表大会代表国家和人民的意志，集中统一掌握和行使国家权力，国家的行政、审判和检察机关是国家权力机关的执行机关。我国的公安机关作为为人民服务的警察机关，在具有阶级属性的同时，又不同于西方国家的警察机关，更体现为鲜明的人民性。治安职权是国家行政权的重要组成部分，是治理社会治安的一种付诸实施的具体权力，这种由公安机关或有权组织所拥有和行使的国家行政权就是治安职权。行政权是国家权力的组成之一，治安职权具有国家权力的基本特征就是题中之义。

**(二)治安职权是特殊的国家行政权**

公安机关是我国国务院和各级政府领导的一个职能部门，是国家行政机关的重要组成部分，专门负责由法律、法规所确认的，属于社会治安秩序方面的行政管理任务。从组织属性来看，公安机关作为我国的国家治安行政管理机关，在具有武装性、刑事司法性和治安行政性的同时，又不同于人民军队、人民检察院、人民法院及其他国家行政机关。治安管理部门是公安机关的重要组成部分，是特殊的行政机关。一是治安部门具有武装性，是其作为国家

---

① 恩格斯选集(第四卷)[M]. 北京：人民出版社，1975.

暴力机器的显著标志，也是区别于一般行政机关的一个显著标志。治安管理部门实行统一装备标准，配备武器、警械及其他武装设施，其编制内的人民警察拥有依法使用武器、警械的权力。治安部门的组织机构按照同犯罪分子作斗争的需要在省级设总队、市(州)设支队、县(区)设大队，进行队建制构架，进行集中领导、统一指挥。同时，治安部门在处突、维稳等工作中担负着武装性质的战斗任务。二是治安部门又具有刑事司法性。刑事司法属性，是指它是国家主要的侦查机关，具有侦查、拘留、执行逮捕、预审的权力，参加刑事诉讼活动并起重要作用。《中华人民共和国人民警察法》规定，治安部门在刑事诉讼中担负刑事侦查、刑事强制和部分刑罚执行的任务。其还负责依法执行拘传、取保候审、监视居住、拘留、执行逮捕等刑事强制执法和监外执行、缓刑执行、假释执行、管制、拘役与剥夺政治权利执行、没收财产执行等刑事惩罚执法。

治安部门的刑事司法性还表现在治安部门承担大量具体的刑事侦查工作。1998 年 11 月，公安部印发了《公安部刑事案件管辖分工规定》，明确了公安机关治安部门具体对 95 种刑事案件具有管辖权。2008 年 6 月，最高人民检察院、公安部联合印发了《最高人民检察院　公安部关于公安机关管辖刑事案件立案追诉标准的规定(一)》，对公安机关治安管理部门管辖的 101 种刑事案件立案标准作了明确规定(在规定中没有明确规定但是由治安部门管辖的还有 4 类刑事案件：不报、谎报安全事故案，聚众扰乱社会秩序案，聚众冲击国家机关案，聚众扰乱公共场所秩序、交通案)。仅仅狭义上的治安部门就管辖有 105 种刑事案件(不包括广义上边防、消防、交通等部门管辖的刑事案件)。治安部门管辖刑事案件后，自然而然居于刑事诉讼的第一线。其办理刑事案件工作质量高低，直接关系到整个办案的质量，关系到全部刑事诉讼任务的完成。

治安部门的治安职权既有一般行政机关或组织行使行政职权的共性，又有司法机关和侦查部门所具有的刑事司法个性特点。虽然治安职权是国家行政权的重要组成部分，其行使属于社会治安秩序方面的行政管理权，但是治安部门又对部分刑事案件具有管辖权从而兼具刑事司法属性，这就让治安部门既不同于单一性质的行政部门和组织，又不同于“单纯”具有刑事司法权的其他司法机关和公安机关的侦查部门，同时拥有行政权和刑事司法权让治安部门在所有行政机关和组织中显得极为特殊。

**(三)治安职权是治安治理主体拥有和行使的权力**

治安职权的行使是公安机关和有关组织以独立法律地位与管理者的身份参与治安治理时具有的权力。它是体现国家意志和强制力，是作为国家权力的具体表现形式，因此对它的行使有严格的限定。在任何国家能够行使警察职权的都只能而且必须是特定的警察机关或者组织。在我国能够拥有和行使治安职权的只能是能够以独立地位参加行政法律关系，进行治安治理的机关和组织。

治安职权主体拥有和行使治安职权的方式有两种：一是由公安机关直接拥有和行使。二是由有关机关、组织或个人以公安机关的名义拥有和行使。其以公安机关名义行使治安职权时，必须以有治安管理主体依法作出的有效职权委托或职权分配为前提，其行使治安职权的行为所产生的法律后果也要由它们的委托治安治理主体或所属的治安治理主体承担。

## 二、治安职权的内容

**(一)行政执法权**

《中华人民共和国人民警察法》第 6 条规定，公安机关的人民警察按照职责分工，依法履行下列职责：(1)预防、制止和侦查违法犯罪活动；(2)维护社会治安秩序，制止危害社会治安秩序的行为；(3)维护交通安全和交通秩序，处理交通事故；(4)组织、实施消防工作，实行消防监督；(5)管理枪支弹药、管制刀具和易燃易爆、剧毒、放射性等危险物品；(6)对法律、法规规定的特种行业进行管理；(7)警卫国家规定的特定人员，守卫重要的场所和设施；(8)管理集会、游行、示威活动；(9)管理户政、国籍、入境出境事务和外国人在中国境内居留、旅行的有关事务；(10)维护国(边)境地区的治安秩序；(11)对被判处拘役、剥夺政治权利的罪犯执行刑罚；(12)监督管理计算机信息系统的安全保护工作；(13)指导和监督国家机关、社会团体、企业事业组织和重点建设工程的治安保卫工作，指导治安保卫委员会等群众性组织的治安防范工作；(14)法律、法规规定的其他职责。在赋予人民警察十四类职权中，每一项都和治安部门密切相关，每一项的完成和落实都离不开治安部门有序的工作。治安行政执法体现在公安机关依照法定职权和程序，对外部事务的管理活动。具体内容涉及治安管理、户口管理、出入境管理、消防管理、道路交通管理、计算机安全监察等。

**(二)刑事执法权**

公安刑事执法是公安工作的重要组成部分。从刑事执法的范围上看，有广义和狭义之分。广义的公安刑事执法，是指公安工作中所有涉及执行国家刑事法律的活动。它不仅包括公安机关刑事侦查部门对刑事案件的立案、侦查活动，也包括公安机关的其他职能部门在各自的业务活动中，依照国家的刑事法律规定，发现犯罪信息，查证犯罪线索，控制、预防犯罪，协查、缉捕犯罪嫌疑人，保障无罪的人不受刑事追究，维护被害人的合法权益，保护公民免受犯罪的侵害等各项活动。狭义的公安刑事执法，是指公安机关刑事侦查等部门依照《刑事诉讼法》的规定，在办理刑事案件过程中执行刑事法律的活动。其包括普通刑事案件侦查、经济犯罪案件侦查、毒品案件侦查、国家安全保卫等部门依照《刑事诉讼法》的规定对刑事犯罪的侦查。这也是公安刑事执法的主要内容。①

《公安机关办理刑事案件程序规定》第 2 条规定：公安机关在刑事诉讼中的任务，是保证准确、及时地查明犯罪事实，正确应用法律，惩罚犯罪分子，保障无罪的人不受刑事追究，教育公民自觉遵守法律，积极同犯罪行为作斗争，以维护社会主义法制，保护公民人身权利、财产权利、民主权利和其他权利，保障社会主义建设事业的顺利进行。根据以上规定，公安机关在刑事执法中的任务，概括起来有两个方面即：准确、及时地查明犯罪事实，正确应用法律，惩罚犯罪分子，保障无罪的人不受刑事追究；教育公民自觉遵守法律，积极同犯罪行为作斗争。根据《最高人民检察院　公安部关于公安机关管辖刑事案件立案追诉标准的规定(一)》的规定，治安部门负责 105 类刑事案件的管辖，自然从法律上取得和公安机关侦查部门一样的刑事执法权。

## 三、治安职权的特征

通常而言，与立法权、司法权相比，行政权具有公共性、公益性和服务性等特点。无疑，我国公安机关的治安职权也具有上述特点。但是作为一种特殊的治安职权也有许多自身的特点。

---

① 公安发展战略研究[M]. 北京：中国人民公安大学出版社，2007：99.

**(一)专属排他性**

在特定的范围和层次上，治安职权具有专属性。专属意味着治安职权对于自己的力量，具有专有性，对其作用的领域、范围和相关事务具有专属性，因而排斥其他力量的同等作用。治安权力的专属排他性是由于治安职权的形成过程中，由国家授权或者委托而获得。在既定的范围和层次上，在社会特定的利益关系中，公安机关维护社会稳定，保证良好社会秩序和保障公共安全的责任和权力的唯一性决定了治安职权行使的专属和排他性。

治安职权的专属排他性，在不同的范围和层次上有不同体现。在社会利益结构的各层级和范围上，它体现为治安职权特有的公共权威性。在国家层次和更大范围内，治安职权表现为国家主权之一的警察权。在与社会和其他行政机关的关系方面，它体现为治安职权的独占性和非分享性。

**(二)扩张延展性**

治安职权是一定社会背景下的国家行政权力的表现。在社会发展和管理领域的扩展下，治安职权与其他行政力量的相互作用过程中，为了体现国家意志，实现更好的社会秩序和公共安全的需要，治安职权会随着社会生活领域的扩展而不断发展，表现为极强的、内在的扩张延伸性。治安职权的扩张性在治安职权行使涉及的多领域、全时空性均有表现①。一方面治安职权的行使横跨多个行政领域并且与刑事司法领域相交织。现实中公安机关其行政职权管辖就包括了公共场所、道路交通、户政管理、消防管理、出入境管理等共21类，对涉及公共秩序、公共安全等领域的活动都有权进行行政管理和行政处罚。对法律赋予的刑事案件负有管辖权，兼顾着105种刑事案件的侦查等工作，这就注定了其职权囊括的领域非其他部门能比拟，让治安职权丰富且全面。另一方面治安职权行使的全领域决定职权行使的触角延伸到社会的方方面面、涉及公民生活的点点滴滴，表现出全时空、全领域等特点。在时间方面，警察全天24小时都在工作与服务；在空间方面，陆地及其附属物都可以看见警察的身影。空间领域有空警，地下有负责轨道交通安全的警察，水面、河流、海洋等有水警、海警，即使虚拟的空间中也有网络警察的监视。

**(三)强制性**

世界通行的原则是只有法律的授权，且只有警察才能限制公民的人身自由。涉及公民人身自由的盘查、留置、拘传、行政拘留、收容教育、强制戒毒、劳动教养等警察权，都是警察专有的行政强制措施和行政处罚。这些强制措施和处罚限制或剥夺了行政相对人的人身自由，关乎行政相对人的生命安危、人格尊严，具有很强的人身强制性。特别是收容教育、强制戒毒、劳动教养的期限很长，对类似的违法行为，其处罚幅度往往超过刑罚，而其救济手段却不如刑罚。从这一角度来说，我国警察行政权的人身强制性甚至严厉于其刑事权。

**(四)命令性**

行政行为可分为形成性、确认性和命令性三类。形成性行政行为是指创设、变更或消灭具体法律关系的决定。警察的行政行为与其他领域的行政行为在命令性方面的不同表现在：第一，命令性行政行为在其他行政领域中所占的比例不高，而警察行政权却主要是以命令性行政行为实现的。第二，能体现其他行政行为命令的行政处罚和行政强制措施基本上限定在责令改正、吊销相关证照、取缔、罚款，而体现警察命令性的行政处罚和行政强制措施种类

① 黄学贤，崔进文．多维视角下的我国警察行政权[J]，中国人民公安大学学报(社会科学版)，2010(2)：97-98.

却很多，除了比较常用的警告、责令改正、罚款和拘留等外，还有强制铲除、现场管制、先行登记、紧急征用、监视居住、强行遣回原地、强制检查性病、强制治疗、强制驱散等。“这种命令和禁止执行任务的方式，乃是各国警察行政权含义内普遍使用的方式。实施命令和禁止，是警察行政行为的最一般特征，各国警察概莫能外。”①

**（五）优益性**

优益性是优益权的具体体现。优益权是国家为确保行政机关有效地行使职权，切实履行职责，圆满实现公共利益的目标，而以法律、法规等形式赋予行政机关享有各种职务上或者物质上优益条件的资格。它是一种特殊的法律保障与物质保障。治安职权行使的优益性表现在行使职权的主体在拨款、装备、办公经费等优于普通的行政机关。同时按照相关规定，警察因履行职责的紧急需要，经出示相应证件，可以优先乘坐公共交通工具，遇交通阻碍时，优先通行。可以优先使用机关、团体、企业事业组织和个人的交通工具、通信工具、场地和建筑物。在情况紧急时，可以征集、调用单位或者个人的交通工具、通信工具、场地和建筑物以及供水、供电医疗设施（设备）等，在必要时可使用警械，可对公民的人身和财产实施即时强制，可采取紧急管制措施。

**（六）单方性**

治安职权是治安管理主体代表国家管理治安事务的权力，具有国家意志性。为了维护国家、社会和集体等公共利益，治安管理主体在行使职权过程中以命令为处理其与相对人关系的一种方式。在主体行使权力时无需征得对方的同意，其产生的效力也不依附于相对人的意志。

## 四、治安职权的本质

职权包含了职责和权力两个方面。从哲学角度解释，治安职权的权力表现为控制力，这种控制力是通过行使权力主体的影响力和支配力来实现对管理对象、范围、领域的控制。它是统治阶级的意志上升为国家意志后，通过法律赋予行为主体支配公共价值资源来实现其意志的行为。

恩格斯指出：“事物的本质上的反映，是从它们的联系、它们的联结、它们的运动、它们的产生和消亡方面去考察的。”②根据这种精神，探讨治安职权的本质，应该从分析治安职权形成的逻辑过程入手。在治安职权形成过程中，有两个重要的社会范畴。一个是事实范畴，一个是价值范畴。事实范畴表现出事物存在的客观属性，其内在的核心则是以利益问题表现出来。价值范畴则表现出对事实范畴的看法、态度和观点。价值范畴是事实范畴意识上的表现，对事实范畴的发展有能动作用。

治安职权形成的重要条件正是由于人们之间的利益关系。利益内在的矛盾运动，促使不同的利益主体之间形成共同的社会利益关系，从而凝聚成共同的力量，形成共同利益体。现实社会中，人们形成政治的、文化的、经济的、个人的、群体的等各种各样的利益，各种利益交织在一起，其内在的矛盾运动，促使不同的利益主体之间结成不同的利益关系。不同利益主体彼此间的利益会交织而产生新的利益诉求或者利益矛盾，形成新的利益群体或者利益

---

① 黄学贤，崔进文．多维视角下的我国警察行政权[J]．中国人民公安大学学报（社会科学版），2010（2）：97-98.

② 马克思恩格斯选集（第3卷）[M]．北京：人民出版社，1995：359.

关系，产生新的利益力量对比。在此消彼长的力量对比中完成权力的分配。具体到个体时，当人们在实现对安全的追求过程中，总不免会遇到各种突发事件(故)，或者曾经直接、间接遭受刑事犯罪侵害，或者亲眼目睹刑事犯罪发生，这些都会给人们造成的心理影响，直接关系到人们对安全的认同感。为了实现和维护自己的利益、为了自身的安全，个人也愿意让渡和放弃部分个人自由权利，从而形成不同利益要求的社会力量而达成共同利益关系。但是，共同利益不可能通过作为私人行动者的动机按照实现市场交换的方式来实现，共同利益也很难通过社会成员完全自发的行动予以实现。为了完成对社会共同利益即公共安全的维护，往往需要有第三方的力量来平衡矛盾运动中的力量对比。作为第三方力量的治安职能主体正是在利益主体相互妥协、相互让渡权利的过程中为实现共同利益而形成。

治安职权的运行，实际是人们对公共利益公共性的价值判断后，在认同共同利益的公共性而选择的一种实现方式和机制，是通过对个体的约束来完成并实现公共的利益。治安职权形成受制于人们对存在的利益关系——公众的安全感——的看法，也就是价值观的范畴。人本主义心理学家马斯洛提出著名的需要层次理论，他认为当生理需要被大部分满足之后，第二层次的安全需要就出现了。个体变得越来越对寻求环境的安全、稳定和保障感兴趣，可能产生了发展某种结构、秩序和某种限制的需要。人类安全需要的保障是社会进步的表现，与动物消极、被动相比较，人类更有主动适应、改造、创造环境的能动性。但是，对于利益的实现和维护却不是一个自发的过程，不是一个自为的过程。人们在实现和维护利益过程中，相关利益主体会采取不同的方式、选择不同的路径，实施不同的策略主张。

治安职权的基础表现为对其他社会成员进行必要的约束，对社会成员行为进行规范。治安职权本质上是政治社会中常态下公共力量的必然表现，是特定的公共权力。其所要实现的是社会群体对安全感的共同要求。

## 第二节　治安职权的行使

### 一、治安职权行使的主体

#### (一)治安职权行使主体的含义与类型

1. 治安职权行使主体的含义。

治安职权行使主体是指参加到治安治理关系中，在维护治安秩序中处于主导和权威地位依法行使行政、刑事司法等职权的公安机关或社会组织。我们可以从以下几个方面来理解治安职权行使主体的含义：

(1)治安职权行使的主体首先是公安机关。对于治安职权行使主体首先必然是公安机关，对此可以这样理解：一是行政权和刑事司法权的来源上属于国家权力，其行使的主体只能由公安机关，其行使的主体构成必然在这些机构中间产生，以授权或者委托的方式表现出来。二是治安职权不论是以行政权表现还是以刑事司法权出现，都是因实施国家职权而产生，在所产生的法律关系中参加者通常包括多方当事人，那么处于主导地位或者居于管理者地位的一方即是治安职权行使的主体。所以，只有公安机关参加相应的治安治理和刑事司法活动并产生相应的法律关系，是其成为治安职权主体的前提。三是并非一切国家机关或社会组织都能成为治安职权的主体，只有依法拥有治安管理权和刑事司法权的公安机关的治安部门才能成为治安职权的主体。不拥有治安管理权和刑事司法权的其他机关包括公安机关的其他部门或社会组织是不能成为治安职权行使的主体。

(2)治安职权主体能够以自己的名义行使治安职权并对实施行为产生后果承担相应法律责任。以自己的名义行使职权是指公安机关或者社会组织能在法律规定的范围内依照自己的判断作出决定，发布命令，并以自己的职责保障这些决定和命令得以实施的过程。

2. 治安职权主体的类型①

对治安主体范围有不同的看法，有学者建议将治安主体分为代表国家行使治安管理权力的国家治安主体(国家组织)、与国家之外的社会治安主体(社会组织)②。也有学者将治安主体分为警务系统力量与非警务系统力量两大类③。由于组织性质及权限职责的不同，治安职权主体可以划分为三类：

(1)代表国家的治安主体。国家各级公安机关及工作人员、边防管理部门等专门的国家治安主体以及海关、武警甚至军队等具有治安职能的治安主体。代表国家行使治安管理权的各级公安机关也就是治安管理主体。

(2)民间的社会治安主体。民间的社会治安主体根据其性质可分为有偿性的民间社会治安主体以及义务性的民间社会治安主体。其中，保安服务公司、治安承包组织等以营利为目的的市场主体作为有偿性的社会治安主体。而义务性的民间社会治安主体又包括自治性的治保会以及具有志愿性质的治安志愿者、治安联防队等防范组织。

(3)企事业单位治安主体。企事业单位的治安主体主要是指机关、团体、企事业单位内部的治安保卫组织，主要指单位内部的保卫处(科、部)，其作用是强化单位内部的安全防范，以维护单位内部的正常秩序。

随着社会主义市场的发展完善，治安主体出现了多元化的趋势。更多的组织群体甚至个人都将承担起维护社会治安的职责。传统的由公安机关专职维护社会治安的局面向社会治安多元治理转变。

**(二)治安职权主体资格的来源④**

1. 治安职权主体的取得

治安职权主体是行政主体的重要组成部分。一般情况下只能由各级人民政府行使治安管理权及刑事司法权的公安部门获得，它是治安职权的主要行使者。根据有关法律的规定，治安职权主体的取得，应具备以下条件：

(1)依法成立。一是法律法规的规定。在我国代表国家的治安主体行使其治安职权的多表现为行政机关。而行政机关的设立要依据宪法和有关组织法。其不仅概括地规定了我国行政机关的组织体系和组织原则，还具体地规定了各级行政机关的组织结构和应该设立的职能部门，从而为我国职权行政主体的设立和资格的取得提供了明确的法律根据。二是有权机关的批准。一般是级别较高的国家权力机关或行政机关，它们有权使用法定职权和程序，就是否设立某行政机关或某职能作出决定。

(2)拥有法定职权。现代法治国家，行政机关的职责和权限应当由法律规定并且主要由

---

① 袁明林．试论治安主体与治安客体之关系辨析[J]．湖北警官学院学报，2011(5)：84.

② 陈涌清．中国古代基层乡村治安主体的演变[J]．中国人民公安大学学报，2009(1)：73.

③ 卢国显．我国治安学存在的理论问题与学科发展的基本思路[J]．中国人民公安大学学报，2004(2)：65，156.

④ 本部分参考了张正钊主编．行政法与行政诉讼法[M]．北京：中国人民大学出版社，2006：44-46.

宪法和组织法规定。我国宪法、国务院组织法、地方各级人民政府组织法都规定了各级人民政府及其职能部门的职责权限，为其取得职权行政主体资格提供了法律依据。

(3)具有法定的机构编制和人员编制。行政机关应当由相应的机构和工作人员组成。这是行政工作得以展开的基本要求。没有应有的机构和人员，行政机关的行政职权就难以实施，行政管理就要落空。

(4)拥有独立的行政经费。行政经费是行政主体行使行政权，管理社会公共事务并承担相应行政责任的物质基础和物质保障，其行政经费主要来源于国家的财政拨款。

(5)拥有必要的办公条件。办公场所和办公设备是行政主体行使行政职权的必要条件。没有必要的办公场所和办公设备，行政主体则无法开展工作也更谈不上维护其形象和权威。

2. 授权治安职权主体的取得

授权行政主体是行政主体的有机组成部分，是相对职权行政主体而言的。虽然不同的主体因授权的职权不同，资格的取得要求也各有差异，但从总体看有以下几个条件则为授权行政主体资格所必备：

(1)有特别授权。授权行政主体行使的行政职权是一种非固定的职权。即按照宪法、有关组织法的规定本不应该由它们来行使的职权。因此，行政机关、行政机构或有关组织取得行政主体资格，行使这种非固有职权，就必须获得特别的、有效的授权。无论何种形式的授权，只要其授权有法定依据，即可成为行政机关或者有关组织取得行政主体资格的依据。

(2)具有相应的组织形式。具有职权行政主体资格的行政机关同时取得授权行政主体资格。其在组织形式上必须达到职权主体所需求的各种条件，而且法律通常对这种条件有明确的规定，根据法律原则和实施职权实践的要求，其条件还是能基本确定，即它们也应该拥有一定的机构和人员编制，拥有一定的行政活动经费，有一定的办公场所和办公条件等。

(3)符合法定程序要求。授权行政主体资格的取得，不仅要有法定授权依据，还要严格遵守法定程序。除了法律、法规直接授权的情况外，被授权机关或组织可依法定程序取得。这种法定程序既包括形式授权，还应包括实质授权。

**(三)治安主体多元化**

开放的社会治理模式和封闭的社会治理模式体现了不同的社会组织程度。社会组织在开放的社会治理体系中社会资源整合性较差，但有着更加广阔的发展空间和更加灵活的参与方式和途径。社会组织在封闭的社会治理体系中社会资源整合较强，以制度、规定和权威体现出的治理模式，有着高效、统一的表现，但灵活性和主动性较弱。在治安治理主体多元化的治安治理体系构建的逻辑下，治安治理主体的多元化，必然产生新的治安治理模式。

我国社会组织、社会力量参与治安治理的外部制度空间不足，较少参与到宏大、体系化的治安治理之中，主体的积极性、能动性等作用发挥明显不足。党的十八大提出了城乡社区治理和加快形成党委领导、政府负责、社会协同、公众参与、法治保障的社会管理体制。十八届三中全会明确提出了创新社会治理体制、提高社会治理水平的新要求。新形势下拓展治安主体建设，既是加强和改进治安治理工作的重要维度，又是社会建设的重要内容。治安治理主体多元化的建设是治安治理社会化的必由之路。

1. 治安治理主体多元化的基础。

(1)安全的需要是治安治理多元化的自然基础。安全是生物界、人类世界共同的生存需要，是生物界相通的生存法则。对于人类社会而言，体现出个体安全、社会群体安全、国家安全等不同的层次。每个层次又有不同维度表现形式，其往往交织在一起，难分彼此。然而不论哪个层次的安全需要，能否得到满足取决于两个方面：一是安全需要获得尊重。二是社会安全机制能正常发挥作用。但凡有人的地方，就有安全的需要。有人群的地方就要有安全管理。纵观人类发展的历史，阶级的出现、私有制的产生，社会群体的经济、政治、安全诉求也就清晰表现出来。人类萌芽了早期的秩序管理，开始了维护安全预防措施、处罚手段等风格各异的治理模式的探索。无论何种制度、何种阶层，其对安全的需求、对安全的侧重各不相同，但是基本的、起码的安全需求却是一样的。

(2)社会治安治理的实践是治安治理多元化的社会基础。除国家机器外，意识形态领域和社会力量的参与也能在相当大的范围内维护着个人、群体、社会、国家的安全。我党在长期的斗争和建设中就有了动员社会力量参与到保卫工作的优良传统，其实践中积累的有益成分仍然值得继承和吸收。1927年，我党在井冈山首开了依靠群众的先河。1931年，国家政治保卫局开始将群众工作纳入到公安保卫工作中。毛泽东同志在著名的“九条方针”中提出公安工作与群众工作“专群结合”的原则，并成为公安工作的指针。新中国成立初期，公安民警深入到街道、乡镇去动员和依靠群众做好治安工作，为人民群众提供了广泛的服务，与人民群众结下了深厚的友谊，受到了人民群众衷心的爱戴和拥护。当时社会治安出现高度、甚至是超透明的安全稳定状态——城乡、社会治安形势稳定，夜不闭户，路不拾遗。21世纪80年代开始的社会治安综合治理的实践，在维护社会稳定促进经济发展中发挥了重要作用，并逐步形成了一整套具有中国特色的运行机制和管理模式。

(3)市场经济是治安治理多元化的动力基础。计划经济时代的治安治理是在整个社会处于相对封闭，人财物、信息、环境等要素总体表现为静止状态下进行的。当前处于市场经济时代，社会环境已经发生深刻变化，多种经济并存的多种所有制结构决定了多种资源分配的不同形式，决定了利益多元化，决定了对利益保护多元化。市场经济承认主体独立参与竞争，个体追求经济利益，用市场的力量来解决安全领域的问题成为可能。一部分公民也不希望政府的力量过多进入到私人领域和空间，客观上有对非政府安保力量的需求。

(4)法治、人权意识是治安治理多元化的思想基础。互联网普及、大数据时代的到来缩短了原有的时空距离，观念上的互通互融影响和改变着人们日常的行为规则，改变着人们对事物的看法。高效的社会治安管理既要有硬性的治理规则和治理基础，又离不开软性的治理水平和治理技术。它是以国家治理能力的提升为基础，是国家软硬实力的具体体现。随着多元、独立、权利的思想越来越深入人心，公权力逐渐退出私权领域，原有的治安模式几乎全部被打破，公众对管理方式、对公共安全服务的认识，已经从单纯的盲从加上了更多理性分析的内容，对待公安机关的态度正逐步从初期的情感、利益型向情感、法理型变化。思想领域的变化，让越来越多的公众对新的治安治理模式有所期待。

2. 治安治理体系的内涵

(1)社会治理主体多元化是历史发展的趋势。人类进入到阶级社会后，我国早期的治安管理职能就开始萌发。据史料反映奴隶社会时期出现了寓于军事、司法、刑事等职能之中的治安管理。封建社会时期治安管理有了长足的发展，从中央到地方都设有区别于一般行政机关的机构和人员负责治安工作，且形成了一定的系统。但由于封建社会长期实行警政合一、军警合一的体制，始终没有形成完全独立于行政、军事部门之外的治安管理体系。严格意义上的治安管理始于近代，成长于现代，尤其是在当代治安管理成果法制化、规范化，标志治安管理水平和治理技术又跃上一个新台阶。

我们分析原始社会末期到整个封建社会时期的社会治安治理模式，不难发现贯穿于管理始终的是统治式的治理模式。其突出和强调自上而下的、以权威命令发布为标志的单向要求，它是国家政治生活中一部分成员借助国家机器对另外一部分社会成员实施的统治现象和行为。在世界形势不断变化下，国家职能弱化、公民意识萌芽、经济运行模式变迁等正成为一股潮流，为淡化统治色彩的管理模式创造了历史条件。在国家治理中的治安也必须考虑更多人的诉求，必须在统治中让渡一部分权力、更多地关注被管理对象的关注，尤其是“以人为本”从理念到实践的推进，促进了管理模式由统治向管理的变化。进入21世纪，西方国家出现的管理危机、“市场失灵”和社会组织的兴起，为治理理论与实践提供了充足的准备。可以说，人类对社会治理的历史正经历着从“统治”到“管理”再到“治理”的变化过程。在越来越多对治理讨论的著作中，治理一词都有了不同的内涵，它意味着“统治的含义有了变化，意味着统治的条件已经不同于前，或是以新的方法来统治社会”。① 治安治理从管理向治理的变化，其本质是从单一的治理手段向协同、合作的治理模式转变。公安机关不再是治安治理的唯一主体，在由政府组成部门、安保企业、社区、非政府组织等多元化主体之间构成的相互依赖、相互合作的关系中，不再以强制手段来实现目的，而是通过协商、合作、互助等方式来实现社会治安秩序的稳定和社会的协调发展。可以说，治安治理建立在以人为本的价值追求上，目的是通过构建一套公安机关、公民、社区、安保企业的合作机制、凝聚非市场力量实现公共安全利益的最大化。

（2）治理体系的要素构成。一是治理目标。治理目标回答为何治理和要达到的治理效果等问题。目前对待治理目标上有不同的看法，最通常是把效率、责任、法治作为目标追求的“善治”视为治安治理目标。善治的本质特征就是解决政府与公民对公共生活的合作管理。主流的看法把治安治理定位为国家的职能和责任。“治安治理划归国家强制制度，治安治理因此被理解为纯粹的政治统治问题，从而不予考虑治安的社会维度。”②这种看法有其历史渊源也有现实依据，它强调国家的职能、责任和权威及其治理资源和治理手段，符合当下社会中大多数人的看法。治安善治则是充分利用和发挥社会其他治理主体和资源的作用，更好地服务治理的需要，实现国家层面的战略目标。治安善治是政府和公民合作管理社会治安的过程，是政治国家与市民社会间的一种新型关系。二是治理主体。治理模式下的治安是以社会多元力量参与管理，其主体可以是公安机关，也可以是社会组织、企业等非政府部门，或者是公安机关与这些部门的临时合作形态。①公安机关。在治理体系的建设中，公安机关由于性质和职能，其承担保障良好的社会治安秩序、维护社会稳定的使命，管理以行政命令、规范性文件发表等为手段，突出从上至下“一条线”的模式，决定了其在治安治理体系中仍然处于规划、组织、指挥的地位，具有不可替代性。②社会组织。社会组织的一个价值取向就是公共性。在治安治理中以多元的、整合的治理目标为行动方向，多元的目标就要求模糊统治者与被统治者、管理者与被管理者的界限，将参与公共事务管理的各方置于平等的交往平台。在参与到治安治理体系的过程中，社会组织通过提供治安服务和治安治理“产品”来实现其价值取向，兑现社会责任。社会组织社会责任的落实又反过来促进了公安机关职能的提升。③企业等非政府组织。市场经济下，获取最大的经济利益是企业的第一要务。处于风险社会中，企业的产生、经营也是存在诸多风险，需要企业在其活动过程中有必要地管控风险

① Rhodes，Understanding Governance：Policy Networks，Governance，Reflexivity and Accountability. Buckingham：Open University Press，1997，pp. 1-2.

② 程金生，周茜蓉．论社会治安善治［J］．广东教育学院学报，2009（6）：11.

的安全要素投入。通过这些要素来发挥作用以保障企业的利益或者为其他企事业单位提供服务，形成利益驱动型的合作。④其他临时合作形态的组织。其他组织虽然对公共安全或者治安治理没有太多的联系，但是对安全的共性需求形成可以合作的可能。三是治理方法。治理方法回答怎样治理的问题。它包括治理采用的路径、技术路线、工具、措施等。计划经济时代，人财物的流动处于静止状态，公安机关独占社会治安资源，能够为社会提供所需的安全保障，社会无需参与或者承担必要的治安治理责任。但是，在市场经济条件下，社会流动由静止状态向高速状态转变，在基本的治安资源未变化的情况下，公安机关除了外在因素，还要面对警力缺乏的事实。整个社会的预防犯罪、安全保障几乎都是公安机关的事，公安机关能够采取的手段、措施较为有限，也只能通过单向维度、自上而下用命令式的治理模式来实现对社会的管控。随着公共治理理论的兴起、法治观念的深入、安全意识的凸显、公民社会的出现，群众和公安机关都认识到保障公共安全不仅仅是公安部门一家的事。一些地方采取的治安承包、情报信息奖励等尝试，正是运用经济的力量、依靠市场的要求来进行治安资源的调节和资源配置。

## 二、治安职权行使的程序

治安职权行使包括行政执法程序和刑事执法两种程序。执法程序是治安职权主体实施行政执法时必须遵守的方式、步骤、空间、时限。程序的设定反映了权力运行的过程①。因此在治安职权行使程序中具有法定性、动态性、时空性、步骤性等特征。通过治安职权行使程序的设定在确定保障当事人合法权益、提高公安机关工作效率等方面有重要意义。概括而言，在治安职权行使中主要有以下程序：

### （一）行政审批程序

公安行政审批是指公安机关在公安行政管理中对管理对象提出的申请予以审查批准的行政措施。这项措施广泛运用于公安管理的各项业务中，其具体程序是：

1. 受理。受理是公安机关对管理对象的申请、请示、报告等行为予以收受表示处理的活动。公安机关在受理时应对申请、请示、报告进行初步审查，在受理后，必须在法定期限内尽快予以审查办理，不得无故拖延或受而不理。

2. 审查。公安机关在受理申请后，要调查核实申请内容，并对申请对象及内容是否符合法定条件进行审查。

3. 作出决定，签发有关证明文件。经审查符合条件的，公安机关应作出批准决定，并签发有关许可证明文件。不符合条件的，作出不予批准的决定并通知申请人。

### （二）行政处罚程序

1. 普通程序

普通程序就是公安机关在适用行政处罚中依照法律规定，经过传唤、讯问、取证、裁决而作出处理决定的法律过程。普通程序主要有以下内容：

①传唤。传唤是公安机关对违法行为人或嫌疑人，限令其在指定时间到指定地点接受讯问的一项法律措施。传唤有书面传唤和口头传唤两种。经书面传唤或口头传唤后，被传唤人无正当理由不接受传唤或逃避传唤的，公安机关还可以采用强制传唤。

②讯问。讯问是公安机关的人民警察为了查明违法事实，而依法对违法行为人或嫌疑人

---

①　罗豪才．行政法学[M]．北京：中国政法大学出版社，1996：281-282.

所进行的正面调查和审问。违法行为人或嫌疑人到案后，公安机关要及时进行讯问，每次讯问时间不得超过12小时，若案情复杂，一次讯问未查清后，可以再次讯问。

③取证。取证是指公安机关依法收集，获取可以证明违法事实的证据的活动。公安机关可以通过询问被害人，讯问嫌疑人或行为人，询问证人，收缴、扣押与违法事实有关的财物，勘查现场，专门鉴定，秘密调查等方式收集证据。

④裁决。裁决是公安机关对违法行为人依法作出处理决定的活动。裁决的基本要求是事实清楚，证据确凿，定性准确，裁量适当，程序合法。

2. 简易程序

简易程序也称当场处罚程序，是指行政主体对案情简单的行政违法行为，当场作出裁决决定给予处理和执行，或者在紧急情况下没收、扣押违法物品、工具等应该遵守的程序。

①简易程序的适用条件：一是案情简单、事情清楚、证据确凿，无需进一步查证。二是案件社会影响不大。

②简易程序的内容。简易程序是治安职权主体实施行政行为的方式、步骤、时限等要素的总和。在具体实施简易程序时，一是表明身份。这是简易程序的第一个步骤，它表明主体有权作出行政行为的主体资格。二是指出事实，说明理由，必要时进行调查取证。三是行政相对人可以口头申辩，执行主体要给予答复。四是制作行政决定书，送达行政相对人并告知权利。五是执行。一般采用简易程序的后果都比较轻微，执行对行政相对人影响不大，因此可以当场进行执行，也可以在规定的期限内执行。六备案。对于简易程序行政决定作出后行政相对人持有异议的转入其他程序。

**（三）听证程序**

根据《行政处罚法》的规定，公安机关在行政处罚中适用普通程序时，当事人要求听证的或公安机关认为有必要听证的，可以组织听证。听证程序仅适用于应当给予较大数额罚款处罚的行政违法案件。适用听证程序的具体方法、步骤是：

1. 在作出处罚决定时，公安机关应告知违法行为人即将裁决的处罚内容，依据的事实和理由以及当事人依法享有的权利。

2. 违法行为人在接到通知后三日内，向公安机关提出听证要求。听证要求可以是书面的，也可以口头提出。

3. 公安机关在组织听证七日前，将举行听证的时间和地点通知违法行为人、被害人、办案人员和有关证人。

4. 由公安机关组织听证。主持人员由公安机关负责人指定，但不应是本案的调查人员；如果当事人认为主持人与本案有利害关系，有权申请该主持人回避。

5. 举行听证时，违法行为人可以亲自参加，也可以委托一至二人代理；听证中，由案件调查人员提出查证的违法事实，证据和处罚意见，当事人进行申辩和质证。

6. 听证过程应制作笔录。

**（四）执行程序**

裁决的执行是公安行政处罚的最终程序，只有执行，才能使公安行政处罚裁决的内容得以实现，以体现法律强制力。执行的一般要求是：

1. 裁决书应当送达当事人。

2. 必要时可以采取强制措施。

3. 当事人如果逾期不执行或拒绝执行裁决，除采取强制措施予以执行外，还应视情节追究法律责任。

4. 执行情况及结果一般应通知受处罚人所在单位或居(村)委会和常住地公安派出所以及被害人；对不满18岁的未成年人的执行，还应通知其监护人。

**(五)行政复议程序**

公安行政复议是指不服公安行政处罚的当事人，在法定期限内向上一级公安机关提出申诉，上一级公安机关对原裁决进行审议，并依法维持、变更或撤销原裁决的一种行政行为。公安行政复议的程序包括：

1. 申请

不服公安行政处罚的当事人必须在法定期限内向上一级公安机关提出申请。被处罚人可以自收到处罚决定书之日起60日内提出行政复议申请。如果超过规定的时效，被处罚人就失去了复议申请权。

①被处罚人申请行政复议，可以书面申请，也可以口头申请。口头申请的，行政复议机关应当当场记录申请人的基本情况、行政复议请求、申请行政复议的主要事实、理由和时间。

②对县级以上地方各级人民政府的公安机关的具体行政行为不服的，由申请人选择，可以向该部门的本级人民政府申请行政复议，也可以向上一级公安机关申请行政复议。对政府工作部门(公安机关)依法设立的派出机构(公安派出所)依照法律、法规或者规章规定，以自己的名义作出的具体行政行为不服的，向设立该派出机构的部门(公安机关)或者该部门的本级地方人民政府申请行政复议。

③被处罚人申请行政复议，行政复议机关已经依法受理的，在法定行政复议期限内不得向人民法院提起行政诉讼。

④行政复议机关责令被申请人(作出治安管理处罚决定的公安机关)重新作出具体行政行为的，被申请人不得以同一的事实和理由作出与原具体行政行为相同或者基本相同的具体行政行为。

2. 受理

复议机关在接到申请人不服裁决的复议申请后，应当依法予以审查，以决定是否予以受理和进行复核审理。复议机关对复议申请的审查主要是以法定的复议申请条件为依据，审查复议申请人、被申请人、申请复议的范围、复议机关的管辖、复议请求及理由、提出申请的日期等事项是否符合法律规定。

3. 审理

公安行政复议可采用书面审理和开庭审理方式。复议机关必须在法定期限内进行审理并作出复议决定。

4. 作出复议决定

复议机关经过对原裁决案件进行审理后，自受理申请之日起60日内根据不同情况，分别作出维持、变更或撤销原裁决并重新裁决的复议决定。行政复议期间治安管理处罚决定不停止执行。但是，有下列情形之一的，可以停止执行。

①作出处罚决定的公安机关认为需要停止执行的。

②行政复议机关认为需要停止执行的。

③被处罚人申请停止执行，行政复议机关认为其要求合理，决定停止执行的。

④法律规定停止执行的。如符合规定的，行政拘留可以暂缓执行。

**(六)治安调解程序**

治安调解是指对于因民间纠纷引起的打架斗殴或者损毁他人财物的违反治安管理行为，情节轻微的，可以不给予治安管理处罚，而采取在公安机关主持下由当事人互相协商，并以书面形式达成解决争议的协议的处理方法。

1. 适用治安调解的条件

①必须是民间纠纷引起的。民间纠纷是指公民之间在公共生活中发生的有关人身、财产权益的争议，以及由日常生活琐事引起的纠纷。

②违反治安管理行为的内容是打架斗殴或损毁他人财物。

③情节轻微，但已构成违反治安管理行为。

④当事人各方有愿意调解处理的意思表示。

⑤公安机关认为适宜调解处理的。

2. 适用治安调解的步骤

在进行治安调解时，一般应遵循以下步骤：

①查清案件的基本情况。开展调查访问，对案件的基本情况做到心中有数，合理划分彼此责任。

②对案件的实质问题，即行为责任划分及经济费用的承担进行调解。

③对达成协议的，制作调解书。若经过调解达不成协议的，则可以终止调解，进入正常的裁决程序。

**(七)行政强制程序**

公安行政强制是指公安机关为了保证公安行政执法的顺利进行而依法采取的强制方法。主要有以下几种：

1. 约束

约束是公安机关限制特定行为人人身自由的一种保护性和预防性强制措施。适用于醉酒的人和精神病人。

2. 没收

没收是将行为人违法所得财物，本人使用的所有的工具及查获的违禁品，无偿收归国家处置的一种强制措施。

3. 赔偿、负担

赔偿、负担是用于保护被害公民合法的人身权利、经济权益的强制措施。赔偿是针对财产损失，负担是针对人身伤害后的医疗费用。

4. 扣留、扣押

扣留、扣押是公安机关依法对特定对象的证件或特定财物所采取的强制措施。即留下其财物，使其脱离占有或留下其证件，使其丧失某种资格。

5. 收容教育

收容是为了维护社会秩序，保护良好的社会风尚的防护性和教育性的强制措施。收容教育是根据国务院《卖淫嫖娼人员收容教育办法》，公安机关不经法庭调查审判，便可对卖淫嫖娼人员进行为期6个月至2年的强制教育、劳动等一系列限制人身自由的行政强制措施。由于该制度与我国的法律中关于公民人身自由权利的保障相违背，并且在执行过程中存在各种争议，因而受到广泛的质疑。按照规定对卖淫嫖娼人员进行收容教育由县级公安机关决定，期限为6个月至2年。

6. 限期整改、停业整顿

限期整改、停业整顿是对违反公安行政法规的工商企业和个体户的生产经营权所进行的有期限性的剥夺，适用于特种行业、公共复杂场所及生产经营危险物品的企事业单位。

7. 吊销许可证

吊销许可证是公安机关对违反公安行政法规的行为人或企事业单位，依法采取的一种撤销法律承认，取消证明文件的强制措施。公安机关可以吊销的许可证包括经公安机关行政审批后发生的所有许可证的文件。

8. 强制戒毒

强制戒毒是指公安机关对吸食、注射毒品成瘾的人采取的使其戒除毒瘾的强制措施。

9. 强行遣回原地

强行遣回原地是指公安机关依法对违反公安行政法规的人所实施的强制送回原居住地的一种强制措施。根据《中华人民共和国集会游行示威法》第 33 条规定，公民在本人居住以外的城市发动、组织当地公民的集会、游行、示威的，公安机关有权予以刑事拘留或者强行遣回原地。该措施适用于在本人居住地以外的城市发动、组织当地公民集会、游行、示威的公民。

10. 强制出境

强制出境是指公安机关对有违法行为或被认为不适宜在境内居留、停留的境外人员，终止其居留、停留，采取强制手段迫使他们离境的强制措施，强制出境的方式有遣送、限期和驱逐出境三种，其中遣送出境由省级公安机关决定，限期出境和驱逐出境的决定权由公安部和国家安全部行使。

**（八）刑事执法程序**

1. 刑事执法的启动程序

由于公安刑事执法的运作可能损害公民个人的自由，为减少不必要的损害，其启动必须慎重，须贯彻合理性原则，即只有确认有犯罪发生而且有立案侦查的必要时，才能启动。

我国的公安刑事执法模式属于一步式，即整个侦查过程没有明确的阶段划分，一个案件的侦查工作由一个办案单位负责始终。根据法律规定，立案是刑事诉讼开始的必经程序，侦查机关作出立案决定，即标志着侦查程序的正式启动。

2. 立案程序

立案是指公安机关或者人民检察院发现犯罪事实或者犯罪嫌疑人或者对来自各个方面的材料进行审查，认为有犯罪事实，需要追究刑事责任而依法进行侦查或者审理的诉讼活动。立案包括以下环节：

①受案。公安机关对于报案、控告、举报、群众扭送或者犯罪嫌疑人自首的，不论是否属于自己管辖的案件都应当接受，问明情况并制作笔录，同时填写《接受案件回执单》。接受案件时还应填写《接受刑事案件登记表》，作为公安机关受理刑事案件的原始材料，妥善保管，存档备查。

②审查立案材料。对于接受的案件或发现的犯罪线索，公安机关应当迅速进行审查，以判明是否确有犯罪事实发生，是否需要追究刑事责任。

③决定是否立案。经过对立案材料的审查，应根据审查结果作出相应处理：一是决定立案。经审查认为有犯罪事实需要追究刑事责任且属于自己管辖的，应制作《刑事案件立案报告书》，经县级以上公安机关负责人批准，予以立案。二是决定不立案。经审查认为没有犯

罪事实，或者犯罪情节显著轻微不需要追究刑事责任，或者具有其他依法不追究刑事责任情形的，接受单位应制作《呈请不予立案报告书》，经县级以上公安机关负责人批准，不予立案。对于有控告人的案件，决定不予立案的，公安机关应当制作《不予立案通知书》，送达控告人。控告人对不立案决定不服的，可以在收到《不予立案通知书》后向原决定的公安机关申请复议。原决定的公安机关应当在收到复议申请书后作出决定，并书面通知控告人。三是移送其他有管辖权的机关处理。经审查认为有犯罪事实但不属于自己管辖的案件，应当在24小时内，经县级以上公安机关负责人批准，签发《移送案件通知书》，移送有管辖权的机关处理。对于不属于自己管辖又必须采取紧急措施的，应当先采取紧急措施。

3. 公安刑事执法的进行程序

公安刑事执法程序一旦启动，侦查机关便开始正式的案件侦查工作。为查明案件事实和收集证据，侦查机关必须实施相应的侦查行为。主要包括五个步骤：

①讯问犯罪嫌疑人。

②询问证人、被害人。

③通过对于与犯罪有关的场所、物品、人身、尸体进行实地勘查检验或者检查来发现、提取与案件有关的物品和痕迹。

④为了收集犯罪证据、查获犯罪嫌疑人，对其可能隐藏罪证的人体、物品、住所和其他有关地方进行的检查搜查。

⑤为了解决案件有关的某些专门性问题，指派或者聘请有专门知识或技能的人进行的鉴别和判断鉴定。

4. 刑事执法的终结程序

侦查终结是指公安机关对于立案侦查的刑事案件，经过侦查认为犯罪事实清楚，证据确实、充分，依法移送人民检察院审查起诉，从而结束侦查的诉讼行为。

在我国，刑事侦查程序的运作过程实际上就是国家侦查权从产生到终结的全过程。根据规定，侦查终结的基本条件是案件事实已经查清，或不具备继续侦查的条件，根据已查明的事实和证据能够作出刑事追诉或不追诉(含撤销案件)的结论。侦查终结后，应根据案件情况作出移送起诉或撤销案件等不同的处理决定。

(1)侦查终结的条件。当侦查具备以下条件，即可侦查终结。一是犯罪事实清楚。二是证据确实、充分。三是犯罪性质和罪名认定正确。四是法律手续完备。五是依法应当追究刑事责任。

(2)终结程序。一是制作《侦查终结报告》。《侦查终结报告》除标明侦查终结的侦查机关的名称和编号以外，还应当包括：犯罪嫌疑人的基本情况，采取强制措施的种类、时间、根据和羁押处所，案由和案件来源，认定犯罪嫌疑人的犯罪事实，处理犯罪嫌疑人的意见和法律依据，赃款、赃物处理情况，对犯罪嫌疑人的财物进行预防性保全的情况，承办人签名并注明年、月、日。《侦查终结报告》由案件承办人制作后，报送侦查机关主管部门负责人审核批准。二是批准或决定。侦查终结案件的处理，由县级以上公安机关的负责人批准；重大、复杂、疑难案件，经过集体讨论决定。三是移送审查起诉。对刑事案件侦查后，根据查明的事实和证据认为犯罪嫌疑人的行为已经构成犯罪，依法应追究其刑事责任的，应当制作《起诉意见书》，连同案卷材料、证据，一并移送同级人民检察院审查起诉部门。四是案卷材料的整理、立卷和移送。

(3)对不追究刑事责任情形的处理。对立案并经侦查，认为犯罪嫌疑人的行为属于刑事诉讼法规定不追究刑事责任情形的，应当终止刑事诉讼。如果该案只有一名犯罪嫌疑人或该案为共同犯罪案件，并均属于不追究刑事责任的情形案件承办人应写出《撤销案件报告》，并分别报送县级以上公安局长审查批准后，制作《撤销案件决定书》。如果刑事案件中犯罪嫌疑人数名，而其中只有部分犯罪嫌疑人的行为属于不追究刑事责任的，应当分别对其作出《撤销追究××刑事责任决定书》。

## 三、规范治安职权行使的要求

### (一)加强执法规范化建设的意义

大力加强执法规范化建设，是公安部党委提出的贯彻落实科学发展观，进一步深化“三基”工程建设，全面推动公安工作和队伍建设发展的一项重大战略举措，是确保公安机关严格、公正、文明、理性执法的重要途径，也是提高公安机关维护社会和谐稳定能力和执法公信力、构建和谐警民关系的重要举措。执法规范化是指通过对公安执法人员进行规范化、程序化、标准化的建设，让执法行为在法律的框架内行使用公平、公正的执法塑造社会的和谐。

1. 规范化建设是建设社会主义法治的重要组成部分

依法治国，建设社会主义法治是党领导人民治理国家的基本方略，是宪法规定的基本原则。所谓法治，也就是有一个良善的法律体系和所制定出来的法律被严格执行。我们在立法方面已经初步形成了以宪法为核心的法律体系，为实现法治提供了法律基础。但是，徒法不足以自行，要将纸张上的尚无生命的法律，变成现实的具有活力的一般行为规范，就需要执法。因此，执法状况的好坏是一个直接关系到法律的实现程度，从而直接关系到法治建设的成功与否的重大原则问题。随着改革的深入和利益结构的调整，社会问题交织在一起而表现出的社会矛盾不断地沉淀，治安职权行使主体的规范化执法减少、杜绝执法过程中的偏差、越位、缺位和不到位都有可能激化各种社会矛盾激发公众的不满情绪。

2. 规范化建设是树立公安机关良好社会形象的必然要求

法律制定出台之后，最关键的问题在于执行。现实工作中，任何法律都有被违反的可能，尤其是执法违法的行为，更是屡禁不止。通过执法规范化建设，把执法行为纳入到实体法和程序法中，确保了公安机关能够严格依照宪法和法律的规定来认真行使职权，真正践行有法必依、执法必严、违法必究的法治原则，从而树立起了公安机关良好的社会形象。

3. 规范化建设是打造一支严格、公正、文明的公安机关人民警察队伍的基本条件

执法的公信力，源于一支高素质的公安队伍，通过严格、公正、文明执法，通过全心全意为人民服务来树立队伍良好形象。公安民警就要克服在办理案件的过程中的随意性问题，杜绝出现的执法违法行为，杜绝损害人民群众利益的行为，通过严格执行法律，认真保障人权，努力执法为民，达到司法工作的法律效果和社会效果的高度统一。

### (二)加强职权行使程序制度化建设

程序制度既是治安职权行使程序原则的具体体现，又是治安职权行为的具体规范。加强程序制度化建设包括以下几点：

1. 表明身份制度

治安职权行使主体及其人民警察(公务人员)在进行行政活动之前，要向行政相对人出示能够证明自己身份和职权职责的有效证件。表明身份制度体现了行政程序公开原则，对防止治安职权行使主体及其人民警察(公务人员)超越职权或滥用职权起到监督作用。

2. 告知制度

治安职权行使主体在实施行政行为的过程中，应将有关情况告诉行政相对人，告知相对人自身行为的法律后果；所要承担的法律责任并允许相对人申诉，同时告诉相对人的法律救济、申诉等。

3. 听证制度

治安职权行使主体在作出影响行政相对人权利义务的决定之前，应听取有关相对人的意见。只有在治安职权行使主体作出责令停产停业、吊销许可证或营业执照、较大数额罚款的行政处罚时，行政相对人才能申请听证。

4. 证据制度

治安职权行使主体对一切具体行政行为的合法性与合理性承担证明责任。为此，治安职权行使主体必须全面、客观、及时地调查收集证据。以作出准确的认定结论。使行政行为事实清楚、证据充分。治安职权行使主体的举证责任不因当事人的举证责任而免除。

5. 回避制度

与某一行政行为有利害关系的人民警察(公务人员)不得参与该行政行为。实行回避制度有利于将与所处理的行政事项有利害关系的人民警察(公务人员)排除在外，从而实现行政公正，有利于增加行政相对人对治安职权行使主体的信任感，保证行政处理活动的顺利进行。

6. 信息公开制度

治安职权行使主体应依职权或依申请公开有关行政活动的信息和资料。通过公开让公众有机会、有条件了解公安机关制定的行政法规、规章、基本政策说明和普遍适用的解释等。

7. 时效制度

为保证公安执法活动的高效率，执法程序的各环节应有时间限制，超出时限即构成违法，必须承担相应的法律责任。时效制度主要针对治安职权行使主体而建立。

**(三)保障相对人合法权益**

增强尊重和保障人权的观念。第一，不能为了打击犯罪而任意侵犯人权。1978 年党的十一届三中全会后，党的工作中心转移，我们国家的主要矛盾已经不是阶级斗争，而是人民群众日益增长的物质文化需求和落后的社会生产之间的矛盾。中央确立以经济建设为中心，执法工作的观念必然随之转变。公安机关不但要强调打击犯罪，也要强调保护人权。为了打击犯罪，公安机关可以限制犯罪嫌疑人的人身自由，但不能随意限制，而应当按照法律规定的条件、期限进行。第二，即使是犯罪嫌疑人、被告人甚至是法院已经判决的罪犯，公安机关也应当尊重和保障其应有的受法律保护的权利。第三，在打击犯罪和保护公安权利发生冲突的时候，要依法办事。处理好打击犯罪和保护人权这一对矛盾，需要在两者之间取得一个最优平衡点，这个平衡点应该也必须由法律来规定。总体上的平衡点就是综合考虑国家的利益、群众的利益与社会方方面面的要求，实现法律效果与社会效果的统一。第四，在有效打击犯罪的同时减小对公民权利的限制。要从维护社会稳定和促进社会和谐的大局全面权衡，在办案中是否适用强制措施以及适用何种程度的强制措施，在有效打击犯罪的同时，要依法尽可能少地限制公民的权利。

在发挥执法机关对社会主义人权保障事业的推进和保障作用过程中，一是要保障行政管理相对人的合法权利。通过规制公安机关的行政许可、行政强制、行政处罚等行为，防止警察权的滥用。既要为行政管理相对人的人权提供事前、事中保障，同时按照行政复议、行政诉讼、国家赔偿等制度，为权利受到侵害的行政管理相对人提供有效的权利救济途径。二是保障违法犯罪嫌疑人、被告人、罪犯的合法权利。公安机关要正确处理打击违法犯罪与保障人权之间的关系，切实树立维护社会秩序与保障人权、打击违法犯罪与保障人权并重的观念。三是保障被害人的合法权利。保障被害人的诉讼权利，保护被害人隐私，为被害人提供物质、医疗、心理及其他社会援助。当被害人因违法犯罪遭受财产损害、身心健康等伤害的，有权得到赔偿。

**(四)处理好公平和效率的关系①**

公正执法需要正确处理好实体公正与程序公正、执法公正与执法效率和个案公正与社会公正的三对关系。近年来暴露出来的冤假错案大多与执法人员不严格遵循法律程序有关，违背了实体公正与程序公正的关系。执法公正包括实体公正和程序公正，在强调程序公正的同时，也应当注意防止矫枉过正，不能机械理解为程序而程序。目前，在一些执法人员中一定程度上还存在着“重实体、轻程序”的观念，只重视案件的处理结果，却忽视了案件的处理程序。

个案公正与社会公正二者在一般情况下是统一的，但是由于法律自身的局限性，个别公正与社会公正也可能存在冲突。个案公正是社会公正的具体体现，没有个案公正的积累，就没有全社会的公正，如果法律确实有违一般公正，适用法律无法实现个案公正，应当通过立法活动来纠正，而不能通过执法活动来纠正。在执法公正与执法效率的关系上，公正是评价法律效率的基本尺度，公正与效率都是法治社会所追求的重要价值，而效率是实现法律公正的重要条件。实现二者的统一，必须保持它们之间的平衡，公正合理的程序有利于减少执法机关与当事人之间的“摩擦力”，从而提高程序的效率。

## 第三节 治安职权的监督

### 一、治安职权行使的责任

**(一)治安职权行使的责任的含义与特征**

1. 治安职权责任的含义

概括讲，治安职权责任是治安主体行使治安职权中应该承担的法律责任，它是权力行使不当或者违法所引起的法律后果。

2. 治安职权行使责任特征

(1)责任承担主体是行使治安职权的治安主体，而不是行政相对人、违法犯罪嫌疑人或者其他行政行为主体。

(2)责任的承担是由于不当或者违法的治安职权行为所导致的，行使治安职权的主体与治安职权的行使之间有因果联系。

(3)责任的承担是一种独立的法律责任，它不同于违宪责任、民事责任、刑事责任，是与之并列的法律责任。

**(二)治安职权行使的责任的构成要件**

治安职权责任的构成要件是指承担不当或者违法治安行为应当承担责任的具备条件

① 王大敏．简论公平正义理念对公安执法工作的要求[J]．公安研究，2009(12)．

之和。

1. 行为人已构成违法或者行为不当

治安职权行为违法或者不当是产生的治安职权责任的前提条件，行为人的行为尚未违法或者无行为不当，便无以产生责任。

2. 行为人具有责任能力

责任能力是指行为人能够辨认行为后果并且能够独立承担行为后果的能力和资格。对法人和组织而言，是否具有合法资格是衡量其是否具有责任能力的唯一标准，其责任能力随其成立而自然产生，随其撤销而消灭。法人或组织只要依法成立，享有法律或有关机关授予的职权，则具备了法定的承担责任的能力。如果该法人或组织违反有关法规，则必须承担与其违法行为或不当行为相对应的责任。如果公安机关所委托的组织本身不具备责任能力，其行为后果则由委托人，即委托的公安机关承担。

**(三)治安职权行使的责任确定与划分**

1. 治安职权行使责任的确定

治安职权行使不当或者违法行为的责任确定是追究行政责任的前提，是追究其行政责任的步骤。一般通过是否应该追究行政责任，追究什么样的行政责任，及谁来承担责任等问题来确定责任的大小。

2. 治安职权行使责任的划分

(1)治安主体及其人民警察(公务员)之间的责任划分。从法学理论上说，人民警察(公务员)是治安职权行使的具体实施者，其依法行使职权是以治安主体的名义进行的，其行为后果应由治安主体承受。治安主体对人民警察(公务员)的职务行为承担连带责任，然后治安主体根据人民警察的(公务员)过错程度，追究其责任并向其行使求偿权。

(2)其他主体间的责任划分。一是授权人与被授权人之间的责任划分。按照我国的法律规定，无论被授权人的行为是否超越了授权范围，其行为所引起的行政责任，一律由被授权人自己承担。二是委托人与被委托人之间的责任划分。我国的法律、法规规定，被委托人只能以委托人的名义从事活动，实施的行政并由此产生的行为后果由委托方承受。

## 二、治安职权行使的监督

**(一)治安职权行使监督含义**

治安职权的行使一般以行政执法和刑事执法的方式体现。对于治安职权的监督也就是执法的监督。执法监督是指法律授权的机关以及公民和社会组织对公安机关及其人民警察依法履行职责、行使职权的活动和遵守纪律的情况所实施的监督。

**(二)治安职权行使监督的特征**

1. 监督的主体具有多元性

监督主体即监督行为的实施者，并非单一的，而是多种多样，是由众多实施者构成的一种复合体。根据有关法律、法规的规定，公安执法监督的主体十分广泛，既有国家权力机关的监督，又有检察机关和行政监察机关的监督；既有来自社会的监督，又有公安机关内部的监督。这些来自不同方面的监督，形成了完整的公安执法监督体系。

2. 监督对象具有确定性

监督主要是对公安机关及其人民警察(公务员)，也包括公安机关的授权组织和受委托组织。这是行政监督与制约的唯一指向，监督与制约就是以公安机关为对象的监督。监督的内容是公安机关及其人民警察在执行职务活动中是否依法履行职责、行使职权，是否严格遵守和执行人民警察的义务和纪律。

3. 监督的范围、内容具有广泛性和全面性

由于治安职权的复杂性、覆盖性等特点，让监督的范围覆盖了治安职权行使的全过程，覆盖到职权行使的多领域，治安职权行使运行到哪里，监督权就落实到哪里。

4. 监督的方式具有多样性

从监督手段上看，其中既包括宏观性的对公安机关的工作监督；也包括微观性的公民对违法和不当治安职权行使行为的申诉、检举和控告等；既有公安机关系统内部上级对下级公安机关及其人民警察的监督检查、批评指导、组织处理等，也有司法机关对治安职权行使行为的监督；既有人民群众的直接监督，也有司法监督等。

**(三)执法监督的分类**

对公安执法监督，依据不同的标准，可以作不同的划分。

1. 根据监督主体和监督权的性质不同，公安执法监督可以分为国家监督和非国家监督。

国家监督的主体是国家机关，它包括立法机关或国家权力机关、检察机关、审判机关和行政机关自身。国家监督是运用国家权力来实现的，国家监督的主体拥有宪法和法律赋予的监督权力(职权)，其依法行使监督权的行为是具有国家强制性的行为，能够直接产生相应的法律效果。监督对象如果不依法接受这种国家监督，就要承担相应的法律责任。

2. 根据监督主体与监督对象的隶属关系不同，公安执法监督可以分为外部监督和内部监督。

按照监督主体和监督客体是否同属于一个组织系统来划分，行政监督可以分为内部监督和外部监督。

(1)内部监督，监督主体与监督客体同属于一个组织系统。内部公安机关监督是指在公安系统内部上下级之间相互实施的监督，包括上级公安机关对下级公安机关的监督和下级公安机关对上级公安机关的监督；公安机关内部的领导人对被领导者的监督和被领导者对领导人的监督；以及特设的监察部门和审计部门依法对其监督对象所实施的监督。

(2)外部监督，监督主体与监督客体分别属于不同的系统。外部行政监督指的是公安系统以外的监督主体依法对公安机关及其人民警察所实施的监督，主要有国家权力机关的监督、行政监察监督、检察监督、行政诉讼监督、社会监督等。外部监督的特点是监督权来自系统外部，可以避免系统内由于利益驱动导致的决策权对监督权的干预，并且由于监督主体与监督客体交叉而形成的监督权的交叉，扩大了监督范围，强化了监督力度。

3. 根据实施监督的时间不同，公安执法监督可以分为事前监督、事中监督和事后监督。

(1)事前监督是指监督主体在公安机关及其人民警察实施执法行为之前依法进行的监督，如上级公安机关对下级公安机关执法工作方案事前的审核、检察机关对公安机关提请逮捕犯罪嫌疑人的审查批准等。事前监督可以提前预防和避免违法现象的发生。

(2)事中监督是指监督主体在公安机关及其人民警察执法过程中进行的监督，如检察机关对公安机关侦查过程中存在的违法行为发出纠正违法通知书，督察机构对人民警察的执法活动进行现场督察等。事中监督具有控制作用，以便及时发现问题及时纠正。

(3)事后监督是指监督主体在公安机关及其人民警察执法行为终结之后进行的监督，如行政复议、行政诉讼、行政赔偿等。事后监督是对执法行为的后果进行的监督，对于违法行使职权侵犯公民、法人和其他组织合法权益的，予以纠正和赔偿，具有救济作用。

4. 根据监督主体的监督行为是否具有法律效力，公安执法监督可以分为直接监督和间接监督。

(1)直接监督是指监督主体的监督行为能直接产生法律效力的监督，如检察机关作出的批准或不批准逮捕的决定，人民法院作出的撤销公安机关具体行政行为的判决，公安机关必须执行。行政监察机关、上级公安机关、督察机构有权直接追究违法的人民警察的政纪责任。

(2)间接监督是指不直接具有法律效力的监督，社会组织、公民的监督和新闻媒体的舆论监督都不具有直接的法律效力，但他们可以按照法定条件向有权机关提出，通过有权机关对公安机关及其人民警察的违法违纪行为予以纠正。

5. 根据监督对象为标准所作的划分，公安执法监督可以分为对公安机关的监督和对人民警察的监督。

对公安机关监督的内容是其职权行为，是与其承担的职责所联系的行为。公安机关的职务行为都要通过人民警察来实现，因此对人民警察的监督，不仅涉及行为的合法性、合理性，同时还要对人民警察本身是否廉洁、是否遵纪守法进行监督。

**(四)公安机关内部执法监督**

1. 督察制度

国务院1997年6月20日发布施行的《公安机关督察条例》，对督察机构的设置、职责、权限以及督察的方式、程序等作出了明确的规定。

2. 公安法制部门的监督

公安法制部门的监督，是指公安机关的法制部门代表本级公安机关对下级公安机关、本级公安机关所属业务部门、派出机构及其人民警察的执法活动实施的监督。各级公安机关的法制部门是公安机关内部执法监督工作的主管部门，在本级公安机关的领导下，负责组织、实施、协调、指导执法监督工作。法制部门的监督，包括对下级公安机关的监督和对本级公安机关所属各业务部门、派出机构及其人民警察的监督。这种监督，对于保障公安机关及其人民警察依法正确履行职责，防止和纠正违法和不当的执法行为，保护公民、法人和其他组织的合法权益，维护国家法制的尊严和统一，具有重要的意义。

3. 公安行政复议制度

公安行政复议，是指公民、法人或者其他组织认为公安机关的具体行政行为侵犯其合法权益，依法提出申请，由受理的公安机关对该具体行政行为进行审查和决定的活动。公安行政复议是公安机关解决公安行政争议的重要手段，是沟通公安机关同人民群众联系的纽带，也是公安机关内部进行自我监督的有效途径。实行这一制度，对于维护、监督、促进公安机关及其人民警察依法行使权力，保证公安机关依法行政，维护公民、法人和其他组织的合法权益，都具有重要的意义。

4. 公安赔偿制度

公安赔偿，是指公安机关及其人民警察违法行使职权，侵犯公民、法人和其他组织的合法权益造成损害的，由国家承担的赔偿。公安赔偿是国家赔偿的一种，包括公安行政赔偿和公安刑事赔偿。实行国家赔偿制度，对于保障公民的人身权利、财产权利，督促国家机关及其工作人员依法行使职权，维护社会稳定，都具有重要的意义。

**(五)公安机关外部执法监督**

1. 国家权力机关的监督

国家权力机关的监督，是指各级人民代表大会及其常务委员会对公安机关及其人民警察执法活动的监督。人民代表大会是我国立法机关和国家权力机关，他们对公安机关及其人民警察执法活动的监督，以宪法和法律为依据，代表人民的意志，能引起广大人民群众和社会舆论的广泛支持，并且享有撤销法规、规章等规范性文件和人事罢免的权力，其监督权属于国家监督权，因而具有极大的权威性。

2. 行政监察监督

行政监察监督，是指行政监察机关对公安机关及其人民警察执行法律、法规、政策以及决定、命令的情况和违法违纪行为所实施的监督检查。行政监察机关是人民政府行使监察职能的主管机关，其主要任务和职能是对国家行政机关、国家公务员和国家行政机关任命的其他人员实施监察。公安机关作为人民政府的职能部门，人民警察作为国家公务员，都必须接受监察机关的监督。监察机关对公安机关及其人民警察的监督，具有政府行政监督的性质，是政府监督的重要形式。《行政监察法》对行政监察活动的基本原则和监察机构的设置、职权、监察程序等内容作出了明确的规定。

3. 检察监督

检察监督，是指人民检察院通过行使检察权依法对公安机关及其人民警察遵守和执行法律的情况进行的法律监督。根据我国《宪法》的规定，人民检察院是国家的法律监督机关，对国家法律实施的情况负有检察监督之责。人民检察院对公安机关及其人民警察的监督，主要是在诉讼活动中通过法定的程序实现的。人民检察院的监督，对于督促公安机关及其人民警察依法履行职责、行使职权，保障公民的合法权益不受非法侵犯，维护国家法制的统一，都具有十分重要的意义。

4. 行政诉讼监督

行政诉讼监督，是指人民法院通过行使行政审判权，对公安机关及其人民警察的具体行政行为的合法性进行审查，促使公安机关及其人民警察依法行政的监督形式。《行政诉讼法》规定，人民法院审理行政案件，对具体行政行为是否合法进行审查。因此，人民法院对行政案件的审理，又称做对行政机关具体行政行为的司法审查，是对行政机关执法活动的司法监督。

5. 社会监督

社会监督，是指来自国家机关以外的社会组织和公民个人对公安机关及其人民警察执法活动的监督。社会监督是公安执法监督体系中十分重要的监督形式，其途径主要有：一是人民政协对公安机关及其人民警察执法活动的监督，主要是通过提出批评、建议等方式进行。二是人民团体、企事业单位等社会组织对公安机关及其人民警察执法活动的监督。社会组织遍布全国各地各行业，有广泛联系群众的特点，其对公安执法活动的监督，主要是通过批评、建议、控告、检举等方式进行。三是公民个人对公安机关及其人民警察执法活动的监督。公民对公安机关及其人民警察的违法或不当行为，有权检举、控告，要求对责任人进行惩处；对自己受到的不公正处理，有权提出申诉、申请复议、提起诉讼，要求恢复自己的权利，补偿自己的损失。四是舆论的监督，主要是新闻机构通过新闻媒介的作用，反映广大人民群众的意志和要求，揭发、检举和控告公安机关及其人民警察的违法渎职行为。

社会监督是一种非国家性质的监督，虽然监督的主要方式是对公安机关采取的措施和作出的决定提出批评建议、对人民警察的违法违纪行为控告检举等，不直接产生法律后果，不具有法律上的强制性，但这种监督是国家机关监督的重要来源和重要补充，体现了人民直接参加国家管理、行使当家做主的权利，可以使公安机关的工作建立在广泛的群众基础之上。

多年来的实践一再证明，来自公安系统外部的力量对公安机关权力的监督制约构成了治安职权监督、制约的主要方面。在一定意义上说，有效监督、规范、制约治安职权的行使，首先就是在外部监督制约的基础上展开。治安职权运行的合理性在很大程度上决定于是否受到应有的监督和制约。这就要求公安机关和人民警察应该适应并养成被监督制约的理念，形成完善的外部监督制约机制，使治安职权的运用受到合理约束，促使其在规范的轨道上运行。

# 第十二章 前沿预测及讨论

## 第一节 治安学理论研究的发展趋势——基于学科现状的思考

治安学是在20世纪治安管理学的基础上形成和发展的。由于治安管理学研究的范围与内容已经不能满足治安实践和学科发展的要求，1998年，教育部经过论证，在普通高等学校本科专业目录修订工作中，将治安管理和安全防范两个专业被合并为治安学专业，标志着我国的治安学被正式确认。2011年3月，国务院学位委员会和教育部批准在《学位授予和人才培养学科目录》中，增列公安学为法学门类的一级学科，作为公安学子学科的治安学也正式被列为二级学科。这一具有里程碑意义的学科事件，标志着治安学科的学术和社会地位得到了国家和社会的承认，使之在我国科学之林、人才培养体系和科学研究中占有一席之地，并终结了公安学科体系和内容(侦查学与治安学等)分割的历史。这一科学定位，不仅有利于提高治安科学研究的层次和提高治安人才培养质量，而且有利于我国公安工作和治安队伍正规化建设，更有利于公安政法本科院校凝练治安学科方向，开展治安学科建设。

### 一、治安学理论研究存在的问题

**(一)概念体系未形成，难以支撑学科发展**

一门成熟学科，一般需要经过具有体现该学科的概念体系、在概念及学科背景知识基础上形成该学科的主要理论和从理论中抽象出本学科应当具有的规律等三个基本过程。具体说，就是应该以核心概念作为逻辑起点，形成相互联系的概念体系，在此基础上形成理论体系，并抽象出学科反映的规律，形成合理的体系结构。可见，科学的概念和完整的概念体系，是一门学科成立的基础，也是一门学科成熟的标志。但是，治安学的一些基本概念研究的深度、广度和准确度均不够，现象描述性的多，经验层面"就事论事"的多，反映本质的少，将概念等同于定义的现象普遍，谈不上科学，也还远未达成共识。如有关"治安"的概念，说定义的多，用定义代替概念，且有7种不同的说法①，外延的界定也比较模糊，远未达成基本共识；再如，将"治安学的逻辑起点"等同于"学科的开端或出发点"，将学科的"一般起点"混同于学科的"理论内核"和"理论'基因'"，误导了治安学科的建设与发展。

众所周知，概念是反映对象特有属性或本质属性的思维形式。它有两个基本逻辑特征，即内涵和外延。所谓概念的内涵，是指反映在概念中的对象特有属性或本质属性即定义。而

---

① 王彩元．新世纪我国治安学理论研究的回顾与思考[J]．中国人民公安大学学报(社会科学版)，2012(6)．

概念的外延则是指具有概念所反映的特有属性或本质属性的对象①，因而，概念和定义是不同的，定义绝不能代替概念。与此同时，治安学的概念体系缺乏梳理，没有形成严密、完整的概念群。治安学经过长期的知识积累，目前已经形成了以治安、治安(行政)管理、治安(社会)防范等为核心概念，以及由这三个核心概念为基础形成或衍生出来的一系列基本概念和专业术语②。这一系列概念、术语，不仅如上面所说还未形成科学的概念，而且还未进行系统、严密的梳理和归纳并形成治安学的分类概念体系，这也是导致当前专业课程设置混乱的一个重要因素。

从已有的治安学理论研究成果来看，虽然广大治安学教学、科研人员和实践部门的同志运用和移植哲学、政治学、社会学、法学、逻辑学和行政管理学、管理学的原理乃至语言学对治安、治安管理、治安管理学、治安学、治安管理主体、治安管理客体、户口管理、特种行业管理、公共复杂场所管理、危险物品、(治安)秩序、治安问题、安全、治安规范、公众(公共)安全感、治安控制、治安需求、治安行政强制、社区警务、社区民警、治安文化、治安意识、治安概念体系、治安学范式、治安行政权社会化、私人警务、治安效益评价、治安辅助力量、治安软实力、社区微警务，治安防范战略领域和治安证据若干概念，以及与治安学相关的一些概念如警察权威、风险、应急警务、警务供给等进行了讨论。其中，一些治安学学科基本概念有了新的理解，也出现了一些“创新性”的概念，如治安软实力、社区微警务等概念进行阐释，取得了一些成果。但是，对一些基本的和重要的概念，如治安、治安秩序、治安问题、治安现象、治安规律等缺乏深入的讨论和交锋，也远未达成共识；对一些相对应或相关联的概念，如秩序与安全、治安秩序与治安失序、治安问题与治安危害、治安风险与治安危机、治安要素与治安关系、治安制度与治安文化、治安意识与治安心理、治安战略与治安策略、治安成本与治安效益、治安状况与治安评价、治安预测与治安预警、治安规划与治安保障、治安行动与治安战术、治安参与和治安合作、治安需求与治安供给、治安产品与治安服务、治安职权与治安义务③等缺乏对应或对比研究。

**(二)研究对象悬而未决，学科边界不清晰**

毛泽东同志在《矛盾论》中指出：“科学研究的区分，就是根据科学对象所具有的特殊矛盾性。因此，对某一现象的领域所特有的某一种矛盾的研究，就构成了一门学科的对象。”④治安学必须要有自己明确的研究对象才能称之为独立的学科。

治安学建立伊始，在研究中往往将治安学研究对象等同于治安管理学研究对象。继20世纪有学者明确提出治安学研究对象为“社会治安问题”或“治安现象”之后⑤，21世纪我国关于治安学研究对象研究的观点，依时间顺序归纳起来有13种之多，其中有学者归纳出了11种，即“(社会)治安现象、治安原因、治安对策(防范)”说，“治安现象、治安规律、治

---

① 王彩元．新世纪我国治安学理论研究的回顾与思考[J]．中国人民公安大学学报(社会科学版)，2012(6)．

② 仅据《治安学原理》教材所提出的概念就达72个。参见李健和．治安学原理[M]．北京：中国人民公安大学出版社，2013.

③ 有些概念及组合，借鉴了2014年李健和教授在“第九届全国治安学学术研讨会暨治安系主任论坛”和“首届中西部地区公安政法院校治安学学术研讨会”大会主题发言中的提法。

④ 毛泽东．毛泽东选集(第1卷)[M]．北京：人民出版社，1966：268.

⑤ 参见金其高．社会治安学[M]．北京：中国政法大学出版社，1992：3-6. 谢惠敏，从“治安”的词义论治安学科体系的框架[J]．中国人民公安大学学报，1995(3)．

安对策”说，“治安防范”说，“公共安全”说，“治安秩序、治安管理和治安问题”说，“社会治安关系及其运行规律”说，“社会安全状态和社会秩序运行状态保障条件”说，“社会治安秩序运行机制”说，“社会治安系统运行理论”说，“公共秩序与安全管理”说，“社会治安稳定”说，并提出了“治安秩序的形成”说①。此外，李健和教授认为，治安学的特殊矛盾性，具体体现在其内部矛盾和外部矛盾两个方面。其内部矛盾主要表现在治安秩序规律上的矛盾与冲突，即治安秩序规律是什么？其外部矛盾主要表现在对治安秩序规律认识的基础上所采取的治安工作对策，即治安工作对策与治安秩序规律之间的矛盾，也即什么样的治安工作对策才是适应治安秩序规律的。因此，治安学的研究对象就是治安秩序规律和治安工作对策。即形成了“治安秩序规律和治安工作对策”说。②

上述对治安学研究对象的提法，无论采用的是“现象”论还是“本质”论，是“单一结构”还是“系统结构”，都是在反思治安管理学研究对象的基础上提出来了。虽然有的将研究对象等同于研究内容，有的将“本质”混同于“现象”，甚至有的将公安学一级学科的研究对象等同于治安学的研究对象……但不可否认的是，治安学的研究对象仍然处于广泛的讨论之中且悬而未决，并造成了因不同观点而形成的治安学科知识体系或学科体系的巨大区别。一门学科的研究对象是该学科的生命，它决定着该学科的性质和地位，并决定着该学科的发展前途。正是由于治安学研究对象未达成共识，也就成了当前影响治安学发展的主要困惑之一。

正是因为治安学研究对象这一首要的根本性问题没有得到解决，也就出现了如下一些问题：一是治安学的学科地位和发展方向不明确；二是难以科学地划分出治安学的具体学科或分支学科和科学地设置专业课程；三是难以准确地找到治安学与其他相关学科——社会治安综合治理(学)、治安管理学、犯罪学、侦查学等学科的区别和联系。特别是治安学和治安管理学这两门相近的学科，广大研究人员和学者均认为这是两门不同的学科，而且治安管理学包含于治安学。但由于治安学的研究对象尚未确定，因而难以找出它们两者之间有什么样的联系和区别，从而导致在一些理论研究和实际应用中把两者混同的现象。

**(三)逻辑起点不明确，学科基础不牢**

逻辑起点是理论研究的最基本问题，也是任何学科无法回避的理论前提和基础，更是评价一个学科是否成熟、学科的理论体系是否科学的重要标志。近年来，学者从讨论治安学研究对象，逐渐深化到治安学逻辑起点的讨论。到目前为止，明确提出治安学逻辑起点或对治安学逻辑起点进行论述的，主要有下列 5 种观点：第一种认为“治安”是治安学的最基本的概念，是治安学及其体系的逻辑起点③；第二种认为治安学是研究社会秩序运行状态以及保障条件的科学，应当以社会安全与秩序为逻辑起点来构建治安学的学科体系④；第三种认为社会治安现象的核心是治安秩序，治安秩序是治安学的基本范畴和最基本的价值所在，理应成为治安学的核心范畴和逻辑起点⑤；第四种认为“治安”的本意就是秩序，是对复杂的社

---

① 陈涌清．论治安学研究对象的确定[J]．中国人民公安大学学报(社会科学版)，2011(1)．

② 李健和．治安学原理[M]．北京：中国人民公安大学出版社，2013：8.

③ 熊一新．全国新世纪治安学学科建设研讨会综述[J]．公安大学学报，2002(2)．

④ 卢国显．论治安学的学科体系——以社会安全与秩序为逻辑起点[M]．郭太生主编．治安学论丛(第二卷)，北京：中国人民公安大学出版社，2004：501-507. 但作者后来观点出现变化，认为安全是治安学的逻辑起点。参见卢国显．以安全为起点：论治安学的研究对象与学科体系[J]．福建警察学院学报，2011(3)．

⑤ 展万程．论治安学的逻辑起点[J]．公安学刊，2005(6)．

会治安“最简单的抽象”，秩序概念的始终一贯的历史性特点正是治安学逻辑起点所要求的，因而，秩序是治安学的逻辑起点①；第五种认为安全关系是治安领域固有的唯一的自变量，是划分治安秩序边界的根本依据，治安秩序的关键聚焦于社会共同体及其主体间的安全关系行动，因此，安全为治安学之上位概念，是治安理论及实践深化发展的必然②。

显然，第一种观点说的是学科的一般起点而非逻辑起点③，而第二种观点将“社会安全”与“秩序”同时作为逻辑起点，并非是治安学这门学科中最简单、最抽象的范畴；第三种观点将治安秩序作为治安学的逻辑起点，似乎接近逻辑起点的“本源”或“本质”，基于治安秩序与治安问题都属于“治安”概念的外延即本质属性的对象这一基本认识，从话语逻辑上看，治安秩序也只能作为学科一般起点的一部分；至于第四种和第五种观点将秩序或安全作为治安学的逻辑起点，则更显“泛化”。因为基于秩序或安全而生发出来的学科，绝非只有治安学科。④

**(四)治安学原理无特色，理论“品位”不高**

理论体系是由一系列本学科特有的概念、范畴和原理，按照符合本学科特点构成的逻辑体系。综观治安学理论发展过程，经过长期的知识积累，以及广大治安理论研究人员和实践人员近30多年的潜心研究和不断探索，目前已经形成了以治安、治安管理、户政管理、公共复杂场所管理、特种行业管理、危险物品管理、道路交通管理、消防管理、出入境管理、安全防范等为基本概念或范畴，以及由这些概念或范畴所包含或衍生出来的治安秩序、治安问题、治安巡逻、堵截、盘查、安全检查、安全保卫、户口调查、户口迁移、大型群体活动、管制刀具、交通疏导、消防监督、治安区域控制等一系列能支撑治安学科的专业术语。同时，还形成了“治安主客体关系”、“社区警务”、“治安工作社会化”、“治安动态稳定”、“治安秩序控制”、“治安防控体系”、“社会治安综合治理”、“治安效益及评价”等原理或理论。这一系列特有的概念、范畴、术语、原理或理论，是行政管理学、侦查学及其他部门法学所不能包容或取代的，其中有的原理或理论，已经广泛应用并指导治安工作实践⑤。

但是，一个完善或完整的理论体系往往既有宏观理论，也有微观理论，是动态分析与静态分析的统一体。正是由于上述提到的治安概念不规范，治安学研究对象悬而未决，治安学逻辑起点不明晰，而且，治安学原理或理论是否完全具有理论的基本属性，以及理论与理论之间的结合点或逻辑关系如何，还缺乏深入的研究。因而，治安学的理论体系还存在经验体系或教材体系的痕迹，还未真正实现由“量的积累”到“范式转换”，还需要广大理论研究人员进一步地研究、归纳和总结，并进一步梳理、完善。

---

① 宫志刚．秩序：治安学的逻辑起点[J]．中国人民公安大学学报(社会科学版)，2008(5)．

② 王均平．安全，还是秩序——治安理论与实践之上位概念分析及选择[J]．中国人民公安大学学报(社会科学版)，2009(6)．

③ 学科的开端或出发点与学科的逻辑起点并非一个概念。学科的开端或出发点往往称之“一般起点”，指依据学科自身所研究的特定对象而圈定的概念，是一个较为容易触及的概念且多为自然形成；而逻辑起点不仅仅是一种研究手段与方法，而且还是一种理论内核，是学科理论大树的“胚胎”与“萌芽”，是学科建设的理论“基因”。

④ 王彩元．构建治安学理论体系需要解决的几个基本问题[J]．湖南警察学院学报，2011(1)．

⑤ 王彩元．构建治安学理论体系需要解决的几个基本问题[J]．湖南警察学院学报，2011(1)．

## 二、治安学理论研究的破解

为了解决目前治安学理论研究中存在的问题，已有多位学者从不同的角度进行了分析，并提出了许多合理化的建议，如加强学术引导和基础理论研究，明确治安学的研究方向，借鉴其他学科的研究成果和方法，建立专业学术组织和研究机构，加强国内、外学术交流，构建合理的人才格局，拓宽人才培养目标等①。在此基础上，特别是在公安学科已经成为法学门类的一级学科之后，治安学作为公安学科的二级学科的背景下，有必要调整治安学理论研究的“着力点”。为此，我们建议：

**(一)要在公安学科的平台上思考与探索**

在治安学科地位没有明确之前，关于治安学与公安学的关系，学者有不同的看法。大多数学者承认治安学是公安学的分支学科。但也有不少学者根据对“治安”概念的理解以及研究对象的不同，有的提出治安学仍然是管理学门类下公共管理学之下的行政管理学的子学科，有的主张治安学是犯罪学的分支学科，也有的建议治安学是公安学的母学科……出现这种现象，一方面是学者对治安学的认识不同造成的，另一方面也是公安学界对公安学的认识有几十种观点②所致。既然“公安学是研究维护国家安全与社会公共安全的公安警务活动及其规律的科学，具有多学科交叉融合特点的新兴学科”，包含了“公安管理学、国家安全保卫学、治安学、侦查学、公安情报学、犯罪学、警务战术与指挥、涉外警务、边防管理、警卫学”等10个二级学科③，已经得到了2011年国务院学位委员会和教育部批准或认可，那么，治安学的理论研究就应该在这个平台上思考与探讨。

因此，治安学界一方面要加强与公安学理论界，特别是基础理论学者的联系、沟通，进一步研究、探讨治安学与公安学在研究对象、内容和知识体系上的区别和联系；另一方面，要加强公安学界内的横向学术联系与交流，进一步厘清治安学与公安管理学、国家安全保卫学、侦查学、公安情报学、犯罪学、警务战术与指挥、涉外警务、边防管理、警卫学9个二级学科的关系，并在此基础上，进一步开展治安学的理论研究，这样既可以避免学术研究上不必要的“弯路”，减少学术资源的浪费，也有利于推动公安学科与治安学科的建设和完善。

**(二)要从丰富的治安实践中汲取“营养”**

理论来源于实践。不同的理论来源于不同的实践。这种实践就治安学而言，既包括我国古代、近代和现代特别是现实中治安实践，也包括世界其他各国的治安实践。遗憾的是，尽管我国有丰富的维护社会治安的实践经验和较高度发达的治安文化，特别是我国古代治安活动的文明化、科学化水准始终居于世界的前列④，但我们继承或传承的不够，如古代的“巡逻”(宋朝的巡检司)、新中国的“社会治安综合治理”等，有的甚至出现了“出口转内销”现

---

① 参见王彩元．治安学理论研究的现状、原因与出路[J]．湖南公安高等专科学校学报，2002(3)；卢国显．我国治安学存在的理论问题与学科发展的基本思路[J]．中国人民公安大学学报，2004(2)；郭太生．治安学研究的困惑与发展[J]．中国人民公安大学学报，2005(3)；石向群，石琨，治安学的理论构建与进路[J]．中国人民公安大学学报(社会科学版)，2010(4)；宫志刚．关于治安学二级学科建设的若干思考[J]．山东警察学院学报，2012(3)．

② 李健和．公安学一级学科建设若干思考[J]．中国人民公安大学学报(社会科学版)，2010(1)．

③ 程琳．以新设公安一级学科为龙头，努力开创公安教育新局面——关于公安一级学科建设与发展的若干思考[J]．中国人民公安大学学报(社会科学版)，2011(2)．

④ 王彩元．治安学基础理论专论[M]．北京：中国人民公安大学出版社，2005：1-10.

象；而当代“情报信息主导警务”、“问题导向警务”、“社会管理创新”等又“接纳”得不够；至于西方国家，我们基于“治安学是我国独有的学科，在西方发达国家有关警察科学的研究中，尚未见到类似的提法”的认识，而对西方警察科学的研究中的、属于治安学研究内容的如安全、公共秩序、巡逻、盘查、警务调查、公共警务、私人警务(保安)、暴力冲突、犯罪预防、控制犯罪、社区警务、危机管理等，缺乏全面、系统的翻译、介绍和研究。

作为具有预防、发现、控制犯罪职能的社会治安控制与安全防范工作为主要研究对象的治安学科，如果要有更丰富、更厚重、更科学的理论来丰富和完善自身的发展，就必要从我国和世界其他各国丰富的治安实践中汲取“营养”，一是要大力加强各国治安制度和治安思想史的研究，因为，一门学科的历史发展脉络不清晰，就没有牢固的根基；二是要不局限于治安实际业务的范围，加强对治安主体、客体(治安秩序、治安问题等)及其相互关系的研究；三是要加强中外治安工作模式、类型和治安控制以及治安警务运行模式的研究；四是要加强对具体应用学科的操作层面的规范化研究等，做到“古为今用”、“洋为中用”，形成自己科学的理论及其体系，切实改变我国治安学理论“上不着天、下不着地”的状况，这也是治安学科健康发展的内在诉求。

**(三)要用科学的研究方法构建理论及其体系**

任何一门学科的研究方法及方法论，对该学科的建设都具有基础性的意义，它不仅影响到学科体系的完整性，而且直接关系到学科理论的科学性。理论研究过程中，只有运用正确的方法，才能得出正确的结论。治安学作为一门新兴的跨学科的综合性应用学科，具有研究对策的复杂性、学科性质的复杂性和研究方法的复杂性①。正是这种复杂性，对治安学理论的研究方法，有人认为要用调查法、归纳法、比较法、解释法、统计法、实验法；有人认为是社会调查法、阶级分析法、历史研究法、比较分析法；也有人认为应该是学理研究法、调查分析法、量化研究法、模拟研究法；也有人主张治安学的研究方法必须用学科移植法。应当说，上述研究方法都是治安学的研究方法，只不过是不同学者根据自身研究的需要，从不同的研究角度提出的。但治安学理论研究达到了“量的积累”后，就应当采用归纳、演绎法和系统分析法。

虽然，一门学科知识体系的构建，就其逻辑顺序而言，首先应当明确其逻辑起点，然后从逻辑起点开始，演绎出概念、命题和原理，从而形成结构严谨、逻辑严密、内聚性强的理论及其体系。但是，由于治安学是在没有清楚地界定其逻辑起点的情况下，直接构建了该学科的知识体系，因此，只有用归纳、演绎法和系统分析法，才能探明已有的治安学知识体系，究竟是一些缺乏逻辑关系的凌乱的知识堆砌，还是客观上已经不自觉根植于一定的逻辑起点之上，并按一定的逻辑关系构建而成。如果探明治安学是一些缺乏逻辑关系的凌乱的知识堆砌，那么就需要准确地确定它的逻辑起点，并以此为基础归纳和演绎与之相适应的概念、命题和原理，重构其知识或理论体系；如果探明治安学已经不自觉根植于一定的逻辑起点之上，并按一定的逻辑关系构建而成，那么就将这一逻辑起点显形化，并在此基础上进一步发展和完善已有的知识体系或理论体系。

**(四)要用开放的心态提升理论“品位”**

治安学作为以法学、管理学、社会学乃至政治学为理论基础的综合型、应用型的新兴交

---

① 熊一新．论治安学研究方法的创新[M]．郭太生主编．治安学论丛(第2卷)．北京：中国人民公安大学出版社，2004：370-374.

叉学科，应该是一个开放的学科体系。但治安学的理论研究，长期以来受制于公安机关的治安管理业务工作，缺少"量的积累"后的科学研究方法，以及研究资料和队伍的相对封闭性，导致治安学仍然存在"理论无特色，概念不系统，专业术语少，知识欠规范"的现象①。而理论"品位"的提升，就是要达到乔纳森·卡勒(Jonathan Culler)认为的，理论首先应该是"跨学科的话语"，其影响和应用不能局限于某一领域；任何理论都应该同时带有"分析性和思辨性"；理论应该是"对常识的批判，对理所当然概念的盘诘"；理论具有内在的反思倾向，是"有关思想的思想，是对我们借以产生意义的那些范畴的探究"的要求②。

治安学理论"品位"不高已是不争的事实。要改变这种状态，就必须摆脱公安机关治安管理业务思维的限制，勇敢地面对"国家—社会"视角下的"善治理论"、"新公共管理理论"和"公共物品理论"的引入，以及"情报信息主导警务"、"问题导向警务"、"社会管理创新"理论的出现，牢固树立社会治安问题根源在于社会，是各种社会矛盾和消极因素的集中反映，要解决治安问题，不能只依靠公、检、法等政法机关，必须组织和依靠社会各部门、各单位和人民群众的力量的观念，采取开放的态度，强化公安体制内外的学者与学术的交流，运用法学、管理学、社会学和政治学科的理论和方法(有学者甚至认为要从哲学的高度对治安学理论进行反思，并开展治安哲学研究③)，引进各学科背景的研究人才，开拓学术视野，加强对治安学理论的研究，不断提高治安学的研究水平，真正提升治安学科的理论"品位"。

## 第二节　治安学研究内容的拓展与调整——基于学科提升的思考

### 一、治安学研究内容的局限性

#### (一)将治安学研究内容等同于治安管理学

从学科发展的过程来看，治安学是由治安管理学发展或过渡而来的，是历史的必然，随着理论研究的深入必将解决该学科在"治安管理学"层面研究上的诸多"瓶颈"，使该学科进一步得到丰富、完善和发展。因此，两门学科的关系十分密切。自 1998 年治安学一词出现以来，我国绝大多数学者认为，治安学与治安管理学是两个不同的概念和定义。但治安学与治安管理学有何联系和区别，目前缺乏较深入的讨论和研究，这不仅是理论研究上的一个缺陷，更重要的是影响和制约了本学科的发展和建设——国内诸多学者有意和无意在教学和科研中往往将治安学研究内容等同于治安管理学。

目前，国内学者鲜有人专门撰文研究过二者的区别。2005 年有学者专门撰文论述治安学与治安管理学及其相互关系，从基本概念、研究对象、研究范畴、学科性质、学科地位等方面，初步厘清了两者的关系，明确提出了治安学包含了治安管理学，也就是说治安管理学是治安学(广义)的子学科，两者是整体与部分、共性与个性的关系。治安学的基本理论对治安管理学具有普遍的指导意义，而治安管理学的发展与丰富将对治安学基本理论或原理的发展起到一定的补充作用。同时，治安学研究的内容是整个国家、政府、社会对社会治安的

① 李健和．论治安学科建设(续二)[J]．公安教育，2001(5)．

② 刘亚猛．什么是"理论"[J]．外国语言文学，2006(4)．

③ 宫志刚，陈涌清，王目炎．关于治安学二级学科建设的若干思考[J]．山东警察学院学报，2011(3)．

管理和控制，而治安管理学主要研究的是政府中公安机关治安行政管理部门对社会治安的管理和控制；在我国的学科设置中，治安管理学一直被作为管理学门类中一级学科公共管理学所属二级学科行政管理学之下的一个三级学科。至于治安学，基于对治安学的研究对象、理论体系和学科性质的研究或阐述，治安学应为法学门类中的一级学科①。这一认识对当时公安学科建设方向不明确、地位不明朗的情况下具有重要意义，即使是当前虽有将治安学提升为一级学科、“挤兑”现有公安学科之嫌，但治安学科要做大做强，并将公安学科推向独立的门类学科，使公安学科像军事学科一样，也不失为一个良好的选择。

**（二）治安学比较研究薄弱**

治安学的比较研究就是对一个国家或地区不同历史时期的治安学理论和实践以及同一时期的不同国家或地区的治安学理论和实践进行比较，从具体到抽象、由个别到一般，从而探索人类治安活动的“同中之异”或“异中之同”，以加深人们对治安活动和治安学的本质认识，它包括横向上的研究和纵向上的研究。这是一种理性的科学的研究活动，其直接目的就是“古为今用，洋为中用”②。

综观我国维护社会治安的实践，从以夏启“家天下”政权的确立为标志，经过夏、商与西周三代的发展，逐步孕育出一种政刑不分、军警一体的国家维护社会治安的管理体制开始，经历了整个封建社会和我国半封建、半殖民地社会的发展，到新中国更加丰富的治安管理、治安防范和刑事司法的实践以及不断改革创新的经验，这些都为我们进行治安学基础理论研究提供了丰富的实践材料。而且，中国作为世界文明的发源地，对治安的文明和进步曾经作出了重要贡献，治安理论研究成就举世瞩目。早在2200多年前的战国时期，中国就出现了与治安活动、治安思想有关的治安论著《显学》，在稍后的西汉时期出现了《陈政事疏》（又名《治安策》），以及东汉时期的《史记》。此后，历代的统治者和治安实践人员在长期的治安实践中摸索出了许多行之有效的治安对策和管理方法，并不断系统化、理论化，使中国古代的治安管理活动的文明化、科学化的水准始终居于世界前列③。但令人遗憾的是，由于种种原因，作为高度系统化、理论化的治安学并未在古代华夏大地出现④。

各国警察管理体制的核心是各级政府与警察机构间、不同层级间警察机构间的关系。从实质上来看，决定一个国家警察管理体制的是一个国家机构形式基础上的国内政府的关系。一般实行单一制的国家，警察管理体制多表现为集权型；实行自治单一制的国家多表现为集权和分权相结合；联邦制国家一般是采取分权型。所以各国采取的警察管理体制与各国民主化程度没有必然联系，它是特定历史环境的产物，从一般意义上看，各国警察治安管理体制都有其优缺点，这需要我们在我国现实基础上批判的吸收。⑤ 同时，尽管国外治安学研究的范围有所不同，学科的称谓也有所区别，但始终以近现代的警察权力、警察组织结构、警察人员和犯罪预防、交通管理、消防工作、户口管理等警察业务以及巡逻、守卫、临检等警察勤务诸方面的研究为重点，并形成了体现西方国家“分散、专一”特点的“治安学”基本理

---

① 王彩元．论治安学、治安管理学及其相互关系[J]．中山大学学报，2005(3)：3.

② 王彩元．治安学基础理论研究亟待解决的几个问题[J]．贵州警官职业学院学报，2003(6).

③ 王彩元．治安学基础理论专论[M]．北京：中国人民公安大学出版社，2005：6.

④ 王彩元．论我国治安学的结构体系[J]．湖北警官学院学报，2002(4).

⑤ 熊一新，王彩元，石向群．治安管理学基础理论教程[M]．北京：中国人民公安大学出版社，2005：232.

论①。然而，这些论断无不是相关学者对国内外治安实践进行初步观察后得出的结论，虽然具有宏观上的指导意义，但尚未经过实证研究和比较研究得出的基本结论。

随着全球化趋势的逐步扩大，各个国家在政治、经济、文化等各项事业中都努力地在自身发展的基础上积极吸收国外的经验和教训。在这一背景下，我们一方面要对国内不同时期的治安实践进行比较研究，另一方面要对国外境外的治安(由于政治体制、文化传统和警察制度的差异，各国或地区警察治安管理的含义、范围和做法有很大的区别。许多国家不存在我国意义上的“治安管理”，但是各国或地区警察的职责和业务有相通之处)进行研究，同时也要对中外治安实践与治安理论进行比较研究，只有这样，才能避免出现我国治安理论与实践“出口转内销”和对国外相关警务重复研究的现象，才有利于我们加强对各国警务实践和警学研究的发展，有利于促进我们对治安规律和警务规律的思考和把握，有利于推进新时期公安工作的改革。一言以蔽之，就是要做到“古为今用、洋为中用”。

**(三)吸纳新的知识和新的理论不够**

目前，我国治安学的理论(或学科)体系框架，主要有三种：第一种以治安管理概念为依据、归纳我国治安管理实践而形成的，第二种是以治安概念为依据、归纳我国治安实践或司法实践而形成的，第三种是以“秩序”和“安全”为“逻辑起点”而构建的。其中，随着治安学界的认知逐渐推进，第一种治安学的理论(或学科)体系框架逐渐被第二种替代。因此，无论是以治安概念为依据、归纳和演绎而来的理论(或学科)体系框架，还是以“秩序”和“安全”为“逻辑起点”而构建的理论(或学科)体系框架，其业务范围或研究内容仍然离不开“治安(行政)管理”和“治安社会防范”两个方面，并且有学者或提出或归纳或借鉴，形成了诸如“治安秩序一般原理”，“治安问题的基本理论”(如“社会病态理论”、“社会解组理论”、“功能主义理论”、“冲突论”、“行为偏差理论”、“综合治理理论”、“沙堆理论”、“危害最小化理论”等)，“治安社会防范组织理论”(如“公共选择理论”、“自组织理论”、“公共物品理论”、“治理理论”、“多中心理论”、“国家—社会互动理论”、“治安社会理论”、“社会治安防控理论”、“社会管理创新理论”)②，“治安管理原理”(如“系统原理”、“动态原理”、“人本原理”、“效益原理”)③等。

虽然在治安学理论(包括基础业务理论)上取得了不少的成果，但仍然在吸纳、挖掘新的知识和新的理论不够。主要体现在，一是对上述“治安秩序一般原理”，“治安问题的基本理论”，“治安社会防范组织理论”等虽然用于了治安实践，但紧密结合得不够，存在理论与实践“两张皮”的现象；二是基础业务理论比较肤浅，也不系统。如情报导向警务理论的运用，治安警察职业标准、应急警务、新兴行业和虚拟社会的治理等方面的研究；三是业务课程的理论欠缺。综观本科治安业务教材，除极少数课程有理论支撑外，绝大多数课程(教材)几乎没有理论或理论较弱，很难达到“理论学术化，知识规范化，技能实战化”④的要求；四是用国家治理理论研究治安学业务不够。党的十八届三中全会通过的《中共中央关于

① 王彩元．论我国治安学的结构体系[J]．湖北警官学院学报，2002(4)．

② 李健和．治安学原理[M]．北京：中国人民公安大学出版社，2013．

③ 王彩元．对治安管理主客体关系及其运用原理的再认识[J]．中国人民公安大学学报(社会科学版)，2005(3)．

④ 2013年11月21日上午，中国人民公安大学副校长李健和教授在浙江警察学院举办的“第八届治安学学术研讨会暨治安系主任论坛第十四届华东地区公安高校治安学学术研讨会”上，作主题为《治安学本科专业课程建设问题》报告时的观点。

全面深化改革若干重大问题的决定》明确提出，“全面深化改革的总目标是完善和发展中国特色社会主义制度，推进国家治理体系和治理能力现代化”，但如何结合治安学业务内容进行研究，这方面的文章或研究成果却寥寥无几。

## 二、治安学研究内容的调整与拓展

治安学研究内容除不能囿于治安管理学，积极开展治安学比较研究，不断吸纳新的知识和新的理论外，我们认为要将治安这一现象放到与国家的政治、经济、文化、社会等大背景下考虑，调整与拓展治安学研究内容。这是因为，治安既包容了“(治安)秩序”这种反映社会积极因素的特定形态，又包括了“(治安)问题”这种反映社会消极因素的特定形态，两者共存于治安这一特殊社会现象之中，并在政治(法治)、经济、文化、社会诸方面以及国家、政府和社会治安防控主体的影响制约下，相互渗透、影响、作用、转化，从而不断推动社会治安状况以及治安工作的变化和发展，特别是当前要将治安学科做大做强，并将公安学科推向独立的门类学科，使公安学科像军事学科一样，具有重要意义。

### (一)加强与哲学的融合

哲学是理论化、系统化了的世界观，或者说是人们世界观的理论体系。哲学的基础是唯物论，主导则是辩证法，唯物论与辩证法互相制约、相辅相成、有机结合形成了唯物辩证法——即“马克思主义辩证法”，是以自然界、人类社会和思维发展最一般规律为研究对象，是辩证法思想发展的高级形态，是马克思主义哲学的重要组成部分。因而，黑格尔认为哲学“它的本性就是思维”①。

哲学思维，无论是对思维规律和方法的研究，还是对思维内容的研究，都是以各门具体科学提供的理论事实为依据，都是对已有理论事实的再思维。因此，哲学思维实质上是一种“理论思维”。恩格斯认为“一个民族想要站在科学的最高峰，就一刻也不能没有理论思维”；“理论思维仅仅是一种天赋的能力。这种能力必须加以发展和锻炼，而为了进行这种锻炼，除了学习以往的哲学，直到现在还没有别的手段”。②

治安学作为研究“治安行政管理”和“社会治安防范”两大工作领域的综合性应用学科，就应当加强与哲学融合，将哲学的认识功能、批评功能、建构功能和创新功能与治安学的研究内容结合起来，用哲学思维帮助科学认识治安学，释难解疑，指明方向；通过追问与思考、对话与辩论等方式，在批判中去“认识那善于驾驭一切的思想”③或治安规律；用哲学思维发展的继承性与阶段性、连续性与超越性及其统一，建构具有时代特征的治安学及其理论，并以批判和否定为前提，又以批判和否定为联系和发展的环节，以此推动治安学体系的新陈代谢、除旧布新，建构起来的治安学体系注入新的内容，从而使新的治安学体系不同于先前的治安学体系，并用理论思维构建治安学基础理论或称治安哲学。

### (二)加强与法学的融合

法学是研究法律、法律现象及其规律的总称。法学的研究内容不仅包括对一般法律规定的理解，更重要的是包括法的产生、本质、发展、功能、制定、实施、监督等方面的原理和知识。作为治安学理论范畴的治安现象、治安问题、治安秩序、治安原因、治安工作等，本

---

① 黑格尔．小逻辑[M]．上海：商务印书馆，1980：53.

② 马克思恩格斯选集(第3卷)[M]．北京：人民出版社，1972：467，465.

③ 北京大学哲学系．西方哲学原著选读(上卷)[M]．上海：商务印书馆，1981：26.

质上都离不开法律的规定性，受法律规范的制约。在法学各学科中，与治安学最紧密相关的是法理学、宪法学、行政法学、刑事法学和警察法学。

治安现象包括违反治安管理行为、犯罪行为、治安案件、群体性治安事件、治安灾害和破坏事故以及人们遵纪守法的行为等。在我国有专门的法律、法规来规范，这些法律、法规有《中华人民共和国宪法》(以下简称《宪法》)、《中华人民共和国刑法》(以下简称《刑法》)、《中华人民共和国治安管理处罚法》(以下简称《治安管理处罚法》)等。如《宪法》第28条规定："国家维护社会秩序，镇压叛国……制裁危害社会治安、破坏社会主义经济和其他犯罪的活动，惩办和改造犯罪分子。"这就是说，宪法赋予了社会治安以法律的含义。同时，《刑法》规定，一切危害国家主权、领土完整和安全，分裂国家、颠覆人民民主专政的政权和推翻社会主义制度，破坏社会秩序和经济秩序，侵犯国有财产或者劳动群众集体所有的财产，侵犯公民私人所有的财产，侵犯公民的人身权利、民主权利和其他权利，以及其他危害社会的行为，依照法律应当受刑罚处罚的，都是犯罪。《治安管理处罚法》也规定，违反治安管理行为，是指扰乱社会秩序，妨害公共安全，侵犯公民人身权利和公私财产，尚不够刑罚处罚的，应当给予治安管理处罚的行为。由此可见，只有以宪法、刑事法律和治安行政法律、法规所维护的社会秩序，才是治安秩序；只有以宪法、刑事法律和治安行政法律、法规所规定的问题才是治安问题。①

治安工作中的治安行政管理也都有国家法律或法规规定，如《人民警察法》、《刑法》、《刑事诉讼法》、《公安机关办理刑事案件程序规定》、《公安机关办理治安案件程序规定》、《治安管理处罚法》、《道路交通管理条例》、《集会游行示法》、《旅馆业治安管理办法》等。而社会治安防范，虽然是指单位、组织、家庭和个人在公安机关的指导下，使自己免遭外界的不法侵害而进行的各种保护、保卫和防护，但这种保护、保卫和防护也有《关于加强社会治安综合治理的决定》、《企业事业单位内部治安保卫条例》、《治安保卫委员会暂行组织条例》、《人民调解委员会组织条例》、《博物馆安全保卫工作规定》、《基层金融单位治安保卫工作暂行规定》等作依据。②

至于治安原因，由于在治安学中是治安现象与治安管理、社会治安防范的"中介"，学者们总是习惯于认为"原因是主观归纳的东西，因而是主观的"这一思维定势，往往忽视了原因的内容是客观存在的，正如全国人大常委会《关于加强社会治安综合治理的决定》第2条规定的："……社会治安问题是社会各种矛盾的综合反映，必须动员和组织全社会的力量……从根本上预防和减少违法犯罪，维护社会秩序，保持社会稳定。"因此，对治安原因的研究就是从社会各种矛盾中去具体分析治安现象的诱发、促成和影响的客观因素。从这一角度来说，治安原因不仅是客观存在，也是有法律规定的，它也是一种由法律规定的现象。③

由此可见，治安学不仅与法理学、宪法学、行政法学、刑事法学和警察法学等紧密相关，而且通过加强治安学与法学的紧密融合和研究，可形成一门独立的学科——治安法学。治安学与治安法学的关系，就像行政学与行政法学的关系一样。

---

① 王彩元．治安学若干基础理论问题再探讨[J]．中国人民公安大学学报，2004(1)．

② 王彩元．治安学若干基础理论问题再探讨[J]．中国人民公安大学学报，2004(1)．

③ 王彩元．治安学若干基础理论问题再探讨[J]．中国人民公安大学学报，2004(1)．

**(三)加强与史学的融合**

史学，亦称“历史学”，是研究和阐述人类社会发展的具体过程及其规律性的科学。马克思主义认为，史学是社会意识形态的一部分，具有鲜明的阶级性。其主要任务是按照时代顺序，运用具体历史事实，阐明并揭示从原始公社制经过奴隶制、封建制、资本主义进到社会主义并向共产主义过渡的历史发展的规律。史学包括解释学史学、史学理论、泛史学、国别史、结构史、专题史、新史学、微观史、史学史、口述史学等。

治安史的研究一直得不到应有的重视。如前所述，我国有悠久浩瀚的维护社会治安的历史和经验，也有较高度发展的治安文化，但至今没有一部全面反映我国悠久浩瀚治安历史的论著，也没有一部系统反映国外治安工作的史论，对治安史的研究还处于“分散”、“零乱”的状态，其史学价值——古为今用没有充分的体现和展示。究其原因，一是治安史研究人才的缺乏，二是缺少治安史研究的理论和方法。

随着我国在国际上地位的不断提升，充分展示我国和世界悠久浩瀚的维护社会治安的历史和经验，特别是我国有较高度发展的治安文化，加强与史学的融合已刻不容缓。加强与史学的融合，要求治安史学研究者必须做到：

1. 察其变，培植“与时俱进”、不断创新的治安思想。历史是有生命的，是一个不断发展、不断创新的过程。因此人们要“本新的眼光去改作旧历史”①，应该准确把握时代特征，始终站在时代前列和实践前沿，不断开拓进取，不断创新发展，体现史学的预示功能：为开辟治安学未来指示着方向和目标。

2. 搜其实，培养求真务实、严谨周全的学风。历史科学的过程是求真的过程，其科学的结果是可靠的，是经得起复核的。治安史学要“搜其实”，求真“是历史的研究的特色”，同时，记述历史也要“不断的改作”，“这样子的研究的结果，才能作历史理论的基础”。②

3. 会其通，培育融汇古今、贯通中外的学识。史学是其他人文社会科学的基础，“历史理论实为政治学、伦理学、教育学直接的基础”。③ 其研究的方法亦是多样的，研究历史同时又须采用生物学、考古学、心理学、社会学及人文科学等所研究的结果，便以征验于记述历史，历史理论的研究。所以，史学的范畴、内涵、外延、研究方法，决定了治学必须“会其通”，必须开阔视野、拓宽思路、广博知识。

**(四)加强与社会学的融合**

社会学是研究各种社会现象和社会问题，从而探讨保障社会良性运行和协调发展的学科。社会学一如政治学，研究的主题相当广泛，但其主要内容包括社会主体、社会阶层、流动性、社会化、平等、社会控制以及越轨行为，等等。

治安现象是重要的社会现象之一，治安问题是关乎社会稳定的重大社会问题。以社会学的有关理论、方法和视角分析治安现象和治安问题，可以更加全面、清晰地研究、把握其规律和特征。此外，社会学中关于社会控制、社会越轨等理论，可以在治安秩序的建构、预防与打击违法犯罪等方面进行应用和指导。因此，社会学不仅与治安学的关系十分密切，而且必须加强融合。

特别是自党的十六大、十七大和十八大以来，在全国范围铺开的社会建设和社会管理创

---

① 李大钊全集(第四卷)[M]. 北京：人民出版社，2006：413.

② 李大钊全集(第四卷)[M]. 北京：人民出版社，2006：413.

③ 李大钊全集(第四卷)[M]. 北京：人民出版社，2006：414.

新实践和探索。这一创新实践和探索，为包括社会学在内的中国社会科学，理论地概括和提炼现实提供了来源和基础，也为我们创造了难得的学术机遇和挑战。①

一方面，社会建设在社会领域如何不断建立和完善各种能够合理配置社会资源和社会机会的社会结构和社会机制，并相应地形成各种良性调节社会关系的社会组织和社会力量；同时根据社会矛盾、社会问题和社会风险的新表现、新特点和新趋势，如何不断创造和完善正确处理社会矛盾、社会问题和社会风险的新机制、新实体和新主体，并通过这样的新机制、新实体和新主体，更好地弥合分歧，化解矛盾，控制冲突，降低风险，增加安全，增进团结，改善民生。② 这也是治安学所追求的价值目标。

另一方面，社会管理如何通过服务、协调、组织、监控的过程和活动，维系社会秩序、规范社会行为、协调社会关系、维护社会治安、促进社会公正、增进社会认同、推进社会和谐、化解社会矛盾、解决社会问题、应对社会风险、减少社会内耗、控制社会冲突、弥合社会分歧等。③ 其中，维系社会秩序和化解社会矛盾是社会管理的总体目标和任务，同时也是治安学的价值追求。

**(五)加强与经济学的融合**

经济学是研究物质资料生产过程中，经济关系和经济活动规律及其应用的科学的总称④，它包括理论经济学、部门经济学和应用经济学。经济学的诞生是因为人类需求的无限性与“经济物品”的有限性之间必然存在某种明显的冲突，即有限的经济物品要满足人类无限的欲望，人类的生产活动就必须进行某种规划，而不能毫无目的地进行。社会生产、流通等活动应该具有某种可循的规律，经济学就是专门研究这些活动规律。其理论有社会再生产理论、劳动生产率理论、需求理论、成本理论、公共经济理论等。

人类为了满足自身的安全需要所进行的维护社会治安的活动肯定是要付出代价的，这种代价可能是货币性质也可能是非货币性质(如投入的时间、精力、健康乃至生命等)。既然要付出代价，那么其产品——维护社会治安通过支付的人力、物力、财力所取得的良好的治安环境，就相当于有限的“物质产品”。因此，从经济学的角度，结合人们维护社会治安秩序的付出，就是要研究人们如何降低维护成本、提高维护效率，从经济意义上研究治安与经济二者之间相互联系、相互制约的关系。

综观世界各国，特别是我国对治安工作效率的研究还没有形成专门的科学，在实践中通常运用的是经验主义的方法。虽然长期以来，我国在治安工作方面积累了丰富的经验，这些经验有的是科学的，也是成功，是符合当时历史条件和客观规律的，但也一些是非科学的。随着社会的发展与变革，仅凭原有的经验已经远远不能满足日益变化的形势和发展。因此，开展提高治安成果的经济效益研究是治安学的研究方向之一。值得庆幸的是，多年来，部分治安和经济学者已经开始涉足这方面的研究，并出现了一些初步的成果如王彩元的《市场经济与治安管理》、李艳岩的《治安经济学》等。

① 郑杭生．社会建设和社会管理研究与中国社会学使命[J]．社会学研究，2011(4)．

② 郑杭生．社会建设和社会管理研究与中国社会学使命[J]．社会学研究，2011(4)．

③ 郑杭生．社会建设和社会管理研究与中国社会学使命[J]．社会学研究，2011(4)．

④ 《辞海》(缩印本)[M]．上海：上海辞书出版社，1989：1312.

# 后　记

自人类社会形成以来，安全与秩序的需求就一直是人类社会生存与发展的最基本、最强烈的需求，它不仅涉及人的生存与发展的所有领域，包括人的生命、健康，物质、精神财产归属，以及人格尊严维系等方面的安全与秩序需求，而且也涉及一国之社会和国际社会生存与发展的所有安全与秩序需求。

由此所决定，我们应当构建一门以社会之“安全—秩序”关系为主题的专门的理论体系——治安学，以发现、描述、诠释、应用“国家—社会”体系“由治达安”的基本规律、研究范式和技术工具，为个人、群体，以及国家、社会的安全、健康、有序生存与发展提供知识、技术和经验支持，为我国公共安全领域的科学体系建设与发展添砖加瓦，为治安学学科知识体系构建提供基本的理论框架。

基于这样的思考，《治安学》编写组邀请了湖北（武汉）、北京、贵州（贵阳）、江苏（南京）、山东（济南）、湖南（长沙）、浙江（杭州）、江西（南昌）、云南（昆明）等地相关政法、警察院校治安学专业之学科带头人、教授、博士，以及博士生、硕士生导师，组成了专门的研究及撰写班子，坚持以科学的治安学知识体系构建为目标，以跨学科跨专业知识平台为支持，以治安学理论框架设计为本体知识，以治安学基础理论为基本内容，以多范式整合应用为研究工具，以创新突破为学术追求偏好，编写了这本具有专业著作性质的《治安学》教材。

参与本书稿的撰写者及其撰写内容：第一章由中南财经政法大学教授、博士生导师王均平撰写；第二章由中国人民公安大学教授、博士，硕士生导师陈涌清撰写；第三章由湖北警官学院副教授、博士后，硕士生导师黄石撰写；第四章由贵州警察职业学院教授、博士刘锦涛以及副教授、治安教研室主任宋聃撰写；第五章由南京森林警察学院教授、治安系主任石向群撰写；第六章由山东警察学院教授、治安系主任王精忠，孙晔，亓伟伟撰写；第七章由湖南警察学院教授、治安系主任王彩元以及石容丹撰写；第八章由江西警察学院教授、治安系主任杨瑞清、刘彩霞副教授撰写；第九章由浙江警察学院教授、治安系主任金诚撰写；第十章由中国人民公安大学教授、博士寇丽平撰写；第十一章由云南警官学院教授、治安管理学院院长章春明撰写；第十二章由湖南警察学院教授、治安系主任王彩元撰写。

尽管本教材坚持依托我国治安理论研究的已有成果，但在探索、建设科学的治安学和真正符合“国家—社会”体系“由治达安”规律的治安学知识体系，以及在编写治安学学术专著性教材等方面，还是一个新生事物，还没有可以因循结构的先例，由此所决定，本教材难免会存在需要进一步研究、探讨和完善的问题。编写者和所有的撰稿者真诚地向所有读者敞开大脑和心智，期待着大家的宝贵意见和批评，并切实吸收这些意见和批评修改“治安学”，使之臻于完善。

**《治安学》编写组**

2015 年 12 月 6 日于武汉

## 公安院校创新应用型精品规划系列教材

公安基础理论
治安案件查处
治安管理处罚法
治安秩序管理
犯罪学
侦查学
治安学
法医学
物证技术学
现场勘查
文件检验学
道路交通事故相关法律法规汇编及释义
道路交通事故司法鉴定
警察职业道德
公安公文写作
警察学原理
警察心理健康
犯罪心理咨询与矫正
安全防范技术应用
安防工程设计
监狱学基础理论
安保勤务与安全检查
法院执行实务
书记员工作实务
警察防卫与控制技术
公安内勤工作手册
公安应用写作教程
信息化警务
乘警勤务
警察法学
道路交通事故处理
刑事影像学
刑事科学技术概论
车辆和驾驶员管理
社区警务
户政与人口管理
消防管理
保卫学
计算机应用技术
网络信息安全
逻辑学
公安机关办案程序
治安学专业实训教程
公安监所管理工作实务

欢迎广大教师和读者就系列教材的内容、结构、设计以及使用情况等，提出您宝贵的意见、建议和要求，我们将继续提供优质的售后服务。

联系人：田红恩
电　话：137 2030 4986
E-mail：113391595@qq.com

武汉大学出版社（全国优秀出版社）